Homo criminalis

Paz Velasco de la Fuente

Homo criminalis

El crimen a un clic:
los nuevos riesgos de la sociedad actual

Ariel

Obra editada en colaboración con Editorial Planeta - España

© 2021, Paz Velasco de la Fuente

© Editorial Planeta, S. A. - Barcelona, España

Derechos reservados

© 2022, Ediciones Culturales Paidós, S.A. de C.V.
Bajo el sello editorial ARIEL M.R.
Avenida Presidente Masarik núm. 111,
Piso 2, Polanco V Sección, Miguel Hidalgo
C.P. 11560, Ciudad de México
www.planetadelibros.com.mx
www.paidos.com.mx

Primera edición impresa en España: marzo de 2021
ISBN: 978-84-344-3329-8

Primera edición impresa en México: abril de 2022
ISBN: 978-607-569-190-9

Impreso en los talleres de Impregráfica Digital, S.A. de C.V.
Av. Coyoacán 100-D, Valle Norte, Benito Juárez
Ciudad De Mexico, C.P. 03103
Impreso en México – *Printed in Mexico*

A mi hermano José Enrique. Alma, corazón y vida

A quien habita tras el espejo cada uno de mis días

La gran paradoja del mal es que sabe simular
a la perfección el bien más noble y honesto.

PAZ VELASCO DE LA FUENTE

Todo lo que eres depende de tres factores: de
tu herencia, de tu ambiente y de lo que tú ha-
yas hecho, en libre elección, con tu herencia
y tu ambiente.

ALDOUS HUXLEY

Índice

1

Homo criminalis: el homicidio[1] como parte de la historia de la humanidad

> Cierren los ojos un instante y piensen si alguna vez han contemplado la posibilidad de asesinar a alguien. ¿Saben cuántas personas en promedio han pensado, han contemplado la posibilidad de asesinar a alguien? Más de un 90 % de los hombres y un 84 % de las mujeres.
>
> EDUARD PUNSET,
> entrevista a David Buss[2]

Quizá nos hemos olvidado de lo peligrosa que era la vida en otros momentos de nuestro pasado, o quizá la memoria cultural ha blanqueado nuestros recuerdos hasta borrarlos. La violencia, la crueldad, la brutalidad y el asesinato han convivido a diario con nuestros antepasados en guerras, genocidios, ejecuciones públicas, caza de brujas, sacrificios rituales y muertes institucionales.

Como ejemplo, el símbolo emblemático del Imperio romano. En el Coliseo de Roma murieron miles de personas ante una enfebrecida audiencia que consumía en masa auténtica crueldad: mujeres desnudas violadas ante los vítores del público, hombres y mujeres atados que servían de alimento a fieras hambrientas, prisioneros que luchaban a muerte para sobrevivir, mutilaciones en directo, o la representación de relatos mitológicos como el de Prometeo en el que un hombre era encadenado y un águila adiestrada le arrancaba el hígado. Pan y circo. Siglos después llegó la tortura institucionalizada a herejes y la quema de miles de mujeres acusadas de brujería en Europa entre 1450 y 1650. Un momento de nuestra historia en el que el brazo de la Iglesia y las supersticiones ancestrales acabaron, de nuevo, con la vida de millones de personas inocentes.

Son solo dos ejemplos de la ferocidad de nuestro pasado.

Pensar que hay monstruos sueltos por el mundo es mucho más sencillo que aceptar que los verdaderos monstruos habitan en nosotros. De esta manera tratamos de minimizar nuestra capacidad para hacer daño a otros porque nuestro raciocinio busca a esos malvados entre los demás, quedando así nuestra conciencia más tranquila. Al pensar que somos buenos, estamos subestimando nuestra capacidad de hacer daño a otras personas, convenciéndonos a nosotros mismos de que los asesinos son hombres y mujeres inadaptados con claras patologías que los llevan a matar. Sin embargo, en la gran mayoría de los casos, estos crímenes los perpetran personas que, hasta ese día, nos parecían absolutamente corrientes, adaptadas socialmente y con la apariencia de ser bondadosas e inofensivas. Pero no nos engañemos. Todos los monstruos que nos rodean son humanos.

En el pasado, la capacidad de matar de la que nos ha dotado nuestra naturaleza fue una herramienta para que sobreviviéramos, y en el presente seguimos matando por muy diferentes motivos; el trabajo del criminólogo, por tanto, es seguir investigando el porqué. ¿Acaso todos nosotros nacemos siendo *asesinos potenciales,* estando esa capacidad latente y siendo inherente a nuestra propia humanidad?, o, por el contrario, ¿las experiencias vividas, los traumas y trastornos mentales que marcan nuestras vivencias convierten a algunos sujetos en asesinos?

La agresión humana y la violencia son productos de la historia evolutiva de la especie, siendo respuestas efectivas a los desafíos a los que se enfrentaron nuestros antepasados ancestrales en sus diferentes entornos.[3]

Los humanos matan por diferentes razones y variados motivos. En ocasiones lo hacen para lograr sus metas, objetivos o fantasías; en otros casos, para proteger a sus familias, para obtener cosas que creen que necesitan sin importar el precio, y la mayoría de las veces «para lidiar con emociones tan básicas como la ira, los celos, la lujuria y la codicia, la traición y el orgullo».[4] A este respecto, David Buss, uno de los fundadores de la psicología evolutiva, afirma de modo metafórico, que son las pasiones las que nos motivan para cometer un asesinato.[5]

Un estudio llevado a cabo en 2007 sobre 336 homicidas[6] afirma que el homicidio está lejos de ser un comportamiento homogéneo, del mismo modo que tampoco lo son los homicidas. Influyen diferentes motivaciones, diferente demografía, diferentes rasgos de personalidad y elementos ambientales dispares. Así, no solo influirán distintos factores, sino que habrá múltiples combinaciones que lleven a un sujeto a matar a una persona. Este mismo estudio señala que la mayoría de los homicidios pueden corresponder a una de estas tipologías:

- Homicidio como consecuencia de altercados, discusiones, peleas, etc.
- Homicidio cuyo objetivo no es la acción en sí misma, sino la consecuencia. Es decir, cuando intencionadamente se mata a otra persona mientras se lleva a cabo otro delito: un robo, un secuestro o una agresión sexual. En estos casos, el objetivo final no es matar, sino tener acceso a otros bienes.
- Homicidios cometidos en el entorno familiar: pareja, hijos u otro miembro del núcleo familiar. Aquí entran en juego tanto las emociones como el poder que tienen las relaciones humanas.
- Homicidio accidental.

La violencia puede ser una de las vías escogidas por el ser humano para dar respuesta a las necesidades, estímulos o emociones que nos mueven a diario, como la insatisfacción, el placer, el odio, el dinero, la traición, la ira, el poder o la venganza. En otros casos, nos encontramos con personas que están menos preparadas psicológicamente para el fracaso y, aunque algunas pueden lidiar con él de una manera positiva, a otros les es imposible[7] y su respuesta está cargada de violencia. Algunos pueden responder violentamente ante la frustración y la impotencia que les genera la imposibilidad de cumplir una determinada expectativa.

Pero... ¿y si la violencia es el instrumento gracias al cual hemos sobrevivido y evolucionado como especie? Determinadas conductas como el homicidio, el asesinato, la violencia no letal, el robo o el hurto son respuestas a problemas evolutivos recurrentes que han aparecido una y otra vez a lo largo de nuestra historia.[8] Con el tiempo, hemos ido desarrollando adaptaciones situacionales complejas que suponen un coste en determinados aspectos para otros sujetos pero que ayudan a resolver muchos problemas para nuestra supervivencia.[9] Por ejemplo, defenderse de los ataques de otros, apropiarse de recursos ajenos, confrontar a rivales sexuales, etc.

Donald Black, sociólogo de la Universidad de Virginia, afirma que casi toda la violencia tiene que ver con cuestiones que el homicida percibe como situaciones injustas: honor, infidelidad, reyertas o legítima defensa. La base de esta violencia es un conflicto interpersonal o violencia moralizante, como él la denomina. Sin embargo, solo un 10 % tiene realmente una finalidad práctica, como el robo o las agresiones sexuales (violencia predatoria).[10]

¿Podemos considerar que el homicidio y el asesinato forman parte de la historia de la humanidad y de nuestra propia naturaleza? Para responder a esta cuestión, tenemos que alejarnos de los conceptos jurídicos y de los conceptos psicológicos, psiquiátricos y criminológicos de asesinato de la era moderna.

En las sociedades cazadoras-recolectoras,[11] nuestros antepasados violaron, asesinaron y se alimentaron de otros sujetos dentro de su proceso evolutivo, como cualquier otra especie depredadora. En la Edad de Piedra, mataron (y mucho) durante miles de años como *modus vivendi*, en un mundo donde primaba la supervivencia del más apto, hasta que finalmente surgimos como especie indiscutible. La territorialidad y el comportamiento social contribuyeron a que el nivel de violencia en la Prehistoria fuese letal. Como dice el historiador Peter Vronsky, especialista en investigación criminal, «la madre naturaleza es una psicópata cruel, con poca empatía por el sufrimiento y el dolor de su progenie».[12]

Hace tan solo 10.000 años que terminamos de establecernos. Abandonamos la caza y la recolección para ser agricultores y comenzar a desarrollarnos socialmente. Como especie, hemos sido asesinos durante mucho más tiempo de lo que ha sido socialmente inaceptable.[13] El *Homo sapiens*, hace 200.000 años, invadió Europa y Asia. Algunos historiadores y antropólogos afirmaron que los *Sapiens* mantuvieron una lucha armada y muy cruenta contra los *Homo neanderthalensis*, siendo los causantes de su desaparición hace 40.000 años. Sin embargo, estudios como los publicados en 2019 en la revista científica *PLoS one*[14] (Universidad Tecnológica de Eindhoven) o en *Nature Communication*[15] (Universidad de Stanford) afirman que la extinción de los neandertales se debió a causas como la endogamia, el llamado efecto Allee,[16] por las fluctuaciones naturales de las defunciones y la natalidad, así como por la transmisión de enfermedades propagadas por los *sapiens*.

Lorenz (1963), médico austríaco que estudió el comportamiento animal, determinó que cuanto más poderosa es la capacidad de matar de una especie, más intensa es su inhibición instintiva de agredir a otro de su misma especie. En raras ocasiones, depredadores como águilas, tiburones o leones se matan entre sí. Sin embargo, otros animales como las ratas, las palomas o la suricata[17] son muy violentas con su propia especie. Y luego está el ser humano, que no solo mata a rivales y a enemigos, sino que también acaba con la vida de personas inocentes, de miembros de su familia o de desconocidos por muy diferentes razones. Incluso por el placer de hacerlo o simplemente porque puede hacerlo.

La violencia está presente desde nuestros ancestros. Y esta propensión a la violencia se hereda,[18] lo que no quiere decir que no sepamos controlarla. La evolución ha ido dando forma a la violencia humana y la violencia prehistórica ha ido cambiando a lo largo del tiempo ya que esta se ha modulado a través de la cultura. Así, la violencia humana puede verse como una estrategia adaptativa y de supervivencia.

Daly y Margo, en su libro *Homicide* (1989), afirman que ha existido un índice altísimo de muertes violentas en aquellas sociedades sin estado, y que la tasa de homicidios ha disminuido desde la Edad Media hasta la actualidad. Además, otros factores que han influido directamente en este descenso son la abolición de la esclavitud y de los castigos crueles, el cese de asesinatos basados en las supersticiones y el fin de las torturas judiciales. Con el paso del tiempo, la disminución de la violencia y de los actos homicidas ha caminado junto a la intolerancia y la glorificación de esta.

En la Edad Media, cerca del 10 % de los seres humanos murieron a manos de otros hombres. El filósofo inglés Thomas Hobbes (1588-1679) afirmó que, en el siglo XVII, los humanos vivían con miedo y en peligro constante de ser víctimas de una muerte violenta a manos de otra persona. La última investigación de Gómez y sus colaboradores publicada en la revista *Nature* en 2016[19] destaca que los humanos hemos evolucionado con una propensión a matarnos los unos a los otros, que es seis veces mayor a la del mamífero promedio. Además, afirman que somos propensos a llevar a cabo períodos temporales de una extrema violencia, como entre el año 1200 y 1500 en las Américas. En trescientos años, más del 25 % de la población fue asesinada. La tasa de homicidios en la América colonial en el siglo XVIII fue de 30 asesinatos por cada 100.000 personas; en Estados Unidos en los años noventa, la tasa fue de 10 por cada 100.000.[20]

Históricamente, matar confería grandes beneficios: prevenía una muerte prematura a manos de otro, eliminaba rivales que salían muy costosos, ayudaba a obtener recursos, abortaba la descendencia de los enemigos, eliminaba a los hijastros y apartaba a futuros rivales de los propios hijos.[21]

Durante siglos, la sociedad consideró que determinados asesinos eran seres sobrenaturales envueltos en mitos y leyendas. Véase el caso de los vampiros, los hombres lobo y las brujas. Se llegó a hablar incluso de endemoniados y poseídos. En otros casos, razones más humanas como los celos, el odio, la venganza, el poder, el honor o la riqueza justifican esta acción. Pero en ningún momento se llegaron a plantear que el asesinato tuviera una base patológica. Fue con la llegada del racionalismo formulado por René Descartes (1596-1650), cuando determinados comportamientos humanos (asesinatos sexuales, sádicos, canibalismo, necrofilia, etc.) empezaron a considerarse una perversión, llegando a definirlos como comportamientos atávicos primitivos. Fue Cesare Lombroso (1835-1909) quien argumentó que **el asesinato era un fracaso de nuestra evolución**, de modo que los asesinos y otros tipos de delincuentes violentos eran un retroceso a nuestros antecesores prehistóricos. Sin embargo, su teoría fracasó ya que defendía un determinismo criminal basado en características genéticas hereditarias que se hacían visibles en unos rasgos físicos concretos. Posteriormente, Alexandre Lacassagne (1843-1924) argumentó que los delincuentes no nacen, sino que se hacen a través de circunstancias sociales y psicológicas.

Nacemos sin civilizar, sin educar. A pesar de que la biología juega un papel importante en la conducta criminal, finalmente es nuestra socialización, nuestra crianza, el entorno en el que nos desarrollamos, los rasgos de personalidad y nuestra propia evolución lo que nos facilita una serie de inhibidores que evitan que sigamos matándonos al ritmo que lo hacíamos en la Prehistoria.

Las predisposiciones no nos convierten en asesinos, son las decisiones que tomamos las que lo hacen. Pretender predecir con exactitud una respuesta homicida es inconsistente porque si algo define nuestra conducta como seres humanos es su impredecibilidad, ya que nuestra estructura mental es muy compleja y se encuentra sujeta a una gran variedad de estímulos externos. Todos estos factores, por lo tanto, desempeñan un papel importante tanto en la activación de una respuesta violenta (homicida) como en su inhibición.

Los homicidios generan más muertes que los conflictos armados, según el informe de la Agencia de Naciones Unidas contra la Droga y el Delito (UNODC, 2019).[22] En 2017, más de 464.000 personas murieron por causas violentas. Es una cifra mucho mayor que la de personas que murieron en los conflictos armados, que fue de 89.000. Los datos de este informe muestran una realidad preocupante y es la cantidad de personas que mueren violentamente a manos de otras en el siglo XXI. Países como Venezuela, Papúa Nueva Guinea, Honduras, Sudáfrica, Afganistán, Trinidad Tobago o Brasil están a la cabeza de esta lista.[23]

LOS ÁNGELES QUE LLEVAMOS DENTRO: UN ESTUDIO SOBRE LA VIOLENCIA DEL SER HUMANO

Las investigaciones del psicólogo y científico cognitivo Steven Pinker acerca del predominio de la violencia a lo largo de la historia le han llevado a concluir que, a pesar de las guerras actuales, en nuestras sociedades modernas la violencia ha disminuido considerablemente respecto a momentos históricos pretéritos. Es más, afirma que vivimos en «la época más pacífica de la existencia de nuestra especie».[24] A pesar de que gran parte de la sociedad cree que la violencia ha aumentado, esto se debe a cómo y a cuántas veces es representada a través de los diferentes medios de comunicación y de internet: «Si hay sangre, muéstralo». Siempre habrá suficientes noticias de muertes violentas a nuestro alcance, pero la impresión que la sociedad tiene al respecto no coincide con las proporciones reales de esta.

Hay determinados «fenómenos históricos» que han contribuido a que el nivel de violencia haya descendido:

- El nacimiento del Estado, que llevó a monopolizar la violencia y el castigo.
- El comercio, que evitó la gran cantidad de robos, asaltos y saqueos.
- El progresivo proceso de respeto, concesión de derechos, igualdad y valores a las mujeres en las diferentes culturas (a pesar de las gravísimas excepciones que siguen existiendo en determinados países, y del gran número de mujeres que mueren a manos de sus parejas o exparejas cada día en todo el mundo).
- La comprensión y adopción de puntos de vista de las diferentes culturas y sociedades y la racionalización y el conocimiento de la conducta humana.

En la actualidad, a pesar del índice de homicidios en el mundo, la modernización de nuestras sociedades nos ha llevado a ser menos violentos, sobre todo a nivel interpersonal. Determinados momentos de nuestra historia han estado caracterizados por niveles muy altos de violencia, pero este nivel ha ido disminuyendo hasta llegar a la actualidad.

Pinker, experto en explorar la psicología de la violencia, afirma que la agresividad del ser humano es el resultado de diferentes sistemas psicológicos, de modo que no se trata de un impulso único. Considera que hay una serie de **facultades mentales** que predisponen al ser humano a ejercitar diferentes clases de violencia: la ambición del dominio, la violencia depredadora o instrumental, la venganza, el sadismo y la ideología. Creo que en determinados momentos de nuestra historia, estos diferentes tipos de violencia quedaron justificados desde un punto de vista individual e institucional.

Período histórico	Características
Sociedades prehistóricas	La arqueología forense revela que el 15 % de los esqueletos prehistóricos muestran signos de una muerte violenta. Momento más letal de la historia para nosotros mismos
Europa. Finales de la Edad Media	Disminución del homicidio un 10-15 %. Estados, consolidación de territorios feudales en grandes reinos, autoridad centralizada, infraestructura comercial (que evitaba el saqueo). Monopolización de la violencia para evitar que los ciudadanos se matasen entre sí
Siglos XVII-XVIII. Racionalismo e Ilustración	Primeros movimientos para abolir determinadas formas de violencia socialmente aceptadas: duelos, tortura judicial, matanzas basadas en supersticiones, esclavitud, el castigo sádico, pena de muerte pública, etc.
Tras la Segunda Guerra Mundial	Las grandes potencias dejan de hacer la guerra entre ellas. En 1948, tras la Declaración Universal de los Derechos Humanos, crece la aversión social a las agresiones y a la violencia contra las minorías étnicas, los niños, las mujeres, los animales, etc.
A partir de la Guerra Fría de 1989	Disminución de los conflictos bélicos: guerras civiles, genocidios, atentados terroristas, dictaduras, etc. Revolución de los derechos

Fuente: elaboración propia a partir de Pinker, 2012.

También disponemos de una serie de facultades que nos predisponen a la paz, al altruismo, a la cooperación y a crear entornos seguros: *a)* la empatía, entendida como la capacidad de sentir compasión por otras personas; *b)* la moral, como conjunto de tabúes y normas que rigen las relaciones entre personas que pertenecen a una misma cultura, y que reducen las conductas violentas y homicidas; *c)* la racionalidad, para ejercitar el libre albedrío y decidir sobre nuestras acciones, y *d)* el autocontrol que nos permite inhibir nuestros impulsos en situaciones en las que otros sujetos sí cruzan el límite.

Al revisar los expedientes judiciales de algunos países europeos, los investigadores han llegado a la conclusión de que las tasas de homicidio han ido disminuyendo considerablemente a lo largo de los años.[25] Por ejemplo, en Oxford durante el siglo XIV la tasa era de 110 asesinatos por 100.000 personas al año, si lo comparamos con la tasa de 1 asesinato por cada 100.000 habitantes en el Londres de mediados del siglo XX. Tasas similares encontramos en Alemania, Suiza, Italia, Países Bajos y Escandinavia.[26] Pinker afirma que una de las razones de esta disminución es el proceso gradual de maduración cultural y psicológica. La cultura del honor (venganzas) ha dado paso a la cultura de la dignidad (controlar las propias emociones).

TEORÍA DE LA RESPUESTA HOMICIDA: EL HOMICIDIO COMO ESTRATEGIA DE SUPERVIVENCIA

> En la fría y calculadora lógica de la evolución, a veces matar es ventajoso.
>
> DAVID BUSS

La crueldad y la venganza son propias de nuestra humanidad y se relacionan con los instintos heredados de nuestros antepasados,[27] es decir, ejercitar la violencia para luchar por la supervivencia, por la defensa del territorio o por la familia. Pero, además, el hombre mata por placer y a sangre fría, y esto nada tiene que ver con su instinto, sino con su decisión racional de matar en busca de determinados intereses. Aunque suene extraño, matar es una capacidad esencial de nuestra condición humana. No todos actuamos del mismo modo, pero tenemos que asumir que somos capaces de causar la muerte a otros por muy diferentes motivos, en determinadas circunstancias o en contextos fuera de lo habitual. Sin embargo, aunque todos tengamos esta capacidad, no todos podríamos cometer un asesinato. Una cosa es matar y otra es asesinar, ya que esto supone quitar la vida de una determinada manera.

David Buss hizo un experimento en una de sus clases con treinta estudiantes universitarios. Les preguntó directamente si en alguna ocasión habían pensado en matar a otra persona. La gran mayoría respondieron que sí. Y lo que más le sorprendió fue la intensidad de las **fantasías homicidas** de sus alumnos.

Buss[28] asimismo defiende que durante millones de años el homicidio ha sido un instrumento funcional. Ha servido para resolver diferentes problemas de carácter adaptativo del sujeto, con su entorno y con otros individuos como evitar la muerte del propio asesino, hacer desaparecer a rivales (y, de este modo, a su posible descendencia), obtener recursos, como respuesta ante una amenaza, para mantener su reproducción, proteger su territorio y sus medios de subsistencia, y, finalmente, para conservar su estatus de reconocimiento social.

David Buss, psicólogo y sociólogo, miembro de la American Psychological Association (APA), postula que el homicidio es una respuesta adaptativa de nuestra especie. El ser humano, ante las mismas pasiones y los mismos impulsos, reacciona casi de un modo invariable a lo largo de la historia.

Durante gran parte de la historia, hemos vivido en pequeños grupos jerarquizados en los que todos los humanos se conocían y en los que cada sujeto ocupaba su lugar. El estatus era importante, sobre todo para los hombres, de modo que si perdían la confianza y el respeto del resto de los miembros de su grupo, aparecían ante los demás como sujetos débiles. Esto suponía un peligro para ellos a la hora de obtener recursos o una pareja; es decir, **peligraba su supervivencia y su reproducción**.

En las sociedades paleolíticas, el bien raíz era la mujer, ya que era necesario que nacieran tres niñas por cada mujer fértil, porque de estos nacimientos dependía la supervivencia de la comunidad.[29] En estos grupos había de 50 a 200 sujetos y su vida media era de 20 años.[30] En el Neolítico, en cambio, el bien raíz era la tierra y los grupos ya estaban formados por miles de individuos, que defendían su territorio y sus recursos.

Ya en 2005,[31] Buss afirmó que nuestra especie ha desarrollado, a través de la evolución, potentes adaptaciones psicológicas que facilitan el comportamiento homicida para obtener determinados fines. Así, el homicidio no solo es una estrategia que nos ha permitido sobrevivir, sino que además nos ha permitido evolucionar, siendo una respuesta adaptativa, eso sí, **solamente bajo determinadas circunstancias**. No estamos ante una teoría que defienda el homicidio, ni el hecho de que tengamos un impulso agresivo por el que debamos guiarnos. Se trata de verlo desde el punto de vista de la psicología evolucionista, buscando los orígenes de la conducta violenta del ser humano. No olvidemos que en la activación de una respuesta homicida o en su inhibición juegan un papel protagonista el entorno, la crianza, determinados rasgos de la personalidad e incluso determinadas consideraciones neurológicas.

Buss afirma que hay dos condiciones que hacen que el hombre recurra al homicidio como táctica evolutiva. La primera, en el caso de la pérdida o amenaza de su pareja sexual, y la segunda, ante la desvalorización de su estatus dentro de un grupo social, como consecuencia de determinadas humillaciones públicas. Así, el hombre percibe el abandono por parte de su pareja como un triunfo por parte de su enemigo y una humillación que le lleva a degradar su estatus social. Sin embargo, en el caso de las mujeres, el homicidio tiene una función instrumental y práctica: lo más habitual es el infanticidio, que también es una respuesta a su adaptación evolutiva: la escasez de recursos impide que pueda mantener a su descendencia y, en determinadas ocasiones, la progenie le imposibilita obtener recursos más óptimos, por lo que el homicidio es su única salida.

En el siglo XVII, Hobbes ya consideró estos aspectos, incorporados en nuestro proceso evolutivo:

> Así pues, encontramos tres causas principales de riña en la naturaleza del hombre. Primero, competición; segundo, inseguridad; tercero, gloria. El primero hace que los hombres invadan por ganancia; el segundo, por seguridad, y el tercero, por reputación. Los primeros usan de la violencia para hacerse dueños de las personas, esposas, hijos y ganado de otros hombres; los segundos, para defenderlos; los terceros, por pequeñeces, como una palabra, una sonrisa, una opinión distinta, y cualquier otro signo de subvaloración, ya sea directamente de su persona, o por reflejo en su prole, sus amigos, su nación, su profesión o su nombre.

THOMAS HOBBES,
Leviatán, capítulo XIII, 1651

LA CAPACIDAD DE MATAR DEL SER HUMANO: ESTAMOS DISEÑADOS PARA MATAR

> Los humanos matan porque están diseñados para hacerlo.

JULIA SHAW

Cuando nos hablan de la maldad desde la filosofía y la religión, nos advierten que debemos cuidarnos de determinados «monstruos», como asesinos, violadores o terroristas. Y lo hacen siempre desde el punto de vista de «los otros», como si nosotros no tuviéramos un lado oscuro. Creer que los malos siempre son los demás es renunciar a una parte de nuestra propia humanidad, porque la maldad es algo cotidiano y de diferente intensidad: todos mentimos, engañamos, nos hemos llegado a aprovechar de alguien e, incluso, le hemos provocado dolor.

La científica psicológica Julia Shaw afirma que todos nosotros somos capaces de matar, y coincido con ella al cien por cien. Creo que solo es necesario un contexto determinado y unas circunstancias muy concretas. Shaw parte de esta premisa: «Nos encanta matar. Lo cual está bien porque necesitamos hacerlo para sobrevivir. ¿Tenemos hambre? Matemos algo para comer. ¿Estamos enfermos? Matemos las bacterias antes de que ellas nos maten a nosotras. ¿Algo nos hace sentir amenazados? Matémoslo en defensa propia. ¿No sabemos muy bien qué es? Matémoslo de todos modos. Por si acaso».[32] Y continúa con esta idea: nuestra especie es una **superdepredadora**, ya que los seres humanos matamos a más especies (en cantidad y diversidad) que cualquier otro depredador del planeta. Incluso con determinadas conductas, los seres humanos pueden llegar a disfrutar del sufrimiento de los demás.

> Matamos tanto que alteramos los procesos ecológicos y evolutivos a nivel global.[33]

Los asesinos no son maestros ni genios del mal, y la gran mayoría de ellos son como cada uno de nosotros. El ser humano es muy complejo y ninguno somos completamente buenos o malos, sino que bondad y maldad conviven en nuestro interior. Sin embargo, a pesar de tener esa capacidad para dañar e incluso acabar con la vida de otra persona, no significa que actuemos en consecuencia. Aceptar esa capacidad nos hará entender mejor cuáles son los factores que nos pueden empujar a asesinar, y por qué unas personas lo hacen y otras no.

Shaw aún va más allá. Alega que no hay tantas diferencias entre un asesino en serie y cualquiera de nosotros. En su libro *Hacer el mal: Un estudio sobre nuestra infinita capacidad para hacer daño*, determina que «quizá la única diferencia que existe entre nosotros y un asesino en serie es una corteza prefrontal en pleno funcionamiento que nos permite inhibir comportamientos, que ellos no pueden refrenar».[34]

A partir de los estudios de Reimann y Zimbardo (2011), Shaw determina cómo funciona el mal desde el punto de vista de la neurociencia. Ambos investigadores localizaron la «cuna del mal» en determinadas partes concretas del cerebro, y determinaron varias fases:

- Desindividuación. El sujeto deja de pensar como individuo independiente y se siente parte anónima de un grupo; piensa entonces que ya no es personalmente responsable de sus actos, lo que «se relaciona con una disminución en la actividad de la corteza prefrontal ventromedial. Esto queda asociado a la agresión y a una pobre toma de decisiones, lo que puede llevar a un comportamiento desinhibido y antisocial».[35]
- Deshumanización. Deja de verse a la otra persona como un ser humano; incluso se llega a ver a los demás como malvados que, además, pueden representar una amenaza para uno mismo o para su grupo. En esta fase hay un aumento de la actividad en la amígdala, que es la parte de nuestro cerebro que controla las emociones, y se pueden encender sentimientos como la rabia y el miedo.
- Comportamiento antisocial. Las emociones experimentadas hacen que se disparen otro tipo de sensaciones y que el organismo se prepare para pelear, para huir o para sobrevivir.

Las investigaciones han demostrado que los asesinos violentos y los psicópatas pasan por estas tres fases antes de cometer un asesinato.

FACTOR D: LOS NUEVE RASGOS OSCUROS
DE LA PERSONALIDAD QUE DEFINEN LA MALDAD

¿No es el mal el elemento más verdadero de la satisfacción humana, el estado psicológico al que el hombre más profundamente aspira y se siente inexorablemente deseoso de abrazar? Constituyendo una fuente de vitalidad y energía espontáneas, la maldad difumina la frontera mundana de la existencia «normal», galvanizando los sentidos y llevando vibraciones positivas al mundo. Es una faceta del carácter humano que disfruta en la oscuridad de la mente y sobre la que descansa la mayor parte de su vida. El mal procura la intoxicación sin estimulantes artificiales.

IAN BRADY, asesino en serie.
Extraído de su libro *The Gates of Janus*, 2015, p. 63

La maldad tiene muchas caras y no todas las personas malas o malvadas son iguales. Lo que más caracteriza a la maldad es la búsqueda constante del propio beneficio, en detrimento del bienestar y de los derechos de los demás. No siempre es tan llamativa ni tan mediática como en los casos de asesinos en serie o de violentos psicópatas. En muchas ocasiones es sibilina y silenciosa, y está más cerca de lo que creemos: madres que maltratan a sus hijos, niños que acosan a sus compañeros, directivos de empresas que terminan provocando el suicidio de algunos de sus empleados, políticos que llevan a la ruina y al caos social a un país entero, etc.

Desde 1950, diversos investigadores han estudiado muchos rasgos oscuros de la personalidad, que incluyen **el desprecio por la vida y el bienestar de otras personas**, conocidas o desconocidas. La pregunta que cabe contestar es: ¿hay en la maldad humana un factor general que está presente en cada uno de nosotros pero en diferentes grados? Parece que es así y está formado por lo que se ha venido en llamar «los nueve rasgos oscuros». Aquellos sujetos que puntúen[36] más alto serán los que tengan los comportamientos más agresivos, incluyendo el asesinato.

En 2018 se publicó el artículo «The Dark Core of Personality»,[37] un estudio científico de investigadores alemanes (Universidad de Ulm) y daneses (Universidad de Koblenz-Landau), que sugiere que características como el egoísmo, la psicopatía, el sadismo, el rencor o el narcisismo comparten un **núcleo común** al que denominan «factor oscuro de la personalidad» o **factor D** («D» de *dark*, «oscuro»). Podemos pensar que es mucho más habitual que una persona sea rencorosa o egoísta antes que psicópata, pero este estudio demuestra que hay una misma tendencia[38] y que los aspectos oscuros de la personalidad están relacionados entre sí.

Esta investigación revela que existe una predisposición[39] por parte de ciertas personas a llevar a cabo conductas que perjudican a otros y que son identificables por una serie de rasgos que están relacionados con patrones concretos de comportamientos dañinos y lesivos. En este caso se deja a un lado la biología, así como las explicaciones sociológicas que determinan qué razones pueden conducir a una persona a cometer un delito, incluso a matar, y se centran solamente en la psicología de la personalidad.

El factor D supone la tendencia a vivir solo interesado en cumplir los propios objetivos, deseos, motivaciones y expectativas, por encima de cualquier otra persona o circunstancia, e incluso se llega a disfrutar con el daño que se causa a terceros. Implica:

- Maximizar la utilidad de otras personas haciendo lo que sea necesario para obtener lo que se quiere, sin valorar el daño que puedan causar.
- Intencionalidad, manipulación y utilización de los demás para lograr sus propósitos.
- Conjunto de creencias internas que justifican sus actos y su conducta, y así evitan sentir vergüenza o culpa.

Queda demostrado que el factor D es un elemento común que aparece en los siguientes **rasgos oscuros** de la personalidad. Quienes lo tienen se consideran superiores al resto, defienden ideologías que favorecen el dominio sobre los demás y creen que el mundo es una jungla regida por la competitividad:

1. **Egoísmo.** Preocupación excesiva por saciar los propios intereses. Actúan sin tener en cuenta las repercusiones de sus palabras y actos sobre los demás. El ego ocupa tanto espacio que no empatizan con las personas con las que interactúan.
2. **Maquiavelismo.** Manipulación, frialdad emocional y absoluta creencia en la máxima de que el fin justifica

los medios empleados. Supone una mentalidad estratégica para la búsqueda y consecución de los propios intereses.

3. **Falta de ética y de sentido moral**. Desde el punto de vista cognitivo, no sienten remordimientos ante actos que carecen de ética y de moral.

4. **Narcisismo**. Admiración desmesurada por sí mismos, bien por sus características físicas, su capacidad intelectual, sus logros profesionales o por determinadas cualidades. Necesitan una atención y una admiración constantes.

5. **Derecho psicológico**. Convicción recurrente de que son merecedores de más derechos que los demás, de recibir un mejor trato y unas concesiones que el resto no se merecen.

6. **Psicopatía**.

7. **Sadismo**. Infligir dolor a los demás, físico o psicológico, para obtener placer y sensación de dominio sobre otra persona.

8. **Interés social y material**. Búsqueda de ganancias de diferente naturaleza: materiales, estatus social, económicas, reconocimiento, éxito, fama, etc.

9. **Rencor o malevolencia**. Disposición para dañar a otros (social, financiera, físicamente), aunque esto conlleve dañarse a sí mismos. Implica conductas como la agresión, el abuso, el robo, la humillación, etc.

A pesar de que todos los rasgos oscuros de la personalidad se relacionan entre sí, las correlaciones más intensas están entre egoísmo, maquiavelismo, falta de ética y sentido de la moralidad, psicopatía, sadismo y rencor. Zettler, uno de los autores de esta investigación, afirma que el conocimiento de este factor D puede ser un instrumento útil para evaluar la posibilidad de que una persona reincida o que haya una escalada de violencia y cometa delitos más graves.

En las sociedades modernas, el homicidio está considerado la manifestación más violenta del comportamiento criminal,[41] y en todas ellas está castigado, a pesar de las diferentes definiciones o matices. Para esta conducta criminal se imponen las penas más graves como la privación perpetua de libertad o la pena de muerte.

Desde que comenzaron las leyes escritas, tanto el homicidio como el asesinato se han considerado un crimen. Cuando este ha quedado impune o cuando se ha justificado, se ha convertido en la mayor causa de mortalidad en determinados momentos de nuestra historia. Hoy existen países donde el asesinato es responsable de unas tasas de mortalidad elevadas. Sin embargo, el homicidio ha ido disminuyendo de manera constante a nivel global: mayor presencia policial, comunicaciones y vigilancias, sistemas penales más estrictos, etc.[42] En Estados Unidos, por ejemplo, han disminuido considerablemente: en 1993 la ratio era de 24.760 homicidios y en 2018, de 14.123.[43]

Actualmente, la tasa global de homicidios en todo el mundo está próxima a las 6,1 muertes por cada 100.000 habitantes. En cambio, existen diferencias muy extremas a nivel global. Esto no significa que las personas de determinados países sean más violentas que otras, o que se trate de países inherentemente más violentos. Como sabemos, la violencia en cada país y en cada lugar del mundo depende de una compleja interacción entre distintos factores sociales, económicos, políticos e institucionales: cultura y niveles de opresión de ese país, acceso a las armas, conflictos políticos, sociales y económicos, nivel de renta per cápita y PIB, etc.

España está por debajo de la media Europa, con una tasa del 0,66 %, de modo que no llega a los 400 homicidios al año. En 2000, la cifra ofrecida por el Ministerio del Interior fue de 553 homicidios. La tasa ha disminuido un 38 %, así que en nuestro país es más fácil morir de otras causas que por ser víctima de un homicidio o un asesinato. Quédense tranquilos.

Tasa de víctimas de homicidio intencional por cada 100.000 habitantes

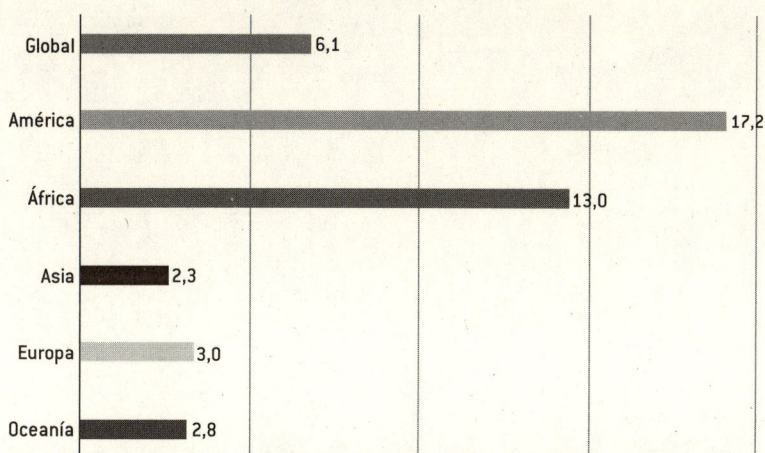

Región	Tasa
Global	6,1
América	17,2
África	13,0
Asia	2,3
Europa	3,0
Oceanía	2,8

Víctimas de homicidio intencional por cada 100.000 habitantes

Fuente: elaboración propia a partir del Estudio Global sobre Homicidios, 2019. Oficina de las Naciones Unidas contra la Droga y el Delito (UNODC).

2

¿Ha dado forma la modernidad al asesino en serie?

> Los asesinos en serie son lo que decidimos que
> son, y esa definición cambia constantemente
> con la historia y la sociedad.
>
> PETER VRONSKY

Si hay un crimen con linaje histórico,[1] ese es el asesinato en serie, y se ha llegado a la conclusión de que los asesinatos sistemáticos han sido una práctica universal «al menos tan antigua como lo es la especie humana».[2] Durante décadas hemos estudiado a los asesinos en serie, y las investigaciones llevadas a cabo se han centrado tanto en la etiología de sus crímenes como en el estudio intensivo de sus biografías. Esta obcecación ha hecho que nos olvidemos de los contextos histórico, cultural y social en los que esos hombres y mujeres asesinaron.

Tal como señala el psicólogo y criminólogo Vicente Garrido, «los asesinos son también fruto de la cultura y de la historia que han conformado la época en la que viven»,[3] de modo que debemos tratar de situar este fenómeno delictivo en los contextos y transformaciones históricas que nos han guiado como especie. Solo así podremos comprender el fenómeno del crimen serial desde un punto de vista holístico. Hodgkinson y sus colegas,[4] en su artículo «Monsters, Madmen... and Myths: A Critical Review of the Serial Killing Literature», afirman que para comprender a los asesinos en serie primero debemos intentar entender las sociedades en las que viven.

El asesinato en serie, tal y como se define en la actualidad, es un fenómeno social, humano y urbano que tiene algo más de 120 años. Actualmente es un «subproducto» de la industrialización del siglo XIX y de una sociedad en la que prima el individualismo, la ignorancia de muchos individuos entre sí, y donde el asesinato de un desconocido supone la muerte de una persona anónima más.[5]

DE HOMBRES Y CRÍMENES

¿Ha cambiado el asesinato en serie con la llegada de la modernidad? ¿Hasta qué punto se ha transformado este fenómeno criminal? Las motivaciones por las que los hombres y las mujeres matan sistemáticamente son muchas y, además, diferentes. Pero el problema no solo son los motivos por los que matan, sino que en muchos momentos de nuestra historia, el sistema cultural, político y social avaló estos motivos; es decir, a veces los hombres han matado no solo porque creían que podían hacerlo, sino porque el sistema respaldaba sus crímenes.

Antes de la época moderna, podemos considerar muchos asesinatos seriales como crímenes cometidos por necesidad[6] o por comodidad (hedonistas). Es el caso de los cometidos por ladrones, piratas, bandidos o envenenadoras. Sus crímenes eran instrumentales y su finalidad era la propia supervivencia o la obtención de un beneficio económico más o menos inmediato. Otros, sin embargo, eran asesinatos gratuitos cometidos para satisfacción personal de déspotas y aristócratas o para adquirir y/o conservar su poder frente a rivales y enemigos. Hablamos de figuras como las de Calígula, Nerón o Iván el Terrible, entre otros. Calígula (12-41), tercer emperador romano de la dinastía Julio-Claudia, torturó y asesinó a cientos de víctimas simplemente por el placer que sentía al hacerlo. En este momento de la Historia, el asesinato en serie se institucionalizó convirtiéndose en una diversión pública, en un entretenimiento destinado a un gran número de espectadores. El asesinato privado, en cambio, sí fue condenado.

El registro histórico de asesinos en serie fue escaso hasta el siglo xv, y si se lograba identificar y atrapar a este tipo de criminales, normalmente eran linchados por la comunidad sin ningún tipo de procedimiento judicial. Hasta el Renacimiento no empezaron a existir los primeros registros judiciales de asesinos en serie, y entre 1450 y 1650, en Europa, fueron juzgados unos doscientos asesinos seriales.[7] Por supuesto, no se les denominaba asesinos en serie, sino hombres lobo,[8] vampiros o brujas[9] y eran sentenciados a pena de muerte por la Iglesia. Nociones como la psicopatía o la esquizofrenia no existían aún, de modo que el marco conceptual se ceñía, única y exclusivamente, a la demonología teológica.

En la Edad Media, los hombres no tuvieron tiempo de convertir sus traumas infantiles y sus vivencias negativas en ira, en venganza y en crímenes seriales. Algunas de las experiencias negativas con las que convivieron desde la infancia, como el abandono, el maltrato, el hambre o la violencia sexual, formaron parte de sus vidas cotidianas. Además, convivían estrechamente con la muerte al ver morir públicamente a otras personas en el cadalso o al ser testigos habituales de crímenes en las calles.

Hasta la llegada de la revolución industrial (1760-1840), la gente estaba demasiado ocupada en sobrevivir. Los hombres y las mujeres que conformaron la sociedad del siglo xviii no tenían tiempo de pensar en sus necesidades psicológicas ni, mucho menos, en sus fantasías. Su única prioridad era sobrevivir un día más, sin que los mataran o perecieran de hambre o de frío, y procurando evitar la enfermedad y, con ella, la muerte.

A pesar de que Berlín y París contaban ya con gendarmerías paramilitares relacionadas con la defensa de la monarquía y el orden público, la primera fuerza policial organizada no surgirá hasta 1829. La Policía Metropolitana de Londres fue la primera en luchar contra el crimen en el sentido moderno del concepto.

Así, la teoría de que los asesinos en serie aumentaron en el siglo xix se debe a dos factores: por un lado, al nacimiento de las fuerzas policiales que llevaban a cabo las investigaciones y las detenciones, y, por otro, al surgimiento, especialmente en el mundo anglosajón, de cierto tipo de medios de comunicación de masas. Fue, en gran medida, la confluencia en el tiempo de estos dos factores lo que propició que el fenómeno del asesino en serie se hiciera público y viral (como decimos hoy en día). No es que hubiera más, sino que se hicieron más visibles. Paradigmático en este sentido es el caso del periódico *The Star*, que con el caso de Jack el Destripador llegó a vender 232.000 ejemplares, algo impensable para la época.

FENÓMENOS MODERNOS RELACIONADOS
CON LOS ASESINOS EN SERIE

La modernidad, entendida como un proceso histórico caracterizado por determinados avances en diferentes ámbitos, ofrece una serie de «afinidades electivas entre el asesinato en serie y la civilización contemporánea».[10] Dos acontecimientos contribuyeron a transformar y a acelerar el mundo: la potencia del vapor, de modo que algunos asesinos seriales comenzaron a trasladarse de un lugar a otro en busca de sus víctimas, y el telégrafo, «la internet victoriana»,[11] ya que a partir de 1845 la información se movió con mayor rapidez.

Fenómenos modernos relacionados con los asesinos en serie

Condiciones de la modernidad que han propiciado el auge del fenómeno de los asesinos en serie	Desarrollo de esas condiciones
Medios de comunicación y auge de una cultura de celebridades	Sucesos de masas, celebridad y notoriedad, simbiosis entre los medios de comunicación y los asesinos en serie, construcción de una nueva identidad del asesino y *murderabilia*
Sociedad de extraños: el anonimato en las ciudades	Los elementos distintivos del asesino serial serán el asesinato de personas desconocidas y el ocultamiento entre la multitud
Racionalidad, instrumentalización y deshumanización	La racionalidad es importante para el éxito del crimen: planificación y *modus operandi.* Las víctimas como medio para lograr un fin. Cosificación y deshumanización de las personas
Cultura del narcisismo	En la sociedad moderna se fomenta el individualismo, la competitividad, el hedonismo y el egocentrismo
Creación de estereotipos de víctimas denigradas o devaluadas *Less dead*	Grupos de personas que no están preparadas para triunfar en la sociedad moderna, menos significativas socialmente, como si fueran humanos de segunda categoría. Esto proporciona un relato al asesino serial que le lleva a justificar sus crímenes, como si estas personas fueran menos víctimas
Asesinato como objetivo social: asesinos misioneros	Su objetivo es librar a la sociedad de gente marginal, llevando a cabo una limpieza social de la que ellos mismos son la mano ejecutora

Combinados entre sí modelan su imagen determinando qué significa ser un asesino en serie contemporáneo. *Fuente:* elaboración propia a partir de Haggerty, 2009, y Garrido, 2018.

Cada asesinato en serie tiene su momento temporal. Detrás de él se esconde una historia y un lugar geográfico, y sus caracteres quedan definidos por parámetros culturales, religiosos, históricos, míticos e incluso morales. Además, en determinadas civilizaciones y culturas, estos pueden tomar diversas formas. Las *sangomas* (hechiceras) *muti* (brebaje) son consideradas chamanes sudafricanas, pero en realidad son asesinas en serie que se quedan con partes de los cuerpos de los niños que matan para llevar a cabo prácticas medicinales curativas y magia negra a través de diversos rituales. Sin embargo, en Sudáfrica se las considera curanderas y no asesinas. El 31 de diciembre de 2009, el cuerpo de Masego Kgomo, de 11 años, fue descuartizado y entregado a una *sangoma* para elaborar parte del brebaje *muti* al que algunos africanos confieren poderes curativos, como el hacer ganar dinero, obtener poder político o incluso ganar un partido de fútbol.[12]

Hace más de 500 años no era posible ser un asesino en serie, tal y como lo entendemos en la actualidad, porque muchos de los elementos que configuran este fenómeno criminal pertenecen a la era moderna.[13] Kevin Haggerty, profesor de Sociología y Criminología de la Universidad de Alberta (Canadá), parte de la hipótesis de que los asesinos en serie se han visto influidos por distintos fenómenos de la modernidad como la industrialización, los avances científicos, el auge del capitalismo o el urbanismo. Además, el anonimato, la racionalidad, los medios de comunicación y las nuevas tecnologías les han proporcionado nuevas motivaciones y oportunidades para matar. Garrido (2018) afirma que estas características contemporáneas han proporcionado a los asesinos en serie su propia identidad. La concepción que tiene un homicida sistemático sobre sí mismo será el resultado de cómo entiende que será visto en esa sociedad y en ese momento histórico.

> El asesino en serie es el espectáculo cuya brillan-
> tez nos deslumbra.
>
> RICHARD TITHECOTT, «Investigating the
> Serial Killer: The Seeking of Origins»,
> *The Celebrity Culture Reader*, p. 444

Desde la Antigüedad, el ser humano ha tenido la «necesidad de conocer y difundir información acerca del mundo que le rodeaba».[14] Los medios de comunicación han sido uno de los mayores logros de la modernidad, pues han ayudado a mejorar la alfabetización de la sociedad y han dado a conocer los diferentes acontecimientos sociales, culturales y económicos de diferentes lugares del mundo. Pero también han alimentado la avidez morbosa y voraz tanto de los lectores como de la audiencia por el sensacionalismo y el crimen, elevando a la categoría de «celebridades» a una gran cantidad de asesinos (más que a asesinas).

En el siglo XIX, el crimen serial empieza a ser conocido por gran parte de la sociedad. Jack el Destripador fue el primer asesino en serie de la modernidad que se convirtió en un fenómeno mediático, en una celebridad. La prensa lo transfiguró en un fenómeno de masas. *Lloyd's Weekly News* fue el primer periódico en hacerse eco de sus crímenes.[15] Como afirma Haggerty, «hay pocas rutas más rápidas hacia la celebridad que cometer un crimen sensacional».[16]

¿Cómo influyen los medios de comunicación en el asesinato serial?

- Los medios convierten este fenómeno delictivo en un acontecimiento periodístico masivo, a pesar de que es una de las formas de crimen más raras estadísticamente.
- Esta repercusión mediática conlleva a la celebridad, la notoriedad y un cierto éxito de estos criminales, que puede suscitar en aspirantes a asesinos en serie el deseo de alcanzar la «mística del éxito»[17] a través de la imita-

ción. Esa celebridad los libera del anonimato del que ellos quieren huir.

- Algunos de estos criminales han utilizado a la prensa para comunicarse con la sociedad y con los investigadores, bien para enviar un mensaje, bien para retar o incluso burlarse de la policía. En otros casos, para confesar la autoría de crímenes que nadie les atribuía.

En marzo de 2004 el periódico *Wichita Eagle*[18] publicó un artículo sobre el asesino en serie Dennis Lynn Rader, BTK (del inglés *bind, torture, kill*), del que no se tenía noticias desde hacía muchos años. En dicho artículo («BTK Case Unsolved, 30 Years Later») se decía que él y sus crímenes habían sido olvidados, y que ya ni siquiera los profesores de criminología los estudiaban. Días después llegó al periódico una nueva carta de BTK con tres fotografías que había hecho de Vicki Wegerle, asesinada en 1986. Utilizó a la prensa para adjudicarse este crimen, del cual la policía no tenía ninguna pista. A partir de ese momento siguió enviando cartas, dejando mensajes en lugares públicos y enviando paquetes con algunos objetos, hasta que fue detenido el 25 de febrero de 2005. Ese artículo le sacó de su letargo al darse cuenta de que ya no se le prestaba atención y que la sociedad se había olvidado de él.

- Relación de simbiosis entre los asesinos en serie y los medios de comunicación. Estos buscan rentabilizar los índices de audiencia a través del crimen, y algunos asesinos buscan la fama y la notoriedad que los medios les pueden dar.
- Los medios de comunicación ayudan a esos sujetos a construir su identidad de asesinos en serie. «Leer sus propios recortes de prensa les ayuda a completar una transformación de identidad [...]. Además, su conocimiento de las características de aquellos que pueden ver como otros similares les ayuda a crearse y construir sus identidades de asesinos emergentes.»[19] A partir de finales de la década de los sesenta, muchos aspirantes a *serial*

killers crearon su identidad de asesinos leyendo la prensa y viendo la televisión, y aprendiendo de todo ello.

En el siglo XXI, las nuevas tecnologías y sobre todo internet influyen en la difusión de este fenómeno criminal, ya que cuando aparece un nuevo asesino en serie recibe una amplia cobertura mediática, que además se contagia a las masas con un solo clic. El 9 de noviembre de 2020, el FBI confirmó que Samuel Little es, hasta la fecha, el mayor asesino en serie de Estados Unidos. Little ha confesado 93 asesinatos y la policía ya ha confirmado más de 50. Su búsqueda en Google arroja más de 427.000.000 resultados y 10.5000.000 vídeos.[20] Sin lugar a dudas, hoy en día a estos asesinos múltiples se les otorga una especie de inmortalidad a través de medios muy diferentes.

El auge de una cultura de celebridades

Respecto a la creación de una macabra cultura de *celebrities*, en los años noventa, los asesinos en serie ya estaban más que arraigados en la cultura popular, pues se convirtieron en fuente de entretenimiento para la sociedad estadounidense: televisión, prensa, películas, libros, documentales… Había cromos, postales e, incluso, clubes de admiradoras. En 1998, David Harker asesinó, desmembró y se comió partes del cuerpo de su víctima. Las cocinó acompañadas de pasta y queso. Uno de los psiquiatras que habló con él le preguntó si se había inspirado en el personaje de ficción Hannibal Lecter. Su respuesta fue: «La gente como yo no proviene de las películas. Las películas provienen de personas como yo».[21]

La fascinación por estos homicidas hizo que surgieran coleccionistas de objetos y pertenencias de esos sujetos, de sus víctimas o de objetos hallados de la escena del crimen (*murderabilia*)[22]. Algunos de los objetos más caros que se han comprado son un autógrafo de Albert Fish, una tarjeta de Navidad de Ted Bundy, el Ford Sedan de Ed Gein o las pinturas de John Wayne Gacy.[23] Actualmente, la tienda online más grande es la creada por Eric Holler en 2001 (<http://www.serialkillersink.net/>), que vende y exporta objetos relacionados con asesinos o con sus crímenes. Pero no es la única. También son muy lucrativas las páginas <http://www.murderauction.com/> y <https://www.supernaught.com/>.

El anonimato de las grandes ciudades

Durante la Edad Media se vivía en pequeñas aldeas donde todos los habitantes se conocían y cualquier extraño que llegara para quedarse o estuviera de paso era observado de cerca. Estas circunstancias disminuían las oportunidades de cometer un nuevo asesinato; de hecho, un ciudadano del Medievo solamente se encontraba con unas cien personas diferentes durante toda su vida. La población estaba vinculada mayoritariamente entre sí por relaciones familiares o de clanes, y se vigilaban los unos a los otros a través de los guardianes nocturnos. Solían solucionar los crímenes y los delitos graves a través de linchamientos, y todos los aldeanos eran juez y parte.

Todo esto cambió con la industrialización, el auge del capitalismo, las migraciones para encontrar trabajo, la urbanización y el crecimiento de las ciudades. Este escenario convirtió a sus habitantes en anónimos desconocidos, y los asesinos podían (y pueden) ocultarse entre la multitud. En las ciudades, donde se crean entornos idóneos para los encuentros impersonales entre víctimas y asesinos, las personas desconocidas son posibles candidatas a una potencial victimización. No en vano, antes de 1986 se les denominaba *stranger killings* (o «asesinos de extraños») y se definió al asesino en serie como «el desconocido por excelencia, anónimo y aparentemente benévolo».[24]

Racionalidad, instrumentalización, deshumanización

La ilustración, el pensamiento racional y la ciencia se asocian con los inicios de las sociedades modernas, influyendo en la forma de pensar y de actuar de las personas que viven en las grandes ciudades. Los asesinos seriales reproducen su propia visión del racionalismo, buscando los medios idóneos para lograr sus fines (en gran medida, cumplir sus fantasías). La racionalidad no solo es importante para el éxito de sus crímenes, ya que muchos de ellos planifican cada uno de sus asesinatos al extremo, deleitándose con los detalles: cómo secuestrará a la víctima, qué elementos utilizará para atarla, cómo la agredirá sexualmente o qué hará con el cadáver.

Las víctimas para ellos son simplemente un medio para conseguir un objetivo. Son valoradas como objetos en la medida que cumplen con sus propósitos, desvalorizando absolutamente la vida humana. Leonard Lake y Charles Ng asesinaron al menos a 18 personas. Para ellos las mujeres eran simples empleadas de hogar y una fuente para su gratificación sexual. Las mantuvieron con vida para que les sirvieran, les cocinaran y les dieran placer cuando ellos lo solicitaran, como si se tratara de esclavas. Todas ellas debían ser atractivas y útiles. Finalmente, tras reiteradas violaciones, acabaron con sus vidas. A los hombres que secuestraron los dejaban libres en el bosque, donde tenían su cabaña y su cámara de torturas, para luego darles caza representando las batallas de la guerra de Vietnam.

Cultura del narcisismo

La personalidad narcisista es la predominante en la cultura contemporánea y en las sociedades modernas. Garrido afirma que el narcisismo en nuestra sociedad es un modo eficaz para poder enfrentarnos a la ansiedad y a las tensiones de la vida en una sociedad moderna. Esto supone pagar un alto precio respecto a las relaciones interpersonales al fomentarse el individualismo y una competitividad extrema.[25] El tiempo y la modernidad han hecho que la sociedad se vuelva egocéntrica y hedonista, y, con ella, los individuos que la conforman.

Estereotipo de personas que se las considera menos víctimas
(o less dead *)*[26]

No todas las personas tienen la misma probabilidad de ser víctimas de un delito, y, menos aún, de un asesino en serie. Convertirse en víctima está relacionado, en muchos casos, con determinados factores, que pueden ser biológicos, psicológicos, sociales (estilo de vida, profesión), ambientales, económicos, etc. Determinadas personas son consideradas especialmente vulnerables o víctimas propicias, como son los ancianos, los niños, las mujeres, los homosexuales, las prostitutas, los sin techo y los vagabundos.

Steven Egger, profesor de Justicia penal en la Universidad de Illinois, define a estas personas como *less dead* o «menos muertos», en el sentido de que los asesinos en serie suelen victimizar a personas de clases ínfimas. Las prostitutas[27] han sido víctimas preferentes de estos homicidas: Jack el Destripador, Gary Ridgway, Peter Sutcliffe, Joaquín Ferrándiz, Samuel Little o el asesino de Long Island (crímenes aún sin resolver) y que parece ser el autor de la muerte de 11 prostitutas en el estado de Nueva York. Egger afirma que en Estados Unidos los asesinos en serie raramente matan a hombres heterosexuales caucásicos y ricos, sujetos que están en un lugar privilegiado dentro de la sociedad moderna.

Haggerty denomina a estas víctimas «estereotipos de denigración» o «poblaciones devaluadas», en el sentido de que nuestra sociedad racional y moderna deja de lado a aquellas personas que no aportan beneficios económicos y que no entran en la categoría de consumidores. Mendigos, prostitutas o personas que llevan una vida marginal se convierten en objetivos más fáciles para estos asesinos. Tienen menos protección social y policial e incluso se les considera «clases peligrosas» en lugar de potenciales víctimas que necesitan protección.

Asesinato de determinadas personas como objetivo social:
asesinos misioneros

El concepto de sociedad es, en sí mismo, un producto de la modernidad. Antes de que sugiera esta, las lealtades se reservaban para la familia, el clan o el pueblo. No podemos afirmar que en el mundo premoderno los asesinos estuvieran al servicio de la sociedad, aunque en determinados momentos de nuestra historia sí que estuvieron al servicio del Estado y de la Iglesia. El hecho de que socialmente se haya etiquetado de modo negativo y se haya estigmatizado a prostitutas, mendigos, homosexuales, drogadictos o inmigrantes ha ayudado a que determinados homicidas seriales crean que están llevando a cabo una limpieza social, incluso que están prestando un servicio a la comunidad. En estos casos, en lugar de justificar sus crímenes como el medio para satisfacer sus necesidades y sus fantasías más oscuras, creen que matan en nombre de la sociedad. Su «misión» es eliminar a gente marginal por diferentes razones como la raza, la enfermedad o simplemente por el odio que sienten hacia un grupo determinado.

El 20 de noviembre de 2013, el supremacista blanco Joseph Paul Franklin fue ejecutado en la prisión Bone Terre de Misuri en cumplimiento de la sentencia por el asesinato de más de veinte personas, incluidos dos niños negros. Su objetivo eran negros y judíos, y cometió sus crímenes entre 1977 y 1980. En una de sus últimas entrevistas al *St. Louis Post-Dispatch* afirmó que ya no odiaba a los negros y a los judíos, porque convivió con ellos en prisión y vio que eran «personas» como él.[28]

En definitiva, parece que la modernidad ha dado forma o ha promocionado al asesino en serie.[29]

LA EDAD DE ORO DE LOS ASESINOS EN SERIE EN ESTADOS UNIDOS: 1950-2000

Es en este país donde el asesinato serial alcanza su mayor protagonismo. En cinco décadas se registraron alrededor de 2.065 nuevos asesinos en serie,[30] aunque el punto álgido de este fenómeno criminal abarca concretamente las décadas de 1970 a 1990, que se cierran con la detención y el juicio de Jeffrey Dahmer (1991-1992) y a principios de 2000 con la detención de Gary Ridgway (el asesino de Green River) y la de Dennis Lynn Rader (BTK). El historiador Philip Jenkins afirma que antes de este auge hubo dos oleadas de crímenes seriales, aunque menos intensa: de 1911 a 1915 y de 1935 a 1941.[31]

El término *asesino en serie* fue acuñado por el agente especial del FBI Robert Ressler durante la investigación de los asesinatos cometidos por David Berkowitz, el Hijo de Sam, en la ciudad de Nueva York entre 1976 y 1977.

Peter Vronsky proporciona una fecha y un nombre que inicia esta «edad de oro»: 1945, Chicago, Williams Heirens (18 años). Este joven fue, probablemente, el primer asesino en serie estadounidense que fue consciente de su actividad criminal al dejar un mensaje escrito con lápiz labial: «For heaven's sake, catch me before I kill more. I cannot control myself».[32] Le siguieron la pareja letal formada por Martha Beck y Raymond Fernández, los asesinos de corazones solitarios (1949), Ed Gein (1957), Harvey Murray Glatman (1958), Melvin Rees (1959) y Albert DeSalvo (1962-1964).

En la ciudad universitaria de Santa Cruz (California), de tan solo 135.000 habitantes, se cometieron 26 asesinatos a manos de tres asesinos en serie locales entre 1970 y 1973: John Linley Frazier (5 víctimas), Herbert Mullin (13 víctimas) y Edmund Kemper (8 víctimas). De los sesenta a los noventa, los homicidas en serie se expandieron como un virus mortal: Brudos, Chase, Bundy, Gacy, Berkowitz, Corll, Cottingham, Schaefer, Rifkin, Buono y Bianchi, Shawcross, Ramírez, Dahmer, etc. Tanto ellos como sus crímenes fueron noticia en diferentes medios de comunicación, y todo lo que se contaba de ellos fue consumido con gran interés por la sociedad estadounidense.

ASESINOS SERIALES POR DÉCADAS

Décadas	EE.UU.	Hombres	Mujeres	Internacional	Hombres	Mujeres	Total
1900	49	36	13	23	9	14	72
1910	52	36	16	23	13	10	75
1920	62	43	19	41	25	16	103
1930	55	48	7	31	23	8	86
1940	55	48	7	45	37	8	100
1950	72	65	7	41	29	12	113
1960	217	197	20	76	70	6	293
1970	605	572	33	160	151	9	765
1980	768	719	49	322	196	21	991
1990	669	633	36	322	289	33	991
2000	371	339	32	295	260	35	666
2010	117	110	7	113	104	9	230

Fuente: Radford University/FGCU Serial Killer Database,
9 de abril y 4 de septiembre de 2016.

¿Qué ocurrió de 1970 a 1999 para que en Estados Unidos hubiera una auténtica epidemia de asesinos seriales? Los investigadores siguen buscando algún fenómeno sociohistórico que disparara por entonces una criminalidad semejante. Quizá este auge se viera influenciado por un aumento general de la violencia, el caos, los disturbios, aquello del «sexo, drogas y rock and roll»[33] al reiniciarse la sociedad americana en los años sesenta:

- Albert DeSalvo, el estrangulador de Boston (1962-1964).
- Asesinato de JFK (1963).
- Asesinatos de trabajadores que luchaban por los derechos civiles (1964).
- Asesinato de ocho estudiantes de enfermería a manos de Richard Speck (1966).
- Homicidio múltiple en un solo acto (asesinato en masa) de 16 personas por Charles Whitman en la Universidad de Texas (1966).
- Disturbios de Detroit y Newark (1967).

- Asesinato de Martin Luther King y Robert Kennedy (1968).
- Asesinatos de la familia Manson (1969).

El criminalista James A. Fox y la Universidad de Boston determinaron en 2018 que el aumento de la criminalidad serial en esta época tuvo diversas causas:

1. La gente se sentía segura en su entorno, confiaban en la sociedad. Eran más inocentes y llevaban a cabo actividades hoy en día desaparecidas, como hacer autostop.
2. El desarrollo de las autopistas interestatales creó un nuevo escenario de oportunidad criminal, un entorno donde los asesinos en serie encontraban fácilmente a sus víctimas. William Bonin, el asesino de la autopista, fue sentenciado a la pena capital a los 33 años por violar, torturar y asesinar a más de 14 adolescentes, delitos agravados por los de necrofilia y robo. Tras 14 años en el corredor de la muerte, fue ejecutado en la prisión de San Quintín, en 1996.
3. Ausencia de bases de datos y de métodos de investigación para relacionar crímenes entre sí. En la actualidad, el *linkcage* o técnica de vinculación criminal es el proceso a través del cual se pueden vincular dos o más delitos (de un mismo sujeto) en función del comportamiento que el sujeto haya exhibido en la escena del crimen (*modus operandi* y firma).[34] Esta investigación consiste en probar los dos supuestos fundamentales de la vinculación criminal: la consistencia y el carácter distintivo del comportamiento.[35] Este debe ser lo suficientemente similar para ser reconocido e identificado en diferentes delitos, y lo suficientemente distintivo para que su comportamiento se pueda distinguir del de otros delincuentes.[36] La técnica de la vinculación criminal se utiliza en una gran variedad de delitos, desde agresiones sexuales y asesinatos seriales hasta robos e incendios provocados.
4. Procedimientos forenses menos avanzados. Las pruebas de ADN aún no se habían desarrollado. La primera vez

que se condenó a un asesino por su perfil genético del ADN fue en 1988, aunque los crímenes se habían cometido en 1983. Colin Pitchfork violó y asesinó a dos niñas de 15 años en Leicestershire (Reino Unido) y el ADN lo demostró. Y Richard Buckland, de 17 años, al que habían acusado de los asesinatos de estas dos adolescentes, fue el primer detenido declarado inocente gracias a las pruebas de ADN.

5. La prensa y la televisión mediatizaron estos crímenes hasta la saciedad, ya que fascinaban al público, generando lo que Fox denomina «efecto bola de nieve».

El criminalista Michael Arntfield añade que la policía no tenía en esos momentos los conocimientos necesarios ni para enfrentarse a este tipo de asesinos, ni para llevar a cabo estas investigaciones, de modo que, en su opinión, los criminales jugaban con ventaja. Recordemos que el término *asesino en serie* no se acuñó de modo formal hasta los años ochenta.

LA DISMINUCIÓN DEL ASESINATO EN SERIE

Hoy en día, la criminalidad en serie ha disminuido considerablemente, así como el número de víctimas. En ello influyen factores como las condenas más largas, la cadena perpetua, la no concesión de libertad condicional para reos culpables de asesinatos, los grandes avances de las ciencias forenses y de la tecnología, la preparación académica e institucional de la policía, los cambios culturales y sociales, la menor confianza de la sociedad y los millones de cámaras de seguridad que nos vigilan. Este dato se puede corroborar desde el punto de vista de la victimología: «En el estudio realizado por Alexia Cooper y Erica Smith (homicidios seriales de 1980 a 2008) se puede comprobar cómo de los años ochenta a los noventa, el promedio era de 10-13 víctimas por cada homicida serial y a partir del año 2008, el promedio de víctimas está entre 3 y 4».[37]

Enzo Yaksic,[38] investigador de homicidios en serie que se ha ganado el sobrenombre de *Profiler 2.0*, y Peter Vronsky dan una serie de razones por las que el asesinato serial está disminuyendo:

1. Tecnológico-sociales. El uso de teléfonos móviles por parte de las víctimas, o la posibilidad de saber con certeza la ubicación geográfica (geolocalización), día y hora donde ha estado un sujeto, son elementos clave para la investigación. Evidentemente, un asesino en serie muy organizado no llevará encima su móvil o utilizará uno desechable para evitar así dejar un rastro de su ubicación y de sus movimientos. También contamos con cámaras de vigilancia, y en internet se dejan importantes rastros digitales que utilizan los expertos en algunas de sus investigaciones. En muchos casos, los mensajes con las víctimas, bien a través de redes sociales o de mensajería instantánea, ayudan a las autoridades a conocer si existía una relación previa o no entre el asesino y su víctima.

2. Avances forenses. Abarcan desde la tecnología forense del ADN hasta la elaboración de perfiles geoforenses (perfiles geográficos), el escaneo cerebral para la detección de mentiras en un interrogatorio o la vinculación de diferentes bases de datos. Además, los investigadores actuales están mejor formados académicamente en técnicas de entrevista, sobre todo cuando se trata de sujetos con un alto grado de psicopatía.

3. Analistas de la conducta (*profiler*) que examinan todos los datos esenciales para identificar si se trata de un crimen serial y trabajar en el perfil del asesino, lo que permite su pronta detención.

4. Culturales-psicológicos-sexuales. Hoy en día, la sociedad está mucho menos reprimida sexualmente y ya no se esconden ni las fantasías ni las preferencias sexuales. La mayoría de los hombres ya no se avergüenzan de su fetichismo o de otras parafilias, aunque sigan

practicándolas en secreto, pero no tienen el impulso reprimido que en décadas anteriores han sido la antesala de muchos asesinos en serie.[39] Vronsky afirma que en la actualidad la psiquiatría «ha desestigmatizado y excluido a los *parafílicos felices* de la lista de enfermos si sus compulsiones no los llevan a lastimarse a sí mismos o a otros».[40] Hoy la cultura es más tolerante, menos represiva y menos crítica, y esto posibilita a la sociedad ser más comprensiva con los demás y, lo más importante, nos permite ser más tolerantes con nosotros mismos. De este modo pueden encontrar parejas dispuestas a entrar en sus juegos, sin tener que salir a buscar a una víctima en la oscuridad. Pero no nos equivoquemos: las fantasías de algunos de ellos seguirán estando ahí, siendo la génesis de su primer crimen, como ya veremos.

Hoy aparecen menos asesinos en serie registrados porque son mejores a la hora de ocultar sus crímenes y más cuidadosos a la hora de dejar rastros, evidencias o pruebas, lo cual impide que los investigadores tengan pistas sobre ellos. Las ciencias forenses avanzan, pero quizá ellos tomen más y mejores medidas para no ser identificados y detenidos. A pesar de los avances y la cualificación policial, estos asesinos también cuentan con herramientas para aprender, como por ejemplo estudiar los errores cometidos por otros asesinos, manipular y alterar la escena del crimen, aprender la movilidad geográfica adecuada, buscar nuevos *modus operandi* y «beber» de internet y de los medios de comunicación.

En 2014, John E. Douglas, exagente del FBI, afirmó en la revista *People* que «hay entre 25 y 50 asesinos en serie actuando en un determinado momento en Estados Unidos».[41]

Thomas Hargrove es el fundador del Murder Accountability Project, una organización que recopila datos sobre homicidios y asesinatos. En la actualidad tiene la base de datos más grande de Estados Unidos: 751.785 recopilados desde 1976, que son casi 27.000 más de los que aparecen en los archivos del FBI. La base de datos de asesinos en serie más grande es la de Radford, con 4.068 entradas de asesinos y asesinas de todo el mundo, de los cuales 2.537 son estadounidenses (2.331 hombres y 206 mujeres).[42]

El FBI considera que los asesinos en serie representan menos del 1 % de los asesinatos, pero Hargrove cree que este porcentaje es más alto y afirma que al menos hay unos 2.000 asesinos en serie en Estados Unidos que no están identificados y que no han sido detenidos por sus crímenes. Para dar esta cifra se basa en su investigación sobre los asesinatos no resueltos que están vinculados a través del ADN: unos 1.400. Si sumamos los casos de asesinatos en los que no hay rastros de ADN, la cifra podría aumentar casi al 2 %. Así, según Hargrove, habría unos 2.100 asesinos en serie no identificados.[43]

Lo cierto es que el número de asesinos en serie que hayamos tenido en momentos determinados de nuestra historia ha dependido, en gran medida, de cómo definamos a este homicida múltiple. Si, por ejemplo, los definimos como aquellos «funcionarios de la Iglesia» que torturaron, violaron y asesinaron a miles de mujeres acusadas de brujería, entonces el momento histórico con más asesinos en serie fue sin duda entre 1450 y 1650. Los asesinos seriales han sido, son y serán en el futuro lo que desde el punto de vista de la psicología, la psiquiatría, la criminología y la propia sociedad definamos. Pero sin duda es un fenómeno criminal que cambia con el tiempo y que evoluciona al ritmo con que cambian la cultura, la economía y la sociedad.

3
Comunicaciones de los asesinos relacionadas con sus crímenes

¿Cuántas veces tengo que matar antes de obtener un nombre en el periódico o alguna atención nacional?

DENNIS LYNN RADER (BTK), 1978[1]

¿Qué tienen en común Jack el Destripador, Zodiac, el Hijo de Sam, Unabomber y BTK? Además de ser asesinos en serie, todos ellos se comunicaron de modo intencionado con la prensa y con los investigadores de sus crímenes. Algunos notificaron reiteradamente sus asesinatos, como si para ellos no fuera suficiente el acto de matar y necesitaran que el mundo supiera de lo que eran capaces. No son los únicos, aunque quizá sí los que todo el mundo conoce, al ser de los más mediáticos e investigados. Sin embargo, es algo excepcional, ya que la gran mayoría de los asesinos no notifican sus crímenes ni envían mensajes, al menos intencionadamente. Y excepcionales son también aquellos casos en los que determinados asesinos han enviado cartas a las familias de las víctimas, como en el caso de Albert Fish.

Su primera carta se la escribió a la madre de Gracie Budd, una de sus víctimas de tan solo 10 años de edad. La envió anónimamente, en 1934, siete años después del asesinato, y fue la que condujo a su detención. Este es el último parráfo: «Primero la desnudé. Cómo pateó…, mordió y arañó. La estrangulé hasta la muerte, luego la corté en pequeños pedazos para poder llevar su carne a mis habitaciones. Cocinar y comerla. Qué dulce y tierno se asó su pequeño culo en el horno. Tardé nueve en días en comer todo su cuerpo. No la follé, aunque habría podido si lo hubiera deseado. Ella murió virgen».[2]

El hecho de comunicarse con la sociedad probablemente se deba a su necesidad de compartir su experiencia homicida. En algunos casos, esta compulsión por enviar diferentes mensajes puede estar motivada por el beneficio psicológico que les produce esta interacción directa y constante con los medios de comunicación y con la policía. En otras ocasiones puede tratarse de un elemento que forme parte de la escena del crimen (mensajes en la pared o en otras superficies, como en el cuerpo de las víctimas, o bien notas escritas), convirtiéndose en la firma o en un ritual[3] del asesino. Incluso puede tratarse de un comportamiento posterior al crimen, con un determinado objetivo.

Algunos asesinos en serie han empleado diferentes maneras y medios para comunicarse; entre ellas, llamadas telefónicas, escritos en paredes o espejos, cartas (manuscritas, a máquina, criptográficas,[4] con recortes de periódicos,[5] etc.), manifiestos, pequeñas notas, dibujos, símbolos o envío de objetos y/o fotografías de las víctimas. En el siglo XXI, con el avance de la sociedad y las nuevas tecnologías, algunos de estos mensajes se envían utilizando plataformas de vídeos, redes sociales o correos electrónicos.

Son muy diversas las tipologías de mensajes, así como el momento temporal y el lugar donde estos se dejan o se envían, de modo que después de leer y analizar 53 cartas y mensajes de distintos asesinos y asesinas, considero que esta sería una clasificación válida en la que encuadrar los diferentes tipos de comunicaciones:

ANTES DEL CRIMEN	■ Manifiesto: Texto con contenido individualizado basado en sus creencias, reivindicaciones o justificaciones. Anders Breivik, Unabomber, Seung-Hui Cho, Pekka-Eric Auvinen
	■ Vídeos en redes sociales: Elliot Rodger
	■ Vídeos en YouTube: Pekka-Eric Auvinen

Uso de las nuevas tecnologías para anunciar un crimen o justificarlo

DURANTE Y DESPUÉS DEL CRIMEN	■ Mensajes dejados en la escena del crimen o en la víctima: palabras, símbolos, dibujos, etc.	Destinados a familiares, vecinos, viandantes. La intención es producir alarma social.
		Destinado a los investigadores. Narrativa conductual
	■ Mensajes enviados: diferentes medios y tipos	Enviadas a la prensa, TV, investigadores, familia
		Llamadas, notas, cartas, objetos, fotografías, audios, vídeos, archivos PDF, disquete (BTK)

TRAS SU DETENCIÓN Y ENTRADA EN PRISIÓN	■ Lo más habitual es que sean las mujeres las que envían cartas. Distintas motivaciones	Prensa y TV
		Familiares de las víctimas
		Al juez
		A sus familias

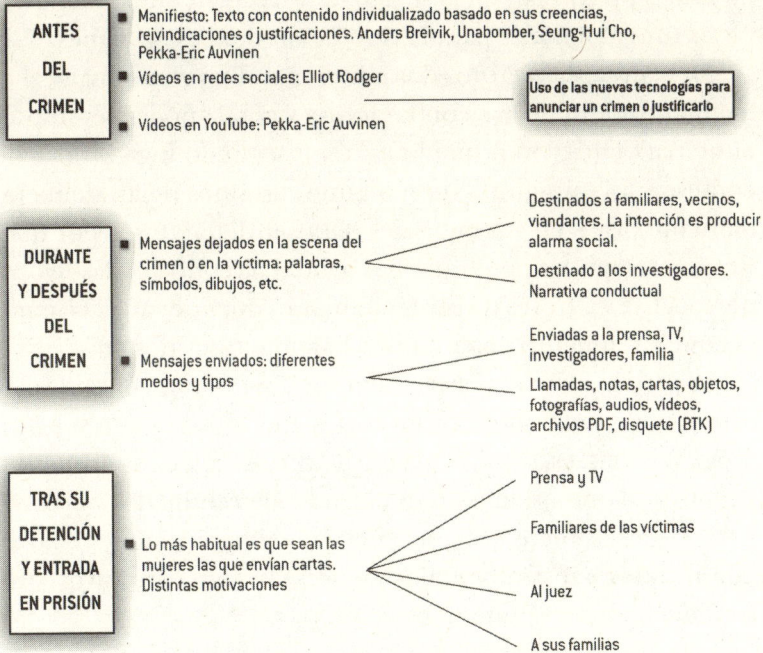

Fuente: elaboración propia tras la lectura y análisis de 53 cartas, mensajes y vídeos de diferentes asesinos y asesinas de una sola víctima y seriales.

La comunicación del asesino en serie no es espontánea ni frívola. Más bien parece ser una parte estándar de muchos casos de asesinatos seriales que cumplen una variedad de funciones psicológicas y retóricas para los asesinos. Algunos parecen estar dejando pistas para la policía. Ignorar o pasar por alto estos motivos es equivalente a realizar una investigación incompleta.[6]

El rol de las comunicaciones de los asesinos seriales

No se puede generalizar sobre cuáles son los motivos por los que se comunican estos asesinos, ya que algunos escapan a nuestra comprensión. Es importante el momento temporal en el que se realizan, ya que de ello dependerán los efectos que estos mensajes produzcan en la sociedad, y también que pasen a ser pistas fundamentales para la resolución de esos crímenes. Debemos plantearnos dos cuestiones. En primer lugar, si el hecho de comunicarse con la prensa y con la policía es importante para ellos, y por qué lo es. Y, en segundo lugar, tratar de contestar a la pregunta de si algunos asesinos dejan deliberadamente pistas en sus mensajes para ser detenidos, y por qué. Responder ambas preguntas nos ayudará a conocer, desde otra perspectiva y a través de otros elementos que rodean el crimen, el comportamiento persistente de algunos asesinos en serie.

El papel que tienen estas comunicaciones varía en cada asesino. En algunos casos, los mensajes enviados pueden ser íntimos y personales, siendo una parte intrínseca de sus crímenes. En otros lo que pretenden es alcanzar determinados objetivos a través de sus mensajes; por tanto, pueden ser intencionados, planificados e instrumentales, o bien tan solo expresivos, que son mucho más espontáneos.

EXTRACTOS DE ALGUNAS CARTAS ENVIADAS POR ASESINOS

Asesino(a)	Tipo de mensaje y contenido
H. H. Holmes	Desde prisión logró que sus cartas de confesión solo fueran publicadas en el periódico *Philadelphia Inquirer*. «Nací con el demonio en mí. No pude evitar el hecho de que era un asesino, como tampoco el poeta puede ayudar a la inspiración a cantar»[7]
John G. Haigh El asesino del baño ácido	En los años cuarenta asesinó a seis mujeres y después disolvió sus cuerpos en ácido. Desde la prisión escribió una carta a su novia Barbara Stephen: «Qué tonta por tu parte preguntarte por qué no te había asesinado. Por supuesto que tuve millones de oportunidades, lo sé. Pero la idea nunca se me pasó por la cabeza, no te habría lastimado ni un pelo»[8]

Myra Hindley	Escribió una carta en 1987 mientras estaba en prisión. La envió a Ann West, la madre de una de sus víctimas. «Sé que casi todo el mundo me describe como fría y calculadora, "la malvada Myra", pero les pido que crean que encuentro todo esto profundamente molesto»[9]
Gary Ridgway El asesino de Green River	Tras su arresto en 2001, escribió cartas a su esposa casi a diario. Tras confesar sus más de 70 asesinatos de mujeres, le escribió: «Querida Judith: [...] Recé a Dios, dejaré de matar si no me atrapan. He vivido con todo eso dentro de mí todos estos años. No podía decírtelo. Fui como un alcohólico seco durante un tiempo. Luego volví a la botella. Te extraño mucho»[10]

Fuente: elaboración propia.

- La narrativa. Los asesinos en serie se expresan a través de sus crímenes. Lo hacen mediante el *modus operandi* y en determinados casos a través de su firma o ritual. Así, su mensaje puede «leerse» en la escena del crimen, con lo que estaríamos hablando de una narrativa conductual. Pero lo que revelan de sí mismos a través de sus mensajes nos da a conocer una realidad aún mayor de ese sujeto, que tal vez no quede reflejada en su crimen. El psicólogo e investigador policial Joel Norris defiende la importancia de estudiar la narrativa expresa del asesino sistemático, puesto que nos ofrece un elemento más para investigar y comprender este fenómeno criminal, sobre todo desde el punto de vista de las motivaciones: «Para comprender las explicaciones del asesinato en serie, uno tiene que explicarlo con las propias palabras del asesino».[11]
- Los mensajes como una extensión simbólica de los crímenes cometidos. En el caso de Zodiac, tras el cese de sus crímenes, inició el envío reiterado de cartas. Estas no solo mantuvieron atemorizada a la sociedad, sino

que «lo que Zodiac había hecho, efectivamente, era crear la ilusión de que todavía estaba activo […]. Mientras escribiera para reclamar atención, la tradición que lo rodeaba continuaría».[12] Durante los últimos 51 años la Unidad de Registros de Criptoanálisis y Extorsión del FBI ha estudiado las soluciones que les enviaban muchos aficionados obsesionados con los criptogramas de este asesino. El 3 de diciembre de 2020 uno de los mensajes de Zodiac enviado al *The San Francisco Chronicle* en 1969 fue descifrado por dos informáticos y un matemático: «Espero que lo estéis pasando muy bien tratando de atraparme. Ese que salió en televisión no era yo. No me asusta la cámara de gas porque me enviará al paraíso lo antes posible. Ahora tengo esclavos suficientes que trabajen para mí mientras que el resto del mundo no tiene nada. Les asusta la muerte. A mí no me asusta porque sé que mi nueva vida será fácil en la muerte paradisíaca».[13] El FBI lo sigue considerando un caso abierto.

- Ofrecer pistas a los investigadores sobre su identidad, sus motivaciones o sobre su próxima víctima. Zodiac envió cartas y acertijos a la prensa local utilizando criptogramas. En ellos estaba oculta su identidad, o al menos eso fue lo que manifestó. En el libro *Clues from Killers. Serial murder and crime scene messages* (2004), de Dirk C. Gibson, se analizan las comunicaciones de diez asesinos. Cinco de ellos fueron detenidos gracias a las pistas que proporcionaron a través de sus mensajes: Berkowitz, los francotiradores de Washington D.C. (*DC sniper attacks*), Kaczynski (Unabomber), Robinson y Heirens.

- Demostrar a la policía su superioridad intelectual, entrando en un juego en el que ellos crean las reglas. A través de una carta enviada el 9 de noviembre de 1969 al periódico *The San Francisco Examiner*, Zodiac envió el siguiente mensaje: «La policía nunca me atrapará porque he sido más inteligente que ellos».[14] Algunos de los asesinos más célebres de nuestra historia criminal han disfrutado ridiculizando a la policía, como BTK o Unabomber.

- Petición de que se publiquen sus cartas en la prensa bajo la amenaza de que habrá nuevas víctimas si no lo hacen, o tras afirmar que dejarán de cometer crímenes si se dan a conocer sus escritos. Theodore J. Kaczynski[15] envió, desde 1978 hasta 1995, dieciséis cartas bomba que hirieron a 28 personas de gravedad y mataron a tres más. Las remitió a personas que representaban a la sociedad moderna que él odiaba. *The New York Times* recibió el 24 de abril de 1995 un escrito suyo en el que afirmaba «cesar el terrorismo» si ellos o *The Washington Post* publicaban su manifiesto. Ambos periódicos lo publicaron el 19 de septiembre de ese año. Titulado «La sociedad industrial y su futuro», más conocido como el «manifiesto de Unabomber», es un ensayo de 35.000 palabras[16] en el que afirma que «la revolución industrial y sus consecuencias han sido un desastre para la raza humana» porque la sociedad moderna ha obligado a las personas a actuar de un manera muy alejada al patrón natural de comportamiento.[17] Gracias a su publicación se le pudo detener el 3 de abril de 1996 en la cabaña aislada en la que vivía. David, el hermano de Kaczynski, encontró muchas similitudes entre las cartas que este le había enviado hacía tiempo y el manifiesto de Unabomber publicado en la prensa.

- Deseo de reconocimiento por los crímenes cometidos. Keith Hunter Jesperson violó y asesinó a ocho mujeres (víctimas confirmadas) entre 1990 y 1995. Es conocido como Happy Face Killer o Smiley por las caritas sonrientes que dibujó en las cartas y mensajes que envió. Taunja Bennett fue su primera víctima, pero los medios se centraron en Laverne Pavlinac, que confesó ser la autora del crimen junto a su novio. Esto molestó y ofendió en extremo a Jesperson, ya que la prensa no solo no le estaba prestando la atención que él consideraba que merecía, sino que adjudicaba la autoría de su crimen a otras personas. Su forma de actuar fue la siguiente: primero escribió una confesión anónima junto a una carita sonriente en la pared de un cuarto de baño a cientos de kilómetros de su primera escena del crimen. Como esto no obtuvo ninguna respuesta, comenzó a escribir cartas a los medios de comunicación, a la policía y a la fiscalía detallando sus crímenes y reivindicando su autoría, todas ellas acompañadas de su icono de cabecera: la carita feliz. Pero tampoco así obtuvo la atención que buscaba. Cometió el error de asesinar a su novia, y la policía obtuvo una orden de detención contra él. Tras su arresto, escribió una carta a uno de sus hermanos confesando sus 8 asesinatos, y este la envió a los investigadores. Tras realizarse varias pruebas caligráficas, se demostró que fue él quien había enviado las cartas a la prensa y a la policía, pero Jesperson ya había sido detenido por el asesinato de su novia Julie Ann Winningham.

- Búsqueda de fama y notoriedad, de modo que ellos mismos participan en la creación de su imagen pública. Algunos de estos asesinos estaban tan obsesionados con la notoriedad, que enviaron a la prensa sus propios apodos: BTK, Zodiac o el Hijo de Sam. Este último presentó su apodo en 1977 cuando dejó para la policía de Nueva York una carta manuscrita bastante incoherente, cerca del cuerpo de una de sus víctimas: «Soy el "Monstruo" - "Belcebú" - el "Chubby Behemouth". Me encanta cazar. Merodeando por las calles en busca de un juego limpio: carne sabrosa. Los *wemon* de Queens son z bonitos de todos. Debo ser el agua que beben. Vivo para la caza, mi vida. Sangre para papá … "Sal y mata" ordena el padre Sam. Detrás de nuestra casa descansa un poco. En su mayoría jóvenes, violados y sacrificados, su sangre drenada, solo huesos ahora…».[18] Berkowitz disfrutaba al ver sus cartas amenazantes publicadas en los periódicos de Nueva York durante el tiempo que duraron sus crímenes, y del pánico social que estas causaron.

Otras razones para enviar mensajes o comunicaciones, aunque menos habituales serían:

- Mostrar su agenda criminal y cuáles son sus objetivos.
- Llegar a tener el control sobre la investigación criminal.
- Difundir el pánico en la sociedad.
- Dar a conocer su mente criminal.
- Explicar sus crímenes, tratando de racionalizarlos.

Probablemente, el asesino en serie que más disfrutó construyendo su propia imagen ante la policía y ante la opinión pública fue Dennis Lynn Rader.[19] Rader siguió sus crímenes en la prensa, y su narcisismo fue lo que le llevó a su detención. Su relación epistolar con la prensa, en busca de notoriedad pública, comenzó en otoño de 1974. El 22 de octubre llamó a Don Granger, periodista del *Wichita Eagle*, a la línea que habilitó la prensa para posibles testigos de la muerte de la familia Otero. Rader informó al periodista de que había dejado una carta sobre el crimen dentro de un libro en el segundo piso de la biblioteca municipal. En ella se presentaba como BTK: «Lamento que esto le pase a la sociedad. Ellos son los que más sufren… Dónde entró este monstruo en mi cerebro nunca lo sabré. Pero llegó para quedarse. ¿Cómo se cura uno mismo? Si pides ayuda, que has matado a cuatro personas, se reirán o presionarán el botón del pánico y llamarán a la policía…».[20]

A partir de ese momento, Rader llamó en reiteradas ocasiones a la prensa y envió diferentes mensajes: un poema en honor a Shirley Vian, una de sus víctimas (enero de 1978); otro poema con un dibujo de Nancy Fox y la escena del crimen, tal y como la dejó (febrero de 1978) o un poema dedicado a Anna Williams, que aunque no consiguió matarla, lo escribió con la intención de aterrorizar psicológicamente a la población (abril de 1979). Treinta años después y ante la noticia del *Wichita Eagle* de que BTK había sido olvidado, comenzó a comunicarse de nuevo con la prensa. Durante el año 2004 envió polaroids de algunas de sus víctimas, una sopa de letras dando pistas sobre BTK, dos carnés falsificados que mostraban cómo accedió a varias de sus víctimas, una carta narrando su infancia, el collar de Nancy Fox, incluso una caja en la que había una muñeca con las manos atadas, y otra con una bolsa de plástico en la cabeza.

BTK se creció con la atención que le estaban prestando los medios, y sus mensajes eran cada vez más provocativos, poniendo a prueba de este modo a los investigadores, a los que llegó a tildar de «torpes». Finalmente, envió a los estudios de Kake-TV una carta que, entre otras cosas, contenía un disquete que fue rastreado y que condujo a su detención el 25 de febrero de 2005. Lo que él creyó que era su golpe maestro fue su mayor error. La pregunta es: si no se hubiera publicado ese artículo sobre BTK en 2004, ¿habrían logrado detenerlo?

Tomas Guillen, autor del artículo «Serial Killers Communiqués: Helpful or Hurtful» (2002), resalta el valor que tiene para la investigación el hecho de publicitar y dar a conocer los mensajes que envían los asesinos. Insiste, por ejemplo, en que publicar el manifiesto de Unabomber fue decisivo para su detención. Asimismo concluye que los encargados de hacer cumplir la ley deberían estudiar y desarrollar estrategias para invitar a los asesinos a que se comunicaran con la prensa o con los investigadores. Cuanto más se comuniquen, más posibilidades habrá de que puedan ser identificados a través de diferentes evidencias. Y, finalmente, ser detenidos.

ALGUNOS MENSAJES DEJADOS EN LA ESCENA DEL CRIMEN

Si nos alejamos del significado que tiene el mensaje dejado por el asesino en la escena del crimen o en la víctima, como firma o ritual, no es fácil determinar qué quieren decir exactamente con ellos. De hecho, pueden ser ventanas por las que asomarnos a las mentes de esos sujetos, por ejemplo:

- William Heirens, el asesino del pintalabios. Dejó esta nota escrita con carmín rojo en la pared del apartamento de una de sus víctimas (Frances Brown): «Por el amor de Dios, atrapadme antes de que mate más. No soy capaz de controlarme».
- La familia Manson. Tras la masacre en la casa de Roman Polansky, en la que su mujer, Sharon Tate, embarazada

de ocho meses, fue brutalmente acuchillada, dejaron escrito con sangre en la pared: «Helter Skelter».

- Richard Ramírez. Dibujó un pentagrama en la pared y otro en el muslo de una víctima.
- Ricky McCormick. En 1999 se encontró el cadáver de McCormick y en sus bolsillos había dos trozos de papel con grafías separadas por paréntesis.[21] Aún no se ha descifrado el código.
- Prince Hepburn. En 2012 asesinó con un machete a su novia, Nellie Brown-Cox, y escribió lo siguiente a lo largo de la hoja del arma homicida:[22] «Esto es lo que consiguen los tramposos». En el reverso de la hoja había otro mensaje: «Tú eres el próximo, George Sawyer».
- David Kalac. En 2014 asesinó a su novia, Amber Coplin, de 30 años, y dejó tres mensajes: «muerto» escrito en el carné de conducir de la víctima; «malas noticias» garabateado a través de las persianas y «ella me mató primero» en una foto que estaba colgada en la pared. Además, publicó en 4Chan, foro de imágenes, el siguiente mensaje: «Resulta que es mucho más fácil estrangular a alguien de lo que parece en las películas». Colgó fotografías online del cadáver desnudo de Amber y de la escena del crimen que siguen estando disponibles en internet.[23]

CARTAS ESCRITAS POR ASESINAS DESDE PRISIÓN

Las mujeres que se comunican con la prensa suelen hacerlo por otros motivos, y en los casos estudiados siempre lo han hecho después de cometer sus crímenes. Lo habitual es que hayan matado una sola vez y envían sus cartas desde la cárcel (en prisión preventiva o durante el cumplimiento de su condena). ¿Qué motivos las llevan a enviar cartas a la prensa?

- Para justificar el crimen que han cometido.
- Para alegar su inocencia ante la opinión pública.
- Para tratar de humanizarse ante los demás.

- Para hacer algún tipo de petición.
- Para contar su versión de los hechos, en muchos casos victimizándose. Este es el caso, por ejemplo, de Myra Hindley. Los documentos privados de Myra salieron a la luz tras su muerte en 2002. En las cartas dirigidas a sus abogados les contó cómo había sido «adoctrinada» por Ian Brady, su novio, mediante agresiones sexuales y maltratos físicos. En muchas de sus cartas afirmó: «Estaba completamente enamorada de él, por eso lo soporté y porque sus creencias al final me contagiaron y me hicieron aceptar y hacer cosas que nadie debería hacer».[24]

Susan Smith y Ana Julia Quezada, ambas en prisión y condenadas por la muerte de niños, tienen tres cosas en común además de su sangre fría y su falta evidente de arrepentimiento.

En primer lugar, la motivación para matar. Ambas asesinaron a menores porque les estorbaban. Esos niños eran un obstáculo para sus planes de futuro y para su vida en pareja. En el caso de Smith, su joven amante le escribió una carta en la que rompía con ella porque no estaba dispuesto a asumir la responsabilidad de cuidar y mantener a sus dos hijos (de 3 años y 14 meses). Así que tomó la decisión de eliminar lo que ella consideraba un impedimento para su felicidad. El 25 de octubre de 1994, Smith, acompañada de sus dos hijos, que dormían en el asiento trasero de su Mazda rojo, condujo hasta el lago John D. Long en Carolina del Sur (Estados Unidos). Detuvo el coche en la cuesta, bajó el freno de mano y unos segundos después saltó. El coche comenzó a hundirse lentamente en las frías y negras aguas del lago. En 1995 fue condenada a cadena perpetua. Podrá solicitar su libertad bajo palabra en 2024, con 53 años.

Ana Julia Quezada, además de que Gabriel, el hijo de su pareja, de tan solo 8 años de edad, le estorbaba para sus planes futuros, tenía unos terribles celos de él. El menor desapareció en febrero de 2018 en Níjar (Almería). Tras doce días de una intensa búsqueda, el 11 de marzo de 2018 el cadáver del niño fue encontrado en el maletero de su coche mientras lo trasladaba desde la escena del crimen. La sospechosa fue detenida y confesó el crimen, admitiendo que, tras una discusión, le dio un golpe con la parte roma de un hacha justo antes de taparle la boca y la nariz con la mano, lo que le provocó la muerte por asfixia. Después cavó un hoyo en la finca familiar donde se encontraba y ocultó su cadáver. En 2019 fue condenada por asesinato alevoso con el agravante de parentesco a la pena de prisión permanente revisable.

En segundo lugar, el show mediático que ofrecieron tras sus crímenes. Smith y Quezada fingieron que realmente estaban desesperadas buscando a los menores, a los que ellas mismas habían asesinado. Susan, al ser la madre de los dos niños, tuvo un mayor protagonismo y apareció en las tres cadenas de televisión estadounidenses más importantes. Durante nueve días mantuvo a un país entero conmocionado por sus llantos y sus súplicas, rogando al secuestrador de sus hijos que se los devolviera. Miles de familias rezaban para que los niños pudieran volver a casa con su desconsolada madre. Todos la creyeron. Finalmente, el 3 de noviembre de 1994, en un nuevo interrogatorio, confesó su crimen.

Durante los doce días del operativo de búsqueda, Quezada simuló estar afligida y apesadumbrada, acompañando en todo momento a Ángel Cruz, su pareja y padre del niño. Tuvo un contacto directo y constante con el operativo que investigaba la desaparición, de modo que disponía de información detallada de las pesquisas. Salió en reiteradas ocasiones en los medios de comunicación pidiendo que Gabriel apareciera y dando su apoyo personal y emocional a Ángel y a la familia del menor. La fiscal afirmó en el juicio el «excesivo, innecesario, gratuito y extremo desprecio al estado emocional de los padres».[25] Pero su cinismo aún fue más lejos, ya que dejó una camiseta de Gabriel en una zona de búsqueda que ya había sido rastreada, para tratar de incriminar a una tercera persona. Por este hallazgo fue interrogada por la Unidad Central Operativa (UCO) de la Guardia Civil, cerrándose poco a poco el círculo sobre ella hasta que fue detenida.

Y, en tercer lugar, las comunicaciones enviadas desde prisión. Ambas han remitido cartas a la prensa. Susan lo hizo a un periodista en concreto, y Ana Julia, directamente a un programa de televisión de gran audiencia. Aunque no se han conocido, y es más que probable que no hayan oído hablar la una de la otra, existen muchas similitudes en las cartas que ambas enviaron en lo que respecta a su contenido.

Susan Smith (asesinó a sus dos hijos en 1994)	Ana Julia Quezada (asesinó al hijo de su pareja en 2018)
DIFERENCIAS MÁS IMPORTANTES	
Fechas de las cartas: 1994[26] (confesión) y 2015[27] (cumpliendo condena)	Fecha de las cartas: 2018[28,29] Prisión preventiva
Confiesa su ideación suicida «No quería vivir. Sentía que debía acabar con las vidas de todos nosotros para protegernos de todo reproche y de todo daño.» Sin embargo, no se suicidó. Saltó del coche en el último momento dejando a sus dos hijos dentro	Victimismo «A mí me han tratado muy mal ciertas personas en el calabozo y en más sitios. Por eso cuando llegué a prisión me pareció el cielo, os podéis hacer una idea» «¡Por Dios! Si ya cuando me detuvieron en el coche que me metieron las dos chicas que se montaron conmigo, esas mismas me querían matar con las esposas por detrás y diciéndome una "ahora mismo te mataba, zorra. Te dejaba en una plaza para que te mataran, hija de puta. A ver si con un poco de suerte te matan en la cárcel"»
	Escribió una carta al juez quejándose de lo que ella consideraba un comportamiento inmerecido: «Señoría, le escribo esta carta por este motivo: verá usted, mi familia ha recibido unos mensajes de Ángel, el padre de Gabriel, y no me parece bien lo que ha dicho a mi familia […]. Entiendo que esté dolido pero que deje a mi familia tranquila»

«No soy el monstruo que la sociedad cree que soy. Estoy lejos de ello» (2015)	«No soy más monstruo[30] que esas personas y lo hice por un accidente» «También creo que cometas el delito que cometas nos tienen que tratar como personas»
«Es muy difícil escuchar mentira tras mentira sobre mí» (2015)	«Estoy impactada por todas las mentiras que se han dicho sobre mí.» «Sé que se dicen muchas cosas que no son ciertas»
Justificación del crimen «No estaba en mi sano juicio. No era yo misma. […] Lo que más me duele es que la gente piense que maté a mis hijos para estar con un hombre […]»	Justificación del crimen «La muerte de Gabriel fue un accidente.» Llegó incluso a culpar al menor de lo que había ocurrido
Búsqueda de protagonismo «Esta es solo una pequeña parte de la historia, pero quería decirle que si alguna vez le interesa hacer otro artículo, hágamelo saber»	Búsqueda de protagonismo «Tengo mucho que contar y en cuanto pueda lo haré. […] os seguiré escribiendo en cuanto pueda»
«Siento lo que ha pasado y sé que necesito ayuda.» (Carta de confesión en 1994)	«De todo corazón, perdona. Espero que algún día en vuestro corazón me perdonéis» Es significativo señalar que como no puede decir lo que siente, eche mano de la frase «No puedo hablar mucho por el secreto de sumario»

Fuente: elaboración propia.

En la era del *Homo digitalis*, alcanzar el reconocimiento público, hacerse «famoso» u obtener notoriedad está a tan solo unos miles de clics de distancia, al margen de cuáles sean los méritos. De los años sesenta a los noventa, algunos asesinos en serie alardearon de sus crímenes a través de los mensajes que enviaban a la prensa y a los investigadores, y lo habitual es que lo hicieran tras haber cometido el asesinato. Sin embargo, en la era digital, algunos asesinos utilizan internet, las redes sociales o las plataformas de vídeo para comunicar su intención homicida, para transmitir su crimen en *streaming* (a tiempo real), para colgarlo *a posteriori* y mostrarlo ante la sociedad digital, como el caso de Luka Magnotta, el descuartizador de Montreal, o incluso para confesar su delito. Algunos de ellos llegan a escribir sus propios manifiestos que mueven a través de las redes.

Uno de los primeros en anunciar en la red un crimen masivo fue Seung-Hui Cho, el surcoreano responsable de la masacre del 16 de abril de 2007 en la Universidad Tecnológica de Virginia (32 víctimas). Envió a la cadena de televisión NBC News un paquete que contenía un manifiesto de 23 páginas,[31] 43 fotografías[32] y 28 vídeos que sumaban casi noventa minutos. Lo más revelador de su manifiesto era que su última modificación fue el 16 de abril a las 7:24 horas, unos minutos después de haber asesinado a sus dos primeras víctimas y dos horas antes de la masacre. La policía manifestó que los vídeos no aclaraban los motivos de su masacre, pero sí podía apreciarse en sus palabras mucho odio.

En uno de los vídeos que difundió parcialmente la cadena de televisión se atribuye la masacre con estas palabras: «Habéis tenido cien mil millones de oportunidades y maneras de evitar lo de hoy, pero habéis decidido derramar mi sangre. Me habéis acorralado en una esquina y me habéis dejado solo una opción. La decisión es vuestra. Ahora tenéis sangre en vuestras manos».[33]

Pekka-Eric Auvinen (11 de noviembre de 2017)[34]
8 víctimas y más de 10 heridos (Instituto Jokela,
Tuusula, Finlandia)

Texto del vídeo colgado el 11 de julio de 2007: «Estoy preparado para luchar y morir por mi causa […] yo como selector natural eliminaré a todos los que considere desgracias indignas de la especie humana y fallos en la selección natural».

El 10 de noviembre de 2017 colgó un vídeo en YouTube titulado «Matanza en el Instituto Jokela» donde anunciaba el tiroteo que al día siguiente perpetró en su instituto.

Manifiesto «El selector natural»: «Hace algún tiempo, solía creer en la humanidad y quería vivir una vida larga y feliz… pero luego me desperté. Empecé a pensar más profundamente y me di cuenta de cosas. […] Soy un cínico existencialista, un humanista antihumano, un socialdarwinista antisocial, un idealista radical y un ateo como Dios. […] Ya he tenido bastante. No quiero formar parte de esta mierda de sociedad. […] Siento solo odio».

Elliot Rodger, un joven estudiante universitario de 22 años, asesinó a seis personas e hirió a trece más en Isla Vista (California). Antes de la masacre subió un vídeo a YouTube titulado «Elliot Rodger's Retribution» en el que explicó que los motivos que le llevaban a matar eran su deseo de castigar a las mujeres por rechazarlo, así como castigar a aquellos hombres atractivos y con una vida sexual activa que él no tenía. Este fue el contenido de su mensaje:[35]

Los últimos ocho años de mi vida, desde mi pubertad me he visto obligado a llevar una existencia de soledad, rechazo y deseos no cumplidos, todo porque las chicas no se han sentido atraídas por mí. Las chicas daban su afecto, sexo y amor a otros chicos, pero nunca a mí. Tengo 22 años y aún soy virgen, ni siquiera he besado a una chica. He estado en la universidad durante dos años, o más, de hecho, y aún soy virgen. Ha sido muy tortuoso. La universidad es el momento en donde se tienen experiencias

71

sexuales divertidas y placenteras. En estos años he tenido que pudrirme en la soledad. No es justo. Vosotras, chicas, nunca habéis tenido atracción por mí. No entiendo por qué no, pero os castigaré a todas por esto. Es una injusticia, un crimen. No sé lo que no veis en mí, soy el chico perfecto. Os lanzáis sobre estos chicos odiosos en lugar de hacerlo sobre mí, el Caballero Supremo. Os castigaré a todos por ello [cuatro carcajadas].

Cuatro años después de la masacre de Elliot Rodger, Alek Minassian, de 25 años, atropelló con su camioneta a varias personas en Toronto (Canadá). El balance fue de 10 víctimas mortales y 14 heridos. Horas antes de perpetrar su masacre, e inspirado por los asesinatos de Rodger, publicó un post en Facebook elogiándolo: «Infantería de Minassian 00010, deseando hablar con el sargento 4Chan por favor. C23249161. La revolución Incel ya ha comenzado. ¡Derrocaremos a todos los Chads y Stacys! ¡Saluden al Señor Supremo Elliot Rodger!».[36] En el capítulo 7 analizaremos con detenimiento el fenómeno *incel* en internet.

Uno de los últimos incidentes ha sido la masacre de Hanau (Alemania), ocurrido el 19 de febrero de 2020. Tobias Rathjen, un ultraderechista de 43 años, asesinó a tiros a nueve personas en dos bares y después huyó en su coche. Primero fue al Midnigth, en el centro de Hanau, y después al Arena Bar, donde abrió fuego de modo indiscriminado contra las personas que estaban en la zona de fumadores. Casi todas las víctimas eran de origen kurdo. Cuando la policía localizó su domicilio, encontraron su cadáver junto al de su madre, con heridas de bala y el arma homicida. El autor de esta masacre dejó plasmadas sus ideas xenófobas en un ensayo de 24 páginas que encontró la policía, junto a un vídeo en el que difundía sus extremas ideas racistas, pidiendo «abiertamente la aniquilación de pueblos enteros» al considerar que el pueblo alemán es superior y debe ser protegido de los extranjeros.[37]

Hay asesinos que quieren dejar escritos sus más terribles secretos aunque eso les suponga un gran riesgo. La gran mayoría escriben un diario por su compulsión a registrar sus actos de poder y dominio sobre las víctimas y así disponer de un medio para revivir una y otra vez sus crímenes. La profesora de Psicología forense Katherine Ramsland[38] afirma que esto lo único que revela de ellos es que son individuos con personalidades débiles o inadecuadas. Algunos asesinos mantuvieron un registro escrito o a través de bocetos y dibujos, como Dennis Lynn Reader (BTK) o Gerard Schaefer, de sus fantasías y sus crímenes en diarios, o bien a través de anotaciones en cuadernos, antes o después de cometer sus asesinatos. En esas páginas plasmaron sus pensamientos sobre la violencia, la tortura, el placer sexual, el poder o la muerte. Otros narraron cómo se sintieron, o por qué lo hicieron. Y algunos describieron sus crímenes con todo detalle:

- «Es frustrante, pero parece que no puedo hacer una bomba mortal.»[39] Esto es lo que escribió en su diario personal Kaczynski (Unabomber), alejado del mundo y de la sociedad.
- Leonard Lake llamó a su diario «Proyecto Miranda». Se inspiró en el libro *El coleccionista* (John Fowles, 1963), considerado el primer *thriller* psicológico moderno. La protagonista, Miranda, es secuestrada y confinada en el sótano por su secuestrador, un coleccionista de mariposas. «Convertiré mi búnker en un entorno físico para mis fantasías sexuales…, seguridad para mí y para mis posesiones.»
- Pauline Parker manifestó en su diario el creciente odio que sentía por su madre: «Es uno de los principales obstáculos de mi camino. De repente se me ocurrió el procedimiento para eliminar aquel obstáculo. Si muriera… […] Lo tenemos estudiado cuidadosamente y temblamos ante la idea. Como es natural, nos sentimos

un poquito nerviosas. Pero el placer de hacer los pre-
parativos es muy grande. [...] Me siento tan ilusionada
como cuando se prepara una fiesta. La próxima vez que
escriba, mi madre habrá muerto. ¡Qué extraño sentimiento de placer!».[40]

- Javier Rosado escribió: «A la luz de la luna contempla-
  mos a nuestra primera víctima. Sonreímos y nos dimos
  la mano. Me miré a mí mismo y me descubrí absoluta y
  repugnantemente bañado en sangre. A mi compañero
  le pareció acojonante, y yo lamenté mucho no poder
  verme a mí mismo o hacerme una foto. Uno no puede
  pensar en todo».[41]

4

Efecto *copycat killers*: imitadores de asesinos

> El criminal siempre imita a alguien [...] de ahí la dualidad del crimen-costumbre y del crimen-moda. Precisamente por ello es que el criminal es un ser social, que pertenece a la sociedad, y como tal es responsable. El loco, por el contrario, no imita al loco ni a nadie.
>
> GABRIEL TARDE, *Las leyes de la imitación y la sociología*, 2011, p. 60

Casi todos nosotros hemos tratado de imitar a otra persona utilizando una técnica tan simple como antigua: el arte de copiar. Es una habilidad clave de la especie humana que permite nuestra socialización. Imitamos modas, imágenes, sonidos, personalidades y, sobre todo, conductas. Y lo sorprendente es que la mayoría de las veces lo hacemos de un modo inconsciente. En el crimen también hay imitadores e imitados. Hay sujetos que copian la actividad criminal de un asesino en serie predecesor inspirados por el sensacionalismo mediático que esos crímenes han generado en la sociedad. Son los llamados *copycat killers*.

El fenómeno de la imitación criminal se ha investigado desde un punto de vista sociológico, psicológico y criminológico. A pesar de que en muchas ocasiones se ha intentado dar un enfoque sensacionalista (e incluso ficticio) a este fenómeno criminal, el *copycat killer* existe, aunque aún está muy poco investigado como conducta delictiva individual. De lo que sí tenemos datos es de la relación que puede existir entre los medios de comunicación, el cine y las nuevas tecnologías con el efecto llamado «imitación criminal».

Los investigadores sitúan el precedente de este fenómeno en los asesinatos de Jack el Destripador. En 1888, la prensa jugó un papel fundamental al dar una amplia cobertura mediática a sus brutales crímenes y el telégrafo hizo que Jack, asesino en serie de mujeres, fuera conocido a nivel internacional. Sin embargo, solo se le atribuyeron cinco de los once crímenes de mujeres que fueron registrados hasta el 13 de febrero de 1891 con un *modus operandi* casi idéntico. A partir del año 1916 comenzó a circular el término *copycat* al ocurrir una serie de asesinatos similares. Sin embargo, las primeras referencias que podemos encontrar del fenómeno están relacionadas con el libro *The Science of Revolutionary Warfare*, publicado por Johann Most en 1885. Se trata de un manual terrorista que se asoció con el atentado del 4 de mayo de 1886 en Haymarket Square (Chicago).[1]

La primera vez que se utilizó *copycat* de manera oficial fue de la mano de David Dressler, exdirector ejecutivo de la División de Libertad Condicional y sociólogo del estado de Nueva York en 1961, para describir patrones de comportamiento delictivo. En su artículo «Case of the Copycat Criminal; When Crime Comes in Waves, Simple Imitation Plays a Large Part in the Phenomenon. A Veteran Observer Explains Why This Should Be So. Copycat Criminal»,[2] defiende que cuando una serie de crímenes similares ocurren en un período de tiempo concreto, existe una alta probabilidad de que haya imitadores de los delincuentes originales (a los dos o tres meses).

El efecto imitación también se puede asociar a otra conducta con el mismo resultado mortal, pero, en este caso, ligado a su propia mano: *copycat suicides*. En 1974, el sociólogo David Phillips acuñó el término «efecto Werther»,[3] refiriéndose al efecto imitador en la acción suicida relacionándolo con la novela publicada en 1774 *Los sufrimientos del joven Werther*, de Wolfgang Goethe. En ella, un joven se suicida de un disparo en la cabeza después de sufrir un desengaño amoroso. Tras su publicación en Europa, muchos hombres se suicidaron de un tiro sentados a su escritorio con el libro abierto ante ellos, hecho que provocó su prohibición en Alemania, Dinamarca e Italia.[4]

Sin embargo, el fenómeno de imitación criminal comenzó a conocerse de modo masivo entre el público con la película *Copycat*[5] (Jon Amiel, 1995).

El aprendizaje y la imitación de los comportamientos delictivos

El intento por comprender el crimen de imitación comienza con el estudio sociológico y criminológico de Gabriel Tarde (1843-1904), primer criminólogo en sostener que el «crimen se aprende». Lamentablemente, los estudios posteriores sobre el *copycat* han estado en manos de la biología y la psicología, siendo muy pocos los estudios criminológicos que hay sobre esta conducta.

Tarde defendió la teoría de que determinados sujetos llevan a cabo conductas criminales porque las han aprendido dentro de ambientes sociales que predisponen a la delincuencia. Observó que en las ciudades con una gran población la imitación era más intensa, y estableció sus leyes de la imitación en su obra publicada en 1890 *Las leyes de la imitación y la sociología*:

1. Las personas imitan conductas de otras personas atendiendo al grado de contacto que hay entre ellas, principalmente en las grandes ciudades, donde la alta población provoca una imitación más rápida de modelos. Esta imitación está influida por las modas que se establecen en una sociedad durante un período de tiempo concreto y que pueden terminar convirtiéndose en costumbre.
2. Los sujetos que se sienten inferiores tienden a imitar a aquellos que consideran superiores. Tarde pone como ejemplo aquellos delitos que se cometieron en la sociedad francesa del siglo XIX y que eran perpetrados por sujetos que pertenecían a la clase alta o a la nobleza.

3. El tiempo hace que la sociedad evolucione y que surjan nuevos hábitos delictivos para ser imitados cada vez por más sujetos, como ocurre en la actualidad con la ciber-criminalidad.

Este criminólogo y sociólogo aplicó su teoría a la criminalidad determinando que la delincuencia y el crimen son conductas sociales que pueden ser imitadas para terminar convirtiéndose en una moda, en una costumbre o incluso en una tradición que se transmite de generación en generación.

Sin embargo, no todo aprendizaje se adquiere a través de la práctica, pues se pueden aprender nuevas conductas observando a otros modelos con los que el sujeto se identifica y, por lo tanto, aprende de ellos. En 1977, el psicólogo Albert Bandura propuso su teoría del aprendizaje vicario o social como explicación del comportamiento delictivo: aprendemos nuevas conductas observando el comportamiento de otros individuos reales o simbólicos (padres, hermanos, profesores o personajes de ficción). Esta observación crea un proceso de aprendizaje inmediato que puede ser involuntario (inconsciente) y puede durar todo el tiempo de vida de ese sujeto.

El aprendizaje de nuevas conductas comienza en la niñez y continúa en la edad adulta, sobre todo si existe una constante interacción de ese sujeto con su entorno. El aprendizaje vicario puede enseñarle nuevas conductas, provocar o estimular otras ya aprendidas o fortalecer/debilitar determinadas inhibiciones como la timidez o el miedo.

Ambas teorías se pueden aplicar al *copycat killer*, ya que el efecto imitación se basa en un aprendizaje de un modelo observado, real o ficticio, para copiarlo o imitarlo.

¿QUÉ ES UN *COPYCAT KILLER*?
CARACTERÍSTICAS DE LOS ASESINOS IMITADORES

El *copycat killer* es aquel crimen o asesinato modelado, motivado o inspirado por otro anterior que ha sido difundido masivamente en los medios (televisión, películas, series, prensa escrita, radio, revistas, internet, redes sociales, etc.). Estamos ante un sujeto que imita/copia e incorpora a su delito aspectos del crimen de un asesino predecesor y que puede ser real o bien un personaje de ficción.

El efecto imitación emerge de la personalidad de sujetos que quieren emular las conductas delictivas llevadas a cabo por «criminales carismáticos» que han aparecido o aparecen en los medios. Las fuentes a través de cuales conocen la actividad criminal de los asesinos originales son los medios de comunicación (sobre todo la televisión), la prensa digital, sus biografías, las redes sociales, internet, las recreaciones cinematográficas y los *true crime* televisivos y literarios.

Para poder identificar a un sujeto como un *copycat killer*, es preciso que cumpla las siguientes características:

- Tiene que existir un período mensurable entre los asesinatos originales y los asesinatos del imitador. Heriberto Seda actuó en Nueva York entre 1990 y 1993 y Zodiac en San Francisco entre 1966 y 1970, aunque aún se discute si fue el autor material de algunos crímenes acontecidos hasta 1974.
- No se trata de un crimen puntual ni de un homicidio simple, sino que estamos ante un homicida múltiple sistemático o serial. Seda intentó asesinar a 9 personas, dejando tres víctimas. Zodiac asesinó a cinco personas, aunque intentó matar a siete.
- Los crímenes cometidos por el imitador deben ser perfectamente identificados con los crímenes precursores del asesino original. Esto puede ser muy útil para los investigadores a la hora de poder prever los futuros movimientos del imitador.
- El imitador tiene que tener la intención voluntaria y consciente de imitar a otro asesino (real o ficticio) y así debe comunicárselo a la prensa o a los investigadores. La mera influencia de otros asesinos no es suficiente.

El 1 de agosto de 1969, tres periódicos recibieron una carta escrita a mano en la que un supuesto asesino confesaba ser el autor de la muerte de dos adolescentes. Amenazaba con asesinar a 12 personas más si sus cartas no eran publicadas en primera plana. Firmaba como «El asesino del Zodiaco», y en cada carta había dibujado un criptograma (un círculo atravesado por una cruz) además de parte de un código que, según el propio asesino, desvelaría su identidad si eran capaces de descifrarlo.

Veinte años después, en noviembre de 1989, Heriberto Seda envió a la policía su primera carta manuscrita. En ella alertaba a los investigadores de sus intenciones: asesinaría a 12 personas, una por cada signo zodiacal, cada 21 días. Junto a la misiva incluyó un dibujo que representaba un círculo dividido en diferentes secciones representando los signos zodiacales.

Tras su primer ataque (la víctima sobrevivió a un disparo por la espalda) dejó en la escena del crimen una nota envuelta en el arma que utilizó con el mensaje: «Este es Zodiac». Seda se identificó ante la policía como el asesino al que estaba imitando, Zodiac, que dejó de matar en 1970, aunque siguió enviando cartas a la prensa (la última, el 29 de enero de 1974). A fecha de hoy, Zodiac no ha sido detenido ni tampoco identificado.

- El *copycat* ha de imitar varios elementos del crimen original; por ejemplo, algunas pautas del *modus operandi*, la forma de vestir, el pseudónimo utilizado o algunas de las costumbres del asesino original. No es suficiente con que imite un solo elemento, porque podría deberse a la casualidad, a la oportunidad o bien a otros elementos que aparecen en el momento del crimen.

La práctica más común en el crimen de imitación es el uso de técnicas de delitos mediáticos.[6] Los asesinos múltiples Dale Pierre Selby y William Andrews,[7] antes de disparar a sus cinco víctimas en la cabeza, las obligaron a beber limpiador de desagüe corrosivo. Esta idea la sacaron de la película *Harry el fuerte* (1973, dirigida por Ted Post), donde un proxeneta asesina a una prostituta obligándola a beber el mismo producto.

Thierry Jaradin, de 24 años, no aceptó la negativa de Alisson Cambier, su vecina de 15 años, cuando le propuso una cita romántica. El joven la apuñaló 30 veces, ataviado con un disfraz de fantasma, y después colocó el cuerpo de Alisson sobre la cama, le puso una rosa roja entre las manos y llamó al padre de la víctima para confesar su crimen. Admitió estar motivado e inspirado por la trilogía de *Scream*[8] de Wes Craven.

- Notoriedad mediática del asesino precursor, lo que incita a querer ser imitado. Muchas de las conductas de imitación criminal están directamente relacionadas con la importancia que los medios han dado a esos crímenes o a ese asesino.

  Heriberto Seda imitó a Zodiac por dos razones. En primer lugar porque jamás fue detenido. Zodiac asesinó a cinco personas y jamás se ha sabido su identidad, de modo que el miedo a ser detenido disminuyó, creyendo que sus crímenes también quedarían impunes y que a él tampoco lo atraparían. En segundo lugar, Zodiac mantuvo un gran interés mediático durante más de cinco años en la prensa y en la televisión, siendo protagonista absoluto tanto él como sus crímenes. Seda quería tener la misma atención, dejar de ser anónimo y ser tan importante como su predecesor, y lo consiguió, ya que la prensa lo bautizó como el «asesino del zodiaco de Nueva York». Sin embargo, él no escapó a la justicia y fue condenado a 236 años de prisión, en el centro correccional de Ática.

- El imitador no solo cree en su propia eficacia o autosuficiencia criminal,[9] sino que está convencido de que lo hará mucho mejor que su predecesor, y que él no cometerá sus mismos errores. Esta autosuficiencia le lleva a tener una mayor motivación para copiar un crimen.[10] Sin embargo, comete otros errores, sobre todo porque sus motivaciones no son las mismas que las del asesino original.

- No comparten las mismas pulsiones asesinas. Pueden imitar el *modus operandi*, pero nunca la motivación primigenia del asesino original.

- Es altamente improbable que imiten acciones concretas, como por ejemplo la necrofilia o el sadismo, a pesar de conocer el crimen por los medios de comunicación o por la información que aparece en internet. Conductas como estas son inherentes a un tipo de personalidad muy concreta, y están directamente relacionadas con las motivaciones del asesino en serie original, la urgencia que tiene de satisfacer sus fantasías recurrentes, sus necesidades emocionales y psicológicas o de dominio sobre las víctimas.

- Como cada uno tiene sus propias motivaciones para matar, no puede imitar la firma del asesino original. La firma nos indica por qué se ha cometido ese crimen y refleja no solo las necesidades emocionales y psicológicas que el agresor satisface a través de ese asesinato, sino también sus fantasías. Además, es mucho más difícil que en los medios aparezcan detalles tan específicos del crimen, pues solo los conocen quienes están participando en la investigación.

- Los sujetos que cometen crímenes de imitación ya estaban en riesgo de cometerlos. Existe una predisposición a matar por parte del imitador y hay algún factor externo (por ejemplo, alguna noticia que ha visto en los medios) que puede hacer de detonante. En la mayoría de los casos tienen antecedentes penales, un trastorno mental o un trastorno antisocial de la personalidad con rasgos psicopáticos, y suelen ser sujetos socialmente aislados. Además, tienen actitudes positivas y proactivas hacia la violencia y el crimen, y en muchos casos han crecido en entornos violentos y con un trasfondo de criminalidad.

¿Por qué imitan a otros asesinos?
Motivaciones del *copycat killer*

Loren Coleman, autor de *The copycat effect: How the media and popular culture trigger mayhem in tomorrow's headlines* (2004), sugiere que el hecho de imitar a otros asesinos tiene un claro objetivo: obtener fama y notoriedad, la misma que tuvieron los asesinos a los que imitan o tratan de imitar. Creen que al cometer esos crímenes terminarán saliendo en los medios, su foto estará en internet e incluso pueden llegar a ser los protagonistas de una película, un libro o una serie de televisión, de modo que para ellos es gratificante. Son conscientes de que los asesinatos más impactantes y atroces cometidos por otros sujetos han tenido una amplia cobertura mediática y buscan vincular sus crímenes con la publicidad que se dio a los asesinos originarios, disfrutando así de una «publicidad reflejada».[11] Los imitadores consideran que la atención mediática que reciben estos asesinos es una recompensa[12] a los actos criminales que han cometido. Cuanto más famoso es un asesino en serie, más atractivo resulta para los imitadores.

Algunos asesinos múltiples (en masa y en serie) han sido elevados a la categoría de figuras míticas o estrellas, llegando incluso a crear fanatismo, fascinación o reconocimiento público, confiriéndoles un estatus de inmortalidad. A pesar de que Ted Bundy murió en la silla eléctrica de la prisión estatal de Florida en 1989, el canal de televisión de pago Netflix estrenó en 2019 un *biopic* sobre este psicópata y sus brutales asesinatos. Además, Bundy aparece en la página web <https://supernaught.com/collections/ted-bundy> en la que se puede comprar, por ejemplo, una de sus cartas manuscritas por 2.500 dólares.

Además, imitar o copiar los crímenes de un asesino puede formar parte de las fantasías de esos sujetos. Dos semanas antes de perpetrar su ataque contra estudiantes de la Universidad Seattle Pacific en 2014, Aaron Ybarra escribió en su diario que Seung-Hui Cho (autor de la masacre en la Universidad Tecnológica de Virginia) y Eric Harris (autor, junto a Dylan Klebold, de la masacre de Columbine en 1999) eran sus ídolos. Ybarra ha sido sentenciado a 112 años de prisión.

Otra de las motivaciones es tratar de exculpar al asesino, haciendo creer a los investigadores que han detenido a la persona equivocada, o bien para cargar otra víctima al asesino original, sin que él haya participado en esa nueva acción criminal. La periodista *freelance* Veronica Compton trató de imitar al asesino en serie Kenneth Bianchi,[13] de quien se había enamorado, con la intención de exculparlo. En 1980, Bianchi ideó un plan para poder salir de prisión y entregó a Compton su propio semen en un guante con la indicación de que debía encontrar una nueva víctima. Los pasos a seguir que recibió la periodista la empujaban a matar utilizando el mismo *modus operandi* que él, para, una vez cometido el asesinato, depositar el semen de Bianchi en la escena del crimen y que pareciera uno de tipo sexual. La intención de imitar y amañar la escena del crimen es que los investigadores llegaran a la conclusión de que habían detenido al hombre equivocado y que el asesino seguía en libertad. Al no haberse desarrollado aún la tecnología del ADN, no había peligro para Bianchi: era imposible que en ese momento se supiera que el semen era suyo. Compton obedeció a Bianchi, pero la víctima seleccionada, una joven de 26 años llamada Kim Breed, se defendió y el plan fracasó. Compton fue sentenciada a cadena perpetua.

La despersonalización es otra de las motivaciones. Los *copycat killers* pueden tratar de imitar a otros asesinos como un medio para adoptar una personalidad que les permita justificar su crimen. Adoptan temporalmente la personalidad de la persona real o del personaje de ficción al que están imitando.

El 20 de julio de 2012, y durante el estreno de la película *El caballero oscuro: la leyenda renace*, dirigida por Christopher Nolan, James E. Holmes, de 24 años, entró en el cine Century 16 de Aurora (Denver, Colorado) y, tras lanzar varias bombas de humo, comenzó a disparar indiscriminadamente a los espectadores. Asesinó a 12 personas y dejó heridas a otras 59. Holmes en el momento de ser detenido se identificó como Joker, personaje de ficción de la saga Batman y enemigo del superhéroe.[14] Para cometer la masacre, se tiñó el pelo de un naranja chillón y testificó que Joker le proporcionó un vehículo con el que asesinó a esas personas, asumiendo una nueva identidad que le facilitó su violencia homicida. Justo una semana después de la masacre de Aurora, Scott Smith, de 37 años, fue detenido en una sala de cine en la que proyectaban la misma película con una Glock de 9 mm y munición en su bolsa.[15] Intentó imitar la masacre de Holmes pero en Cleveland, Ohio.

Finalmente, tenemos la venganza. En este caso nos referimos a los asesinatos múltiples en un solo acto (asesinatos en masa), sobre todo los que se llevan a cabo en colegios, institutos o universidades, los denominados *copycat mass shotter*. Estos imitadores son los que más víctimas dejan. Aquí sí coincide la motivación del imitador y del asesino imitado: devolver a la sociedad el golpe por los agravios reales o percibidos y por el trato injusto al que ha sido sometido. En la mayoría de los casos se trata de adolescentes de entre 14 y 17 años que atacan a compañeros de colegio y profesores, o bien universitarios cuyo objetivo son los compañeros de universidad o desconocidos.

En la última década, en Estados Unidos (según la base de datos elaborada por Mother Jones)[16] ha habido un incremento del 255 % (463 víctimas) en relación con el período 1989-1998 y del 426 % si lo comparamos con la década 1979-1988. La investigación de Harvard[17] muestra, por ejemplo, que entre 2011 y 2014 los tiroteos ocurrieron en un promedio temporal de 64 días, mientras que en los 29 años anteriores ocurrían cada 200 días más o menos.

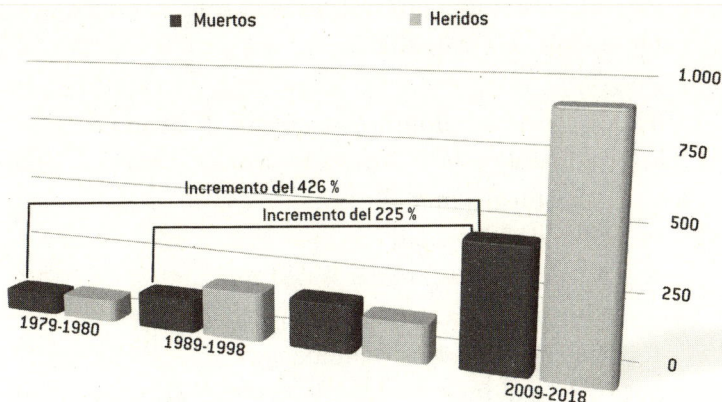

Fuente: elaboración propia a partir de los datos de Infobae.

Probablemente, este aumento de tiroteos masivos se debe al efecto imitación que surge al estar al tanto de lo sucedido en los medios de comunicación, internet o redes sociales. No olvidemos que en este caso los asesinos aprenden de crímenes anteriores y estudian sus técnicas. Además, no hay que olvidar que en Estados Unidos el acceso a las armas[18] y su disponibilidad es mucho mayor que en otros países, por lo que supone un factor de riesgo que facilita el que se cometan estos tiroteos.

FACTORES QUE INFLUYEN EN EL CRIMEN DE IMITACIÓN O *COPYCAT KILLER*

El efecto imitador criminógeno implica una interacción entre diferentes elementos como la relación e influencia de los medios de comunicación y de las nuevas tecnologías, el contexto social o el ambiente donde ese sujeto ha ido creciendo con diferentes factores culturales, situacionales, demográficos e individuales.[19] Las investigaciones sugieren que la edad y el desarrollo emocional desempeñan un papel importante en la reacción de un sujeto ante el contenido violento de los medios de comunicación y las nuevas tecnologías.[20]

1. Factores criminógenos individuales que pueden aumentar la violencia mimética:

   a. Sexo y edad: hombres menores de 30 años.
   b. Probabilidad de sufrir trastornos de personalidad[21] o trastornos mentales.
   c. Falta de identidad.
   d. Antecedentes familiares disfuncionales.
   e. Abuso familiar y falta de apego.
   f. Aislamiento social y alienación.
   g. Rasgos agresivos y uso de la violencia como medio para la solución de conflictos.

h. Uso o abuso de facilitadores como alcohol, drogas o pornografía.
i. Vulnerabilidad emocional.
j. Gran confianza en los medios de comunicación.
k. Antecedentes penales.
l. Autoidentificación con asesinos reales o de ficción.
m. Baja autoestima, bajo autocontrol, desinhibición y búsqueda de sensaciones.[22]

2. Factores culturales y ambientales. Influyen valores culturales como la fama y la notoriedad, la relación cultural que ese individuo tenga con el crimen y la violencia, en qué grado su entorno apoya o rechaza los medios como fuente legítima de información, y la aceptación social y cultural de determinados medios.

3. Relación del sujeto con los medios de comunicación. La confianza que tenga en ellos como fuente fidedigna de información, el grado de interacción e intensidad con los medios, la alfabetización mediática[23] y la identificación de ese sujeto con los protagonistas que salen en la televisión y en la prensa con su estilo de vida, su estética personal, sus creencias y hábitos, etc.

4. Elementos de los medios que pueden influir en determinados sujetos:

a. Imágenes y argumentos que desvanecen los límites entre la realidad y la fantasía.
b. Atractivo de los personajes reales o de ficción (físico y personalidad).
c. Respuesta positiva hacia el crimen y la violencia; por ejemplo, con un buen final para los delincuentes o criminales.
d. Lenguaje de la violencia: contextualización del crimen, validación y tolerancia del comportamiento antisocial.

PASOS QUE SIGUE UN *COPYCAT KILLER*[24]

- Adquiere conocimientos del crimen original a través de distintas fuentes: medios de comunicación, internet, cine, biografías o documentales sobre los asesinatos. Aprende a través de la observación. Considero que si unimos múltiples exposiciones a la violencia mediática con diferentes interacciones sociales también violentas, es más probable que se dé el efecto imitador.

- Tiene la certeza de que copiar un crimen es una buena idea que le reportará beneficios positivos como la publicidad, la fama, la notoriedad, el protagonismo en los medios de comunicación e incluso beneficios económicos. Todo ello le hará salir de su absoluto anonimato. Tras sus asesinatos, David Berkowitz, el «hijo de Sam», tenía la intención de vender su historia criminal. Para evitar que un asesino se lucrara por los actos cometidos, el Senado del estado de Nueva York promulgó en 1977 la llamada «Ley del hijo de Sam» cuyo objetivo era impedir que los asesinos condenados obtuvieran beneficios económicos vinculados a los crímenes que habían perpetrado. Posteriormente, 42 estados han promulgado leyes similares para que las ganancias que un asesino pueda obtener al vender su historia delictiva sean destinadas a un fondo de compensación para sus víctimas. Sin embargo, esta ley fue declarada inconstitucional en 1991 y muchos estados la han enmendado para evitar problemas constitucionales.

- Decide, en un futuro a corto plazo, que perpetrará la imitación del crimen elegido. Esto podemos observarlo sobre todo en los *copycat mass shotter*.

- Intenta copiar el crimen original.

- Confirma y evalúa qué resultados tendrá para él copiar o imitar un crimen original.

Para determinar que estamos ante un *copycat killer* tiene que haber una **intencionalidad** consciente de imitar y un **reconocimiento** por parte del imitador de que quería imitar a un asesino anterior, bien por prestigio, bien por notoriedad o por admiración. Inspirarse, o simplemente estar influenciado por asesinos reales o de ficción, no es suficiente para considerarlo un imitador.

1. ¿Puede la ficción inspirar y generar un crimen? Hay sujetos que imitan a personajes de películas, de series de televisión, de libros o de videojuegos. La mayoría de nosotros sabemos dónde trazar esa línea que separa la realidad de la ficción, pero hay personas que no saben hacer la distinción. En estos casos podemos hablar de un proceso de identificación[25] del imitador con el personaje ficticio, de modo que la realidad y la ficción interactúan a nivel subjetivo, lo que puede provocar un impacto sobre ese individuo. Determinados personajes ficticios pueden tener rasgos que reactiven en un momento concreto ese proceso de identificación, sobre todo en la adolescencia, que es la etapa en la que buscamos de qué modo crear nuestra propia imagen. Que este proceso derive en actos delictivos violentos dependerá de varios factores: contexto donde se desenvuelve ese sujeto, sus vulnerabilidades, determinados factores personales, etc. La ficción no convierte en violento a un sujeto, pues este rasgo ya lo tiene, pero sí puede «activarlo» con un hecho o un personaje con el que finalmente se siente identificado y que le lleva a cometer un crimen.

Asesino de ficción	Efecto imitación-*copycat killers*
Película *Asesinos natos* (Oliver Stone, 1994)	Asesinatos de la familia Richardson (Canadá, 2006). Jeremy Allan Steink, de 23 años, y Jasmine Richardson, de 12, asesinaron a los tres miembros de la familia de Jasmine, ante su negativa a que salieran juntos por la diferencia de edad. Cuando Steink fue detenido, dijo al policía: «¿Has visto la película *Asesinos natos?*... Creo que esa es la mejor historia de amor de todos los tiempos»
Serie de televisión *Dexter* (8 temporadas, 2006-2013)	Steven Miles, de 17 años, apuñaló a su novia, de 16, luego la descuartizó y finalmente metió el cadáver en bolsas de plástico. En el juicio afirmó que trató de copiar el comportamiento de Dexter, el protagonista de la serie
Saga cinematográfica *Pesadilla en Elm Street* (9 películas, 1984-2010)	Donald González asesinó a cuatro personas basándose en el famoso personaje de terror Freddy Krueger. Durante el juicio declaró que quería matar al menos a 10 personas y que fantaseaba con convertirse en su ídolo, ya que trató de imitar de modo consciente y voluntario a este asesino de ficción
Asesino de ficción	Efecto imitación-inspiración
Libro *Rage*, de Stephen King, escrita bajo el pseudónimo de Richard Bachman (1977)	Jeffrey Lyne Cox (California, 1988), Dustin L. Pierce (Kentucky, 1989), Scott Pennington (Kentucky, 1993), Barry Loukaitis (Washington, 1996) y Michael Carneal (Kentucky, 1997), todos leyeron y tenían en sus taquillas un ejemplar. Y todos ellos retuvieron a compañeros de clase y profesores, y asesinaron a varias personas emulando a Charlie Deck, protagonista de la obra
Libro *El guardián entre el centeno*, de J. D Salinger (1951)	Mark David Chapman, después de disparar cinco veces a John Lennon (8 de diciembre de 1980), sacó su ejemplar y lo leyó hasta que llegó la policía. Al ser detenido, afirmó: «Estoy seguro de que la mayor parte de mi ser es Holden Caulfield, el personaje principal del libro»

Fuente: elaboración propia.

2. Imitación de asesinos célebres. ¿Puede la difusión masiva de crímenes y delitos violentos actuar como disparador de un crimen de imitación? Hay determinados sujetos que imitan a «famosos asesinos en serie» que han sido muy mediáticos ya fuera durante el tiempo que duró su actividad criminal, tras su detención o porque no lograron detenerlos, como es el caso de Zodiac.

3. Imitación por identidad motivacional con el asesino original: la venganza. Este es el caso de los tiroteos masivos perpetrados en su mayoría por estudiantes o universitarios.

Podemos concluir que existen muy pocos casos clasificables como *copycat killers* puros. En cambio, sí hay mucha más casuística de asesinatos que han sido inspirados o influenciados por asesinos reales o ficticios.

En 2009, Anthony Sowell fue detenido en Cleveland, por el asesinato de 11 mujeres. Sus cuerpos descompuestos fueron encontrados entre su casa y el patio trasero. La mayoría de las víctimas eran mujeres negras entre los 21 años y los 53, con un historial delictivo de prostitución o abuso de drogas. La investigación del caso determinó que algunos cuerpos llevaban años hacinados en la casa.

Cambiemos de ciudad y de año. En julio de 2013, Michael Madison fue detenido en la vivienda de su madre tras encontrar los restos de una de sus víctimas; horas después descubrieron dos cadáveres más: tres mujeres negras dentro de bolsas de plástico. No estamos ante un *copycat killer*, sino ante un joven que actuó influenciado por Sowell, y que imitó tanto su *modus operandi* como su victimología: la forma en la que decidió envolver los cadáveres y el tipo de víctimas escogido.

5

«Monkey see, monkey do»: ¿influyen los *mass media* en el efecto imitación?

> Las epidemias infecciosas se propagan con el aire o el viento. Las epidemias del crimen siguen la línea del telégrafo.
>
> GABRIEL TARDE

Estados Unidos, verano de 1966. Dos historias criminales: Richard Speck asesinó a ocho mujeres en Chicago en una sola noche y Charles Whitman disparó y asesinó a 15 personas desde la torre del reloj de la Universidad de Texas (Austin). Ninguno mató con la intención de obtener fama, notoriedad o protagonismo mediático; sin embargo, eso mismo consiguieron con sus actos criminales. Pasaron de ser sujetos anónimos a estar en las portadas de todos los periódicos. Robert Benjamin Smith los vio durante días en los periódicos y en la televisión y después se compró un arma. El 12 de noviembre de 1966 entró en el Rose-Mar College of Beauty en Mesa (Arizona) y mató a cuatro mujeres y a un niño. Cuando fue detenido, afirmó: «Quería darme a conocer, solo quería conseguir ser alguien, que la gente supiera quién soy».

Los medios de comunicación son una fuente de información poderosa porque proporcionan a las personas la sensación de experimentar con la realidad. Este fenómeno se denomina «Monkey see, monkey do»,[1] porque los medios tienen la capacidad de influir en las creencias, actitudes e incluso en los comportamientos del público más vulnerable. Entre las diferentes influencias destaca la de generar comportamientos violentos, y aunque estos nunca tienen una sola causa, sí existen pruebas que confirman la relación entre la exposición a la violencia mediática y un comportamiento agresivo del público que observa.[2]

Hay dos informes pioneros al respecto del Gobierno de Estados Unidos: el del director general de Salud de 1972 y el informe de seguimiento que en 1982, y durante diez años, llevó a cabo el Instituto Nacional de Salud Mental. Sin embargo, los medios también ostentan un rol importante en la economía, la política o las prácticas sociales, y pueden tener un papel determinante, no solo en la imitación, sino también en la prevención de las conductas delictivas.

La visión que la sociedad y gran parte de los ciudadanos tienen de la criminalidad y la delincuencia depende en gran medida de su propia experiencia como víctimas, de la victimización de personas de su entorno y del tratamiento que hacen los medios (incluidos los digitales) del crimen y de la delincuencia violenta. Cuando a la sociedad se le da detalles escabrosos sobre determinados asesinatos, como mostrar imágenes del lugar donde fue encontrado el cadáver o de la escena del crimen, o publicar cartas y manifiestos de los asesinos, la prensa puede jugar un papel importante en el efecto imitación de determinadas conductas delictivas o violentas. El crimen ha existido, existe y existiría aunque no haya medios de comunicación ni tecnología, pero las formas o *modus operandi* de algunos crímenes violentos o de algunos tipos de delitos pueden influir o inspirar a determinados sujetos. Podemos afirmar que existe un efecto contagio sobre todo respecto a noticias de suicidios, tiroteos masivos y violencia de género que va en aumento debido al auge de los medios digitales y a la popularidad masiva de las redes sociales.

La bibliografía científica ha encontrado una correlación significativa estadísticamente entre el consumo de medios violentos y el aumento de las agresiones. La exposición reiterada a la violencia en los medios ha sido identificada empíricamente como un factor de riesgo a la agresión,[3] y factores individuales como, por ejemplo, la alta agresividad de los rasgos se han asociado con la elección del visualizado de los medios violentos y el aumento de agresiones tras observarlos.[4]

El doctor en Criminología y profesor de Justicia criminal de la Universidad de Florida Ray Surette, en su estudio de 2002 «Self-Reported Copycat Crime. Among a Population of Serious and Violent Juvenile Offenders», llevó a cabo la siguiente investigación: sobre una población penitenciaria de 68 delincuentes juveniles masculinos violentos, encontró que el 26 % habían perpetrado un crimen similar al que habían escuchado o visto en diferentes medios de comunicación, y concluía que la imitación criminal más común es copiar técnicas de los delitos más mediáticos. Asimismo, Peterson-Manz, en su tesis de 2002 «Copycats: Homicide and the Press», comparó los homicidios cometidos entre 1990 y 1994 (9.442 casos) con los informes de los crímenes y descubrió que los homicidios aumentaron dos semanas después de que estos aparecieran en portadas de la prensa escrita.

EL CRIMEN COMO ENTRETENIMIENTO

El crimen como entretenimiento surgió en la década de 1930 cuando se dramatizaron los casos policiales en la radio. En los años cuarenta, las películas sobre crímenes alcanzaron picos extremos de popularidad, y en los ochenta hubo el auge de programas televisivos sobre crímenes reales, los criminales y sus víctimas. Actualmente, el *true crime*[5] y los *biopic*[6] de asesinos y asesinos múltiples tienen millones de espectadores debido a la televisión en *streaming* de pago como Netflix, HBO o IMDb. Es innegable que la violencia mostrada en los medios resulta atractiva, pero... ¿por qué? Dolf Zillmann y Jennings Bryant[7] tienen una respuesta: visualizar escenas violentas satisface la curiosidad morbosa de los espectadores, les permite elogiar su empatía y su propia capacidad emocional al comprobar su rechazo hacia esas imágenes, y comparan su situación social con la de los sujetos que aparecen en los medios.

Cuando el crimen y la violencia extrema se presentan como un entretenimiento, pueden potenciar que determinadas personas desdibujen el límite que existe entre la realidad y la fantasía. En algunos casos muy concretos, los medios de comunicación y la cultura popular envían un poderoso mensaje: el crimen importa, los criminales merecen atención mediática y cuanto más aberrante y cruel sea el crimen, más notoria será la noticia.[8] Si determinados sujetos (a nivel individual) visualizan repetidamente cierto tipo de violencia en los medios, en una cultura donde los delincuentes y los asesinos violentos tienen casi el estatus de estrellas, esto puede influir en una conducta criminal posterior. Surette afirma que el contenido criminogénico debe ser previamente creado, para después ser potencialmente copiado.[9]

Si asignamos el estatus de celebridad, rendimos homenaje, glorificamos y recurrimos al sensacionalismo con quienes cometen crímenes horribles, estamos aumentando la posibilidad de que estos sujetos atraigan la atención para que se cometan crímenes similares.[10]

No creo que consultar información sobre crímenes en los medios de comunicación tradicionales o a través de las nuevas tecnologías convierta a una persona en un asesino. Sin embargo, sí creo que el hecho de *cómo* se transmite esa noticia, *cuánto* y *en qué* medida (fotografías, vídeos, identidad del asesino, algunas de sus características, el arma del crimen o el *modus operandi*) influirán en el público de diferente manera. Para quien ya tiene una motivación previa o se ha imaginado a sí mismo cometiendo un crimen, los medios de comunicación simplemente pueden precipitar o dar el último empujón para que ese sujeto lo lleve a cabo. Para otros, las noticias sobre delincuencia y crímenes violentos serán simplemente una fuente de información que les ayudará a conocer la realidad delictiva, o bien les servirán para tomar conciencia de los diferentes problemas delincuenciales que afectan a la sociedad. Cada espectador integrará a su modo las imágenes que observa dependiendo de distintos factores, como sus experiencias, su personalidad o sus rasgos individuales, sociales y familiares.

FACTORES QUE PUEDEN AUMENTAR EL RIESGO DE IMITAR UNA CONDUCTA OBSERVADA EN LOS MEDIOS DE COMUNICACIÓN

En la sociedad hay un interés creciente y masivo por los medios de comunicación, lo mismo que por los medios digitales, debido a la cobertura diaria, constante y preferente de la información criminal. ¿Cómo afecta a la sociedad los modelos criminales que aparecen allí? ¿Podemos afirmar que los crímenes, los delitos y otras conductas mostradas en los medios tienen consecuencias para determinados sujetos?

La inmensa mayoría de las personas que interactúan con los diferentes medios de información y que observan delitos y crímenes violentos no imitarán lo que ven. Hay una multiplicidad de factores que contribuyen al fenómeno imitación, pero en sociedades donde existe un cultivo televisivo y una sobreexposición constante al crimen es más fácil que se dé esta imitación.

Factores que pueden aumentar el riesgo del efecto imitación

Hay una serie de elementos relacionados con los medios que, en determinados sujetos, pueden incrementar esa posibilidad de imitación:

- Difusión masiva, reiterada y sensacionalista del crimen o del delito original. Cuanto más se exponga a un sujeto, especialmente adolescentes y jóvenes, a una determinada información criminal, más probabilidades habrá de que le afecte su contenido y surja la idea de imitación. Es lo que se denomina «efecto dosis-respuesta».[11]

- Emisión repetitiva de fotografías y vídeos tanto del crimen como de su autor, haciendo hincapié en las características del delincuente o delincuentes.

- Los crímenes y delitos mostrados en los medios como exitosos tendrán más probabilidades de ser copiados, así como aquellos delitos con una amplia cobertura mediática que necesitan una baja habilidad se perpetran con éxito y son innovadores.

- Cuando potenciales imitadores observen que una conducta delictiva tenga como consecuencia obtener una atención absoluta por parte de los medios, y sea más importante y atractiva para ellos esta recompensa que las consecuencias penales.

- Cuando se muestra el hecho criminal incidiendo en sus efectos destructivos y negativos, pero no se observa un castigo inmediato ni se aplica la pena más contundente que recoge la ley penal, determinados sujetos pueden sentirse atraídos a imitarlo.

- Si los medios de comunicación retratan crímenes que evocan o están cargados de emociones fuertes, generaran más imitadores o más intentos de imitación.[12]

- Los crímenes y delitos visualizados generan más efecto imitación que el contenido impreso.[13]

- La identificación del potencial imitador con determinadas características de los criminales originales (edad, sexo, raza, motivación o ideología) puede generar más imitaciones, como es el caso de los *copycat mass shotter*.

- Los medios pueden presentar un crimen o un delito de tal manera que neutralicen sus efectos negativos. ¿Cómo?: *a)* reduciendo la responsabilidad individual del (de los) delincuente(s); *b)* haciendo que la audiencia tenga una baja percepción del daño ocasionado a la víctima, o *c)* mostrando el crimen como un acto de justicia.

- Los delitos más realistas, que requieren más acción y son más emocionantes, y que persuaden a determinadas personas de que ellos también tienen la capacidad para cometer esos mismos delitos, pueden tener más imitadores.

- A través de distintos medios (televisión, prensa escrita, cine, internet) es posible obtener fácilmente una gran cantidad de información que detalla cómo cometer determinados delitos, incluido un asesinato.

El asesinato real de Carol Hellar se mostró y analizó detalladamente en la serie de televisión norteamericana *Forensic Files: The Big Chill* (temporada 8, capítulo 21, emitido el 17 de septiembre de 2003). El informe toxicológico determinó que la causa de su muerte fue envenenamiento con etilenglicol (anticongelante), se descartó el suicidio y se demostró que había sido envenenada lentamente. A pesar de tener un largo historial de depresión maníaca, un suicida no experimentaría el largo y atroz proceso de envenenarse poco a poco. Su esposo, Dennis Lee Hellar,[14] comentó en varias ocasiones a diferentes personas de su entorno que «una cucharadita de anticongelante al día podía matar a una persona». Este episodio tuvo 113.565 visitas en YouTube, más toda la audiencia que logró el programa cuando se emitió por televisión. La prensa escrita dedicó dos artículos periodísticos a este crimen, de modo que fueron muchas las personas que tuvieron acceso a la siguiente información:

- El señor Hellar buscó en internet cómo envenenar lentamente a su esposa con la intención de que pareciera un suicidio, debido a los problemas psicológicos que ella padecía.
- Los expertos forenses dieron información precisa de su investigación y de cómo descubrieron que no se trataba de un suicidio, sino de un asesinato.
- Se demostró que los medicamentos que contienen litio podrían imitar los mismos síntomas que el envenenamiento por etilenglicol.
- El documental determinó que sí que existe una manera de encubrir el olor y el color del anticongelante en determinados alimentos.

¿Puede esta información tentar a determinadas personas a perpetrar un crimen e intentar que parezca un suicidio? Hoy en día es fácil acceder a información precisa que ayude a cometer un crimen u otro tipo de delito, por el simple motivo de encontrarse toda ella expuesta y al alcance de gran parte de la sociedad a través de internet y de las nuevas tecnologías.

Factores individuales del espectador

A nivel individual, el impacto que los medios pueden tener en un sujeto dependerá de sus características psicológicas, emocionales, del contenido de lo que está viendo y del entorno donde lo visualiza.[15] Una de las últimas investigaciones sobre la correlación entre los medios y la violencia llevada a cabo por Lambie y sus colaboradores en 2013, «Inflaming Your Neighbours: Copycat Firesetting in Adolescents», ha demostrado que los jóvenes con poca empatía y una alta sensibilidad a la persuasión narrativa[16] se encuentran en riesgo de llevar a cabo comportamientos criminales violentos de imitación.

> La motivación para copiar o imitar lo que ven y los factores de riesgo individuales predicen la probable criminalidad futura.

La **motivación preexistente** es el factor de riesgo más importante para que finalmente se dé el efecto imitación. Los medios tan solo hacen de catalizador o acelerador de ese comportamiento criminal de imitación, pero no son su «génesis motivacional».[17]

¿Qué factores individuales (del espectador) influyen en el hecho de que se produzca un posible efecto imitación?

- Que los observadores tengan un concepto distorsionado de la violencia y el crimen, asignando atributos positivos a la conducta criminal, como la fama, la notoriedad, el respeto ante sus actos o la publicidad mediática.
- Valores preexistentes en los potenciales imitadores, como la tolerancia a la criminalidad o la justificación de la violencia. La «teoría del refuerzo» de Klapper[18] afirma que visualizar escenas violentas en la televisión es un elemento que refuerza pautas de conducta violenta que ese sujeto ya tiene. La investigación de Surette (2002) confirma que la influencia criminógena de los medios afecta sobre todo a poblaciones criminales preexistentes o poblaciones de delincuentes. Su estudio empírico demostró que entre el 20 y el 40 % de las poblaciones de delincuentes juveniles graves y violentos, con edades entre los 15 y los 17 años, cometen delitos de imitación que ven en los medios de comunicación.
- Los individuos con motivaciones preexistentes y con una predisposición violenta por condiciones subjetivas utilizan los medios como instrucciones o pautas para llevar a cabo su conducta delictiva, aunque Surette (2012) afirma que finalmente el crimen se hubiera perpetrado de todos modos. En estos casos tan extremos y minoritarios, leer sobre asesinatos u observar crímenes de alto perfil cometidos por otros les da ideas de cómo cometer uno. En la investigación que Surette llevó a cabo en 2012 en una prisión, encuestó a 574 reclusos sobre su comportamiento delictivo y la interacción que tuvieron con los medios, y fueron las películas y la televisión los que más utilizaron. Su conclusión fue que el mejor factor pronóstico del comportamiento imitador es **cuánta utilidad tienen los medios para determinados sujetos**, de modo que estos actúan como catalizadores del crimen. Aquellos sujetos en los que ya existe una motivación criminal buscan intencionadamente en los medios modelos para extraer instrucciones sobre cómo cometerlo.

INDICADOR	RESULTADO DEL HISTORIAL AUTOINFORMADO
¿Alguna vez has buscado pelea tras consultar los medios?	Uno de cada seis respondió que sí
¿Quieres usar un arma tras ver la televisión o una película?	Uno de cada cuatro dijo que sí
¿Quieres una pistola después de escuchar música?	Uno de cada cuatro respondió que sí
¿Alguna vez has considerado cometer un crimen basado en el contenido de los medios?	El 28 % dijo haber considerado copiar un delito
¿Alguna vez has intentado un crimen basado en lo observado en un contenido multimedia?	El 22 % intentó cometer un crimen de imitación

Fuente: Surette, 2012.

- Cuanto más tiempo consuman medios de comunicación y los vean como sustitutos de las relaciones personales con su entorno, más dependencia generarán y menos contacto personal tendrá ese sujeto, por lo que será más probable que se produzca el efecto imitación.[19] La saturación por el consumo de medios puede provocar las desconexiones humanas que inhiben la violencia. El llamado «Mecanismo de Inhibición de la Violencia» (VIM, por sus siglas en inglés) es el proceso a través del cual los humanos y otros animales sociales como los monos no pueden ser partícipes de conductas que provoquen daño o dolor a los demás, al observar señales de socorro de sus posibles víctimas.[20]

La cantidad y la reiteración de delincuencia violenta y crimen en los medios de comunicación pueden llegar a provocar un aumento del efecto imitación, pero no por la violencia en sí misma, sino a veces por sus resultados. Se enaltecen determinadas conductas delictivas, y en ocasiones el mensaje que se transmite es que puede llegar a la fama y a la notoriedad[21] a través del crimen, sobre todo en los casos de asesinatos múltiples, una rareza social con bajas estadísticas que se ha explotado en los medios obteniendo grandes audiencias.

El efecto imitación es un fenómeno real, agravado por el papel que desempeñan los medios, la cultura y las nuevas tecnologías, y que afecta sobre todo a los jóvenes. Películas como *Taxi Driver*, *Asesinos natos* o *Matrix*, videojuegos como Gran Theft Auto (GTA),[22] series de televisión como *Dexter* o libros como *La naranja mecánica* y *El guardián entre el centeno* nos demuestran cómo los medios, la cultura e incluso el arte pueden inspirar, influir y modelar el comportamiento criminal de determinadas personas.[23]

Considero que el efecto imitador en el ámbito delictual supone la interacción de tres elementos:

- Cómo influye en determinados sujetos el contenido que consume a través de los medios.
- Su predisposición individual.
- El contexto social en el que han crecido y en el que viven.

EFECTOS DE LOS MEDIOS
EN EL COMPORTAMIENTO CRIMINAL MIMÉTICO

> Para la audiencia de los medios de comunicación, la realidad toma significado a través de las palabras que se utilizan, de las imágenes que se eligen, de cómo se cuenta la historia del asesinato o del maltrato.
>
> JUAN F. PLAZA y CARMEN DELGADO,
> *Género y comunicación*, 2007, p. 78

Casi todos los estudios realizados para averiguar si los medios de comunicación afectan al comportamiento violento de los espectadores surgen de la creciente preocupación por el aumento de la tasa de delincuencia en la sociedad. A pesar de las muchas investigaciones que hay al respecto, aún no existe unanimidad a la hora de establecer los efectos concretos de la exposición al crimen y a la violencia en diferentes medios. Podemos determinar que aunque la violencia mediática no sea un factor causante, sí podría tener un efecto desencadenante, de modo que los medios serían catalizadores o aceleradores del crimen.[24]

La violencia observada sí puede tener efectos diferentes en la violencia real de la audiencia:[25]

1. Efecto emocional de desensibilización o indiferencia ante la violencia real. Si los espectadores se sienten emocionalmente cómodos con los contenidos violentos, este bienestar se puede trasladar al entorno real, aceptando gradualmente la violencia como algo natural y normalizándola en nuestra sociedad.

2. Efecto cognitivo de cultivo. Los medios de comunicación, y sobre todo la televisión, construyen y moldean las percepciones que el público tiene acerca de la realidad a través de la exposición acumulativa y reiterada a los contenidos que observan. Cuanto más tiempo pasen determinados individuos viviendo en el mundo televisivo, más probable será que crean que la realidad social se alinea con la realidad que observan.

3. Efectos conductuales. Aprendizaje a través de la observación de las conductas delictivas y violentas que aparecen en los medios.

Muchas de las teorías que se han desarrollado en los últimos años acerca de cómo afectarían la violencia mediática y el relato criminal determinan que pueden darse una serie de efectos psicológicos y conductuales a corto y a largo plazo en determinados espectadores:

Efectos de la violencia televisiva en el comportamiento criminal mimético

A corto plazo	A largo plazo
Excitación. Determinadas personas se excitan fisiológicamente cuando observan violencia, lo que intensifica su estado emocional siendo un mero espectador	Aprendizaje social y moldeamiento de los actos agresivos a partir de la observación de contenidos violentos en los medios
Efectos desinhibidores y legitimación de la violencia, al reforzarse los actos violentos en lugar de ser castigados («Si ellos pueden hacerlo, yo también»)	Disminución de la sensibilidad y desaprobación de la violencia, produciéndose un efecto de habituación
Aparición de estados de ánimo negativos	Desarrollo de actitudes de aceptación de la violencia, al alterar la imagen de la realidad
Activación (efecto *priming*) de la información violenta guardada en la memoria a través de guiones o estrategias. Ver contenidos violentos en los medios activa ideas y pensamientos agresivos	Accesibilidad a la información relacionada con la violencia en la memoria

Fuente: elaboración propia a partir de Berkowitz, 1965 y 1984; Bandura, 1973; Zillmann, 1982; Imbert, 1992; Younis, 1994; Sparks y Sparks, 2003, y Marzabal, 2015.

Según las últimas revisiones de la American Psychological Society, la exposición a la violencia en los medios produce tres efectos principales:[26]

- Incremento de la violencia hacia los demás debido al aprendizaje e imitación de las conductas observadas.
- Mayor insensibilización hacia la violencia, convirtiéndola en algo que normalizamos.
- Aumento del miedo a convertirse en víctima.

EFECTO IMITACIÓN: TIROTEOS MASIVOS, SUICIDIOS Y VIOLENCIA DE GÉNERO

Copycat mass shotter: *masacres en colegios y universidades*

Las nuevas tecnologías y las redes sociales han transformado la naturaleza de algunos delitos, como en el caso de los homicidios múltiples en un solo acto (asesinatos en masa), ya que los autores de estas masacres las utilizan para compartir y dar a conocer sus actos explicando cuáles han sido sus motivaciones.[27] El comportamiento criminal de estos individuos llega a un gran número de usuarios, lo que genera un grupo mayor de personas en riesgo que pueden verse influenciadas por su conducta criminal.

El equipo de investigación de Sherry Towers, en su artículo de 2015 «Contagion in Mass Killings and School Shootings», determinó que existen evidencias de que la atención mediática inspira a asesinos imitadores en una fracción significativa de tiempo. En su análisis estadístico de 176 tiroteos masivos en Estados Unidos entre 2006 y 2011 y 220 tiroteos escolares entre 1997 y 2013, descubrieron que el efecto imitación era más probable cuando se producía otra masacre trece días antes y se le daba una amplia cobertura mediática. Towers afirma que los *copycat mass shotters* buscan modelos a seguir para imitarlos e incluso para superarlos.

Para evitar el efecto imitación en estos casos, sobre todo entre jóvenes y adolescentes, en su artículo para *The Wall Street Journal*, Ari Schulman[28] afirma que:

- Se deben ocultar, en los medios de comunicación y en internet, tanto la identidad del asesino como su rostro.
- No hay que hacer propaganda a través de la publicación o divulgación de sus manifiestos, vídeos, notas o información básica del tirador.
- No se deben revelar datos de su biografía ni especular con los motivos que le llevaron a cometer la masacre.

- Hay que evitar los detalles específicos y sangrientos de la masacre, y también que circulen fotos y vídeos del hecho criminal.

Park Dietz, psiquiatra forense y experto en la psicología de los sujetos que cometen masacres, declaró en una entrevista para la BBC: «Llevamos veinte años de asesinatos en masa, a lo largo de los cuales he repetido insistentemente a la CNN y a otros medios lo siguiente: si no queréis propagar más asesinatos como estos, no empecéis las noticias con el sonido de las sirenas, no pongáis fotografías del asesino, no lo convirtáis en un especial informativo 24/7, haced todo lo que podáis por no convertir el recuento de víctimas en el enfoque que liderará la historia y no hagáis del asesino una especie de antihéroe. Contad la historia a los ciudadanos de la forma más aburrida posible desde cualquier punto de vista. Porque cada vez que se produce una nueva e intensa saturación informativa de la masacre, contamos con que se producirán una o dos imitaciones a lo largo de la semana».[29]

Copycat suicides. *Efecto Werther: el suicidio por imitación*

El sociólogo David Philips fue quien acuñó dicho término en 1974 para describir la conducta mimética que se da en el suicidio. Tras su investigación entre 1947 y 1968, concluyó que en Estados Unidos el número de suicidios aumentaba cuando *The New York Times* publicaba en primera plana alguna noticia de suicidio.[30]

Esta conducta suele darse en aquellas personas de riesgo (sobre todo adolescentes y jóvenes) que ven el suicidio como un acto de liberación de su sufrimiento, y al observar otros suicidios, con motivaciones/vivencias/experiencias similares a las suyas, deciden imitarlos. Otros tienden a idealizar el suicidio influidos por algunos artistas de nuestra historia o incluso por series de televisión, como ocurrió con *Por trece razones* (*13 Reason Why*), emitida en el canal de pago Netflix. Un estudio de 2019 publicado en la revista *JAMA Psychiatry*[31] ha revelado que en los meses posteriores al estreno de esta serie, entre abril y junio de 2017, los suicidios aumentaron en Estados Unidos un 13 % entre los jóvenes de entre 10 y 19 años.

> Según el Departamento de Salud Mental y Toxicomanía de la Organización Mundial de la Salud (Ginebra, 2000): «Existe siempre la posibilidad de que la publicidad sobre el suicidio pueda hacer que este parezca "normal". Una cobertura repetitiva y continua del suicidio tiende a inducir y a promover pensamientos suicidas, particularmente entre los adolescentes y los adultos jóvenes».

Varias investigaciones afirman que en muchos casos los medios de comunicación hacen una cobertura sensacionalista o una sobreexposición mediática, relativa sobre todo al suicidio de una persona famosa o de un personaje público, que puede desencadenar un efecto imitación en poblaciones vulnerables.[32] El efecto imitación en estos casos es directamente proporcional a la cantidad de información, a la importancia que se da a ese suceso y a la reiteración que los medios de comunicación hacen de ese suicidio.[33]

Los factores que más influyen en el efecto Werther son:[34]

1. El suicidio de una persona célebre o un personaje público. El 5 de agosto de 1962, murió Marylin Monroe, a los 36 años, por la ingesta de barbitúricos, o al menos esta sigue siendo hoy por hoy la versión oficial. En los meses siguientes hubo 303 suicidios, es decir, un aumento del 12 %, a pesar de que los suicidios con una amplia cobertura mediática solo aumentan el efecto imitación en un 2,51 %. Imitar el suicidio de una celebridad que forma parte de la cultura del entretenimiento es el que tiene mayor impacto en los *copycat suicides*.[35]
2. Que se publique el método y los detalles de cómo se quitó la vida, que pueden convertirse en una guía de instrucciones para un posible suicida.

3. Que se ofrezcan explicaciones simplistas sobre dicha muerte. Un suicidio no es el resultado de un solo factor. Es un error que no se comente la historia psicosocial del individuo o si tenía algún problema que contribuyó a que tomara esta decisión.
4. Que no se tengan en cuenta los informes médicos de salud mental de esa persona.

Sin embargo, también existe el efecto contrario, el «efecto Papageno»,[36] y cuando los medios de comunicación cubren un suicidio de manera responsable, informan de manera adecuada y siguiendo las pautas establecidas, tiene un efecto preventivo sobre esta conducta.[37] Thomas Niederkrotenthaler, jefe de la unidad Suicide Reseach & Mental Health Promotion de la Universidad de Viena, en su investigación del año 2012 concluyó que el impacto que tiene la información sobre el suicidio no se puede limitar a los efectos nocivos, ya que la cobertura de afrontamiento positivo sobre la ideación suicida que se explica en determinados artículos de prensa puede llegar a tener efectos protectores.

Asesinatos vinculados a la violencia de género

> El hecho de visualizar noticias criminales no es el factor causante del asesinato de una mujer a manos de su pareja o expareja, pero sí podría tener un efecto desencadenante.
>
> Enrique Echeburúa
> y Santiago Redondo,
> *¿Por qué víctima es femenino*
> *y agresor masculino?*, 2010, p. 118

El informe presentado en 2011 por Juan de Dios Luna del Castillo,[38] catedrático de Bioestadística de la Universidad de Granada, es el resultado de analizar 545 asesinatos de mujeres a manos de sus parejas o exparejas entre 2003 y 2010. Defiende que existe un efecto imitación que podría estar motivado por los medios de comunicación, y que estos asesinatos se concentran en el tiempo. Según este informe, «Cuando un maltratador comete un crimen de violencia de género, al día siguiente hay un 67 % de posibilidades de que otro agresor le imite y asesine a su pareja o expareja, y ese riesgo aumenta hasta el 92 % cuando el hombre es extranjero».[39]

A la misma conclusión llega Isabel Marzabal, en su tesis doctoral «Los feminicidios de pareja: efecto imitación y análisis criminológico de 30 casos sentenciados por la Audiencia Provincial de Barcelona (2006-2011)». La autora concluye que la **probabilidad** de que se cometa un feminicidio es 24 veces mayor, cuando en los **diez días anteriores** han aparecido asesinatos de mujeres por parte de sus parejas o exparejas en los medios de comunicación.[40,41] Afirma que sí existe este efecto imitación ya que «hay elementos en el tratamiento periodístico que pueden estar ayudando al asesino a considerar que el objetivo cumplido por un homicida anterior coincide con el suyo y, al mismo tiempo, pueden estar provocando que individuos con "tensión conductual alta" realicen la misma conducta en cuanto tienen conocimiento de que otros la han puesto en práctica».[42]

El hecho de que exista esta temporalidad nos indica dos tipos de efectos. En primer lugar, un **efecto precipitador**, de modo que el agresor ya ha pensado o incluso ha decidido llevar a cabo el acto homicida. La noticia del asesinato de una mujer a manos de su pareja o expareja le sirve de impulso final para cometer su crimen. En segundo lugar, el **efecto imitación** por parte de un sujeto que ni siquiera había pensado en esa posibilidad pero que al ver la noticia se da cuenta de que la situación es similar a la suya y finalmente comete el crimen al cabo de unos días. El hecho de que un sujeto asesine a su pareja o expareja provoca que un nuevo agresor reste gravedad al acto, lo banalice y borre una parte del tabú que lleva consigo el crimen, porque otros hombres también lo hacen.

No creo que se pueda afirmar de modo tajante que existe un efecto imitación debido a la influencia de los medios, pero sí creo que se amplía considerablemente la posibilidad de que se cometa un nuevo feminicidio tras ver la misma noticia en televisión de un modo reiterado y escuchar el número acumulado de mujeres víctimas de la violencia de género.

Víctimas asesinadas en julio de 2019	*Modus operandi:* información de los medios
13/07/2019 – María Asunción Pérez Ibarra	Tres puñaladas. En proceso de separación
17/07/2019 – Elena Peinado Gil	Disparo de escopeta
21/07/2019 – M.ª Carmen Vázquez Cerijo	Una cuchillada
22/07/2019 – Rita Jeannine	Puñalada en el corazón
29/07/2019 – Maruchi Rodríguez	Arma blanca
31/07/2019 – María Josefa Santos	Arma de fuego

Fuente: elaboración propia tras consultar la prensa de ese mes concreto. Algunos de estos asesinatos salieron en la televisión durante los cinco días posteriores al crimen.

También hay tesis contrarias al hecho de que exista un efecto imitación en la violencia de género motivado por los medios de comunicación, que tan solo me limito a nombrar al ser imposible analizarlas en este capítulo:

1. La distribución temporal de feminicidios sigue un patrón aleatorio, de modo «que se produce un suceso violento cada 5,62 días de media».[43]
2. La difusión de asesinatos de mujeres a manos de sus parejas o exparejas supone un posible efecto protector para posibles futuras víctimas,[44] haciendo que estas denuncien a su agresor o tomen medidas ante la situación de maltrato.
3. La última investigación al respecto se realizó en 2019 por la Secretaría de Estado de Seguridad del Ministerio del Interior, y fue publicada en la revista *PLoS one*

por Torrecilla y el resto de investigadores.[45] Basaron su estudio en 655 casos de feminicidio entre 2007 y 2017 y descartan que exista un efecto imitación. Concluyen que no se puede afirmar que el efecto sea «cero», pero que no existe relevancia estadística como para censurar la cobertura mediática sobre los asesinatos de estas mujeres. Hay que destacar que los autores solo se refieren al hecho de cubrir la noticia, no al cómo se informa de este tipo de noticias.

En la investigación llevada a cabo por los profesores universitarios Sital Kalantry (Universidad de Cornell) y Jocelyn Getgen Kestenbaum (Universidad Yeshiva) titulada «Combating Acid Violence in Bangladesh, India and Cambodia» (2011), se analiza el efecto imitación en el ámbito de la violencia contra las mujeres a nivel internacional. Miles de agresores arrojan o rocían ácido sobre la cara y el cuerpo de sus víctimas, y se afirma que los factores que influyen en este tipo de violencia son: *a)* la facilidad para comprar estos productos; *b)* la gran desigualdad y discriminación de género que hay en estas zonas geográficas, y *c)* la impunidad absoluta para los agresores que atacan con ácido a las mujeres.

6

Snuff movies: representación visual de un asesinato

¿Qué se esconde tras la leyenda urbana?

El problema de las snuff movies *es pensar en su realidad, en su existencia. Resulta atroz imaginar que alguien se pueda lucrar con el sufrimiento y la muerte de otra persona, y que haya otros que paguen por verlo, porque... ¿dónde nos deja esto como humanos?*

Ver y contemplar cómo matan a una persona es un fenómeno social atemporal en el que el espectador, en cierto modo, se convierte en partícipe. Desde el espectáculo en el anfiteatro romano,[1] donde esclavos, prisioneros, criminales, cristianos y gladiadores perecían en la arena ante la mirada de un ferviente público, hasta las ejecuciones públicas medievales, la sociedad ha presenciado la muerte de otras personas, las ha vitoreado e incluso aplaudido.

En España, cerca de 30.000 personas asistieron a la última ejecución pública a garrote vil de Josefa Gómez la «Perla» el 29 de octubre de 1893 en Murcia. El periodista Martínez Tornel concluyó en su crónica: «No quiera Dios que vuelva a ver Murcia esos dobles espectáculos, del patíbulo levantado y de una multitud tan ávida, tan codiciosa de ver morir a una pobre mujer a manos de un verdugo».[2] En la actualidad aún se aplica la pena de muerte pública en países como Arabia Saudí: en abril de 2019, Jaled Abdelkarim Saleh fue decapitado y su cuerpo crucificado en la plaza de una ciudad saudí sin identificar por su participación en las manifestaciones de 2011 y 2012 y por defender una monarquía constitucional.[3]

> «El asesinato en el cadalso es la forma más execrable de asesinato, por estar sancionado por la aprobación de la sociedad.» George Bernard Shaw

Posteriormente, la sociedad empezó a ver la muerte de otras personas a través de grabaciones o vídeos. Una de las primeras es la película de Thomas Edison *Electrocuting an Elephant* (1903).[4] Aunque en este caso no se trataba de la muerte de una persona, pero sí de un ser vivo, el público pudo ver una muerte real grabada por una cámara. A veces se trata de una grabación accidental, como el caso de Abraham Zapruder, que grabó un vídeo casero en 8 mm del asesinato del presidente de Estados Unidos John F. Kennedy (en Dallas el 22 de noviembre de 1963) sin ser consciente de que sus imágenes darían la vuelta al mundo. En otras ocasiones se trata de grabaciones intencionadas cuyo fin es la difusión para generar terror en la sociedad, como en el caso de los dos vídeos publicados en Facebook en julio de 2017 de soldados iraquíes ejecutando a miembros de ISIS. Y a veces se aprovecha una grabación para difundir, jactarse y celebrar la muerte de varias personas, como ocurrió con el vídeo de la emboscada a cuatro soldados estadounidenses en Níger por parte de ISIS el 4 de octubre de 2017 y que fue grabado por la cámara del casco de una de las víctimas.[5]

Creo que uno de los casos más impactantes de una muerte prácticamente en directo fue el de la niña colombiana Omayra Sánchez. En 1985, las cámaras de televisión transmitían y grababan las últimas horas de vida de esta niña de 13 años, que tras la erupción del volcán Nevado del Ruiz, quedó atrapada bajo el lodo y los escombros de su casa. Durante casi sesenta horas luchó por sobrevivir, pero murió ante los ojos de periodistas de todo el mundo y ante una sociedad que fue espectadora de su lenta agonía. A pesar de que se pidió ayuda, nadie pudo rescatarla.

Hoy, la muerte en directo de otras personas es objeto de consumo a través de diferentes medios, sobre todo digitales. En la era de la comunicación y de las nuevas tecnologías, internet y las redes sociales son el lugar en el que se puede retransmitir cualquier acción o cualquier acto en tiempo real. Algunos usuarios han retransmitido su propia muerte o la muerte de un tercero a través de Facebook Live o Instagram Direct. Y lo más repulsivo, a la vez que preocupante, es la cantidad de visualizaciones así como el gran número de personas que terminan compartiendo esos vídeos, hasta tal punto que se convierten en «virales».[6]

El 30 de diciembre de 2016, Katelyn Nicole David, de 12 años de edad, transmitió en directo (*streaming*) su suicidio desde su casa de Georgia, a través del portal digital Live.me. Grabó un vídeo de 42 minutos y lo publicó con el nombre de usuario «ITZ Dolly». Durante los primeros 20 minutos, Katelyn habla de su vida y de cuál es la razón por la que decide acabar con ella. En el minuto 21:24 dice adiós mirando a la cámara. Días después el vídeo dio la vuelta al mundo y la policía no sabía qué hacer para que se dejara de compartir en Facebook.

Internet contiene diferentes páginas web en las que se pueden ver accidentes reales, operaciones médicas, crímenes de guerra, suicidios o cómo se aplica la pena capital a un sentenciado. Encontrar vídeos y fotografías de asesinatos y muertes reales, fotografías de las escenas del crimen y de las autopsias, que antes solo eran accesibles para los investigadores y el sistema judicial penal, está a uno solo clic de distancia. Internet ofrece a sus usuarios la capacidad, la facilidad y sobre todo la oportunidad para filmar, visualizar y difundir asesinatos y muertes reales, de modo que estas acciones puede llevarlas a cabo una gran parte de la población.

Son millones los internautas que visitan sitios concretos en la «red de redes» para visualizar online vídeos de asesinatos, mutilaciones o torturas[7] que además terminan compartiendo. Y no, no siempre están en la Dark Web. Solo hay que saber dónde buscar y, además, se obtienen a un coste cero. Estas páginas especializadas en la muerte de otras personas comenzaron a aparecer en el siglo XXI y tienen su propio nombre para este género: *Shock Sites*.[8]

La primera página, www.rotten.com, se fundó en 1996 y contenía una amplia galería de fotos de cadáveres y de restos humanos, de accidentes, autopsias y perversiones sexuales cuyo contenido era capaz de herir la sensibilidad de cualquiera por la extrema violencia de sus imágenes. En 2012 dejó de estar activa, pero aún es posible ver y descargar sus archivos de www.reddit.com. Un año después, en 1997, se creó www.ogrish.com, que estuvo alojada en servidores de Estados Unidos. Esta página de fotografías y vídeos *gore*[9] sin censura llegó a tener cinco empleados y a varios periodistas que vendían las fotografías que hacían de accidentes o asesinatos. Su cofundador, Hayden Hewitt, afirmó: «Esto está pasando, es la vida, vamos a mostrarlo». A finales de 2006, y buscando una cierta legitimación, se integró en LiveLike, que aún sigue abierta.[10]

También existen páginas especializadas que muestran imágenes y vídeos explícitos de crímenes y torturas perpetrados por narcotraficantes. Eduardo Casas, policía de la Unidad de Investigación Tecnológica y escritor, afirma que quienes difunden vídeos de decapitaciones, torturas o desmembramientos están poniendo en riesgo su vida, porque estos actos son mensajes destinados a los rivales, no para que la sociedad sepa lo que realmente se esconde tras el narcotráfico y los grandes capos de los cárteles mexicanos. El Blog del Narco (www.elblogdelnarco.com) está activo desde el 2 de marzo de 2010 y en él pueden leerse cientos de noticias relacionadas con los narcos, así como ver fotografías y vídeos. Su autor afirma que «la idea de crear el Blog del Narco surge cuando los medios de comunicación y el gobierno intentan aparentar que en México no pasa nada, debido a que los medios están amenazados y el gobierno, aparentemente, comprado».[11]

Responder a las preguntas de por qué se consume este material violento y por qué se comparte en internet es un tema aparte. Según el estudio realizado por Rebeca J. Fox en 2013,

«The psychology behind morbid reality: an interpretative phenomenological analysis of the fascination with blood, gore, injury, and death on the Internet», las razones mayoritarias para visualizar este tipo de vídeos serían las siguientes:

1. La fascinación y el interés que siente el ser humano ante el evento morboso que supone observar la muerte de otra persona.
2. El placer pasivo y el alivio al observar la muerte o las lesiones provocadas a otros sujetos.
3. Para obtener una respuesta emocional ante estados de ánimo aburridos.
4. Para lograr un fortalecimiento emocional y una adaptación al material violento a medida que aumenta su exposición, como parte de un proceso de desensibilización.[12]
5. Fantasías violentas que satisfacen a través del consumo de estos vídeos.
6. Tomar conciencia de su propia mortalidad, llevando a cabo un cambio de actitud y de comportamiento.
7. Entumecimiento emocional y desprecio por las vidas de los demás.

Este estudio ofreció un curioso resultado: casi todos los participantes expresaron una firme aversión al observar el sufrimiento animal, ya que lo compararon con el sufrimiento infantil.

LAS PELÍCULAS *SNUFF*,[13] *WHITE HEAT* O *THE REAL THING*. ¿QUÉ SON?

Se trata de la supuesta grabación de una película o un vídeo de muy corta duración donde se muestran torturas, vejaciones y, finalmente, el asesinato de una persona, con la finalidad de obtener un beneficio económico con su venta o por su visualización. Puede haberla grabado el propio asesino o un tercer sujeto, que también estará involucrado en su comercialización.

El FBI ha definido estas grabaciones como «la representación visual de un asesinato destinado **a satisfacer una motivación sexual** y con la intención de ser distribuida comercialmente».[14]

Las *snuff movies* son un fenómeno poco estudiado, y hoy por hoy no existe ninguna prueba que demuestre la existencia de estas cintas o vídeos. Lo que sí se ha encontrado son diferentes grabaciones que simulan e imitan a una *snuff movie*, al mostrar una alta calidad estética de la violencia. Esto demuestra que en muchos casos no son más que películas con unos excelentes efectos especiales creados a partir de técnicas *gore* y que, por lo tanto, al espectador le parecen reales, pero que no son más que ficción. Sin embargo, persiste la creencia, tanto en la sociedad como en el acervo popular, de que sí existen grabaciones en las que se escenifica el asesinato real de una persona, películas en las que se exhibe al público una muerte coreografiada por la que se paga un elevado precio.

Considero que el fenómeno de las *snuff movies* se puede analizar desde cuatro puntos de vista:

1. Investigar si realmente existe un negocio clandestino que comercia y mercantiliza la muerte en directo de otras personas.
2. Demostrar que estas grabaciones solo forman parte de una leyenda urbana.
3. Cómo y por qué se ha representado este fenómeno delictivo en la ficción, sobre todo en el cine, hasta el punto de influir en las creencias de una parte de la sociedad.
4. Demostrar que simplemente son cintas que **simulan** un asesinato real haciendo pasar esas muertes por verdaderas.

ORIGEN DEL CONCEPTO *SNUFF MOVIE*

Todo aquel que afirma y defiende la existencia de *snuff movies* admite que nunca ha visto una, pero, curiosamente, conoce a alguien que sí ha visto una grabación *snuff*.

El escritor Anthony Burgess creó para su novela *La naranja mecánica* (1962) una jerga ficticia juvenil, a partir de lenguas eslavas, denominada Nadsat. Una de las palabras que utilizó fue *snufar* (en la versión española) con el significado «morir». En la versión original aparece el término *snuff it* («mátalo»). Sin embargo, el término *snuff film* se utilizó por primera vez en el libro de Ed Sanders *The Family: the Story of Charles Manson's Dune Buggy Attack Battalion* (1971), que narra los crímenes cometidos por la familia en julio de 1969, en Beverly Hills (Los Ángeles, California).

Ya en la película de Michael Powell *Peeping Tom* (1960) se narra cómo un asesino en serie graba a sus víctimas, pero el concepto de *snuff movie* como lo conocemos en la actualidad no aparece hasta 1976. El 16 de enero de ese año se estrenó en Nueva York la película *Snuff,* una producción argentina catalogada como de terror (serie B) y que trata sobre una actriz a la que contratan para protagonizar una película en la que es agredida sexualmente, torturada y asesinada. Muy poco tiempo después comenzó a correr el rumor de que la actriz realmente había sido asesinada durante el rodaje, pero todo fue una maniobra de marketing y una ingeniosa campaña publicitaria del productor, Alan Shackelton, para obtener mayores beneficios de una película bastante mediocre. Shackelton escribió varias cartas a *The New York Times* haciéndose pasar por un espectador preocupado, y contrató a diferentes actores para que protestaran por la película. Quiso hacer creer al público y a la sociedad estadounidense que lo que estaban viendo en esa cinta era un asesinato real. Incluso se abrió una investigación que demostró que la actriz seguía con vida. Ya ven, todo ello dio pie a que naciera la leyenda sobre las *snuff movies*.

El término siguió difundiéndose entre el público en películas donde se habla de la producción y difusión de estas grabaciones como *Hardcore* (Paul Schrader, 1979), *Tesis* (Alejandro Amenábar, 1996), *Asesinato en 8 mm* (Joel Schumacher, 1999) o *Srpski film* (Srđjan Spasojević, 2010). También apareció como tema central en el capítulo 8 de la tercera temporada de *CSI* (2003) con el título «Snuff». En todas estas recreaciones de ficción se refuerza de un modo muy evidente el estereotipo de estas grabaciones, lo que hace que la creencia en este fenómeno cale de modo más profundo en nuestra sociedad actual. Hoy, en la era de las nuevas tecnologías, las *snuff movies* son un nuevo hombre del saco perpetuado a través de la ficción.

Las *snuff movies* como leyenda urbana

> La verdad es más fuerte de lo que puedes soportar.
>
> *Asesinato en 8 mm* (Joel Schumacher, 1999)

La idea de la existencia de películas y grabaciones que muestran la violación, la tortura y el asesinato real de otras personas comenzó tras los asesinatos por parte de la familia Manson de Sharon Tate y el matrimonio LaBianca, en 1969. Los medios de comunicación empezaron a especular con lo que había sucedido, surgiendo muchos rumores que alimentaron esta leyenda.

Son muchas las leyendas urbanas que circulan en las sociedades modernas, y la existencia de las *snuff movies* es una de ellas. Estas leyendas cumplen una determinada función social y simbólica, exponiendo temores o problemas latentes en las sociedades o simplemente ofreciendo información relevante para los ciudadanos. Sin embargo, que corran de boca en boca no significa que existan verdaderamente, lo cual las convierte hoy en día en un problema.[15]

Las leyendas urbanas suelen ser historias extravagantes,[16] no sin cierto grado de credibilidad, que pasan de unos a otros como si fueran historias verdaderas. Cubren todas las facetas de la vida, aunque en ellas subyacen dos temas principales: el sexo y la muerte.[17] Perduran en el tiempo con cierta estabilidad y viven grandes períodos de letargo, hasta que de nuevo los medios de comunicación, el cine o una novela vuelven a difundirlas. Cambian y se van adaptando a los nuevos elementos sociales, a los nuevos tiempos. Y, siempre, el contenido de esa leyenda le ha pasado «al amigo de un amigo», no a nadie que conozcamos personalmente. Curioso, ¿verdad? Jan Harold Bruvand, profesor emérito de la Universidad de Utah, ha recopilado estas leyendas urbanas en sus diferentes formas y ha publicado cinco libros. Las *snuff movies* aparecen en uno de ellos: *Encyclopedia of Urban Legends* (W. W. Norton & Company, 2002).

El profesor de la Universidad de Guadalajara (México) Francisco Javier Cortazar afirma que el espacio que hay entre la delincuencia real que conocemos a través de las estadísticas oficiales y el sentimiento de inseguridad con el que se vive en sociedad es el lugar donde se desarrolla esa «violencia imaginada» que finalmente se expresa a través de algunas leyendas urbanas. Estas reflejan nuestro miedo a la violencia, a ser agredidos o a ser víctimas de algún delito que nos lleve a la muerte.

Características de las *snuff movies*

- Su grabación pretende obtener un beneficio económico a través de su comercialización. La vida humana se presenta como una mercancía que se vende a terceros.
- Perfil de los consumidores. La visualización de actos de tortura y asesinato de una persona proporciona excitación y satisfacción sexual al consumidor/comprador. A pesar de que no podemos probar que haya personas que las han visto o las tengan en su poder, y que además jamás se ha condenado a nadie por este delito, Vicente Garrido[18] considera que quien compra o visualiza este tipo de cintas entraría dentro del perfil de sádicos sexuales.
- La versión más popular vincula el comercio de las *snuff movies* con la élite del crimen organizado. Clientes que pagan grandes sumas de dinero por comprar una grabación o por verlas en una sola ocasión.

Snuff movie
Representación visual de un asesinato

1. Grabaciones de muertes reales
2. Grabaciones de simulaciones de muertes reales
3. Leyenda urbana
4. Representación en la ficción

Cámara fija, secuencias sin edición

Producto vinculado a la industria del cine pornográfico extremo

Alto nivel adquisitivo de los posibles compradores o consumidores

Decoración reducida y estética minimalista

1. Sujeto que capta o secuestra a las víctimas
2. Torturador y asesino
3. Comercializadores
4. Consumidores

Victimarios: hombres enmascarados sin identidad

Víctimas: habitualmente mujeres jóvenes y adolescentes Se las identifica físicamente

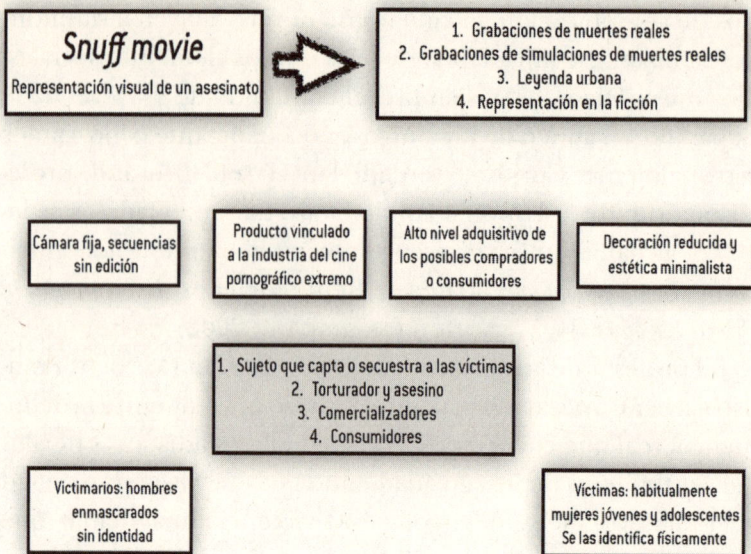

Fuente: elaboración propia.

- Intervienen diferentes sujetos: *a)* la víctima; *b)* la persona que la capta o la secuestra; *c)* el sujeto que tortura y asesina a esa persona ante una cámara (a veces el captador/secuestrador y el asesino son la misma persona); *d)* los encargados de comercializar y distribuir las grabaciones, y *e)* el consumidor final.
- En la gran mayoría de estas supuestas *snuff movies*, los victimarios son hombres y las víctimas, mujeres.
- Se considera que estas grabaciones circulan por las redes digitales clandestinas como la Dark Web y la Darknet (a las que solo se puede acceder a través de buscadores especiales, como TOR, que es el más popular), ambas dentro de la Deep Web o lo que se conoce como «internet profunda».
- Formato: películas, cintas de vídeo y vídeos online.
- Grabaciones muy cortas (algunos minutos) sin que existan cortes, lo que intenta garantizar su autenticidad. Se graban con cámara fija en plano secuencia.
- Se especula que estas cintas generalmente se graban en Latinoamérica, California, Nevada, Nuevo México y, tras la caída del telón de acero, en los países de Europa del Este.[19]

- La decoración que aparece en la grabación es minimalista: una habitación o un lugar cerrado anónimo, una cama o una silla.
- Lo más habitual es usar un arma blanca con la que se hacen diferentes cortes a la víctima al objeto de grabar su dolor y su miedo.
- La grabación y distribución de estas presuntas cintas se suelen relacionar con redes de pederastas, ritos satánicos o círculos de excéntricos millonarios. En el caso de la presunta *snuff movie* titulada *Daisy's Destruction*, fue grabada y distribuida por un pederasta. (Hablaremos de este vídeo y de su veracidad en el capítulo 16.)

¿POR QUÉ SE CREE EN ESTAS GRABACIONES A PESAR DE NO TENER PRUEBAS DE QUE EXISTAN?

Son muchos los que creen que estas películas *snuff* existen, a pesar de que nunca se ha demostrado por fuentes policiales que sea así. En la actualidad no se ha verificado la existencia de un solo fotograma. Los investigadores expertos en la identificación de víctimas de las policías de todo el mundo, y coordinadas por la Interpol,[20] siguen buscando de modo activo vídeos o grabaciones en los que se vea un asesinato real ante una cámara. Podríamos plantearnos que la razón de que no haya ninguna prueba es que quien (supuestamente) las ha visto permanece en silencio al ser consciente de la ilegalidad que supone su compra o su visionado. Quien visualiza una *snuff movie* se convierte en testigo de un crimen.

Hay asesinatos sin resolver y desapariciones de niños, adolescentes, jóvenes y mujeres que podrían estar relacionados con una supuesta industria de *snuff*. Lo cierto es que esa posibilidad está ahí, latente, y se sigue creyendo en ella porque sigue estando presente en los medios de comunicación y en la ficción. Aquellos que creen que estas grabaciones son reales y los que dicen haberlas visto, afirmando que el mal extremo existe, ofrecen descripciones aterradoras de esas imágenes.

En contra de todo indicio, algunos medios de comunicación y determinadas personas continúan alimentando y defendiendo que las *snuff movies* son reales. En España se han escrito cientos de páginas sobre la supuesta existencia de unas cintas en las que podrían verse las torturas y los asesinatos de tres adolescentes en el año 1992. Diferentes programas de televisión han dedicado horas a hablar de la existencia de las cintas generando altos índices de audiencia y pingües beneficios económicos. Incluso se ha llegado a ofrecer una recompensa de un millón de euros por las grabaciones, ya que, al parecer, hay tres.[21] Esta misma recompensa, pero en dólares, la ofreció Al Goldstein,[22] pornógrafo y editor de la revista *Screw*, a quien le llevara una *snuff* auténtica. Nunca nadie le llevó una.

Si solo existe como prueba la palabra de las personas que dicen haberlas visto, ¿por qué se sigue insistiendo en que estas grabaciones son reales? ¿Cuál es la verdadera finalidad de que los medios de comunicación y determinadas personas hablen una y otra vez de ellas?

POR QUÉ ES IMPROBABLE QUE EXISTAN *SNUFF MOVIES*

Si la finalidad de grabar las torturas y el asesinato de una persona es obtener un beneficio económico, estamos ante un mercado más que limitado y muy poco rentable. Su ilegalidad hace que estas cintas no se puedan distribuir ni comercializar públicamente, de modo que el único circuito potencial sería a través de una red privada de contactos o bien a través de la Dark Web. Por otra parte, el riesgo que se corre frente al posible beneficio es muy alto. Estaríamos ante importantes consecuencias penales, y dependiendo del país donde se llevaran a cabo las grabaciones, incluso la pena de muerte. Ante este riesgo, y la dificultad de distribución de dichas cintas, es más sencillo grabar simulaciones de torturas y asesinatos, utilizando efectos especiales, y hacerlas pasar por crímenes reales. Algunas parecen tan auténticas que han llegado a tener repercusiones legales, como en el caso de los vídeos *GreenBall* o *DafuLove*, pero siempre se ha demostrado que son falsas. Por último, grabar una *snuff movie* requiere una red muy bien organizada en la que intervienen diferentes personas, con unos papeles bien estudiados, ya que cada uno tiene su rol. Se ha de buscar una víctima, un sujeto con unas características determinadas que ejecute «el guion de la película», grabarla, venderla o distribuirla y hacer desaparecer a la víctima y cualquier rastro que esta haya podido dejar.

Las nuevas tecnologías, la facilidad para crear y mover material en internet y las dificultades para controlar el contenido que circula por la red me lleva a plantearme dos cuestiones. La primera: ¿es posible que existan asesinatos reales grabados con fines de lucro que estén disponibles comercialmente bajo la apariencia de una *snuff* de ficción? En este caso no lo creo, porque, si así fuera, se habría podido identificar a alguna de las víctimas de esas grabaciones. Y la segunda: ¿una grabación de *snuff* falsa puede parecer tan realista que sea posible venderla o difundirla en la red como auténtica? En mi opinión, y con la ayuda en esta investigación del perito informático forense Bruno Pérez Juncá, lo que circula en la Dark Web son excelentes simulaciones e imitaciones de muertes reales, pero no dejan de ser ficción. Se trata de torturas y asesinatos perfectamente recreados, que juegan con los límites de cada consumidor para asimilar la violencia, pero en realidad todo es falso. No olvidemos que la finalidad principal de estas grabaciones es la obtención de un beneficio económico, de modo que ofrecen lo que un público minoritario y adinerado demanda. Y este público cree que lo que está viendo es real. Para poder ver (o descargar) algunas de estas grabaciones, hay que saber dónde buscar, se deben pasar una serie de estrictos filtros y llegar a la sala idónea. Una vez dentro, preparen la cartera: se deben pagar 0,110 bitcoins (moneda virtual), es decir, alrededor de 900 euros, para visualizar una grabación de unos pocos minutos.

Si realmente existieran estas grabaciones, ¿cómo es posible que jamás una sola de ellas haya llegado a manos de ninguna policía del mundo? ¿O acaso no se dice abiertamente en el supuesto de que sí hayan encontrado alguna? Quizá la respuesta —al menos en la que yo creo— es que son solo grabaciones con efectos especiales espectaculares y extremadamente realistas para alguien que cree a pie juntillas que lo que está viendo es un asesinato real. Y si existen, no creo que se vendan o se visualicen en espacios como la Dark Web, sino de un modo directo, asistiendo, por ejemplo, a una exhibición privada en algún lugar determinado, para que no se pueda seguir el rastro de esa grabación.

GRABACIONES HECHAS POR ASESINOS

Si nos ceñimos al concepto académico y mediático de las *snuff movies*, no podemos calificar como tales aquellas grabaciones que han hecho algunos asesinos de sus crímenes, por las siguientes razones:

- Las motivaciones por las que graban o filman sus crímenes son diferentes. No les mueve el lucro, sino que esas cintas son *souvenirs* que guardan y que ven una y otra vez, recreándose en ellas para retroalimentar sus fantasías sexuales recurrentes, satisfaciendo así una necesidad sexual.
- En muy pocos casos muestran la muerte en directo de sus víctimas, sino sus torturas, sus agresiones sexuales o sus humillaciones.
- Son grabaciones de larga duración, incluso de horas, ya que la finalidad de las cintas es precisamente la excitación posterior del asesino cuando vuelve a verlas.

No obstante, si entendemos el concepto *snuff* desde un punto de vista reduccionista, en el sentido de que son grabaciones de torturas y asesinatos en sí mismas, entonces solo las películas grabadas por algunos asesinos en serie podríamos considerarlas *snuff movies*:

- **David Berkowitz** (el Hijo de Sam, 1977) afirmó que la secta de culto The Process y el fotógrafo Robert Mapplethorpe filmaron sus asesinatos y la muerte de Stacy Moskowitz, por lo que obtuvo a cambio 50.000 dólares.[23]

- **Leornard Lake** y **Charles Ng** (Calaveras, California, 1985) actuaban juntos y filmaron en vídeo las torturas, violaciones y asesinatos de sus víctimas. Posteriormente, las veían en su búnker oculto de una remota cabaña, recreándose en las imágenes.

- **Maury Travis** (Misouri, 2000) contrataba a prostitutas y quedaba con ellas en su domicilio. En el sótano de su casa grabó las agresiones sexuales y las humillaciones a las que sometió a estas mujeres. Además, en algunos casos añadió sus propias narraciones. Sus peores crímenes los grabó en VHS, recreando fantasías BDSM y etiquetando la colección con el nombre «Your Wedding Day». Sus cadáveres fueron encontrados en caminos desiertos a las afueras de San Luis. Se suicidó en prisión antes de que acabara la investigación, de modo que se desconoce cuántas fueron sus víctimas.

- **Muhammad Omar Adán** (Saná, Yemen, 1999) llevaba a mujeres previamente seleccionadas y a estudiantes de medicina a la morgue de la facultad, donde trabajaba como auxiliar. Tras estrangularlas con sus propias manos, encendía su cámara de vídeo y grababa la violación *post mortem*. Guardaba estos vídeos, ya que se hallaron algunos durante el registro de su vivienda el día que fue detenido. En este caso se pudo demostrar que envió varios de estos vídeos a diferentes destinatarios junto a documentación de la víctima. Sin embargo, la investigación a este respecto se archivó, a pesar de que el Ministerio de Interior yemení confió en un comité de expertos para tratar de averiguar la veracidad de la comercialización de estas grabaciones.[24]

- **Richard Davis** y **Dena Riley** (Kansas City, 2006) estaban casados, y como en muchos otros casos de parejas letales, Dena estaba dispuesta a hacer lo que fuese necesario para complacer a su pareja. Asesinaron a dos mujeres y en su casa se encontraron grabaciones en las que se veía cómo las habían torturado y violado. Davis está en el corredor de la muerte y Riley fue condenada a cadena perpetua.

- **Luka Rocco Magnotta** (Montreal, 2012) apuñaló con un picahielo a su novio, Lin Yu, mientras estaba drogado, desnudo y atado a la cama. Tras asesinarlo lo degolló, mantuvo relaciones sexuales con el cadáver y lo descuartizó. Magnotta grabó el crimen y después lo subió a internet. Diez días después, la policía lo detuvo en Berlín… por culpa de su ego. Les recomiendo que vean el documental *A los gatos, ni tocarlos* en el canal de pago Netflix, donde se narra el crimen y cuáles fueron los primeros vídeos que este asesino subió a internet.
- **Stephen Port** (Londres, 2016) fue acusado de cuatro asesinatos. Contactaba con jóvenes gais a través de Tinder, y tras inyectarles dosis letales de ácido gamma-hidroxibutírico (GHB, o «la droga del violador»), los agredía sexualmente. Tenía en su teléfono móvil más de setenta vídeos agrediendo sexualmente a hombres inconscientes. Fue condenado a cadena perpetua.

El *snuff* a través del cine

- *El fotógrafo del pánico* (Michael Powell, 1960) se considera como la precursora de las *snuff*. Aunque no trata específicamente este tema, sí sentó el precedente de la necesidad enfermiza de un psicópata de retratar y filmar a sus víctimas. El personaje necesita registrar en imágenes el terror que sienten antes de morir las mujeres a las que secuestra.
- *Tesis* (Alejandro Amenábar, 1996). En este filme la leyenda urbana de las *snuff* deja de ser tal y se muestra ante los ojos de una doctoranda como uno de los negocios más lucrativos de los medios audiovisuales. Descubrir este incipiente negocio la convierte en la protagonista de una de estas películas.

- *The Brave* (Johnny Deep, 1997). Un hombre recién salido de la prisión y agobiado por la falta de recursos de su familia accede a ser la víctima de una *snuff movie* a cambio de 50.000 dólares.
- *Asesinato en 8 mm* (Joel Schumacher, 1999). Una rica viuda contrata a un detective después de encontrar algo terrible en la caja fuerte de su difunto y ejemplar esposo: una cinta en la que aparece el violento asesinato de una joven. Ella necesita saber quién es ella y si se trata de una película real.
- *Gunblast Vodka* (Jean-Louis Daniel, 2000). La mafia rusa se ve involucrada en el secuestro y asesinato de varias jóvenes, las cuales van apareciendo en distintas *snuff movies*.
- *S&Man* (J. T. Petty, 2006). Documental centrado en la investigación que lleva a cabo un hombre sobre los *voyeurs* en el cine. Poco a poco se adentra en mundo de las *snuff* y conoce cuáles son sus secretos.
- *Rastro oculto* (Gregory Hoblit, 2008). Una agente especial del FBI tiene que resolver un caso sin precedentes: un depredador cibernético cuelga torturas y asesinatos en tiempo real en una sofisticada página web. El destino de sus víctimas depende del público: cuantas más visitas registre la página, más deprisa morirán. Que vivan o mueran dependerá de la audiencia.
- *The Bunny Game* (Adam Rehmeier, 2010). Nos presenta el tortuoso juego de una chófer de camión demente que secuestra a una joven prostituta cocainómana de Hollywood durante cinco días, filmando buena parte de sus vejaciones con una cámara de vídeo.
- *The Den* (Zachary Donohue, 2013). Una doctoranda está investigando cómo se relaciona la sociedad actual a través de internet. Su investigación se centra en un portal de contactos, The Den, donde se mueve una red que secuestra a jóvenes para filmar su tortura y su muerte. Los vídeos son distribuidos a través de la Dark Web.

7

Incels: celibato involuntario, misoginia online y violencia en masa

> El Día de la Retribución es todo lo que tengo. Es la solución final a todas las injusticias de este mundo retorcido. [...] Cada vez que veo a un chico caminando con su bella novia, siempre he querido matarlos a ambos de la manera más dolorosa posible. Ellos lo merecen. Deben ser castigados. Los hombres merecen ser castigados por vivir una vida mejor y más placentera que yo, y las mujeres merecen ser castigadas por dar esa vida placentera a esos hombres en lugar de a mí. En el Día de la Retribución, finalmente podré castigarlos a TODOS.[1]
>
> Epílogo de «My Twisted World:
> The Story of Elliot Rodger», p. 135

El 23 de mayo de 2014, Elliot Rodger asesinó a seis estudiantes universitarios e hirió a trece más cerca del Campus de la Universidad de Santa Bárbara (Isla Vista, California). Después se suicidó dentro del BMW que le habían regalado sus padres. Los crímenes de Rodger podemos considerarlos como el primer ataque *incel* de la historia, ya que él mismo lo denominó así, pero no el primer crimen múltiple basado en el odio a las mujeres. Antes que Rodger, Marc Lepine (1989), Tomohiro Kato (2008) o George Sodini (2009) ya cometieron crímenes en masa motivados por su odio hacia las mujeres y por la frustración que sentían al no poder tener relaciones sexuales con ellas.

Los asesinatos de Rodger (y los que posteriormente inspiró) han dejado una extensa huella digital en la historia del crimen y en internet en nombre de todos aquellos hombres que se sienten como él y que defienden una revolución masculina. En el foro PUAHate, hoy ya inhabilitado, Rodger posteó:[2] «Si no podemos resolver nuestros problemas, debemos destruir nuestros problemas. Un día los *incels* se darán cuenta de su verdadera fuerza y número, y derrocarán este sistema feminista opresivo. Comienza a imaginar un mundo donde las mujeres te temen».

Antes de la masacre, Rodger escribió un manifiesto de 141 páginas que envió a varias personas por email, y colgó en la red (YouTube y Google+) su último vídeo, «Elliot Rodger's Retribution»,[3] grabado dentro de su coche. En este vídeo hablaba sobre su aislamiento, su dolorosa soledad, del estigma social que suponía para él ser virgen a los 22 años y, sobre todo, del desprecio que sentía por las mujeres que pertenecían a las hermandades universitarias y por aquellos hombres atractivos y sexualmente activos. Se describió a sí mismo como un «caballero magnífico e ideal», de modo que no comprendía por qué las mujeres no querían tener relaciones sexuales con él. Su frustración le llevó a planear la masacre y ponerle un nombre: «Día de la Retribución», una venganza ante la injusticia y la humillación reiterada que había sufrido por parte de las mujeres, que le habían negado disfrutar del sexo y del amor. A Rodger se le conoce como el «Caballero Supremo» en espacios *incels* como la comunidad Reddit o Incels.me, hoy ya suspendidos de internet.

Su crimen fue un punto de inflexión para esta comunidad online. Sin embargo, los usuarios siguen divididos: muchos están en contra de los actos de Rodger mientras que otros racionalizan sus crímenes y celebran su «Día de la Retribución».

> Todo lo que siempre quise fue amar a las mujeres, pero su comportamiento solo me ha generado odio.
>
> ELLIOT RODGER

A simple vista, puede parecer que se trata de un grupo de hombres que no tienen mucha suerte en el amor y que tienen dificultades para tener relaciones sociales y, sobre todo, sexuales con las mujeres. Sin embargo, la comunidad *incel* va mucho más allá, porque se trata de una subcultura que reúne a miles de usuarios, principalmente en Estados Unidos y Gran Bretaña. Las humillaciones, los insultos, el victimismo y el odio a las mujeres son los hilos conductores.

Pero ¿qué esconde el término *incels*? Es el acrónimo de *involuntary celibates*, una comunidad en línea, ideología o subcultura de internet[4] de hombres que son célibes pero no por su propia elección, sino que culpan a las mujeres de ello. Se caracterizan por su misoginia violenta online, su ira y, en los últimos años, por perpetrar actos violentos en masa.[5]

El sociólogo Andreas Kemper afirma que este movimiento antifeminista está además conectado con el supremacismo blanco y el antisemitismo.[6] Sus opiniones, creencias e ideas se difunden a través de internet, y en los últimos años podemos ver cómo sus interacciones en la red han acabado teniendo efectos en la vida real a través de la violencia en masa. Sin embargo, como ocurre en otros muchos casos, no podemos generalizar, ya que no todos los célibes involuntarios son violentos ni tienen una ideología tan extremista ni, por supuesto, son asesinos.

La misoginia online, o *Gendertrolling*,[7] es la unión de la misoginia tradicional y las nuevas tecnologías y consiste en:

- Agresión y violencia lingüística contra las mujeres a través de mensajes hostiles, agresivos, intimidatorios y ofensivos; se emplea un lenguaje desinhibido para el insulto y el sarcasmo.[8] Estos ataques definen a las mujeres como poco inteligentes, histéricas, feas, imperfectas, malvadas, mentirosas, falsas, etc.

- Un discurso de odio dirigido a las mujeres jóvenes y atractivas basándose en una degeneración femenina. Argumentan que las mujeres tienen un interés exclusivo en tener relaciones sexuales solo con hombres atractivos y con recursos a los que los *incels* también odian. Según su ideología y su propio discurso, estas mujeres lo único que quieren es beneficiarse y aprovecharse de estos hombres.

- Fijación patológica con el sexo y con las mujeres. Desde su punto de vista son promiscuas, fáciles y tienen sexo con muchos hombres excepto con ellos, ya que son selectivas a la hora de decidir quiénes serán sus parejas sexuales. Esta situación la consideran un agravio directo hacia ellos, y lo transforman en una cosificación sexual absoluta dejando de ver a las mujeres como personas. Los más extremistas abogan por el derecho a la violación, creencia que muestra su intenso odio hacia el sexo femenino.

- Su odio hacia las mujeres está alimentado por la intensa frustración que sienten ante su virginidad, llevándolos a elaborar un pensamiento distorsionado que solucionan a través de la ira online.

Rodger acuñó los términos «Stacys» y «Chads», que la comunidad *incel* sigue utilizando. Con el término *Chads*, describía a los hombres sexualmente activos y con el término *Stacys*, a las mujeres que tienen relaciones con ellos. Ambos están estereotipados por su belleza, su físico, su posición social y su popularidad en su entorno. Ninguno de ellos tiene problemas para encontrar parejas sexuales y, además, las cambian con frecuencia. Posteriormente se añadió el término *Beckys* para referirse a otro tipo de mujeres.

Beckys	Stacys	Chads
Ropa holgada y barata para ocultar su cuerpo	Hiperfemeninas	Atractivos
Necesitan ponerse *leggins* para que las miren	Curvilíneas	Masculinos
Mochilas	Muy atractivas	Musculosos
Moño *nerd*	Inalcanzables	Populares
Creen que a los chicos les gusta su aspecto natural	Solo salen con *Chads*	Ricos
Pelo de colores y corto	Ropa y bolsos caros	
	Muy maquilladas	
	Cabello largo y cuidado	
	Manicura	

Fuente: elaboración propia a partir de Menzie, 2020.

Además, hay una terminología que se emplea en los foros actuales y que divide a los hombres en dos grupos diferenciados:[9]

1. **Hombres alfa.** Hombres físicamente atractivos, atléticos, seductores, con gran destreza sexual y con muchas parejas femeninas. Es una masculinidad absolutamente estereotipada, que los *incels* odian porque son conscientes de que nunca podrán ser como ellos.
2. **Hombres beta.** Las mujeres los utilizan para lograr una estabilidad emocional y financiera, aunque sexualmente no son capaces de satisfacerlas y tampoco despiertan su deseo.

Los *incels* han atraído la atención de la sociedad y de los medios de comunicación tras el asesinato masivo que tuvo lugar el 23 de abril de 2018 en Toronto (Canadá) perpetrado por Alek Minassian. Este joven de 25 años no solo se inspiró en los asesinatos de Isla Vista, sino que fue su manera de elogiar y rendir homenaje a Elliot Rodger.[10]

La ideología *incel* mitologiza la visión de la mujer antes de que surgiera la revolución sexual de los años sesenta, en la que cada hombre tenía acceso a una pareja femenina para tener una relación romántica con ella y una historia de vida posterior. Consideran que tras el empoderamiento de las mujeres, estas tienen acceso libre a una gran cantidad de hombres y que eligen solo a un determinado grupo con unas características y un perfil muy concreto. Ellos perciben esta conducta como una gran injusticia, porque les delimita el acceso a un determinado tipo de mujeres. Ante esta circunstancia, y motivados por sus creencias sobre la sexualidad y la supremacía masculina, defienden la necesidad de restablecer las normas de género tradicionales reivindicándolo en diferentes foros de internet.

Los misóginos en línea, desde los activistas que defienden los derechos de los hombres[11] hasta las comunidades *incels*, han ido aumentando con el tiempo. Esta comunidad es diferente a otros lugares donde también se hace una apología pública del odio, ya que los *incels* no están unidos por un objetivo común, sino por sus vivencias, sus características físicas y personales y sus frustraciones. La comunidad *incel* se basa en el apoyo mutuo de sus integrantes y en el refuerzo de sus ideas, en muchos casos extremas y muy violentas.

En el artículo «Overdoing Gender: A test of the Masculine Overcompensation Thesis» se examina el hecho de que aquellos hombres que ven amenazada su masculinidad responden frecuentemente con demostraciones extremas de virilidad, que es su forma de compensar esta amenaza,[12] es decir, llevan a cabo una sobrecompensación masculina.

A todos ellos les une un denominador común, que es el mismo que los motiva a actuar: el odio, porque a través de él se identifican con los demás *incels* y se sienten respaldados entre ellos. No son solo un grupo de individuos, sino que son un organismo que se mueve con un determinado propósito, una entidad colectiva, de modo que un sujeto que se autodenomine *incel* está expresando su identidad social, no su identidad personal. Y esta identidad social que utiliza para deprimirse es la que justifica sus creencias y su ideología.

Sin embargo, el número de sujetos en riesgo que pueden pasar del odio online a la violencia real es muy pequeño. De hecho, algunos foros cuentan con más de 40.000 usuarios y ninguno de ellos ha llevado a tal extremo su frustración, su odio y su ira, porque lo que mayoritariamente sienten es vergüenza y culpa ante su falta de relaciones sexuales.

ORIGEN DE LOS *INCELS*

El término *incels* fue acuñado en los años noventa por Alana, artista y consultora de Toronto,[13] al crear un foro para solteros, un club de corazones solitarios acorde con las nuevas tecnologías, donde los célibes involuntarios comenzaron a encontrarse online. Este punto de encuentro virtual era un refugio para aquellos hombres y mujeres que se sentían solos. Acudían en busca de apoyo mutuo para intentar paliar su soledad hablando con otras personas que estaban en su misma situación y así intentar satisfacer sus necesidades emocionales y románticas.[14] Muchos usuarios acudían a Incels.me y de este modo se sentían parte de un grupo en el que eran aceptados sin cuestionamientos. Poco tiempo después nació una amplia comunidad con identidad propia hasta que mutó y se creó la plataforma tóxica en la que terminó convirtiéndose.

A partir del año 2000, la comunidad *incel* se dividió en dos grupos. El primero de ellos siguió con la intención de ser un lugar online abierto a aquellas personas que vivían en soledad con moderadores al frente que evitaban publicaciones misóginas (Incel-Support). El segundo grupo tenía libertad absoluta para desahogarse y culpar abiertamente a las mujeres de su falta de relaciones sexuales (LoveShy).[15] Con el paso del tiempo, la comunidad *incel* se volvió exclusivamente masculina, con hombres indignados y reaccionarios que se fueron radicalizando tras la acción criminal de Elliot Rodger, hasta el punto de acuñarse la expresión «to go ER» para imitar a Rodger y cometer un asesinato múltiple.

El término *incel* se introdujo por primera vez en el estudio «Sexuality Derailed: A Life Course Analysis of Involuntary Celibacy» en 2001.[16] Pero hasta el año 2018 esta expresión no fue reconocida lexicográficamente y definida por Ton Den Bonn[17] como «alguien que vive una vida involuntariamente célibe; un acrónimo de "celibato involuntario"».[18]

Desde el año 2014, en Estados Unidos ha habido, al menos, seis ataques violentos en masa que pueden atribuirse a miembros de la subcultura *incel*. Estos sujetos justifican sus actos criminales como una respuesta legítima a la situación de frustración que viven inspirándose en su referente: Elliot Rodger.

Unirse a algunos de los foros que aún existen, leer los comentarios de otros usuarios y verse identificados en el odio ajeno son factores de riesgo para que determinados sujetos autodenominados *incels* puedan cometer una masacre.

Elliot Rodger (2014) 22 años	Ataque en Isla Vista (California). Apuñalamiento y disparos. Siete víctimas mortales y 13 heridos. Escribió un manifiesto de 107.000 palabras. Se suicidó dentro de su BMW
Chris Harper-Mercer (2016) 26 años	Ataque en Roserburg (Oregón) en el Umpqua Community College. Diez víctimas mortales y ocho heridos. También dejó un manifiesto en el que elogiaba a Rodger y mostraba su odio por no encontrar pareja. Se suicidó
William Atchison (2017) 21 años	Escuela Secundaria Azteca de Nuevo México. Tres víctimas mortales. Usó el pseudónimo «Elliot Rodger» en varios foros online y elogió al Caballero Supremo. Se suicidó
Nikolas Cruz (2018) 19 años	Parkland (Florida). Diecisiete víctimas mortales y 17 heridos. En sus redes sociales escribió: «Elliot Rodger no será olvidado»[19]
Alek Minassian (2018) 25 años	Toronto (Canadá). Diez víctimas mortales y 14 heridos. Publicación de un post en Facebook antes del ataque violento con una furgoneta
Scott Paul Beierle (2019) 40 años	Tallahassee (Florida). Asesinó a dos mujeres e hirió a cuatro más en una clase de yoga. Ya en 2014 había publicado varios vídeos mostrando su extrema misoginia y su ira por no tener novia. En uno de sus últimos vídeos, llamado «La situación del hombre adolescente», envía un mensaje apoyándose en la figura de Elliot Rodger y su ideología, identificándose con el movimiento *incel*. Se suicidó

Fuente: elaboración propia a partir de noticias de diferentes medios de comunicación.

La periodista estadounidense Amelia Tait logró entrevistar a algunos exmiembros de estos foros misóginos y publicó sus impresiones en el artículo «Spitting Out the Red Pill: Former Misogynists Reveal How They Were Radicalised Online».[20] Muchos de estos hombres creen que estos grupos se aprovecharon de ellos. Casi todos eran adolescentes fácilmente manipulables, inseguros y vírgenes, se sentían muy solos y estaban pasando por momentos complicados en sus vidas.

Callum (*red piller* de Pennsylvania) declaró a la periodista cómo se sentía y qué pasaba por su cabeza: «Sentimientos de inferioridad y desesperanza absoluta», «Eres una vergüenza para tu género», «Estás escuchando voces en tu cabeza, diciéndote qué mierda eres, diciéndote que nunca te desearán, que nunca serás normal», «Todos tus amigos y familiares están riéndose de ti a tus espaldas, por fallar en la fácil tarea de encontrar una novia».

Tait afirma que es fácil apreciar cómo el complejo de inferioridad que tienen los que se autodenominan *incels* y la superioridad que denotan quienes manejan la Red Pill generan un profundo desprecio y odio hacia las mujeres.

Manosphere: comunidades misóginas en la red

La comunidad *incel* es solo uno más de los grupos misóginos que están dentro de la llamada *Manosphere*,[21] una red de foros y blogs online cuyo objetivo es la defensa de los derechos de los hombres. El denominador común de los grupos que la forman se basa en dos creencias: el antifeminismo y la idea de que los hombres y la masculinidad están bajo la amenaza constante de las fuerzas feminizadoras.[22]

En 2020 se publicó la investigación «The Evolution of the Masnosphere Across the Web»,[23] en la que a través del análisis de 28,8 millones de publicaciones obtenidas de 6 foros y 51 subreddits, se ve cómo las comunidades más antiguas y menos agresivas han dado paso a otras mucho más extremistas como Incels o Men Going Your Own Way,[24] caracterizadas por un discurso de odio contra las mujeres. Este análisis sugiere que las comunidades más nuevas son mucho más tóxicas y misóginas que las primeras que se crearon.

DESCRIPCIÓN DE DIFERENTES COMUNIDADES
MISÓGINAS DE LA *MANOSPHERE*

MRA (Men's Rights Activist)	Se centran en cuestiones sociales relacionadas con los hombres (crianza de los hijos, reproducción) y con determinadas instituciones (salud, militares). En dichas áreas, estos hombres se sienten discriminados, de modo que lo que buscan es cambiar la política y los derechos que tienen
MGTOW (Men Going Your Own Way)	Este foro se creó en 2014 y tres son los temas centrales de los usuarios: los rasgos negativos que tienen las mujeres, el supuesto sesgo sistémico de la sociedad contra los hombres, así como la defensa de que los hombres deberían abandonar por completo a las mujeres. Ante la imposibilidad de cambiar el sistema, defienden la creencia de que los hombres no tienen que tener relaciones serias con las mujeres, evitando el matrimonio y la convivencia
PUA (Pick Up Artist)	Comunidad creada alrededor de estrategias y mentalidades que ayudan a los hombres a elegir y a salir con mujeres. Este «juego» implica cosificar a las mujeres, promover técnicas de acoso e insultarlas. Los miembros de este foro creen que los hombres son «unos tontos en manos de las mujeres» debido a la crisis existente de la masculinidad
INCELS (Involuntarily celibate)	Este grupo está integrado sobre todo por hombres jóvenes unidos por un fuerte sentimiento de rabia y rechazo hacia las mujeres. Están obsesionados con que la apariencia es lo más importante para poder tener relaciones con diferentes mujeres

Fuente: elaboración propia a partir de Ribeiro, Blackburn, Bradlyn, *et al.*, 2020.

El grupo más conocido es The Red Pill[25] (<https://www. red dit. com/r/TheRedPill/>), un subforo de Reddit con más de 200.000 usuarios que está en inactivo con el siguiente texto explícito: «Esta comunidad se encuentra en cuarentena. Está dedicada a contenido impactante o altamente ofensivo».[26]

La web social Reddit.com expulsó, el 7 de noviembre de 2017, a la comunidad *incel* y cerró el subforo subreddit r/incels, que tenía cerca de 40.000 miembros, por difundir la misoginia y por defender la violación y la prostitución financiada por el Estado.[27] Muy poco tiempo después nació el foro Incels.me, que fue cerrado en octubre de 2018 por la misma razón. En la actualidad se mantienen abiertos:

- Incels.co, el mayor foro de esta comunidad en Inglaterra, creado en 2017.
- <https://www.reddit.com/r/ForeverAlone/>.
- <http://www.love-shy.com/lsbb/>.

La toxicidad de su contenido es muy peligrosa, ya que los miembros que la componen se desahogan publicando todas sus frustraciones. La existencia de estos foros y de estas comunidades misóginas contribuye a que se tenga una percepción negativa de la red, porque se está convirtiendo en un punto de encuentro para movimientos organizados que aceptan, declaran e incitan al odio.

Cosmovisión de los *incels*

Normas y creencias básicas

- El éxito sexual de un hombre viene determinado casi por completo por sus rasgos biológicos, creyendo en la existencia de un determinismo sexual o una «clase sexual única», que es la que atrae a las mujeres. Además del atractivo físico, añaden la capacidad económica y el estatus social de estos hombres.

- Fuerte presencia del ideal de la masculinidad hegemónica. La asocian a tener éxito, a tener el control y el poder, a no mostrar las emociones, a estar altamente capacitados, a ser dignos de confianza, a ser competentes, físicamente fuertes y capaces de asumir riesgos, a ser heterosexuales y a no tener rasgos femeninos.[28] Esta hombría ayuda a tener el control sobre otros hombres, pero sobre todo a tener poder sobre las mujeres.
- Su falta de vida sexual es consecuencia de su fealdad, cuando realmente son su sexismo y su odio a las mujeres lo que la causan.
- Los *incels* no existirían si las mujeres no tuvieran la libertad de poder escoger a sus parejas sexuales.
- Han creado su propia terminología[29] o jerga, y no solo para referirse a las mujeres; también han creado términos relacionados expresamente con el sexo, la demostración de la virilidad masculina y su obsesión por tener relaciones sexuales.

    - *Cuck.* Hombre con novia o esposa infiel que es dominado y controlado por ella.
    - *Bitch shield, pawning, going cavernan, fakecel.* Cuando un *incel* no es real, pero entra en la comunidad haciéndose pasar por uno.
    - *Meeks.* Describe la idea de que las mujeres solo se sienten atraídas por la apariencia física de los hombres.
    - Una de las palabras que más utilizan es *foid*, abreviatura de *femoide*, en lugar de «mujer». Es un término despectivo para referirse a las mujeres como androides y se usa para indicar que estas no son completamente humanas.

Es importante tener en cuenta que estas comunidades online surgen a partir del uso de un lenguaje específico de grupo que determina los límites de esa comunidad.[30]

Ideología incel

La comunidad *incel* constituye un discurso peligroso, considerándose una subcategoría del discurso del odio.[31]

- Lo más valorado y deseado por los miembros de esta comunidad son las relaciones sexuales con mujeres.
- Creencia en la supremacía masculina y en el derecho de los hombres a tener relaciones sexuales con las mujeres que ellos quieran y cuando ellos quieran.
- Los hombres son víctimas de un feminismo extremo y de una ideología que debe ser combatida a través de la violencia. El feminismo es una amenaza y casi una conspiración contra los hombres.
- La liberación sexual femenina ha llevado a la hipergamia de estas mujeres, pero no con hombres feos y poco atractivos como ellos, que no tienen acceso a un determinado tipo de mujeres.
- Se conforman con su situación, pero no hacen nada para cambiarla. Exigen que sean las mujeres las que estén obligadas a tener relaciones sexuales con ellos, porque consideran que es lo que se merecen.
- Piensan que el sexo debería ser redistribuido en la sociedad para tener la posibilidad de elegir a determinadas mujeres evitando cualquier contacto con homosexuales, transexuales o mujeres con defectos físicos.

«*Ser o no ser… esa es la cuestión*»

Esta es la primera frase del famoso monólogo de Hamlet, obra de teatro del dramaturgo y poeta inglés William Shakespeare (1564-1616). Los *incels* en sus foros cambian simplemente el nombre del dilema, *Cope or Rope*, pero el significado es el mismo: tratar de hacer frente a la situación que están viviendo y aceptarla, o considerar la muerte como una opción.

El discurso que se puede leer entre líneas en sus foros señala que es imposible salir de la realidad en la que viven por su desventaja evolutiva[32] y porque la sociedad está en su contra. Sin embargo, hay miembros de esta comunidad que consideran que hay una tercera opción: *Go to ER* («imitar a Elliot Rodger»), es decir, la venganza. Dirigir su odio hacia las personas de modo directo y real, no solo online.

Es complicado tratar de comprender el odio de los *incels* y cómo este en ocasiones traspasa el mundo virtual para hacerse tangible en el mundo real. Se mueven en una ideología muy concreta y a veces muy extremista. Para comprenderlos hay que entender lo que piensan y por qué piensan de ese modo, y esto solo se puede hacer desde el punto de vista de la psicología y de la criminología.

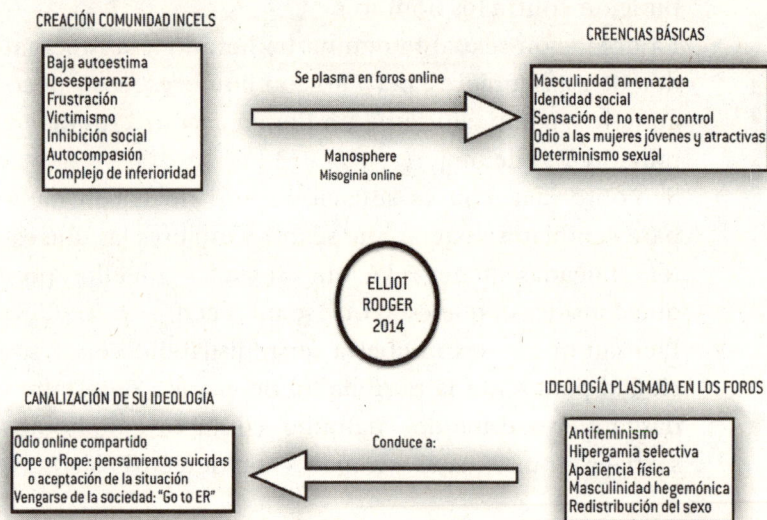

CREACIÓN COMUNIDAD INCELS

Baja autoestima
Desesperanza
Frustración
Victimismo
Inhibición social
Autocompasión
Complejo de inferioridad

Se plasma en foros online

Manosphere
Misoginia online

CREENCIAS BÁSICAS

Masculinidad amenazada
Identidad social
Sensación de no tener control
Odio a las mujeres jóvenes y atractivas
Determinismo sexual

ELLIOT RODGER 2014

CANALIZACIÓN DE SU IDEOLOGÍA

Odio online compartido
Cope or Rope: pensamientos suicidas o aceptación de la situación
Vengarse de la sociedad: "Go to ER"

Conduce a:

IDEOLOGÍA PLASMADA EN LOS FOROS

Antifeminismo
Hipergamia selectiva
Apariencia física
Masculinidad hegemónica
Redistribución del sexo

Fuente: elaboración propia.

CARACTERÍSTICAS DE LOS SUJETOS
QUE SE AUTODENOMINAN *INCELS*

Una de las causas de este fenómeno es el efecto desinhibición en línea,[33] caracterizado por el anonimato, la invisibilidad de los usuarios y la asincronía. La gran mayoría de estos sujetos no verterían sus opiniones en público estando cara a cara con otras personas que no pensaran como ellos piensan.

- Sufren por ser célibes y culpan a las mujeres de esta situación. Si todos los demás hombres tienen relaciones sexuales y, además, con diferentes mujeres, su pensamiento es: «¿Por qué yo no las tengo?». Es un ciclo vicioso de pensamiento y acción, de modo que el rechazo que sufren por parte de las mujeres hace que aumente más su odio hacia ellas, y ellas, a su vez, los rechazan por los comportamientos misóginos que muestran.
- Jóvenes aislados con una fuerte inhibición social. Muchos de ellos nunca han tenido una cita o ni siquiera han tenido contactos con mujeres.
- Tienden a expresar emociones negativas: ira, odio, incertidumbre, rencor.
- Suelen hablar de modo muy negativo de su familia, de su trabajo, de sus metas y, sobre todo, de sus relaciones y de la sexualidad.
- Se consideran víctimas de la crueldad femenina, y buscan diferentes alternativas a través del lenguaje violento para mostrar su odio.
- Autocompasión. Muchos de ellos se refieren a su falta de atractivo en los propios nombres que utilizan como usuarios (*MicroDong, Uglyinkel, YunGanUgly*) ya que esto provoca pena y cierta compasión a otros usuarios.
- Muchos recurren a estos foros para dar sentido a su dolor y que el resto del grupo los compadezca.
- Desesperanza. Su situación y lo que sienten les hace sufrir y en muchas ocasiones tienen pensamientos suicidas que comparten con el resto de los usuarios.
- Sentimientos de inferioridad ante la sociedad.
- Atribuyen su falta de relaciones sexuales y de contactos sociales con mujeres a su físico, a su fealdad, creyendo en la relación que existe entre la imagen que tienen de ellos mismos y la falta involuntaria de relaciones sexuales.[34] Están obsesionados con su nulo atractivo y eso los frustra, sienten ira y rabia ante el mundo ya que creen que su biología es la que les niega tener el poder y el control en las relaciones sexuales con las mujeres.

- La recompensa que estos usuarios obtienen al participar en los foros mencionados es que los demás aprueben las opiniones que vierten y su odio.
- Creen firmemente que existe una conspiración por parte de la sociedad y de los hombres «alfa» para humillarlos, hundirlos y evitar que tengan relaciones sexuales con mujeres.

8

Un fenómeno moderno: ¿la psicopatía facilita el éxito profesional y el liderazgo?

> Es realmente fácil para el psicópata fingir que posee tres de las características más buscadas en el mundo profesional: responsabilidad, inteligencia y habilidad para las relaciones interpersonales.
>
> PAUL BABIAK

Algunas personas no se tienen que esforzar para ganarse nuestra confianza debido a la posición que ocupan en la sociedad: un médico, un abogado, un asesor de inversiones, un político o un ejecutivo de banca. Y esto, en ocasiones, lo pagamos muy caro. Algunos de ellos utilizan su profesión y su situación privilegiada como medio para satisfacer sus necesidades personales. Hablamos de los psicópatas funcionales,[1] aquellos hombres y mujeres que llegan a la cima sin usar la violencia y que suelen ser un peligro invisible. Robert Hare, doctor en Psicología e investigador en el campo de la psicología criminal, afirma que los asesinos seriales arruinan familias pero que los *psicópatas corporativos*, políticos y religiosos, arruinan economías, sociedades y países enteros.[2]

Utilizamos el término *psicópata* de un modo extensivo y generalizado para definir a un grupo heterogéneo de sujetos por los actos y las conductas que llevan a cabo o por cómo tratan a quienes forman parte de su entorno personal y profesional. Y lo habitual es hacerlo con connotaciones negativas, ya que gran parte de la imagen que consumimos hoy en día del psicópata se basa no solo en un falso mito, sino también en una verdad a medias.

Tenemos que aceptar una realidad más que evidente, y es que *psicópata* no es sinónimo de *asesino en serie* ni de *delincuente*, porque ni todos los psicópatas son delincuentes ni todos los delincuentes son psicópatas. Con nosotros conviven psicópatas funcionales muy nocivos para la sociedad y para las personas con las que se relacionan. Son carismáticos, intrépidos, despiadados, pero no necesariamente violentos. Infligen perjuicios económicos, materiales y emocionales, causando a la sociedad y a su entorno un daño que es más instrumental que físico. Estos son los más numerosos y los más difíciles de detectar, los que con una habilidad innata se ocultan y enmascaran pasando totalmente desapercibidos, bajo una fachada compensatoria de absoluta normalidad. Porque, en realidad, los psicópatas asesinos en serie son una excepción o una rareza social, a pesar de su extrema visibilidad y del impacto y el morbo mediático que suscitan.

La psicopatía es un trastorno de la personalidad que se define por determinadas manifestaciones conductuales y por ciertos rasgos de la personalidad que afectan a las relaciones interpersonales, a los estilos de vida y a la afectividad de esos sujetos. Robert Hare[3] afirma que lo más destacado de los psicópatas es que carecen de las cualidades esenciales que permiten a los seres humanos vivir en sociedad. Posiblemente, la base de la psicopatía sea la ruptura entre la razón y la emoción, aunque su apariencia externa no sea diferente a la de ninguno de nosotros. Hannah Arendt, filósofa y teórica política alemana, con su célebre expresión «la banalidad del mal»[4] se estaba refiriendo a la incapacidad de conectar con los demás a nivel humano, y esta es la esencia de la psicopatía.

Los diferentes rasgos psicopáticos, así como su número y su intensidad, cambian de una persona a otra, de modo que puede haber diferencias muy importantes en los comportamientos de los individuos que son considerados psicópatas. Por lo tanto, llegamos a la conclusión de que el espectro de la psicopatía **es gradual y tiene una intensidad diferente**. Más o menos cantidad de ella, en un determinado contexto, puede ser altamente ventajoso, del mismo modo que podría suponer un peligro para los demás. Por ejemplo, si se combinan la baja aversión al riesgo, la ausencia de miedo y la falta de culpabilidad o remordimientos, en determinadas circunstancias y en un determinado contexto, pueden llevar a algunos sujetos a alcanzar el éxito y el liderazgo en los negocios, la política o el derecho. Pero esos mismos rasgos, en otro contexto diferente, pueden convertir a ese sujeto en un peligro para la sociedad.

Por qué solo algunos psicópatas se inclinan por matar y otros no es algo que aún no sabemos con total certeza. El crimen y la conducta delictiva son multifactoriales. Genética, biología, psicología, entorno familiar, educación, ambiente, oportunidad y la interacción de todos estos factores entre sí y en un grado concreto influyen en el destino del psicópata. Los psicópatas, ya sean criminales o funcionales, comparten la misma estructura emocional y de personalidad, pero el límite entre ellos no depende de los rasgos psicopáticos que tengan, sino de la forma en que se combinan entre sí y sus niveles.

Son sus conductas y sus actos los que los definen, de modo que unos serán crueles y letales delincuentes o asesinos en serie y otros vivirán cómodamente dentro de determinados ámbitos profesionales, para los que están hechos a medida. La sociedad ya es consciente de que la psicopatía campa a sus anchas en terrenos como la política, la justicia y la economía.

Muchos psicópatas jamás entran en prisión: médicos, psiquiatras, abogados, oficiales de policía, líderes espirituales,[5] militares, hombres de negocios, periodistas o artistas. Son tan manipuladores, insensibles y egocéntricos como el resto de los psicópatas, pero a través de su inteligencia, sus habilidades sociales y sus circunstancias construyen una fachada de éxito y normalidad, obteniendo aquello que quieren con absoluta impunidad.

La psicopatía y el funcionamiento cotidiano de la sociedad

Un estudio llevado a cabo en 2014 por diferentes investigadores evidenció la relación que existe entre los rasgos psicopáticos y el funcionamiento cotidiano de nuestras sociedades.[6] Para comprender esta relación, tenemos que partir de las siguientes cuestiones:

- Rasgos como la falta de piedad, la extrema concentración, la fortaleza mental, el encanto personal, la intrepidez, la despreocupación, la acción constante, ¿pueden ser ventajosos en determinados momentos de nuestra vida?

- ¿Puede la psicopatía, en determinados contextos y en determinadas circunstancias, ser beneficiosa para el resto de la sociedad? Kevin Dutton, psicólogo británico de la Universidad de Oxford especializado en el estudio de la psicopatía, afirma y demuestra que los psicópatas funcionales no solo son útiles para nuestra sociedad, sino que además son necesarios y que tienen cosas que enseñarnos: «Toda sociedad necesita unos individuos particulares que hagan el trabajo sucio, gente que no tenga miedo de tomar decisiones duras, de hacer preguntas incómodas, de exponer, de correr riesgos».[7]

Hay puestos de trabajo que ya sea por su componente altamente competitivo o agresivo, por el alto nivel de estrés que conllevan o por el peligro que implican no podría desempeñarlo cualquier miembro de la sociedad. Un ejemplo serían los cuerpos de militares de élite, que gracias a su intrepidez, a su frialdad o a su nivel de concentración bajo el fuego no tienen en cuenta el riesgo. Algunos cirujanos, especialistas en desactivación de explosivos[8] o bomberos también tienen determinados rasgos que les hacen ser excelentes profesionales en sus campos profesionales. Sin embargo, esto **NO quiere decir que las personas que ejercen estas profesiones**

sean psicópatas, sino que la confianza que tienen en sí mismos, su fortaleza mental, su alta concentración y la capacidad de trabajar bajo presión son rasgos que tienen en común con los psicópatas. «Lo que tiene más valor, escribió el maestro budista del siglo XI Atisha, es el dominio de sí mismo. [...] Y hasta cierto punto, podría parecer que los psicópatas nos llevan la delantera a todos los demás.»[9]

La Special Air Service (SAS) o fuerzas especiales británicas, consideradas unas de las mejores del mundo, sería otro ejemplo. Las pruebas de acceso son especialmente duras, con ejercicios extremos de destreza física, estrés, ansiedad, miedo, etc. Tanto es así, que un 90 % de los reclutas no las superan. Dos de los rasgos más importantes que hacen que estos individuos superen el entrenamiento, cuyo lema es *Who Dares Wins* («Quien se atreve gana»), son la fortaleza mental y la baja aversión al riesgo. Pensemos que si no sienten miedo de entrada... ya no necesitan valor para superarlo.

Joe Newman no cree que los psicópatas sean incapaces de sentir miedo, sino que lo que ocurre es que no lo notan, no saben que está ahí. No sienten inquietud, porque cuando se concentran en una actividad que les reportará una recompensa inmediata, eliminan todo aquello que no sea relevante para conseguir su objetivo.[10]

- ¿Estaríamos ante el perfil del héroe capaz de hacer lo que hiciera falta por salvar a otros? Diana Falkenbach y Maria Tsoukalas comenzaron a estudiar los rasgos de psicopatía que están asociados a profesiones de alto riesgo, como el trabajo y la investigación policial o los sujetos de los servicios de rescate en la lucha contra incendios. Ellas los denominan «poblaciones heroicas», y se caracterizan por su intrepidez, su valentía y su fortaleza mental. Estas poblaciones son prosociales, pero muy duras. Implican riesgo y posibles traumas derivados de su profesión, de modo que pueden tener rasgos psicopáticos vinculados a la baja ansiedad y a la inmunidad al estrés.

- Y la pregunta más importante: ¿existen determinados rasgos psicopáticos que pueden llevar al éxito profesional y al liderazgo? La sociedad es consciente de que hay entornos profesionales donde la psicopatía funcional no solo está aceptada, sino que algunos de sus rasgos se valoran como beneficiosos e incluso se elogian como valores positivos. La combinación de determinadas conductas arriesgadas y la ausencia de remordimientos puede llevar a estos psicópatas a una exitosa carrera delictiva (delincuencia financiera, corporativa o de cuello blanco). Los psicópatas exitosos son muchos, ya que entre sus rasgos de personalidad destacan la falta de remordimientos y su capacidad para engañar y mentir, pero sin que apenas se aprecien rasgos de impulsividad.

Lo cierto es que hay más de un lugar para los psicópatas en nuestra sociedad. En 2012[11] se publicó un estudio sobre 42 presidentes estadounidenses, hasta George W. Bush. Dominar con firmeza, no tener miedo y ser audaz son cualidades que se asocian con un gran desempeño de la función política, el liderazgo, el manejo de los estados de crisis y la persuasión. Esta investigación comenzó en 2000, siendo pionera en este campo, y consistió en estudiar los datos obtenidos a través del Inventario de Personalidad NEO, de 240 preguntas, que se envió a los biógrafos de los presidentes de Estados Unidos. Estos debían contestar basándose en los conocimientos sobre los políticos citados. Los resultados no sorprendieron: algunos de los presidentes norteamericanos ofrecían claros rasgos psicopáticos, entre ellos John F. Kennedy y Bill Clinton. Algunos de los héroes de la historia de Estados Unidos también están en este grupo, como Theodore Roosevelt, que ocupa el primer lugar de la lista que elaboraron los investigadores.[12]

> La mentira, la manipulación, la insensibilidad y la arrogancia son los pilares de los rasgos de la psicopatía desde un punto de vista clínico. Le siguen la impulsividad, la falta de objetivos a largo plazo y la incapacidad para adoptar responsabilidades.

¿Existen rasgos de psicopatía que ayudan a lograr el éxito y el liderazgo?

> Una estrategia psicopática no nos garantiza un mayor éxito en el dormitorio, pero puede ser muy útil en la sala de juntas.
>
> Kevin Dutton

La gran mayoría de los psicópatas que hay en nuestra sociedad no están cumpliendo una condena en prisión, sino que están ocupando importantes puestos de trabajo en diferentes profesiones, gracias a su capacidad de mentir y de manipular, a su arrogancia y a su insensibilidad. La *psicopatía corporativa*[13] es un fenómeno contemporáneo que se originó en los noventa ante la creciente inestabilidad y competitividad que surgió en diferentes ámbitos profesionales, sobre todo en los negocios. Este concepto hace referencia al **comportamiento desviado en el lugar de trabajo**, por parte de psicópatas en posiciones de liderazgo, que pueden llegar a causar pérdidas de miles de millones, además de los efectos negativos que tienen sobre los trabajadores.

En el libro *Lessons from the Top: The 50 Most Successful Business Leaders in America- and What You Can Learn from Them* (2001), los cazatalentos de ejecutivos Thomas Neff y James Citrin muestran su investigación tras entrevistar a los cincuenta principales CEO[14] de Estados unidos. Recopilaron algunas de las cualidades de estos ejecutivos de éxito y líderes empresariales creando una nueva definición de éxito: «Vive con integridad y lidera con el ejemplo», animando a los lectores a aprender de estos ejecutivos. Unos años después de la publicación de este libro, tres de esos CEO fueron condenados a prisión por delitos de cuello blanco y otros tres se enfrentaron a millonarias multas por sus actividades ilícitas.

El liderazgo supone tener una serie de habilidades y utilizarlas para influir en la manera de pensar y de actuar de otras personas, con el fin de lograr determinados objetivos de manera más eficaz, dentro de la organización empresarial, de una comunidad o en la propia sociedad. La capacidad que tiene un líder para lograr que la gente haga cosas es más importante que su habilidad para hacer una tarea en particular.[15] Y si de algo es capaz un psicópata es de lograr que los demás hagan lo que él quiere. Sin embargo, los psicópatas fallan en tres ámbitos del liderazgo: *a)* la forma de tratar a las personas que trabajan con ellos, *b)* las dificultades que tienen para trabajar en equipo y *c)* el problema que supone para ellos compartir sus ideas con otros.

Ya sabemos que la personalidad psicopática se caracteriza por una serie de rasgos antisociales y desadaptativos. Sin embargo, son muchas las investigaciones que lanzan la hipótesis de que determinados rasgos psicopáticos pueden convertirse en **cualidades de éxito y de liderazgo** en determinados ámbitos como el empresarial, el mundo de los negocios, el financiero y el político. Recordemos que lo que adquieren determinados expertos a través del tiempo y de su experiencia profesional es algo innato en los psicópatas. El rol de ejecutivo y de líder es para el psicópata funcional como la miel para el oso pardo, irresistible, ya que le ofrece un buen salario, poder y un amplio margen de movimiento. Jon Moulton, exitoso capitalista de riesgo británico, afirma que hay tres rasgos valiosos para triunfar en los negocios: decisión, curiosidad e insensibilidad. Afirma de modo rotundo que «lo mejor de la insensibilidad es que te deja dormir mientras otros no pueden».[16]

En 2005, Board y Fritzon (Universidad de Surrey) llevaron a cabo su investigación con la intención de saber qué es lo que hacía que determinados sujetos triunfaran en los negocios llegando a ser auténticos líderes. Descubrieron que ciertos rasgos psicopáticos son más prevalentes en determinados sujetos de éxito que entre asesinos seriales y psicópatas criminales, como **la concentración, la capacidad de persuasión, el egocentrismo, el encanto superficial, la autodisciplina o la independencia.**

Rasgos de psicopatía que pueden llevar al éxito profesional y al liderazgo
Carisma y capacidad para influir en los demás
Creatividad
Pensamiento estratégico y gran capacidad analítica
Excelentes habilidades para la comunicación
Persuasión
Ausencia de miedo y bajo nivel de ansiedad
Seguridad en sí mismos
Control emocional
Conductas arriesgadas
Ausencia de culpa y de remordimientos
Establecer metas y objetivos a muy corto plazo
Alta concentración
Manipulación despiadada
Alta actividad
Autodisciplina

Fuente: elaboración propia a partir de Lykken, 1995; Hare, Neumann y Babiak, 2010; Mullins-Sweatt, Glover, Derefinko, *et al.*, 2010, y Pavlic y Mededovic, 2019.

Kevin Dutton llevó a cabo una investigación en el Reino Unido absolutamente novedosa y única, ya que fue la primera vez que se intentó analizar la prevalencia de rasgos psicopáticos en una población activa nacional en su totalidad. Todos aquellos que quisieron participar acudieron a su página web para completar la escala Levenson, añadiendo datos de su profesión y obteniendo así una puntuación. Su intención era determinar cuál era la profesión más psicopática y en cuál de ellas había menos psicópatas. En aquellas profesiones en las que se requiere una mayor conexión humana, tratar con los sentimientos y las emociones de las personas, hay menos psicópatas que en las profesiones que implican poder, prestigio, liderazgo y una habilidad especial para tomar decisiones racionales alejadas de los sentimientos.[17]

+ Psicopatía	− Psicopatía
1. Ejecutivo	1. Cuidador
2. Abogado	2. Enfermero
3. Medios de comunicación	3. Terapeuta
4. Vendedor	4. Artesano
5. Cirujano	5. Esteticista/estilista
6. Periodista	6. Trabajador social
7. Oficial de policía	7. Profesor
8. Clero	8. Artista creativo
9. Cocinero	9. Médico
10. Funcionario	10. Contable

Fuente: elaboración propia a partir de Dutton, 2013.

Dutton afirma que existe un conjunto de características de la psicopatía, a las que denomina los «siete preciados capitales», que son altamente beneficiosas a nivel individual. Aplicadas correctamente «pueden ayudar a conseguir aquello que nos propongamos, convirtiéndonos en vencedores en lugar de villanos»: **impasibilidad, encanto, concentración, fortaleza mental, intrepidez, atención plena y capacidad para tomar decisiones rápidas en situaciones difíciles.** Además, puedo añadir que los psicópatas funcionales tienen una gran seguridad en sí mismos, un alto nivel de autodisciplina y esfuerzo, así como una extrema frialdad cuando trabajan bajo presión. ¿Podemos cualquiera de nosotros poner en práctica todo esto?

En 2010, Hare, junto a Neumann y Babiak, investigaron a más de doscientos ejecutivos de alto nivel. Su intención era comparar la prevalencia de los rasgos psicopáticos en el mundo empresarial y de los negocios, frente a la población general. Los ejecutivos quedaron por delante (4%). Además, la psicopatía se asoció de modo positivo con rasgos como el carisma, la creatividad, las excelentes habilidades de comunicación y el pensamiento estratégico.[18] Podemos afirmar que existen más psicópatas funcionales en el ámbito de la empresa que en la población general, y suelen trabajar en organizaciones, empresas e instituciones públicas o privadas. Tienen claros sus objetivos: **obtener dinero, poder y prestigio.**[19]

LA RELACIÓN ENTRE LOS RASGOS DE LIDERAZGO Y PSICOPATÍA SERÍA LA SIGUIENTE:

Rasgos de liderazgo	Rasgos psicopáticos
Carisma	Encanto superficial
Confianza en uno mismo	Vanidad, arrogancia
Capacidad de influir en los demás	Manipulación
Capacidad de persuasión	Engaño y mentiras
Pensamiento visionario	Invención de historias para convencer
Capacidad para correr riesgos	Impulsividad
Orientado a la acción	Búsqueda de emociones
Capacidad para la toma de decisiones difíciles	Pobreza emocional

Hare y Babiak crearon el *Bussines Scan* (B-Scan), un cuestionario para determinar la presencia de rasgos psicopáticos solamente en el entorno de la empresa, es decir, la tasa de psicopatía corporativa.

La última investigación (2019) la aportan Pavlic y Mededovic, ambos pertenecientes al Instituto de Investigación Criminológica y Sociológica de Belgrado. Definen al psicópata exitoso como aquel sujeto que tiene determinados rasgos de psicopatía y que logra alcanzar el éxito no solo social, sino en más aspectos de su vida, mostrando una conducta adecuada y autocontrolada.[20] Demuestran el **vínculo** que existe entre profesiones como la de los altos cargos directivos y determinados rasgos psicopáticos que tienen una valoración positiva en determinados entornos profesionales. Para ello estudiaron, en una muestra de 212 profesionales, diferentes elementos que son indicativos del éxito en estas profesiones: *a)* el ascenso a puestos ejecutivos, *b)* los bonos anuales que recibían, *c)* su salario mensual y *d)* el hecho de ser conscientes de su propio éxito. Una de las principales contribuciones de este estudio es que determina cuáles son los dos rasgos de la personalidad psicopática que facilitan el éxito en los negocios y las finanzas: la manipulación despiadada y la falta de empatía.

En nuestras sociedades contemporáneas, determinados rasgos psicopáticos se confunden con cualidades de liderazgo:[21] la apariencia de confianza, la asunción de determinados riesgos, la ausencia de preocupación por las consecuencias de sus actos o la falta de expresión de emociones. La capacidad de estar calmado y no mostrar emociones en momentos de alta presión puede ser un factor de éxito en los negocios.

DELINCUENCIA DE CUELLO BLANCO: DELINCUENTES ECONÓMICOS DE ÉLITE

> A diferencia del cónyuge tempestuoso y asesino o el asaltante empobrecido y desesperado, los delincuentes de *suite* son hombres de negocios sofisticados y reflexivos que se dedican al delito solo después de calcular cuidadosamente los beneficios y los costos.
>
> *The Wall Street Journal*, 1976[22]

Fue Edwin Sutherland, sociólogo estadounidense, quien acuñó el término de «delito de cuello blanco» o *White Collar Crim-*

inality. Nació como concepto sociológico y después se incorporó al ámbito jurídico y criminológico para definir «el delito cometido por una persona respetable y de alto estatus social en el curso de su ocupación».[23] Sutherland, en su libro *El delito de cuello blanco* (1949),[24] puso de manifiesto la impunidad de las personas con un considerable poder que se enriquecen a costa de su posición social y profesional. Rompió con la idea de que solo las personas de baja clase social delinquen y que aquellos con una importante capacidad económica y una formación superior no cometen delitos porque «no lo necesitan». Delinquir, con una finalidad económica, quedó así desligado de la idea de necesidad, precariedad o pobreza.

Habitualmente se describe a estos delincuentes como sujetos que pertenecen a la élite social, situados en una buena posición, con una importante capacidad económica, y que dirigen o trabajan por y para organizaciones o corporaciones legítimas.[25] Delinquen con *glamour*, con estilo, desde carísimos sillones de piel situados en despachos en los que exhiben descaradamente obras de arte millonarias. Sujetos que visten con trajes diseñados por William Fioravanti (20.000 euros), Brook Brothers (14.500 dólares) o Brioni (6.000 euros). En estos casos, el delito se relaciona con la élite social, económica e incluso política.

El concepto de delito de cuello blanco se refiere a aquellos delitos no violentos, intencionales y con ánimo de lucro caracterizados por «el engaño, la ocultación o la violación de la confianza». Desde el punto de vista criminológico, podemos identificar dos categorías: aquellos que los cometen individualmente sujetos concretos y los que se cometen a través de empresas, sociedades y corporaciones.[26] En ambos casos, las conductas delictivas pueden llegar a ocultarse, incluso de modo indefinido, presentando una apariencia de legalidad.[27] Estamos ante sujetos y corporaciones que estafan, roban y arruinan familias, y pueden incluso llegar a provocar una crisis internacional a través de delitos como el blanqueo de capital, la corrupción, la malversación de fondos, el tráfico de influencias, la desviación de fondos o los fraudes fiscales.

Y todo esto lo hacen desde su puesto de trabajo, utilizando su ámbito profesional.

Gary Becker, premio Nobel de Economía en 1992 por aplicar las matemáticas a la conducta humana, argumentó que el crimen podría explicarse viendo a los delincuentes no como personas psicológicamente diferentes, sino como individuos que ven los costes y los beneficios de la actividad criminal de diferente modo. Entonces, si podemos entender cómo piensan determinados ejecutivos respecto al coste-beneficio de llevar a cabo una conducta ilícita, ¿se entendería por qué delinquen personas con su poder y su situación socioeconómica? Una de las principales características de estos delincuentes es que ellos nunca piensan en las consecuencias de sus actos, sino que solo piensan en su propio beneficio.

Sutherland entendía que «el excesivo juridicismo y garantismo en lo que se refiere a los delitos de cuello blanco lejos de propiciar un sistema de defensa de los derechos ciudadanos, como tantas veces se afirma, en realidad, lo que crea es una doble balanza de la justicia: de un lado, la balanza que penaliza sistemáticamente los delitos de los pobres, y de otro, la que se muestra complaciente y condescendiente con los delitos de los ricos».[28]

¿Qué caracteriza a los delitos y a los delincuentes de cuello blanco?

- Confianza de la sociedad hacia el delincuente, según su prestigio y condición social y económica, dando la imagen de persona respetable.
- El ámbito en el que se perpetra el delito es el ejercicio de su profesión. Así, conductas delictivas que buscan su origen en la pobreza, la desestructuración social y

familiar o en determinados trastornos mentales[29] no sirven para explicar una delincuencia económica realizada por sujetos que gozan de una posición de poder social y económico.

- El objetivo de este delito es el ánimo de lucro y el afán personal de enriquecimiento.
- Uso de la credulidad o la ignorancia de la víctima para perpetrar un delito bajo la apariencia de legalidad. Recordemos el caso de JP Morgan y Bank of America, por la venta de las hipotecas *subprime* a inversores (paquetes de hipotecas de riesgo).
- Estos delincuentes están física, psicológica y a veces temporalmente muy distantes de sus víctimas, sin tener un contacto directo con ellas.
- Escasa visibilidad del delito dado que no se aprecia el daño directo que pueden infligir a la comunidad. Puede involucrar diferentes prácticas ilegales o muy poco amparadas por el derecho.
- Importante tasa de impunidad por la dificultad para ser descubiertos, debido, entre otras cosas, al poder que tienen y porque son delitos muy complejos que requieren un conocimiento muy especializado.
- En muchos casos, las víctimas forman parte de un colectivo anónimo y heterogéneo que ni siquiera es consciente de que está siendo victimizado.
- No suelen aparecer en las estadísticas criminales, a pesar del elevado coste social que llegan a provocar, ya que pueden afectar a nivel individual, empresarial o estatal e ir más allá de la simple pérdida económica.[30]
- Los delincuentes de cuello blanco elaboran mejores estrategias, procesan mejor la información y tienen mayor control de los impulsos, lo que supone una gran ventaja para perpetrar delitos que dejen pocos rastros o ninguno.[31]

¿Cuál es el perfil de este tipo de delincuentes?

Son muy organizados y no se conciben a sí mismos como criminales, porque ni la sociedad ni la ley penal los trata como tales.[32] Además, minimizan su conducta delictiva arguyendo una imitación conductual, ya que son muchas las personas que hacen lo mismo que ellos en el mundo de los negocios. Se pueden establecer ciertos rasgos psicológicos y de personalidad de los delincuentes de cuello blanco, aunque esto no significa que todos ellos concurran en este tipo de delincuentes.[33] Los cuatro rasgos más importantes son: **autoridad, hedonismo cultural,**[34] **narcisismo y bajo autocontrol.**[35] Sin embargo, tras analizar diferente casuística, podemos encontrar las siguientes características, que estarán en menor o mayor cantidad dependiendo de cada sujeto:

Rasgos de personalidad del delincuente de cuello blanco	
Narcisista. Soberbio, insensible, inteligente, audaz y dinámico. Busca el reconocimiento social y el éxito	Ausencia de escrúpulos. Altos niveles de codicia (sobre todo los autores de estafas piramidales). Materialista
Falta de conciencia de culpabilidad y escasos remordimientos	Ética deformada por su afán de lucro
Egocentrismo y complejo de superioridad	Falta de empatía hacia sus víctimas
Apariencia respetable, confianza en sí mismo, control sobre sus actos y motivación para el éxito	Extrovertido, persuasivo, manipulador
Alta adaptabilidad social, lo que le permite moverse a la perfección en el medio donde actúa	Normalización de las conductas corruptas
Abuso de su posición de poder	Alta peligrosidad al carecer de límites éticos y no temer a las consecuencias

Fuente: elaboración propia a partir de Aguilera y Vadera, 2008, Avilés, 2010 y Soltes, 2016.

¿Versatilidad criminal o son propensos a especializarse en los delitos económicos?

Muchos de ellos tienen determinados rasgos psicopáticos que los hacen más aptos, más hábiles y tener un talento especial para consumar determinados delitos económicos más fácilmente que otros sujetos. Su experiencia profesional los provee de un alto grado de especialización a la hora de cometer ciertos delitos, como aquellos que se perpetran dentro del ámbito bursátil (negociaciones de valores en bolsa).

Son muchos los investigadores que se han preguntado si la criminalidad de cuello blanco es un «delito especializado» o si, por el contrario, llegan a ser especialistas debido a la versatilidad criminal de estos sujetos. El estudio de Weisburd, Waring y Chayet, *White-Collar Crime and Criminal Careers* (2001), sobre una muestra de 968 delincuentes de cuello blanco, demostró que un importante número ya habían sido condenados por otros tipos de delitos,[36] es decir, eran reincidentes. Este y otros estudios empíricos demuestran que este tipo de delincuentes son más proclives a especializarse en delitos económicos.

Algunos de los más famosos del mundo son: Victor Lustig, que logró vender en dos ocasiones la Torre Eiffel y estafó al propio Capone; Carlo Ponzi, creador del esquema Ponzi;[37] Jerome Kerviel, que causó la pérdida de 4.900 millones de euros por actividades fraudulentas, o Bernard Madoff, que ganó de un modo fraudulento 53.000 millones de euros.

En España, los delitos de cuello blanco más habituales son la apropiación indebida, los sobornos, la corrupción y la manipulación contable. Tramas como la Gürtel, el caso Filesa, el caso Noos o el fraude fiscal de los Pujol son, entre otros, los nombres de nuestra delincuencia de élite.

En este tipo de delincuencia hay que distinguir a los delincuentes de cuello blanco «ordinarios» (timadores y estafadores) de aquellos con rasgos de psicopatía que no solo logran engañar y vaciar la cuenta corriente de extraños, sino que también se llevan el dinero de sus familias y de sus amigos engañando incluso al sistema judicial.[38] No todos los delincuentes de cuello blanco tienen un estatus social y económico desde el cual mueven los hilos. Hay timadores y estafadores comunes que pueden llegar a arruinar a familias y a personas de su entorno más inmediato. **El timo se basa en las apariencias, el engaño y la manipulación**, y es así como se ganan la confianza de las víctimas. «Tienen sonrisas encantadoras y un tono de voz que inspira confianza, pero nunca —y eso está garantizado— llevan campanillas de advertencia en sus cuellos.»[39]

¿Puede una persona inventarse una vida para estafar a los demás?

Jorge Lozano Belver era un hombre correctísimo y muy educado, todo un caballero… o al menos eso era lo que aparentaba, porque en realidad es un auténtico farsante: su madre no es pediatra, sino ama de casa, no tiene ninguna empresa de construcción, su abuelo no era coronel sino pastor de cabras y jamás estuvo en el ejército, sino en prisión. Aun así, todos los que se relacionaron con él le creyeron. Entre 2006 y 2009 logró estafar más de 1.300.000 euros a diferentes familias españolas, a su exesposa y a su pareja sentimental. Camaleónico (ingeniero, boina verde, empresario) se hizo pasar por bróker de éxito y arruinó a una familia que le entregó 441.000 euros.

Su *modus operandi* consistía en manipular a sus víctimas llegando a crear lazos ficticios de amistad. A las mujeres las enamoraba y terminaban siendo su pareja. Una vez las víctimas confiaban en él, las engañaba y les pedía sus ahorros para invertirlos, prometiéndoles a cambio grandes beneficios. Con ese dinero vestía trajes caros y conducía coches de lujo (alquilados) que le ayudaban a seguir estafando, aparentando ser una persona que no era. Detenido el 20 de enero de 2020, ingresó en prisión por dos presuntos delitos de estafa. Aún se pueden consultar sus páginas personales en la red, en las que se vende como un profesional del mercado bursátil y empresario.

HITOS DE DELINCUENCIA DE ÉLITE O DE CUELLO BLANCO

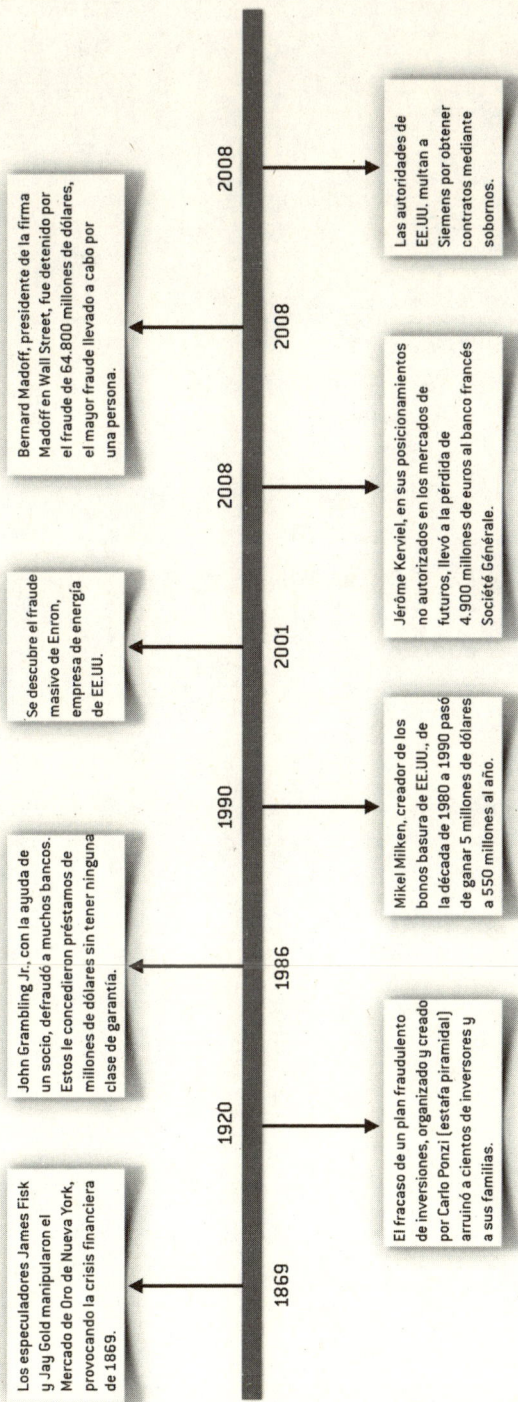

1869

Los especuladores James Fisk y Jay Gould manipularon el Mercado de Oro de Nueva York, provocando la crisis financiera de 1869.

1920

El fracaso de un plan fraudulento de inversiones, organizado y creado por Carlo Ponzi (estafa piramidal) arruinó a cientos de inversores y a sus familias.

1986

John Grambling Jr., con la ayuda de un socio, defraudó a muchos bancos. Estos le concedieron préstamos de millones de dólares sin tener ninguna clase de garantía.

1990

Mikel Milken, creador de los bonos basura de EE.UU., de la década de 1980 a 1990 pasó de ganar 5 millones de dólares a 550 millones al año.

2001

Se descubre el fraude masivo de Enron, empresa de energía de EE.UU.

2008

Jérôme Kerviel, en sus posicionamientos no autorizados en los mercados de futuros, llevó a la pérdida de 4.900 millones de euros al banco francés Société Générale.

2008

Bernard Madoff, presidente de la firma Madoff en Wall Street, fue detenido por el fraude de 64.800 millones de dólares, el mayor fraude llevado a cabo por una persona.

2008

Las autoridades de EE.UU. multan a Siemens por obtener contratos mediante sobornos.

Fuente: elaboración propia.

Asesinos de alquiler: mercantilizando la muerte

> Toda vida adquiere un precio y todo ser huma-
> no está sujeto al escrutinio de una persona que
> puede definir el valor que tiene su muerte.
>
> FERNANDO CARRIÓN MENA

Se suele decir que todos tenemos un precio. Esta afirmación no adquiere mayor certeza que cuando se negocia con la muerte de una persona. Hay muchas motivaciones e intereses que llevan a comprar la muerte de otro, bien a nivel personal, bien desde el punto de vista del crimen organizado. A nivel individual, y ante la imposibilidad, la incapacidad o simplemente para esconderse tras la presunta impunidad que supone encargar el asesinato a un tercero, algunas personas deciden contratar a un brazo eje-cutor. Buscan, negocian, proporcionan información personal y, finalmente, cierran un contrato letal con un desconocido. Una simple transacción mercantil, y alguien, por un precio, acaba-rá con la vida de una persona. Del asesinato se encargará un profesional, un sujeto cuyo *modus vivendi* es vender la muerte.

Etimológicamente, la palabra *sicario* (del latín *sicarium*) tie-ne su origen en Roma y procede de la palabra *sica*, daga afilada con filo curvo, pequeña y fácil de esconder bajo los pliegues de la túnica que se utilizaba para asesinar, por orden o por contra-to, a los enemigos políticos del Estado romano.[1] Así, el sicario en la Antigüedad clásica estuvo relacionado con la política. El registro histórico más famoso de la figura delictiva del sicariato lo encontramos en las cruzadas. La secta musulmana chií *Hashsh*

Ashin, liderada por Hassan Al Sabbah, cometió asesinatos estratégicos de carácter político y militar. Contaban con una estructura organizada y con unas técnicas de ejecución letales y altamente especializadas. A finales del siglo XIX, la emergente producción capitalista de cítricos en Sicilia hizo necesaria la protección, el control de los negocios y una red de contactos comerciales en el ámbito rural de toda la isla, Palermo incluida. Este fue el escenario casi perfecto para que los métodos utilizados por la mafia, basados en la eliminación selectiva por encargo de los rivales, se asentaran ya en 1870.[2]

El sicariato no es un fenómeno reciente, y en los últimos años se ha asociado con el brazo armado de diferentes organizaciones criminales, entre cuyos objetivos no solo están los enemigos políticos. Hoy, un sicario es quien asesina por encargo a cambio de una compensación económica, previamente pactada, con independencia de cuáles sean las razones por las que se le contrata. Ya no es exclusivo de Latinoamérica (mayores índices de criminalidad a través del sicariato), ya que Inglaterra, España[3] o Australia han pasado a formar parte de los países que utilizan a los asesinos profesionales como medio para eliminar a determinadas personas de una manera limpia y eficaz.

«El sicario o asesino a sueldo es aquella persona que mata por encargo a cambio de una cantidad determinada de dinero u otro tipo de bienes materiales. Se establece una relación contractual en la que el sicario es el autor material del crimen y el contratante, el autor intelectual.»[4]

CARACTERÍSTICAS Y ESENCIA DEL SICARIATO

- Es un fenómeno delincuencial y económico con el que se desvaloriza la vida y se mercantiliza la muerte. Implica un sofisticado nivel de organización, premeditación y planificación; también es preciso contar con los recursos necesarios para perpetrar el crimen con éxito (*modus operandi*). Nos encontramos con dos dimensiones en este acto criminal: profesionalización del asesino y remuneración por el trabajo realizado.

- Es un acto criminal urbano. Estos profesionales se mueven en la clandestinidad, de modo que el anonimato es la clave no solo de su éxito, sino también de su impunidad. El crimen se llevará a cabo en un lugar geográfico que controla porque previamente lo habrá estudiado, junto con los movimientos cotidianos de su víctima. Será la sorpresa y el conocimiento del escenario los que le den una gran ventaja sobre la víctima, ya que podrá escapar con facilidad sin ser visto ni detenido.

- Estamos ante un doble fenómeno: por un lado, sociocultural, ya que esta realidad criminal se asienta sobre la base de una determinada estructura social, política y económica y, por otro, globalizado, porque el sicariato asociado a la criminalidad organizada trasciende del ámbito territorial local (mafia rusa o cárteles mexicanos), marcando una absoluta distancia con la visión tradicional que se tenía de este fenómeno delictivo.

- El sicariato está vinculado a unos factores propiciadores:

  - La facilidad de acceso a la violencia por una parte de la población, en el caso del crimen organizado, en determinados países.

  - Las motivaciones de determinados sujetos para perpetrar estos crímenes a cambio de algún tipo de beneficio.

  - Determinados rasgos de personalidad que favorecen el sicariato.

  - La disposición cultural de ciertos grupos sociales a participar en este fenómeno delincuencial, al aceptar y normalizar la violencia como una forma legítima de resolver conflictos. De este modo, cuando a la falta de opciones para sobrevivir se le une un acceso fácil a las drogas y el dinero, terminar formando parte de una organización criminal, como sicario, es una **alternativa de vida**. El sicariato ofrece a muchos jóvenes reconocimiento y una alta capacidad económica que no podrían lograr legalmente.[5]

- El sicario es un asesino profesional, y matar es su forma de vida. Asesina eficientemente, es experto en determinadas armas, hace un trabajo limpio sin dejar rastro y está entrenado para ello. Las formas de pago cambian teniendo en cuenta el riesgo, los costes del intermediario y la logística necesaria, ya que puede tratarse de un solo sicario o de grupos criminales organizados.[6] Suele cobrar por adelantado, o bien acepta diferentes pagos en distintos momentos, pero, eso sí, con una garantía de cobro: la propia vida del contratante o de algún miembro de su familia.

- La eficacia del sicario es lo que salvará su vida y su libertad. Puede morir al intentar asesinar a su objetivo (quien puede matarlo a él en legítima defensa), puede ser detenido por la policía o incluso que el contratante o el intermediario decidan acabar con su vida porque sabe demasiado.

- En el asesinato participa un solo individuo o varios, casi siempre muy jóvenes. Según la investigación de Fernando Carrión,[7] el 17,23 % de estos crímenes los cometen dos personas y cada cual tiene una función diferenciada: una de ellas perpetra el crimen y la otra conduce el vehículo.

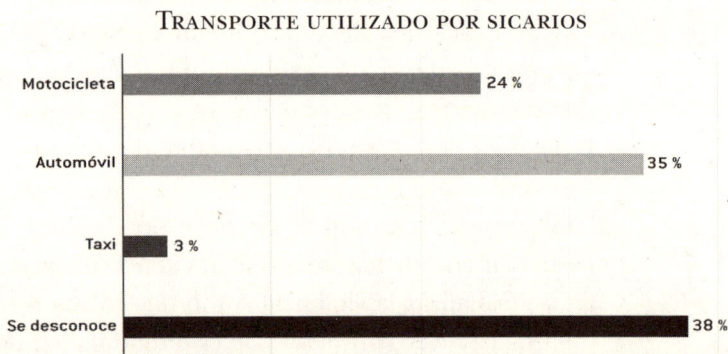

TRANSPORTE UTILIZADO POR SICARIOS

Transporte	Porcentaje
Motocicleta	24 %
Automóvil	35 %
Taxi	3 %
Se desconoce	38 %

Fuente: elaboración propia a partir de Carrión, F., 2009b, «El sicariato: una realidad ausente», *Urvio, Revista Latinoamericana de Seguridad Ciudadana*, 8, p. 36.

- El sicario, a través de su actividad criminal, la compensación económica que recibe y el respeto de los demás va creando de sí mismo una imagen de ascenso, éxito y reconocimiento social.

- Es una actividad criminal que los medios de comunicación, sobre todo en los países latinoamericanos, han dado visibilidad por su espectacularidad y su violencia. Esto hace que aumente su notoriedad como hecho delictivo. Ese sería el hecho visible. Sin embargo, hay una cara oculta del sicariato que la prensa desconoce y a la que es muy difícil de seguir el rastro.

A través del sicariato, sobre todo en el ámbito del **narcotráfico**, se extiende el poder, el control y la violencia mediante:

- Guerras entre diferentes cárteles por controlar un determinado territorio, como ocurrió en la década de los años 90 entre el cártel de Cali y el de Medellín en Colombia o la guerra entre clanes mafiosos sicilianos por el control del mercado de cocaína y heroína en Italia y Europa.

- La extorsión y el asesinato de funcionarios públicos con el objetivo de presionar a la administración de justicia y a la policía. La guerra de la mafia siciliana contra el Estado en las décadas de 1980 y 1990 es una de las más representativas de este fenómeno delictivo. Jueces y magistrados antimafia como Cesare Terranova, Rocco Chinnici, Giovanni Falcone o Paolo Borsellino fueron asesinados por llevar a cabo procesos judiciales contra la *Cosa Nostra* (mafia siciliana).

- El asesinato de políticos de otros países cuando diferentes estados se enfrentan a estos grupos de crimen organizado.

- Asesinato de sujetos claves en la producción y comercialización de drogas como la cocaína, la heroína o el hachís.

- Asesinato de miembros de la sociedad ajenos al narcotráfico para infundir miedo entre la población. El 12 de febrero de 2020, el periodista brasileño Leo Veras, que estaba amenazado por integrantes del crimen organizado, fue asesinado en su casa por dos hombres encapuchados, al dispararle en doce ocasiones, una de ellas en la cabeza. Los hechos ocurrieron en Pedro Juan Caballero (Paraguay).[8]

TIPOLOGÍAS DE SICARIOS

Dependiendo de si son «trabajadores por cuenta ajena» o *freelances*, tenemos:[9]

- Sicarios pertenecientes a la estructura del crimen organizado. Son la fuerza de choque de la organización delictiva y los utilizan para eliminar a sus objetivos. A través de sus asesinatos visibilizan su poder destructivo obteniendo el dominio que realmente buscan como organización. Sus crímenes suelen enviar algún tipo de mensaje: *a)* mutilar los dedos, las orejas o la lengua implica que la víctima era un delator, un ratero o un chismoso; *b)* disolver el cadáver en ácido («cocinarlo») significa que la víctima era un peso pesado dentro de una organización criminal rival; *c)* un tiro de gracia advierte al enemigo de su vulnerabilidad; *d)* si se cubre a la víctima con una manta significa que el sicario la conocía personalmente, y *e)* las torturas crueles como el desollamiento en vida, la decapitación o el desmembramiento y el posterior asesinato de la víctima tienen como finalidad infundir temor en sus enemigos, en sus rivales y en la sociedad.

  Uno de los más conocidos y letales sicarios fue el colombiano Jhon Jairo Velásquez Vásquez, alias «Popeye». Tuvo a 70 asesinos bajo sus órdenes y fue la mano derecha del narcotraficante más poderoso y temido, Pablo Emilio Escobar Gaviria (cártel de Medellín). Bajo las órdenes de Escobar llegó a asesinar a más de 300 personas. Ordenó matar a más de 1.000 y coordinó y cooperó en otros 2.000 asesinatos más. Murió en febrero de 2020 en Bogotá, a los 54 años de edad, de cáncer de esófago.

- *Freelance.* No está al servicio de ninguna organización criminal. En este caso adquiere la forma de vengador social, y la violencia queda legitimada como medio para la resolución de conflictos personales: problemas laborales, deudas, venganzas, infidelidades, etc.

El estudio realizado por MaCintyre y Wilson en 2014 ofrece una nueva tipología dependiendo de su nivel de profesionalización:

- Novato. Está perpetrando sus primeros asesinatos. No significa que sea peor que los demás o que se retracte o arrepienta de sus crímenes.
- Diletante. Sin antecedentes criminales. Probablemente ha aceptado el encargo de matar a una persona como un medio para resolver sus problemas económicos, de modo que no ejecutará el crimen con habilidad. En octubre de 2009, Alicia Pagan Rodríguez contrató a Juan Carlos Hernández para que buscara a alguien que matara a su esposo, un médico forense de Blanes (Gerona). Pero no lo lograron. Le dispararon en cuatro ocasiones hasta que el forense fingió su muerte.[10]
- Trabajador. Asesino a sueldo con experiencia y ya con una carrera criminal a sus espaldas. Tiene importantes conexiones con el ámbito delictivo.
- Maestro. Difícil de capturar y de identificar. Viaja a la ciudad de su objetivo, comete el crimen y desaparece. Es muy probable que sea autor de muchas muertes y tenga una formación militar o paramilitar.

Atendiendo a sus patrones de conducta y a sus rasgos de personalidad, tenemos los siguientes tipos:[11]

- Sicario fracasado. Es aquel que no consigue prosperar en una actividad convencional, al tener fuertes carencias tanto educativas como emocionales. Trabajar como sicario es su oportunidad y su vía de escape para no ser un delincuente común que nadie tendrá en cuenta jamás.

- Sicario sádico. Mata sin compasión y disfruta provocando sufrimiento a su víctima. No siente ni culpa ni arrepentimiento, y entiende el asesinato como su profesión. Nazario Moreno González, el «Narcocaníbal», líder fundador de Los Caballeros Templarios (derivación del cártel de La Familia Michoacana), torturaba, desmembraba, desollaba y ejecutaba a sus víctimas para posteriormente practicar con ellas la antropofagia.[12]

- Sicario dependiente. Necesita asociarse con gente poderosa, peligrosa y armada para mostrarse como temible ante los demás. Ejercer de asesino a sueldo le confiere identidad.

Actores del sicariato: quién es quién en el asesinato por encargo

En esta actividad criminal por lo general entran en juego cuatro actores, explícitos e identificables. La relación entre víctima y victimario puede ser indirecta ya que suele haber otro actor entre ellos, que es el intermediario, de modo que en el sicariato hay un juego de roles muy importante.

- Una persona individual. Suele tener una relación personal con la víctima, o tan solo conocerla superficialmente. Su intención es solucionar un problema al margen de la ley por odio, celos, infidelidades, por un deseo de eliminar a esa persona de su vida, por venganza o incluso por deudas. Lo habitual es que el cliente quede invisibilizado ante la justicia, llegando en muy pocas ocasiones a ser juzgado. En nuestro Código Penal quedaría encuadrado en el artículo 141 como un delito de proposición de asesinato, tal y como recoge nuestra jurisprudencia, por ejemplo, en la Sentencia 79/2017 dictada por la Sala de lo Penal del Tribunal Supremo.[13]

- Una organización delictiva formal, cuyos objetivos son la eliminación de enemigos políticos y llevar a cabo una limpieza social. La Alianza Anticomunista Argentina, «La triple A», fundada en 1973, fue un grupo parapolicial de extrema derecha gestado por un sector del peronismo, las Fuerzas Armadas de Argentina y la Policía Federal. Su líder, José López Rega, estaba al frente del Ministerio de Bienestar. La triple A fue responsable de la desaparición y muerte de estudiantes, artistas, historiadores, intelectuales, sacerdotes… En total, más de 2.000 personas. Llevaron a cabo lo que se conoce como «pena de muerte extralegal» en la que la ejecución de una persona se delega en un tercero.
- Organización delictiva informal, con la finalidad de imponer su poder y respeto en el negocio ilícito del narcotráfico y del crimen organizado. Desde el punto de vista organizativo, Schlenker establece las diferentes posiciones que ocupa el sicario dentro de las organizaciones criminales de México y Colombia.[14] En México, por ejemplo, ocupan importantes puestos dentro de la estructura de los distintos cárteles; en Colombia, por el contrario, se recluta a jóvenes de barrios conflictivos y son utilizados temporalmente para realizar un encargo concreto.

En 2014, Lorena Fernández Gallego contrató a unos sicarios búlgaros para acabar con la vida de María Teresa, esposa del periodista deportivo Paco González, y su hija. El plan no prosperó porque les dio una dirección errónea. Sin embargo, Lorena no cejó en su empeño, y el 5 de febrero de 2014, con la ayuda de un amigo, Iván Trepiana Palao, acudió al domicilio familiar del periodista y atacó dentro de su coche a la esposa y a la hija, que resultaron heridas tras recibir varias puñaladas. Tras su detención y entrada en el psiquiátrico penitenciario, volvió a ponerse en contacto por carta con otros sicarios para que terminaran lo que ella había comenzado con una insistente petición: «que se haga bien el trabajo». Lorena estaba obsesionada con el locutor de radio, y dentro de su delirio erotomaníaco,[15] María Teresa era un obstáculo para mantener una relación sentimental que en modo alguno existía. En 2017, el Tribunal Supremo[16] ratificó la sentencia de la Audiencia Provincial de Madrid, que la condenó a 20 años de internamiento en un centro psiquiátrico penitenciario.

El 16 de agosto de 2018, en la aldea de Belmonte de Pría (Asturias) era asesinado Javier Ardines, concejal de Izquierda Unida en Llanes. Pedro Luis Nieva, autor intelectual del asesinato, pagó 30.000 euros a dos sicarios argelinos para que perpetraran el crimen. Lo hizo motivado por los celos ya que sospechaba, y estaba en lo cierto, que Ardines tenía una aventura con su esposa, y además desde hacía veinte años. El 21 de febrero de 2019, Djilali Benatia,[17] sicario de 42 años, declaró cómo fue el encargo y cómo se planificó el crimen meses antes, con un precio ampliado después de consumar lo pactado. Nieva declaró ante el juez que «el encargo era asustar al concejal». Los dos sicarios conocían los hábitos de Ardines. Usaron vallas para cerrarle el paso cuando salía de su casa al amanecer y le golpearon con saña. La autopsia confirmó que recibió duros golpes en la cabeza con un bate, pero que murió por asfixia. El 13 de mayo de 2020 fue entregado a las autoridades españolas el otro sicario argelino, Maamar Kelii, detenido en Suiza, entrando así en la recta final de la fase de instrucción.[18] En septiembre de 2020, la Fiscalía presentó el escrito de calificación provisional de los hechos. En él se solicitan 25 años de prisión para los implicados en el asesinato, todos ellos presuntamente culpables: Pedro Nieva en condición de inductor, Jesús Muguruza como cooperador necesario, y Djilali Benatia y Maamar Kelii como autores del crimen.[19]

El intermediario

Es el mediador que pone en contacto al contratante o cliente con el sicario adecuado para llevar a cabo el crimen. Él se encarga de que contratante y sicario sean invisibles el uno para el otro.

En el caso Ardines, el intermediario, como ya se ha comentado, fue Jesús Muguruza Butrón[20] según la declaración de Djilali Benatia, a quien ya conocía por otros asuntos relacionados con el tráfico menor de drogas. Muguruza, detenido como cómplice e intermediario y con antecedentes penales, era amigo íntimo de Nieva, y fue quien contactó con Benatia.

El sicario

Es el autor del crimen. Lo habitual es que se trate de hombres jóvenes, y suelen ser exmilitares, guerrilleros, guardaespaldas, expolicías, pandilleros, paramilitares o narcotraficantes.[21]

Muestra habilidad en el manejo de armas y de vehículos. Hace un estudio pormenorizado de las actividades cotidianas de su objetivo, como los recorridos que hace, los lugares a donde va, sus actividades o con qué personas interactúa. Planifica el ataque y lo lleva a cabo de manera rápida y eficaz. Algunos de ellos tienen un amplio conocimiento en operaciones y tácticas de combate, y han recibido un entrenamiento especial en las fuerzas militares, paramilitares o policiales. Heriberto Lazcano, conocido como el «Lazca», el «Z3» y el «Verdugo», uno de los principales líderes de Los Zetas,[22] recibió entrenamiento en Estados Unidos en un cuerpo de élite del cual desertó a los 24 años para formar parte del crimen organizado. Se le consideró una máquina de matar, y su principal función fue la de «vengador» ante cualquier traición por parte de las personas de su entorno o por desconocidos de grupos rivales, policías o periodistas.

El crimen se lleva a cabo en un espacio geográfico donde el sicario tiene superioridad frente a su víctima, y del cual puede escapar de un modo rápido y eficaz. Son lugares donde la víctima no puede protegerse ni ser auxiliada. Estudia minuciosamente sus movimientos para decidir en qué punto exacto cometer el asesinato. La sorpresa y el control sobre la que será la escena del crimen le hacen dominar la situación. Habitualmente, los lugares donde suelen asesinar son espacios públicos, lugares cerrados muy comunes como una tienda, una discoteca, una terraza o un restaurante, y es bastante frecuente que la víctima sea asesinada en las proximidades de su vivienda o dentro de ella. Asimismo, escoge el medio de transporte según el lugar donde perpetrará el crimen; es más, escoge uno en función del otro ya que necesita un medio efectivo que le permita escapar sin dejar rastro.

La figura del sicario queda enmarcada dentro del artículo 139 de nuestro Código Penal, al tratarse del sujeto que mata a otro concurriendo las circunstancias de alevosía, precio, recompensa o promesa. Recordemos que la alevosía implica la imposibilidad de que la víctima pueda defenderse, y en el caso del sicariato, suelen atacar por la espalda o de modo sorpresivo, asegurándose así el éxito del encargo.

En el Código Penal de Perú, en sus artículos 108-C y 108-D se recoge de modo expreso el delito de sicariato: «Artículo 108-C.- Sicariato. El que mata a otro por orden, encargo o acuerdo, con el propósito de obtener para sí o para otro un beneficio económico o de cualquier otra índole, será reprimido con pena privativa de libertad no menor de 25 años y con inhabilitación establecida en el numeral 6 del artículo 36, según corresponda».

En España ha habido un rebrote de sicarios colombianos, siniestros personajes que asesinan a sangre fría y que están al servicio de los cárteles de la droga: Jonathan Andrés Zuluaga Celemín («Nené»),[23] Gersey Harrison Jiménez Pérez (el «Carbonero»), Juan Diego Arévalo Ospina (el «Chiquito») o el letal José Arbey Rentería («Snoopy»). Suelen cobrar entre 25.000 y 40.000 euros por el encargo de matar a una persona y a veces utilizan a menores de edad como «gatilleros», aprovechando así que no se les puede imputar.

Snoopy era casi un fantasma, un sicario colombiano de 42 años que llevaba dos décadas matando por encargo en España. Todos le tenían miedo y los testigos no hablaban, de modo que nunca había sido condenado por sus crímenes. Se movía en potentes motos, actuaba en tan solo unos segundos y se encargaba de matar a aquellos que habían contraído deudas con sus jefes o directamente les habían robado. Era el cabecilla en España de lo que se conoce en el argot criminal como «oficina de cobros», grupos de asesinos contratados en los países donde se envían cargamentos de cocaína, la droga más rentable económicamente y por la que más sangre se derrama.

Finalmente, Snoopy se sentó en el banquillo de los acusados el 13 de mayo de 2019 acusado del asesinato de José Luis Lucas Serrano, un ejecutivo madrileño al que mataron a plena luz del día, en septiembre de 2014. Le dispararon tres veces en la cara y cinco tiros más entre el pecho y el abdomen. Murió en el acto. Pero Snoopy se equivocó de víctima, al confundirlo físicamente con su objetivo: un hombre que había robado un envío de cocaína. La Audiencia Provincial de Madrid le declaró culpable y le condenó a 22 años y medio de prisión. Carrión (2008) afirma que en el 5 % de los asesinatos a manos de sicarios, estos se equivocan de persona, aunque concluye que este dato es relativo, ya que en muchas ocasiones este error es intencionado y el crimen constituye un mensaje para terceros.

2019[24] se cerró como el año más violento de esta década en la Costa del Sol. Durante los meses de noviembre y diciembre se llevaron a cabo cuatro ajustes de cuentas entre las organizaciones criminales que allí operan. Un total de 23 asesinatos, incluidos los de los sicarios, superan los 21 de 2018. Mariló Valencia, secretaria provincial del Sindicato Unificado de Policía (SUP) de Málaga afirma que «ha aumentado el número de clanes en quince nacionalidades». En España, los clanes mafiosos están repartidos en el triángulo formado por Marbella, Fuengirola y Estepona, así como algunos municipios limítrofes como Mijas. Allí podemos encontrar organizaciones rusas, holandesas, franco-argelinas, británicas, suecas, italianas, albano-kosovares, danesas o rumanas:

- 27 de octubre: se halla el cadáver de un hombre de origen búlgaro de 43 años, con catorce heridas de bala, cerca del kilómetro 6 de la carretera A-7176 (Marbella).
- 21 de noviembre: un ciudadano británico de 40 años fue tiroteado en Mijas, dentro de su coche.
- 3 de diciembre: frente al camping Cabopino (Marbella), un francés de 60 años fue tiroteado a quemarropa por dos sicarios enmascarados que huyeron a toda velocidad. El coche fue abandonado y quemado.
- 11 de diciembre: en los acantilados del Peñón del Cura (Mijas) se encontró el cadáver de un esloveno de 20 años ametrallado.

La víctima (o víctimas)

Queda definida por la relación que tenga con el contratante y los intereses de este:

1. Puede tratarse de personas particulares, por lo que estaríamos, por ejemplo, ante una venganza, como en caso del concejal Javier Ardines, que ya hemos comentado.
2. Personas vinculadas al crimen organizado: *a)* sujetos que participan en actividades delictivas y criminales; *b)* sujetos que son asesinados por su profesión y que actúan contra los intereses de grupos criminales organizados como jueces, magistrados, periodistas, policías o abogados. En la siguiente tabla destacamos algunas de las víctimas identificadas del sicariato vinculadas al crimen organizado en la Costa del Sol:

12-05-2018 Marbella **David Ávila** («Maradona»)	Su banda («Los gordos») robó un cargamento de 400 kilos de cocaína a un cártel colombiano y vendió el cargamento a unos holandeses. La deuda de toda la banda asciende a 9 millones de euros	Lo asesinaron el día de la comunión de su hijo, delante de su familia. Fue un sicario en moto, de cinco disparos: tres en la cabeza. Pertenecía a una organización criminal sueca de origen árabe[25]
20-08-2018 Estepona **Ahmed Barrak** («Zocato»)	Narcotraficante	Lo asesinaron a la puerta de su casa. Ocho disparos: tres en la cabeza. Sicarios de una organización criminal sueca de origen árabe
27-10-2018 Torremolinos **Hamza Ziani**	Peligroso sicario y narcotraficante holandés. Colocaba bombas en los negocios de otros narcotraficantes	Murió cenando en la terraza del restaurante Tiki. Un encapuchado le descerrajó dos disparos a quemarropa. Se incorporó para tratar de huir. Le disparó siete veces más: cabeza, tórax y pecho
21-04-2019 Málaga **Marco Yaqout**	Empresario de Puerto Banús. Regentaba cinco locales nocturnos	Dos sicarios efectuaron veinte disparos, catorce de ellos impactaron en su cuerpo. Lo asesinaron dentro de su Bentley LS63FLJ cuando entraba en su garaje

Fuente: elaboración propia.

3. La mayoría son varones de entre 20 y 45 años, y mueren por un ajuste de cuentas. En muy pocas ocasiones las mujeres son víctimas de un asesinato por contrato, y cuando lo son es por error, por venganzas pasionales o terminan siendo un daño colateral.

En España tenemos un caso ocurrido en 2018 motivado por una clara venganza: el 4 de mayo fue asesinada Mercedes Martín Ayuso, de 41 años, en Las Ventas de Retamosa (Toledo) a manos de un sicario que viajó desde Barcelona. Un desconocido se acercó a la ventanilla de su coche y disparó ocho veces; una de las balas impactó en su cabeza. Mercedes estaba en una rotonda, a 180 metros de su casa, y llevaba a su hijo al colegio, que también resultó herido. El móvil fue el odio, «con un destierro de por medio e históricas familias mercheras [quinquis] implicadas».[26] Tanto el autor intelectual, Luis del Castillo, el «Vaca», como el autor material, Raúl Romero Aparicio, están en prisión. Mercedes se ganaba la vida limpiando las casas de los demás y un año después de su asesinato aún no se sabe cuánto dinero pagó Luis del Castillo y su esposa, María del Carmen Medrano, por un crimen que pretendió lavar su honor y su destierro.

«TODO COMENZÓ COMO UN JUEGO, ÉRAMOS NIÑOS JUGANDO A SER SICARIOS»[27]

En Latinoamérica, la carrera criminal dentro del sicariato se inicia a una edad muy temprana (entre los 9 y los 14 años) y casi siempre está vinculada al crimen organizado. Los niños y adolescentes forman pandillas y estas acaban contactando con diferentes grupos criminales. México y Colombia son los principales países de desarrollo histórico del sicariato, ya que en ambos existen factores sociales, culturales y económicos que han permitido y ayudado no solo al surgimiento de este fenómeno delictivo, sino también a su instauración.[28]

Al comenzar su carrera delictiva a esa edad, la vida de estos niños es muy corta. Muchos de ellos son asesinados por sicarios de bandas rivales, por quienes los contrataron cuando ya no les eran útiles o por la policía. Estos críos se conforman con muy poco dinero, con una ayuda para su familia o con el reconocimiento social en su entorno criminal, aunque sea temporal y en muchos casos efímero. Ese es el precio por el que matan.

Su entrenamiento empieza llevando a cabo pequeños robos. Los que demuestran su valentía, son rápidos, tienen buena puntería y se ganan la confianza de los responsables de ese grupo criminal serán sometidos a la prueba de fuego: han de demostrar su determinación y sangre fría cometiendo su primer asesinato. Si logran sobrevivir tras varios años de prestar sus servicios, los más hábiles pasan a tener un trabajo remunerado en «la oficina». Ahora ellos serán los reclutadores de otros niños o serán los intermediarios del cliente que solicite sus servicios. En estos casos eligen al sicario tras estudiar el encargo y poner un precio.

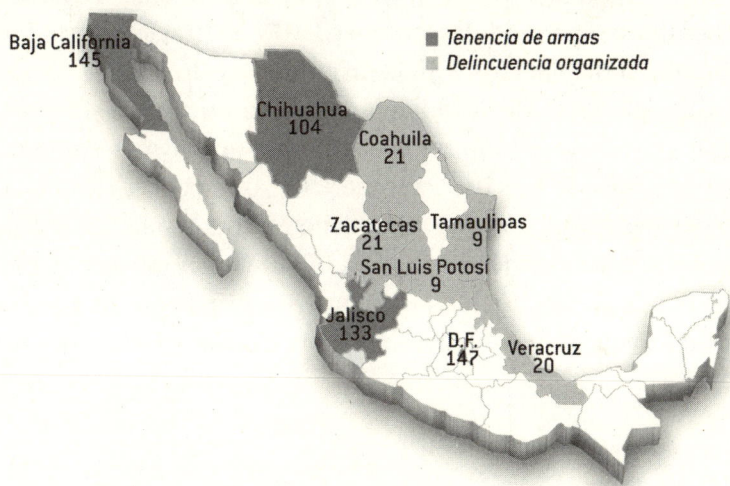

■ *Tenencia de armas*
■ *Delincuencia organizada*

Baja California
145

Chihuahua
104

Coahuila
21

Zacatecas
21

Tamaulipas
9

San Luis Potosí
9

Jalisco
133

D.F.
147

Veracruz
20

Fuente: elaboración propia a partir de la noticia
«Detienen a 150 niños sicarios en 5 años».[29]

En Latinoamérica, para los niños y los adolescentes que han crecido marcados por la marginación y la exclusión social, ser sicario no es un estigma social. Al contrario. Es una aspiración, un ascenso social, una meta a lograr que supone alcanzar el éxito en sus barrios y en sus familias. El sicariato se ve como un trabajo respetable por el cual, a través del aprendizaje del uso de la violencia, obtienen dinero, poder, estatus social[30] y sobre todo respeto (desde la concepción que ellos mismos tienen de él).

Los niños más pequeños comienzan siendo informadores o vigilantes a sueldo («halcones») y distribuidores de pequeñas cantidades de droga a cambio de una bicicleta o una cantidad irrisoria de dinero. Reclutar a niños es una ventaja para los cárteles: se les paga muy poco y se enfrentan a penas muy cortas, de modo que enseguida salen a la calle y vuelven a trabajar para ellos.

En 2010, Edgar N. Jiménez (el «Ponchis»)[31] salió en todos los medios de comunicación tras su detención. Había participado, con tan solo 14 años, en secuestros, torturas y asesinatos. Él mismo reconoció la comisión de cinco de ellos obligado por el antiguo jefe del cártel del Pacífico Sur, Jesús Hernández Radilla. Internado hasta 2013 en el Centro de Medidas Privativas de la Libertad para Adolescentes (CEMPLA), tras su libertad se le escoltó hasta Estados Unidos para protegerlo.

En septiembre de 2019 fue asesinado un sicario de 16 años, Juanito Pistolas. Un niño sin apellidos que se convirtió en un temido sicario, con más de cien muertes a sus espaldas. Dos semanas después se encontró el cadáver de Marcos Daniel (el «Niño sicario») en Río Verde (San Luis de Potosí) con muchos signos de violencia. Tenía 20 años, pero empezó a matar con tan solo 10.

En México se ha detenido a 4.000 niños sicarios en los últimos doce años.[32]

DESMONTANDO EL MITO: MUJERES SICARIAS

El 6 de septiembre de 2019, los medios de comunicación mexicanos volvieron a hacerse eco del hallazgo del cuerpo descuartizado de Joselyn Alejandra Niño, asesinada en 2017. Apareció en un congelador entre Tamaulipas (México) y Brownsville (Texas, Estados Unidos). Sus rivales la identificaron cuando Joselyn colgó algunas fotos suyas en las redes sociales. Tras su asesinato, los autores materiales publicaron en Twitter imágenes de su cadáver desmembrado y parte de su brazo, en el que un tatuaje revelaba su identidad: se leía su apellido.

Formaba parte del cártel de Las Flacas, integrado por jóvenes sicarias, todas ellas con un gran parecido físico entre sí. Trabajan de modo independiente para distintas organizaciones criminales relacionadas con el narcotráfico. Son muy jóvenes, delgadas y comparten una determinada estética: se peinan hacia atrás con una coleta, llevan gafas en la cabeza, cadenas de oro al cuello y chalecos antibalas. Su juventud y, en algunos casos, su apariencia infantil las ayudan a pasar desapercibidas, convirtiéndose en armas letales para sus víctimas.

A pesar de su frágil apariencia, son despiadadas y capaces de cometer crímenes muy violentos, ya que reciben entrenamiento en el uso de sofisticadas armas y en el arte de matar con sigilo. Actúan en los estados mexicanos de Sonora, Tamaulipas y Sinaloa. La policía de México aún no ha informado del momento en que nació este cártel, pero lo más probable es que fuera a partir de 2007, cuando se intensificó la guerra contra el narcotráfico y las mujeres pasaron a formar parte del sicariato. También se ha identificado a Verónica M. C. y a Nancy M. Q., ambas detenidas y cumpliendo condena, como integrantes del cártel de Las Flacas.

Hasta hace unos 16 años, las mujeres mexicanas (esposas e hijas) que de un modo más o menos directo estaban relacionadas con el narcotráfico eran apartadas del crimen y de la violencia y se dedicaban a actividades empresariales, sobre todo a blanquear los beneficios obtenidos. Sin embargo, el contexto de violencia que envuelve a México ha hecho que algunas mujeres asuman un nuevo papel y pasen a formar parte de un modo activo de diferentes organizaciones criminales. Así, su rol dentro del mundo criminal ha ido cambiando. Son reclutadas desde muy pequeñas o siendo adolescentes y se las entrena para matar. La mayoría tienen entre 18 y 20 años (las mayores no llegan a los 30) y utilizan su atractivo físico en beneficio de su trabajo, que así es como lo consideran. Han logrado entrar en un mundo mayoritariamente masculino y quienes forman parte del sicariato están orgullosas de ello ya que les proporciona estatus social y personal, además de importantes beneficios económicos.

En 2012 fue detenida Rosalinda C. R., la «Estrella». Sentenciada a 15 años de prisión, fue una de las primeras mujeres en dirigir una célula del Cártel de Jalisco Nueva Generación (CJNG) y reconocida por la crueldad empleada contra sus rivales femeninas. Cobraba 8.000 pesos al mes. Si tenemos en cuenta que el salario medio mensual en México en el año 2020 es de 6.000 pesos, esta asesina a sueldo estaba muy bien pagada.

Margarita C. O. fue durante siete años la jefa de los sicarios de las fuerzas especiales de los Dámaso, uno de los brazos armados del cártel de Sinaloa. Era temida por su extrema crueldad,[33] incluso por los integrantes del propio cártel y hasta por su novio, que fue quien la entregó al ver cómo la violencia que empleaba la había convertido en una mujer fuera de control. Fue detenida en 2015, acusada de más de 150 asesinatos. En 2018 ganó un recurso, por lo que fue trasladada de la prisión femenina de máxima seguridad de Morelos (un centro penitenciario federal para la readaptación social) al penal de La Paz en Baja California Sur.

La última detención a manos de la policía de Ciudad de México (julio de 2019) tiene como protagonista a Esperanza N., tras asesinar a dos criminales israelíes en la plaza Artz Pedregal. Ante la policía declaró que otra mujer la había contratado, y que las órdenes se las dio por teléfono.

10

Profesionales de la muerte: ¿por qué un sicario no es un asesino en serie?

> El asesinato es siempre asesinato, sin importar motivos ni circunstancias. Aquellos que matan u organizan una muerte son criminales y asesinos, sin importar quienes sean: reyes, príncipes, mariscales o jueces. Ninguno de aquellos que planean o ejecutan violencia tiene derecho a considerarse mejor que un simple asesino. Porque toda violencia por su propia naturaleza conduce ineluctablemente al crimen.
>
> ANDRZEJ SAPKOWSKI

La búsqueda de beneficios económicos al margen de la legalidad ha hecho que se intensifiquen algunas modalidades delictivas como la trata de personas, el tráfico de armas o el de arte y, sobre todo, el narcotráfico. Estas actividades del crimen organizado implican la necesidad de que se estructuren organizaciones muy complejas con estrategias operativas y funcionales que explican la dinámica actual del sicariato. Por ejemplo, en el caso del narcotráfico, el asesinato delegado o sicariato es el instrumento que se utiliza para controlar y administrar un determinado territorio, ya sea local, nacional o internacional. A través de los sicarios se controlan transacciones muy rentables y se abren nuevas rutas comerciales.[1] Podemos explicar el origen de los sicarios en la actualidad (prescindiendo del origen histórico) por una suma de factores, como la falta absoluta de adaptación a las normas sociales, la pérdida de valores familiares y el consumo habitual de alcohol y drogas, que al eliminar el miedo promueven la agresividad y la violencia.[2]

El sicariato es un fenómeno criminal que se da en diferentes ámbitos y para la resolución de conflictos de distinta índole en el ámbito público (crimen organizado) o privado (venganza social). En ambos casos se encarga el asesinato por diferentes razones, aunque tienen un elemento en común: se paga un precio por matar. Es esta mercantilización la que hace que el asesinato por encargo se vea como una forma de vida que ofrece reconocimiento, estatus social y dinero. No estamos ante un homicidio común, ya que existen una serie de factores contextuales[3] y sociales que lo diferencian de otros crímenes. Se trata de un crimen premeditado y de una actividad delictiva imprescindible para el crimen organizado, ya que ambos se necesitan mutuamente, existiendo una relación funcional entre ellos.

Las características del sicariato dependen en gran medida del contexto cultural, económico y social en el que se desenvuelve. En Europa y Australia suelen ser hombres más mayores que los sicarios de Latinoamérica. Acostumbran a tener entre 30 y 40 años, son *freelances* y se les suele contratar por disputas de asentamiento de propiedades, conflictos personales (celos, venganzas) o pagos de seguros de vida.

Distintos perfiles, distintos sicarios

Apenas hay estudios criminológicos y metodológicos que indaguen sobre el perfil de estos asesinos. Llegan, asesinan y desaparecen de modo que su actividad criminal está asociada a un ámbito secreto al que es muy difícil acceder, sobre todo en el caso de los asesinos *freelance*. Las fuentes de las que bebemos para poder investigar esta fenomenología delictiva son los medios de comunicación, los registros judiciales, las

PAÍS	INVESTIGACIONES	RESULTADOS
España	Fernández, 2008	Los sicarios que matan por encargo en España provienen de Latinoamérica (sobre todo, Colombia) y de los países de Europa del Este. Son contratados, llegan al país de destino, cumplen con su contrato y vuelven a su país de origen
Reino Unido	Hopkins, Tilley y Gibson, 2012 MaCintyre y Wilson, 2014	La mayoría son asesinos a sueldo *freelance*, con una edad promedio de 36 años, con escasa relación con el crimen organizado. Cobran una media de 15.000 libras esterlinas
Australia	Mouzos y Venditto (2003)	En Australia, los sicarios cometen un 2% de los homicidios. Las motivaciones principales son: motivos financieros, silenciar a testigos, venganzas y cuestiones relacionadas con las drogas

Fuente: elaboración propia.

entrevistas con la policía (en mi caso, con la policía de México y España) y, en el mejor de los casos, entrevistas extraoficiales con informantes o intermediarios que han tenido un conocimiento directo o indirecto de crímenes perpetrados por estos profesionales de la muerte.

El sicariato aún está muy poco investigado: desconocemos su estructura, las redes de actores que intervienen, cómo se vincula a otro tipo de delitos, si influye en la política de determinados países, etc.

La psicología de los asesinos a sueldo tampoco está muy estudiada si lo comparamos con todas las investigaciones que existen en la actualidad respecto a otro tipo de asesinos, como los seriales. Matar a sangre fría con la finalidad instrumental de ganar dinero no se puede entender recurriendo a los perfiles de aquellos sujetos que matan por otro tipo de motivaciones, como las psicológicas, las emocionales o las sexuales. Lo que sí podemos afirmar es que la génesis del asesino a sueldo, al igual que la del asesino en serie, es multifactorial, pues convergen factores biológicos, sociales, culturales, ambientales, económicos y psicológicos.

Teniendo en cuenta determinados **elementos psicológicos**, nos encontramos con:

- Aquellos que muestran un desapego frente a la vida humana, una desconfianza generalizada ante la sociedad, gran agresividad y resentimiento, deseo de ganar dinero de manera fácil y rápida, dependencia de las drogas y el alcohol y una motivación por el afán de aventuras y experiencias nuevas.[4]
- Los que tienen una alta capacidad de planificación y de organización, con rasgos de personalidad paranoide como el orden, el control y la vigilancia, que racionalizan todos sus actos como mecanismo de defensa, y una alta capacidad para encapsular las emociones.[5]
- Los que muestran una gran capacidad de liderazgo, frialdad emocional, manipulación, encanto superficial, con habilidades cognitivas que les permiten planear estratégicamente el crimen, inteligentes y sin remordimientos.[6]

Atendiendo a sus **rasgos de personalidad, sus valores y la motivación criminal**, se han identificado cuatro perfiles de sicarios[7] en México, aunque no existen perfiles puros. Podemos hacer dos diferenciaciones generalizadas:

Sicario marginal y sicario antisocial	Sicario psicopático y sicario sádico
• Alteraciones en su comportamiento • Provienen de ambientes muy marginales • Capacidad de establecer relaciones afectivas con su entorno • Capaces de sentir culpa y arrepentimiento, no por rivales o traidores, sino por terceras personas inocentes • Conductas delictivas, antisociales y desviadas originadas por factores ambientales desde la adolescencia	• Marcado comportamiento antisocial • No tienen por qué haber crecido en un ambiente delincuencial • Sí existe una disfunción familiar respecto al apego, abusos o negligencias paternas • Ausencia de remordimientos y culpa, llegando a matar a hombres, mujeres, niños y grupos de personas de un modo indiscriminado • Marcados rasgos psicopáticos: frialdad emocional, déficit afectivo, egoísmo, ausencia absoluta de empatía, crueldad en sus crímenes

Fuente: Ruiz, García, Padrós, *et al.*, 2017.

Sicario marginal

Proviene de una extrema marginación social, económica, cultural y académica. La situación de precariedad en la que vive hace que sus padres se involucren en actividades ilegales, como el transporte de drogas, implicando a sus hijos menores en dichas actividades. Con el tiempo, van introduciéndose en otras actividades delictivas y, tras ser desensibilizados y entrenados, cometen sus primeros crímenes. Suelen ser individuos agresivos, impulsivos, pero con la capacidad de establecer relaciones afectivas y sentir culpa.

Su sistema de valores, dentro de su entorno social y familiar, se basa en la tradición, el respeto y la obediencia a sus costumbres. Según se van involucrando en el crimen organizado valores como el poder y el hedonismo, pasan a ser más importantes, conservando el respeto y la obediencia, pero hacia los líderes de ese grupo delictivo y al propio grupo.

Ocupan el rango inferior dentro de la organización criminal, siendo funcionales y totalmente prescindibles. Excepcionalmente, algún sicario marginal termina posicionándose dentro del grupo criminal por su conocimiento geográfico y social de la zona o por su capacidad de liderazgo.

En cuanto a las motivaciones, destacan la necesidad de dinero y la falta de oportunidades en el ámbito laboral legal. Tras cubrir sus necesidades básicas, surge la motivación psicológica de reconocimiento, visibilidad social, poder y el placer por los bienes materiales. En otras circunstancias económicas, este sujeto probablemente no hubiera llevado a cabo conductas ilegales y criminales.

Sicario antisocial

Crece en un ambiente de clase baja donde lo habitual son las pandillas violentas, el fracaso escolar, la falta de respeto por las normas sociales y los derechos de los demás, así como el abuso de drogas. La violencia forma parte de su aprendizaje social y la delincuencia es su *modus vivendi*.

Suelen crecer en familias disfuncionales en las que es habitual el maltrato, el abuso de drogas, la delincuencia y la desestructuración familiar, con ausencia de la figura paterna en muchos casos. Desde su infancia son desafiantes, e incluso acaban expulsados del colegio por agredir a otros. En su adolescencia ya muestran rasgos de un trastorno antisocial de la personalidad[8] por conductas que atentan contra el orden social, como robos y peleas. Su trayectoria criminal se inicia con la pertenencia a pandillas y con la comisión de delitos menores. Entre los 12 y los 15 años ya tienen un nutrido historial de antecedentes penales y comienzan a participar como informantes o en la venta de droga, en robos y en determinadas ocasiones son generosamente retribuidos, algo que no lograrían con un trabajo legal.[9] En la edad adulta sus patrones de comportamiento los llevan a cometer delitos muy graves.

Al mostrar lealtad y obediencia, se les asignan actividades de mayor importancia y responsabilidad, como la distribución de droga, las extorsiones o los secuestros. Si el líder de la organización criminal ve que tiene un perfil de personalidad que encaja dentro del sicariato (desensibilización ante el sufrimiento de terceros, agresividad y temeridad), se le encargan las primeras ejecuciones.

Buscan el posicionamiento dentro del grupo criminal al que pertenecen a través de actos violentos, porque cuanto mayor sea la violencia, mayor reconocimiento y estatus adquirirán, lo cual explica que sus crímenes sean cada vez más graves. A pesar de ello, el sicario antisocial es capaz de establecer vínculos afectivos con su entorno familiar y sus amigos.

Carecen de cualquier sentimiento de culpa y de remordimientos por el asesinato de un rival o un traidor, pero sí pueden sentirlo por terceras personas inocentes que han sido víctimas colaterales de sus actos. Racionalizan y justifican sus asesinatos argumentando que solo matan al traidor, al enemigo, lo que refuerza esa ausencia de empatía.

La necesidad económica (no tan precaria como la del sicario marginal), una fuerte motivación psicológica de poder, reconocimiento y estatus social, así como el hedonismo y la ostentación (dinero, armas, coches, mujeres y propiedades) son sus motivaciones principales.

> Honor, prestigio, poder, hedonismo, valentía, lealtad y violencia forman parte del sistema de valores de los sicarios.

Sicario psicopático

Se desarrolla en ambientes criminógenos, pero también no criminógenos aunque con una disfuncionalidad familiar, muy poca estimulación afectiva, negligencias parentales, abusos y ausencia de límites en consonancia con las normas sociales. Se ven rasgos psicopáticos desde la infancia, como impulsividad, ausencia de remordimientos por dañar a terceros, mentira patológica, placer por la tortura, indiferencia ante el castigo o irresponsabilidad. Su trayectoria criminal puede iniciarse en la niñez o en la adolescencia y terminará vinculándose con el crimen organizado.

Comienza llevando a cabo actividades de muy poca responsabilidad, pero asciende rápidamente debido a su frialdad emocional y a su capacidad de manipulación y de liderazgo. Suele llegar a liderar células criminales o a realizar trabajos especiales, por los que obtiene grandes beneficios económicos.

Cuando estos sicarios ya son adultos y están dentro de la organización criminal, muestran marcados rasgos psicopáticos que les benefician: frialdad emocional, déficit afectivo, egoísmo, ausencia absoluta de empatía, crueldad extrema en sus crímenes y una ausencia reiterada de remordimientos, llegando a matar hombres, mujeres, niños y grupos de personas de un modo indiscriminado. Sus habilidades de análisis, de liderazgo y de planificación los convierten en sujetos altamente peligrosos y eficaces a la hora de matar.

Sus valores se basan en aspectos individuales como el éxito personal y el hedonismo, utilizando la violencia instrumental para lograr sus objetivos. Sin embargo, su mayor motivación es el poder adquisitivo que el sicariato les aporta.

Sicario sádico

Se asemeja bastante al sicario psicopático en lo referente a su historia familiar, valores y rasgos de personalidad, pero tiene un rasgo distintivo, el sadismo, que se ve reflejado en la forma de torturar y ejecutar a sus víctimas, al idear técnicas cada vez más sofisticadas y dolorosas.

Su motivación principal es psicológica, ya que busca saciar sus pulsiones de odio y venganza a través del sufrimiento de otros y durante el mayor tiempo posible. Como motivación secundaria destaca el beneficio económico que refuerza sus actuaciones, porque, además de disfrutar con lo que hace, le pagan por ello.

¿POR QUÉ EL SICARIO NO ES UN ASESINO EN SERIE?

Los sicarios y asesinos seriales son inmunes a la compasión, pero hay detalles significativos que los distinguen. Un asesino o asesina en serie mata en solitario a dos o más personas en momentos temporales diferentes y en lugares distintos, siguiendo un patrón de conducta. Existe una multiplicidad de impulsos psicológicos que los motivan, y entre un asesinato y el siguiente hay un período de inactividad criminal denominado «período de enfriamiento emocional» o *cooling-off period*.

Es cierto que si aplicamos esta definición al sicario, ambos tienen características comunes. Sin embargo, hay importantes diferencias por las que, en mi opinión, no es posible considerar a los sicarios como asesinos en serie. Partamos de dos premisas:

- Si bien unos y otros matan a más de dos personas en su carrera delictiva, en eventos temporales diferentes y en distintos escenarios, un sicario puede matar a más de una persona en un mismo acto criminal, de modo que en muchas ocasiones habrá víctimas colaterales. En cambio, el asesino en serie individualiza cada asesinato en una sola víctima en cada acto criminal.[10]
- En el sicariato intervienen tres o cuatro actores: autor intelectual, intermediario, autor material y la víctima, mientras que en los asesinatos seriales, el asesino y la víctima son los dos únicos actores.

Es el tiempo que transcurre entre un asesinato y otro, durante el cual los asesinos en serie desconectan psicológicamente de su actividad criminal y se reincorporan a sus actividades cotidianas.[11]

En el sicario, este momento de inactividad criminal temporal no viene determinado por la satisfacción y la gratificación que ha obtenido con su último crimen (período de enfriamiento más largo) o por la frustración que le ha supuesto matar y no satisfacer el crimen fantaseado (período de enfriamiento más corto). En el asesino a sueldo, esta fase de enfriamiento es externa a él, depende de terceras personas ya que viene determinado por la «oferta y la demanda», no por sus fantasías recurrentes, su necesidad reiterada de matar o su impulsividad. Estará criminalmente inactivo, hasta que reciba una orden o un encargo profesional, pero no saldrá por su cuenta en busca de otra víctima, porque no se trata de un período de enfriamiento subjetivo, ni se guía por su compulsión incontrolable.

Nos encontramos con una excepción: Richard Kuklinski (Iceman).[12] Fue un sicario de los más eficaces y letales que trabajó para la familia Gambino, pero también un diligente asesino en serie que mató a desconocidos que le irritaban o le molestaban. Kuklinski sentía un gran placer y una inmensa satisfacción al matar a cada una de sus víctimas: bien cuando lo hacía por encargo, bien cuando era por placer personal. En la entrevista que el doctor Park Dietz le hizo en la prisión de máxima seguridad de Trenton (Estados Unidos), aseguró haber matado a más de 200 personas.[13] Tras cuatro días y más de 14 horas de conversación, Dietz determinó que la mente de Kuklinski era un auténtico cóctel mortal: psicopatía, trastorno antisocial de la personalidad y trastorno paranoide. Un tipo letal de personalidad extrema.

*Motivaciones: exteriorización de sus fantasías
frente al beneficio económico*

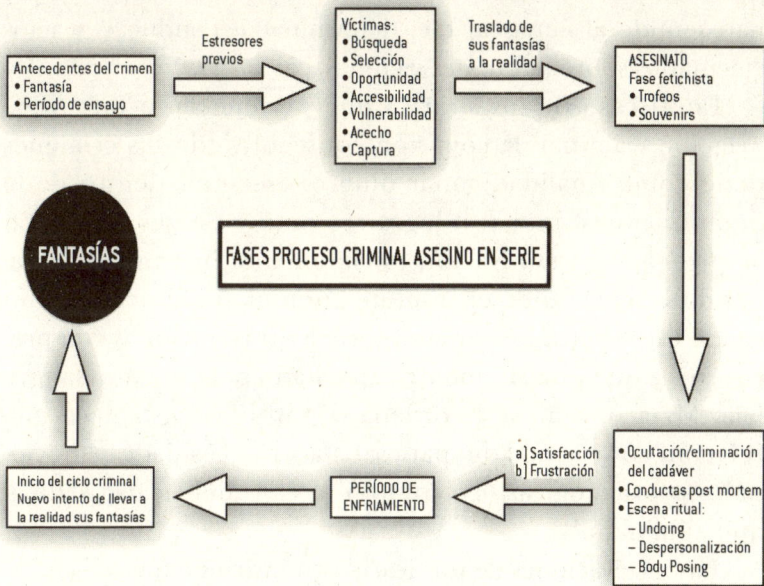

FASES PROCESO CRIMINAL ASESINO EN SERIE

Antecedentes del crimen
• Fantasía
• Período de ensayo

Estresores previos

Víctimas:
• Búsqueda
• Selección
• Oportunidad
• Accesibilidad
• Vulnerabilidad
• Acecho
• Captura

Traslado de sus fantasías a la realidad

ASESINATO
Fase fetichista
• Trofeos
• Souvenirs

FANTASÍAS

Inicio del ciclo criminal
Nuevo intento de llevar a la realidad sus fantasías

PERÍODO DE ENFRIAMIENTO

a) Satisfacción
b) Frustración

• Ocultación/eliminación del cadáver
• Conductas post mortem
• Escena ritual:
– Undoing
– Despersonalización
– Body Posing

Fuente: elaboración propia.

La mente de la gran mayoría de los asesinos en serie funciona de una manera muy compleja. La génesis de su conducta criminal está en sus fantasías (sobre todo las sexuales), que comienzan a desarrollarse en su infancia actuando años después por sus propias pulsiones, que son personalísimas e individualizadoras. En sus crímenes existe un proceso homicida que pasa por distintas fases, incluido el momento posterior del asesinato. Sus fantasías son extremadamente elaboradas y detalladas, y tienen un ciclo recurrente.

Fantasean para satisfacer una necesidad, pero al mismo tiempo esa necesidad exige el cumplimiento expreso de la fantasía: matan a un número de víctimas para hacer realidad lo que han imaginado una y otra vez en su mente. La comisión consecutiva de asesinatos son nuevos intentos de recrear sus fantasías violentas, ya que aunque el crimen les otorga momentáneamente esa sensación de poder y control, el placer que siente al matar es efímero y fugaz. La satisfacción obtenida con la muerte de su víctima jamás estará a la altura de su fantasía, y por eso matan una y otra vez tratando de alcanzar el placer que han sentido al fantasear con determinadas conductas y actos ejecutados sobre diferentes víctimas.

En el caso de los sicarios que pertenecen a una organización criminal, la comisión consecutiva de sus crímenes tiene como finalidad ganar dinero, ascender dentro de la organización criminal o lograr respeto y estatus social. En los *freelances*, la motivación es claramente instrumental: ganar dinero buscando el absoluto anonimato. El sicario es un sujeto especializado en dar muerte a otras personas con precisión, ya que está altamente capacitado para matar a sangre fría. Mata porque se le ordena o porque se establece una relación contractual, no para satisfacer necesidades emocionales o psicológicas, excepto en el caso del sicario sádico, que aúnan ambas.

Las motivaciones de un sicario son instrumentales:

- La principal es la ganancia económica.
- Su efectividad le lleva a ascender en la escala del sicariato. Que acudan a él para asesinar a personas cada vez más importantes es lo que le mueve.
- Necesidad de pertenencia al grupo, en el caso de la delincuencia organizada.
- Reconocimiento como individuo y como titular de un poder que no logra encontrar dentro de actividades legales.
- Obtención de respeto, éxito, estatus social y propiedades, sobre todo dentro del crimen organizado.
- El sicariato es un *modus vivendi*, una alternativa de vida, una profesión escogida.

	Sicarios
1. Fase áurea: las fantasías como motor emocional del crimen	No. Asesinan por motivaciones instrumentales
2. Fase de pesca: selección de la víctima	No. Las víctimas son escogidas por los contratantes o por los líderes de la organización criminal
3. Fase de seducción: acercamiento a la víctima	No. Seguimiento para conocer sus rutinas, trazar un plan y determinar el momento y el lugar idóneos para matar a su objetivo sin acercarse ni hablar con este
4. Fase de captura	A veces. Secuestros de determinados objetivos
5. Fase del asesinato	Sí
6. Fase fetichista: *souvenirs* y trofeos	No
7. Período de enfriamiento	Sí. Funcional, objetivo y marcado por terceros. A la espera de un nuevo contrato o una nueva orden

Fuente: elaboración propia.

Notoriedad frente a anonimato

Son muchas las ocasiones en las que los asesinos seriales buscan notoriedad y reconocimiento ante la sociedad, y los buscan como individuos y como asesinos (recordemos a aquellos que envían mensajes, cartas o hacen llamadas a los investigadores o a la prensa, y aquellos más actuales que publican manifiestos y vídeos en internet). El sicario busca este reconocimiento pero dentro de su organización criminal, en su entorno social y frente a rivales y enemigos. Sin embargo, los sicarios que actúan por cuenta propia buscan el anonimato absoluto.

Lo que sí es notorio es el sicariato como delito, pero no el autor del mismo. Suele darse una amplia cobertura mediática tras la detención de un sicario, aunque después surge una impunidad pactada. Carrión (2009b) determina en su investigación que cuando uno de ellos es detenido en algún país de Latinoamérica, hay mecanismos que le devuelven inmediatamente su libertad, como la fuga en la que intervienen terceras personas, la corrupción o la intimidación.

Victimología

El criterio de selección de las víctimas es completamente diferente en uno y otro caso. Los asesinos en serie salen a cazar porque buscan, merodean, seleccionan, acechan, raptan o secuestran a la víctima que ellos eligen. Es muy difícil que durante esta búsqueda se den las tres circunstancias óptimas para atrapar a su víctima: que cumpla con los requisitos de sus fantasías, que se encuentre en el lugar adecuado y que el asesino corra pocos riesgos. De modo que en muchas ocasiones seleccionarán a sus víctimas teniendo en cuenta su vulnerabilidad, su ubicación y su accesibilidad,[14] priorizando el acto (matar) frente al objeto (víctima). Con todo, ellos son los que deciden quién va a morir.

Los sicarios, en cambio, no son cazadores en busca de una presa. Su objetivo no es una víctima que cumpla con los requisitos de sus fantasías, ni escogen a víctimas de oportunidad o al azar. En su caso, es otra persona quien elige a la víctima (una muerte a la carta). Ellos reciben indicaciones precisas de a quién deben matar, y la víctima es simplemente un objetivo. No significa nada para el sicario, ni su crimen satisface una necesidad sexual o psicológica, sino económica. Disponen de la identidad de la víctima y de mucha información personal desde el momento en que se formaliza el contrato o se da la orden de matar.

La victimología del sicariato, por lo tanto, está en función del objeto o del encargo: ajustes de cuentas económicos, políticos o judiciales. En estos casos, la víctima puede estar vinculada al sistema policial, judicial, a la política e incluso a la prensa; o bien es un traidor o un rival. Esta es la victimología habitual dentro del crimen organizado. Sin embargo, cuando la finalidad de la contratación es el ajuste de cuentas, por razones pasionales o intimidaciones legales, la víctima de esta venganza personal o social puede ser cualquiera.

Período de ensayo frente a entrenamiento

Es en la adolescencia cuando las fantasías de los sujetos que terminan comctiendo crímenes en serie empiezan a salir a la luz, expresándose en la vida real mediante actos de ensayo y error. Comienzan a actuar tímidamente en un primer intento de hacer realidad algunas de sus fantasías: hurtos, pequeños incendios, agresiones, algún intento de violación, espiar a chicas y mujeres jóvenes, algún intento frustrado de secuestro, etc. Es en esta fase de ensayo cuando se empieza a perfilar su futuro *modus operandi*.

Por el contrario, los sicarios reciben un intenso entrenamiento para asesinar de manera efectiva, eficaz y de un modo limpio y rápido. En muchas ocasiones empiezan su entrenamiento a edades muy tempranas, en el uso de armas y otras técnicas empleadas en el sicariato para que siempre cumplan con su objetivo: matar de la manera más efectiva posible.

Su primer crimen

Son muchas las investigaciones que afirman que hay una serie de factores desencadenantes o estresores previos al primer asesinato que desbordan su personalidad al no disponer de los recursos necesarios para afrontar determinadas situaciones. Ese elemento estresor es el pistoletazo de salida para convertirse en un asesino serial, porque una vez que comienza a matar, ya no parará hasta que acabe detenido. Sus fantasías siempre serán mucho más satisfactorias y gratificantes que el crimen real, de modo que seguirá matando para lograr esa satisfacción y ese placer que ha sentido al imaginarlo.

Los sicarios pueden comenzar a matar, bien como prueba para ascender en la organización criminal, bien para empezar a ganar dinero. Es un crimen absolutamente instrumental y no es necesario que existan estresores previos, ya que no se trata de un crimen motivado por la incapacidad para afrontar determinados acontecimientos, sino para lucrarse, ascender dentro del crimen organizado o demostrar su sangre fría y su valía entre sus pares.

Modus operandi

Lo componen todas las acciones necesarias para perpetrar el crimen con éxito y responde a la pregunta de **cómo se comete el crimen**. Su estudio implica conocer:

1. El modo de acercarse, atacar a la víctima o llevársela.
2. Todas las acciones que el agresor ha realizado para perpetrar el crimen.
3. El modo en que abandona a la víctima, en qué lugar y en qué estado.
4. El método que utiliza para huir de la escena del crimen.

Al estudiar el *modus operandi* podemos obtener algunas características psicológicas del agresor. En el caso de los asesinos seriales, para matar a sus víctimas suelen utilizar armas blancas, objetos contundentes, el estrangulamiento y la sofocación. En muy pocas ocasiones utilizan armas de fuego, y esto es porque necesitan sentir a la víctima, tocarla, mirarla a los ojos, en definitiva, vivir la sensación, la satisfacción y el placer de sentir su poder y su control sobre ella como persona y sobre su vida, lo que hace que en muchos casos aumente su excitación.

El sicario, en cambio, es más aséptico. En cuanto a la forma de matar, dependerá de diferentes factores como el país al que pertenezca, si pretende enviar un mensaje con su asesinato, si quiere alterar la escena para que no parezca un crimen, etc. En muchas ocasiones estará supeditado a las peticiones de la persona que lo contrata o las circunstancias de su futura víctima. No necesita tocarla, sentirla físicamente, porque no busca cubrir una necesidad psicológica, sino acabar con su vida de un modo eficaz. Para él, la víctima simplemente es un objetivo. Por supuesto que existen métodos extremadamente crueles que dominan algunos de los sicarios más peligrosos y que requieren el contacto directo y físico con sus víctimas. Cuando es así, en la gran mayoría de los casos lo hacen para enviar un mensaje o como escarmiento hacia la víctima y su entorno más inmediato, tanto social como familiar.

Escalada de la violencia del sicario: finalidad instrumental

Los sicarios, con sus crímenes, buscan el posicionamiento dentro del grupo criminal a través de actuaciones violentas, porque a más violencia, mayor reconocimiento, estatus y respeto adquieren, y, por supuesto, más temor infunden. Sin embargo, en el caso de los asesinos seriales, su violencia progresiva se debe a razones intrínsecas: mayor satisfacción, mayor placer (sadismo), impulsividad o intento de sentir con su crimen real lo mismo que en su fantasía.

Asesino que mata a asesinos

La historia de «Capache» da para tres vidas, pero solo tiene veintitantos. A los 14 años dejó su hogar y abandonó el colegio porque su madre —soltera y con nueve hijos más— no podía pagarlo. Se morían de hambre y aceptó una oferta: fue sicario del que se ha considerado el cártel más poderoso de México, el CJNG, ya citado en el capítulo anterior. Le entrenaron en tácticas paramilitares (tiro con rifles de asalto, ametralladoras y lanzamiento de granadas), pasó por duros ejercicios para aguantar el dolor e insensibilizarse ante el dolor ajeno, y tuvo que «aprobar» un examen final, después de lo cual por fin se convirtió en un sicario de élite.

Sin embargo, hoy se ha convertido en un asesino de asesinos, un hombre letal que forma parte de un grupo clandestino de élite dedicado al «programa de limpieza» que se encarga de encontrar y asesinar a los sicarios que antes eran sus aliados. «Me siento bien con el trabajo que hago. No es fácil, y tienes que cuidarte la espalda todo el tiempo, pero estoy orgulloso de esto. Estoy defendiendo a la gente que no puede defenderse. Estoy luchando y la policía no hace nada contra los cárteles, así que si nosotros no lo hacemos, ¿quién lo va a hacer?»[15]

| | SICARIOS | ASESINOS EN SERIE |
	Las personas como objetivos (crimen instrumental)	Cosificación de las personas, simbolismo de las víctimas, fantasías
Período de enfriamiento	Objetivo y externo al sujeto. Depende de terceras personas	Subjetivo. Depende de la gratificación o frustración que le provoca el crimen cometido
Motivaciones	Lucro, ascender en la escala del crimen organizado, estatus social, poder, reconocimiento, éxito personal y poder económico Motivaciones instrumentales	Exteriorización de sus fantasías. Multiplicidad de impulsos psicológicos: poder, control, gratificación sexual, sadismo, hedonismo Motivaciones psicológicas
Notoriedad	Notoriedad del sicariato como fenómeno delictivo a través de los medios de comunicación	Algunos de ellos buscan la fama y la notoriedad, como individuos y como asesinos individualizados

Victimología	La víctima la escoge el contratante privado o el líder de una organización criminal. Está en función del encargo	Búsqueda de víctimas: selección según sus fantasías, víctimas de oportunidad, víctimas vulnerables, ubicación, accesibilidad
Período de ensayo	Entrenamiento	Ensayo y error con distintas conductas. *Acting out* (actos de aproximación al crimen)
Primer crimen	Instrumental. Prueba para ascender dentro del crimen organizado, beneficios económicos, respeto, demostración de valía y sangre fría	Estresores previos
Modus operandi	Armas de fuego o a través de la petición de la organización criminal o del contratante privado	Contacto directo con la víctima. Armas blancas, objetos contundentes, estrangulamiento y sofocación
Escalada de la violencia	Razones instrumentales	Razones intrínsecas a sus necesidades psicológicas

Fuente: elaboración propia.

11

Parafilias:[1] preferencias sexuales (anómalas), patologías y delitos sexuales

> Las parafilias viven en el cerebro, no en los genitales ni en las hormonas.
>
> JULIA SHAW

¿Se imaginan ir a un lugar donde pueden ser quienes quieran, o hacer todo aquello que solo vive en sus fantasías? Cada mes, más de dos mil personas acuden a eventos «temáticos» cuyas entradas se agotan en pocos días, tal como sucedió para el acontecimiento que tuvo lugar el 14 de febrero de 2020. En este tipo de lugares hay mazmorras, salas para orgías, bailarines profesionales, *bondage* en directo, cuero, látex, dolor y… placer. Para asistir, los trajes fetiches son obligatorios. Uno de estos locales está en Londres y su nombre es Torture Garden.[2] Es un lugar para disfrutar de determinadas **prácticas sexuales anómalas o parafilias** y en el que, una vez cruzas la puerta, se pueden vivir intensa y voluntariamente todo tipo de fantasías sexuales. Hay una sola regla: no se puede hacer nada sin antes preguntar explícitamente a la otra persona, y solo podrá hacerse lo deseado si se obtiene por respuesta un inequívoco «sí».

La sexualidad humana es única, compleja y muy diferente en su forma de expresión porque en ella podemos volcar todos nuestros deseos y fantasías, ya que forma parte de nuestra intimidad. Son muchas las personas que fantasean con conductas sexuales anómalas, es decir, estadísticamente poco comunes (parafilias), pero no todos desean llevarlas a la realidad. Simplemente forman parte de su ficción privada, y en determinadas ocasiones les sirven para excitarse. No hay nada perverso en llevar a cabo determinados actos sexuales siempre que haya una complicidad consentida y recíproca por parte de las personas adultas implicadas y no se ponga en peligro la integridad física o psicológica propia o la de otros.

Determinados actos y conductas sexuales han sido considerados a lo largo de la historia como perversiones, degeneraciones o aberraciones sexuales, ya que las conductas sexuales «normales» quedaban establecidas por la moral de la época. Pero es muy difícil establecer qué conductas sexuales son normales y anormales cuando la respuesta depende del momento histórico y sociocultural de la humanidad. El psiquiatra Hans Göppinger señala que «apenas existe una conducta sexual que haya sido castigada en todas las épocas y en todos los países».[3]

En el siglo XXI, muchas de estas conductas sexuales poco habituales siguen considerándose perversiones o conductas depravadas. Otras son incomprensibles para gran parte de la sociedad, ya que no entiende que a través de esas prácticas se pueda alcanzar la excitación y el placer sexual. Y solo unas pocas de estas conductas sexuales son socialmente inaceptables, por lo que son rechazadas de plano. Una en concreto ha llegado a horrorizar a Occidente, aunque poco tiene que ver con una parafilia, sino con un uso o una **costumbre sexual arraigada en su cultura**.

En los altiplanos orientales de Papúa Nueva Guinea (Oceanía), la tribu Sambia sigue practicando el «rito de egestión» u homosexualidad ritualizada.[4] Convertirse en un hombre no depende solo del tiempo y del curso de la naturaleza, sino que incluye también un ritual sexual. Entre los 7 y los 8 años, los niños aprenden a hacer felaciones (sexo oral) a los hombres mayores, llevando a cabo esta práctica a diario. El objetivo es beber el esperma por dos razones: ayudará al cuerpo del menor a madurar y a masculinizarse y, además, almacenará reservas suficientes de semen para poder «inseminar» y tener hijos con mujeres en cuanto estas pasen la pubertad. Cuando nace su primer hijo, estas prácticas cesan por completo. Es repulsivo, ¿verdad? Esto nos demuestra que no podemos determinar a nivel global lo que se considera una conducta sexual normal. Será la cultura, la sociedad y el entorno donde se lleva a cabo lo que determine si una conducta sexual es normal o anómala. Un comportamiento inaceptable y castigado con la pena de muerte en Irán, Somalia o Mauritania es la homosexualidad, pero en otras sociedades y culturas no solo es aceptado y respetado, sino que incluso existe el matrimonio igualitario entre personas del mismo sexo.

El estudio llevado a cabo en 2009 por la psicóloga de la Universidad Estatal de Ohio Terri Fisher sobre las normas sociales y las actitudes sexuales demostró que los participantes mentían respecto a las conductas sexuales que llevaban a cabo. Todos estaban presionados a decir la verdad ya que sus respuestas estaban sometidas a un detector de mentiras. Tanto hombres como mujeres mintieron por un solo motivo: para ellos era más importante encajar en su rol de género y proteger la educación que les habían inculcado desde niños. Esta es una de las razones por la que es tan complicado conocer el número real de parafilias, ya que lo habitual es que estas se oculten o no se compartan con nadie, quedando dentro de la esfera de la intimidad sexual de cada individuo.

Esto nos impide saber si determinados comportamientos son realmente minoritarios, o bien son más frecuentes de lo que creemos. Tal vez una parte de la sociedad los ponga en práctica en privado o en lugares donde pueden desinhibirse libremente. Tampoco conocemos el número real de sujetos que sufren un trastorno parafílico ya que no solicitan un tratamiento específico, por lo que su conducta patológica queda escondida.

Las estadísticas apuntan a que son mucho más comunes en los hombres, si bien el masoquismo, por ejemplo, lo es en las mujeres. La excitación sexual masculina depende más de las imágenes sexuales, de modo que acuden en muchas ocasiones a fantasías sexuales recurrentes y al estímulo físico. La excitación femenina depende más del contexto emocional, por lo que son más proclives a vincular el placer con objetos y situaciones con una menor carga erótica.

Parafilias frente a parafilias clínicas o trastornos parafílicos (DSM-5)[5]

Hay personas que para excitarse y lograr una gratificación sexual plena e intensa recurren a una serie de objetos, a situaciones consideradas inusuales o a fantasías sexuales que repiten una y otra vez en su cabeza. Estas conductas siempre han estado sujetas al estigma social.[6] En la actualidad, muchas de ellas se viven con absoluta libertad, en privado o en público, como en el caso del Torture Garden o el Rosas Cinco, en la zona alta de Barcelona. Definidas como una «desviación sexual» en el *Diccionario de la Real Academia de la Lengua*, aún son muchas las parafilias que siguen siendo socialmente inaceptables.

Sin embargo, hay que distinguir entre las **parafilias** (conductas parafílicas ocasionales que no sustituyen a las relaciones sexuales que se consideran normales) y las **parafilias clínicas** o **trastornos parafílicos**, y dentro de estas, cabe diferenciar aquellas que son lícitas de las que se consideran actos delictivos. Porque no todos los sujetos que tienen una parafilia cometen agresiones y asesinatos sexuales, ni todos los sujetos que cometen agresiones y asesinatos sexuales tienen una parafilia. Algunas son inofensivas para quienes participan de ellas, pero otras pueden ocasionar graves daños físicos, psicológicos o incluso la muerte, a uno mismo o a terceros.

> «Un comportamiento puede ser ilegal, inmoral e indeseable o causar angustia, pero no ser una expresión de un trastorno mental subyacente. Se requiere algo más para decidir cuál de las parafilias, si es que hay alguna, se conceptualiza mejor como psicopatologías.»[7]

Lo que se considera o no una conducta sexual anómala ha estado sometida al devenir histórico y en muchos casos al lugar geográfico donde se llevaba a cabo. Conductas que eran consideradas desviaciones sexuales en el pasado, hoy son aceptadas y normalizadas. En 1948, en Estados Unidos, el sexo oral, el sexo anal y la homosexualidad eran considerados actos criminales en muchos estados, y hasta 1973 la homosexualidad se consideró un trastorno mental hasta que se eliminó del DSM-II.

En el siglo xix, muchas parafilias se consideraron «**perversiones sexuales**»[8] (sadomasoquismo, voyerismo, homosexualidad o fetichismo), pero este término (al que se consideraba peyorativo) se sustituyó por el de «parafilia» en 1987 cuando la APA publicó el DSM-III-R.[9] Al hablar de parafilias, nos referimos a la obtención de placer mediante la práctica de determinadas conductas que se alejan de las relaciones sexuales «convencionales». Anil Aggrawal, profesor de Medicina forense en el Maulana Azad Medical College (Nueva Delhi, India), plantea en su libro *Forensic and Medico-legal Aspects of Sexual crimes and Unusual Sexual Practices* (2008) que al menos existen 547 diferentes. Esto demuestra que todos nosotros tenemos alguna y que, por supuesto, no vamos a confesar.

Las **parafilias** suponen **la excitación y la gratificación sexual**, alejándose de la cópula «normal» heterosexual a través de:

1. Determinadas fantasías.
2. La práctica de actos o comportamientos inusuales y, en algunos casos, extremos (infligir dolor a otros o erotizar el dolor físico que se recibe).
3. La observación o el contacto directo con objetos (ropa, zapatos).
4. Determinadas funciones fisiológicas como la coprofilia (provocada por las heces) o la emetofilia (provocada por el vómito).
5. Vivir determinadas situaciones (practicar sexo en sitios públicos).
6. El contacto con determinados sujetos.

Tener un gusto personal por determinadas conductas sexuales poco habituales, que se ponen en práctica esporádicamente y que no sustituyen a las relaciones sexuales más habituales, no supone un desorden mental, es decir, un trastorno parafílico. Para su diagnóstico como tal deben darse una serie de criterios que, si se cumplen, entonces sí se consideraría un comportamiento patológico, o una **parafilia clínica**:

- Han de estar presentes durante un período igual o superior a los seis meses.
- Los patrones de excitación sexual han de ser intensos, recurrentes, persistentes y compulsivos.
- Tener fantasías sexualmente excitantes ligadas a esa parafilia.
- Las conductas o las fantasías deben provocar angustia, un malestar clínicamente específico o un deterioro en la vida cotidiana del sujeto.
- Cuando estos comportamientos puedan considerarse una agresión o un peligro para quien lo practica, para el sujeto con quien se practica aunque haya consentimiento, o para ambos.
- Cuando determinados comportamientos dañen o puedan dañar a terceras personas que no consienten o que no pueden dar su consentimiento, lo que se tipifica como delitos sexuales. En el caso de los menores, se habla de delitos contra la indemnidad sexual.

Si un sujeto solo consigue excitarse sexualmente a través de determinadas situaciones, objetos, personas o fantasías, entonces sí estaremos ante un parafílico clínico, ya que existe una tendencia a la insistencia y una dependencia psicológica, por lo que esas conductas representan el único camino que tiene para lograr la excitación y la gratificación sexual. En caso contrario, estaremos simplemente ante situaciones excitantes que serán diferentes para cada persona, siendo meros intereses sexuales o actos parafílicos ocasionales.

Poch (1975) afirma que una conducta sexual es patológica cuando el sujeto pierde por completo su libertad de elección y se ve obligado a adoptar una actitud estereotipada y repetitiva para poder alcanzar el orgasmo.

El psicólogo clínico Antoni Bolinches afirma que las parafilias como patología están directamente relacionadas con vivencias intensas y eróticas ocurridas durante la infancia o la prepubertad (antes de los 10 años). El niño vive una experiencia concreta, y esta se convierte en un estímulo sexual a través de un «proceso de impregnación» en el que asocia una imagen con el placer. Esto se intensifica con la masturbación, ya que tiene la capacidad de «reforzar las fantasías relacionadas con las parafilias a través del orgasmo».[10]

Es bastante complicado ver cuáles son las diferencias entre los deseos sexuales anómalos que surgen de determinados trastornos mentales, de aquellas conductas sexuales recurrentes y reiteradas que no están relacionadas con un trastorno mental. Silverstein considera que las parafilias simplemente son un «fenómeno cultural» que se da en momentos determinados de nuestra historia, y que, con el tiempo, aquellas en las que hay un consentimiento entre adultos terminarán desapareciendo del DSM por no poder considerarse un trastorno mental.[11]

PARAFILIA CLINICA O TRASTORNO PARAFÍLICO DSM-5

VS.

PARAFILIA

- Parafilia: Prácticas sexuales anómalas, estadísticamente poco comunes
- Actos parafílicos ocasionales o esporádicos para lograr la excitación o la graficación sexual
- No sustituyen las relaciones sexuales que se consideran normales
- Aggrawal (2008) plantea que al menos existen 547 diferentes
- Gusto personal por determinadas prácticas sexuales que son diferentes y poco habituales

Excitación y satisfacción a través de:

- Fantasías
- Actos o comportamientos inusuales
- Observación o contacto con determinados objetos
- **Determinadas funciones fisiológicas**
- Vivencia de determinadas situaciones
- Tener contacto con determinadas personas

- Lícitas: consentimiento de adultos. Mal vistas por la sociedad (fetichismo, sadismo, masoquismo)
- Delictivas: delitos contra la libertad y la indemnidad sexual

PARAFILIA CLINICA O TRASTORNO PARAFÍLICO DSM-5

- Parafilia clínica
  Comportamientos sexuales recurrentes, compulsivos
- Adicción a una determinada práctica sexual
- La parafilia es la única para lograr la excitación esterotipada y repetitiva para poder alcanzar el orgasmo
- Dependencia psicológica
- Diagnóstico. Se han de cumplir una serie de criterios. DSM-5: 8 tipos (más las residuales)

  – Exhibicionismo
  – Frotteurismo
  – Voyerismo
  – Pedofilia

  No se consideran atenuantes, ni eximentes en el Código Penal

Fuente: elaboración propia.

LOVEMAPS: PATRONES INDIVIDUALES DE DESEOS Y FANTASÍAS SEXUALES[12]

La primera vez que se utilizó este término fue en 1980, en una conferencia en la Universidad Johns Hopkins (Baltimore, Maryland) impartida por el doctor John Money. Con él se refiere a nuestro patrón, frecuentemente subconsciente, de deseos eróticos y fantasías sexuales. Cada persona tiene un «mapa de amor» distintivo, único y personal. Algunos son inofensivos, pero otros pueden llegar a ser mortales al convertirse en un trastorno parafílico.

John Money afirma que el *lovemap* de cada individuo comienza a establecerse desde la niñez, siendo una marca individual, y que se manifiesta completamente tras la pubertad. Es habitual que muchos individuos descubran su *lovemap* tras una experiencia concreta en un momento puntual de sus vidas.[13] Y explica que una vez que se crea y se pone en práctica ese patrón, es muy difícil de alterar, teniendo en cuenta que del contenido del mismo dependerá la excitación sexual de esas personas.

Money clasifica las parafilias en seis categorías diferentes:

1. De sacrificio o expiatoria: sadismo y masoquismo.
2. De merodeo o búsqueda de una presa: voyerismo y exhibicionismo.
3. Mercantil: fantasías y conductas relacionadas con la prostitución. Solo se excitan si se les paga.
4. Fetichista y fetichismo talismánico: aquellos que tocan y huelen determinadas partes del cuerpo humano y los que se excitan con determinados objetos inanimados.
5. Estigmáticas: sujetos que prefieren una parte concreta del cuerpo (parcialismo), mujeres embarazadas o mujeres con amputaciones u otras características físicas destacables.
6. Seductoras o incitantes: exhibicionismo, frotteurismo, voyerismo y pedofilia.

> Cuando nos desviamos podemos ser indulgentes, podemos apagar nuestros pensamientos habituales y permitirnos disfrutar del placer.
>
> Julia Shaw, *Hacer el mal: Un estudio sobre nuestra infinita capacidad para hacer daño*, 2019, p. 148

Son muchas las parafilias que existen, pero solo ocho están incluidas específicamente en el DSM-5 y en la CIE-10[14] al ser las que más problemas causan a los individuos y, en determinados casos, a la sociedad. El DSM-5 habla de trastornos parafílicos (o parafilias clínicas) para remarcar que el hecho de que una persona presente una parafilia no significa por fuerza que haya un trastorno, porque para que así sea el sujeto debe cumplir determinados criterios. El resto de las parafilias se incluyen dentro de las categorías residuales.

Algunos de estos trastornos parafílicos se consideran delitos sexuales, y como tales aparecen tipificados en nuestro Código Penal; otros están rozando la frontera de la ilegalidad, siendo el requisito del consentimiento lo que los convierte en lícitos, y otros simplemente están mal vistos por parte de la sociedad.

CIE-10 Trastornos de la inclinación sexual	DSM-5 Trastornos parafílicos
F 65. 0 Fetichismo	302.82 Trastorno de voyerismo
F.65. 1 Travestismo fetichista	302.4 Trastorno de exhibicionismo
F.65. 2 Exhibiciones	302.89 Trastorno de frotteurismo
F.65. 3 Voyerismo	302.83 Trastorno de masoquismo sexual
F.65. 4 Pedofilia	302.84 Trastorno de sadismo sexual

F.65. 5 Sadomasoquismo	302.2 Trastorno de pedofilia
F.65. 6 Trastornos múltiples de la inclinación sexual	302.81 Fetichismo
F.65. 8 Otros trastornos de la iniciación sexual	302.3 Trastorno de travestismo
F.65. 9 Trastorno de la inclinación sexual sin especificación	302.89 Otro trastorno parafílico especificado: escatología telefónica, necrofilia, zoofilia, coprofilia, clismafilia o urofilia 302.9 Trastorno parafílico no especificado

Una parafilia **no se considera un trastorno parafílico que necesite intervención**, salvo si esta causa tal angustia al sujeto que le impide llevar una vida normalizada en su ámbito social, laboral o familiar, cuando pueda provocarse daño a sí mismo o si existe riesgo de que pueda dañar a terceros. En el caso de los delincuentes sexuales, muy pocos de ellos suelen cumplir con los diagnósticos de un trastorno parafílico del DSM-5, y esa es la razón por la que determinadas conductas contra la libertad e indemnidad sexual están tipificadas como delitos.[15]

«La definición de trastorno mental que contiene el DSM-5 se redactó para satisfacer las necesidades de los clínicos, los profesionales de la salud pública y los investigadores, antes que para las necesidades técnicas de los juzgados y los profesionales que prestan servicios legales.»[16]

Diagnosticar un trastorno mental a un sujeto a través del DSM-5 no implica que no cumpla con los criterios legales ni con los de una norma legal concreta como la de responsabilidad criminal (imputabilidad). En España se es responsable penalmente cuando el autor de un delito cumple con determinados requisitos psicológicos y normativos. En cuanto a ᭴los **psicológicos**, el sujeto debe actuar sabiendo lo que hace y ser consciente de que esa conducta que lleva a cabo es dañina y lesiva para otros (capacidad cognoscitiva). Además, lo hace voluntariamente, quiere llevar a cabo esa conducta (capacidad volitiva). Desde el punto de vista **normativo**, serán responsables penalmente de sus actos todos aquellos sujetos en los que no concurran las eximentes del artículo 20 del Código Penal.[17]

El Tribunal Supremo rechaza que se pueda considerar al trastorno parafílico una **eximente**, ya que «estas personas tienen plena conciencia y voluntad del mal que están haciendo [...] ya que tienen capacidad de querer, de entender y de obrar plena». La doctrina del Tribunal Supremo confirmó la sentencia de la Audiencia Provincial de Valencia, que condenó a 15 años de prisión más 10 años de libertad vigilada a un hombre con un trastorno parafílico de exhibicionismo que agredió sexualmente a 11 mujeres entre 2014 y 2016.[18]

En este mismo sentido, la jurisprudencia del alto tribunal establece que los trastornos parafílicos o de estímulo sexual «no afectan a la capacidad de voluntad y entendimiento con trascendencia en la imputabilidad del sujeto activo si no aparece asociada a otra anomalía o trastorno psíquico».[19]

	¿Es delito?	Hombres	Mujeres
Exhibicionismo	Sí, cuando se lleva a cabo ante menores o personas con discapacidad necesitadas de especial protección. **Artículo 185 del CP**	6%	6%
Frotteurismo	Sí. Abuso sexual. **Artículo 181 y 183 del CP**	19%	15%
Voyerismo	Sí. Delito contra la intimidad. **Artículo 197.1 del CP**	52%	26%

Pedofilia	Sí. Pornografía infantil. Tenemos un derecho penal del acto, de modo que no se castiga la tendencia o a la atracción por los niños, solo conductas concretas como las de los **artículos 189.2 y 189.7 del CP**	0,6 %	–
Masoquismo sexual	No, si hay consentimiento por parte de la persona objeto de la humillación o castigo	15 %	17 %
Sadismo sexual	No, si hay consentimiento por parte de la persona objeto de la humillación o castigo	19 %	10 %
Fetichismo	Puede dar lugar a delitos menores (hurtos)	28 %	11 %
Travestismo	No	12 %	12 %

Fuente: elaboración propia a partir de Dawson, Bannerman y Lalumière, 2016. Estos investigadores llevaron a cabo un estudio sobre una muestra de 305 hombres y 710 mujeres (población general) sobre sus intereses sexuales «anómalos». Les pidieron que calificaran aquellas situaciones, fantasías o ideas que les excitaban, pero no si habían actuado o si actuarían alguna vez de ese modo.

«Un acto sexual concreto, por monstruoso que sea, no tiene un valor clínico decisivo. Para poder distinguir entre la enfermedad y el vicio es necesario considerar en su conjunto la personalidad de quien se trate, así como todas las motivaciones de sus actuaciones perversas. Ahí está la clave del diagnóstico.»[20]

Voyerismo o escoptofilia

Se entiende por voyerismo la excitación sexual al mirar de forma oculta cómo mantienen relaciones sexuales otras personas, o bien al observarlos en situaciones íntimas (por ejemplo, quitándose la ropa o estando ya desnudos), sin que haya consentimiento por parte de los observados. Este sujeto, la gran mayoría de las ocasiones un hombre, no quiere ser detectado, ni tampoco expresa deseo de mantener una relación sexual con las personas a las que está mirando.

En 2016, el Tribunal Supremo desestimó que el voyerismo se pudiera aplicar como **atenuante** en el caso de un profesor que había sido condenado por la Audiencia Provincial de Zaragoza a 2 años de prisión e inhabilitación especial por instalar microcámaras en los baños del colegio. En su domicilio se encontraron 82 vídeos borrados en dos tarjetas Micro SD y un disco duro con 22 grabaciones en las que salían diferentes personas y donde se veían de modo explícito sus genitales.[21] Para el alto tribunal, este trastorno parafílico ni limita ni impide la capacidad del autor del delito para actuar del modo en que lo hizo, ya que comprendía la ilicitud de sus actos.

¿Podemos hablar en la era de internet de *voyerismo virtual* o *digital*?

- Hacer fotografías con el móvil en sitios públicos como playas, a mujeres que hacen *topless*, a niños pequeños o a parejas en situaciones comprometidas no es un delito ya que esas personas están en un lugar público. Pero sí lo es el uso que se dé a esas fotografías, ya que son un dato personal. Si esa foto se publica en la red, en el caso de un adulto podrá reclamar una compensación por la vía civil, pero si se trata de un menor, estaríamos ante un delito si esa foto se publica o se difunde en un entorno de intercambio de material de explotación sexual infantil o de pornografía infantil, término legal con el que aparece recogido este delito en el artículo 189 del Código Penal. En 2007, el Observatorio Español de Internet afirmó que en la red había unas 10.000 fotografías colgadas sin que hubiera consentimiento por parte de las personas que salían en ellas.[22] Hoy en día es imposible calcular su número. Estamos ante nuevos perfiles de *voyeurs*:

aquellos que hacen las fotos para coleccionarlas, para divertirse o para su autogratificación sexual, sin ánimo de obtener ningún beneficio de carácter monetario, o ante «mirones» que sí venden esas imágenes para lucrarse.

- En Corea del Sur, esta situación es aún más grave, ya que no solo se captan, graban y difunden imágenes de mujeres en baños públicos o mientras pasean por las calles, sino que la pornografía *spycam* (allí denominada *molka*) es un género en sí misma. Se puede acceder a ella con gran facilidad a través de sitios web que muestran a mujeres anónimas en su casa, en habitaciones de hotel o en espacios públicos. Los vídeos que se obtienen de modo ilícito acaban en páginas de sexo para su consumo. En marzo de 2019 saltó a los medios de comunicación que más de 800 parejas habían sido grabadas en moteles mientras mantenían relaciones sexuales, las cuales eran transmitidas durante 24 horas en una página web con más de 4.000 seguidores.[23] Algunos de sus suscriptores pagaban alrededor de 50.000 wones (41,00 €) para poder acceder a «material exclusivo».

- *Upskirting*. En 2019, Inglaterra y Gales incluyeron este nuevo delito sexual en sus respectivos códigos penales, y los responsables pueden pasar hasta dos años en prisión. Se trata de fotografiar a mujeres por debajo de la falda con la intención de ver sus genitales o sus nalgas. Además, los sujetos que sean condenados por este delito entrarán a formar parte de la lista de agresores sexuales. La finalidad puede ser obtener un beneficio sexual personal o bien humillar a las víctimas.

Exhibicionismo

Con esta conducta se obtiene un alto nivel de excitación sexual cuando se fantasea o se pone en práctica la idea de mostrar los genitales a terceros sin su consentimiento, generalmente mujeres y niños, y sin que haya un intento de actividad sexual posterior con las personas que le han visto. Un gran número de ellos se muestran impotentes ante una relación heterosexual consensuada y su impulso es el de exhibirse, de modo que «el acto de exhibirse no es una anticipación de las relaciones heterosexuales, sino que es en sí mismo el acto sexual del hombre».[24] No debe confundirse con la exhibición, ya que esta no implica una actitud de contenido sexual, sino simplemente mostrar algo en público.

Está considerado un delito e implica un castigo penal o administrativo dependiendo de la edad que tenga la víctima. Aparece tipificado en el artículo 185 del Código Penal como un delito contra la libertad e indemnidad sexual, y se castiga al autor de exhibiciones obscenas ante menores de edad o personas incapaces. Si esta misma conducta se lleva a cabo ante personas adultas, la consecuencia será una infracción administrativa.[25]

El 24 de julio de 2019 se detuvo a un hombre de 41 años por mostrar sus genitales a dos niñas que practicaban natación en una piscina de Sevilla.[26] Este sujeto ya contaba con antecedentes policiales por el mismo delito. Su *modus operandi* consistía en nadar cerca de las niñas (de entre 8 y 12 años) y bajarse el bañador para enseñarles sus genitales. Siete meses después, en febrero de 2020, se detuvo a un hombre al que se le imputan dos delitos de exhibicionismo sobre dos menores, dos chicas de 17 años. Ambas lo denunciaron por mostrarles sus genitales, llevar a cabo tocamientos y masturbarse delante de ellas. Este sujeto, de origen rumano y de unos 47 años de edad, estaba cerca del Templo de Debod (Madrid) y fue detenido *in fraganti* cuando perseguía a una de las jóvenes en el parque de dicho recinto.[27]

Frotteurismo

Supone excitarse sexualmente al tocar o frotar con los genitales a otra persona sin su consentimiento, o fantasear con ello. Suele llevarse a cabo en lugares públicos concurridos, como centros comerciales, autobuses o trenes, debido a la proximidad obligatoria que se ha de tener con otras personas. En Japón acaban detenidos 4.000 frotteuristas varones al año por actos ocurridos en el transporte público.[28]

José Carlos C. C. fue detenido en 2008 y se le acusó de 18 delitos contra la libertad sexual, de los cuales cuatro fueron agresiones sexuales con penetración frustrada y catorce agresiones más sin penetración. Se pidieron para él 80 años de prisión. Sin embargo, su abogado consiguió rebajar esta pena al demostrar que su defendido sufría frotteurismo. A pesar de que no es una eximente completa, ni el letrado evitó que se dictara una sentencia de casi 20 años de prisión, con la limitación del cumplimiento de 9 años, sí se aceptó como atenuante.[29]

Masoquismo sexual

Leopold von Sacher-Masoch (1836-1895) es por quien se acuñó el término *masoquismo*. En 1870 publicó *La Venus de las pieles*, obra en la que se narra cómo un hombre (Severin) se convierte en esclavo sexual a manos de la fría, hermosa e implacable Wanda. Pero antes de escribir esta obra, y siendo un adolescente, una tarde, mientras espiaba cómo su tía mantenía relaciones sexuales con otro hombre, tuvo una erección. Esto es absolutamente normal, ya que es una respuesta sexual ante la excitación. Pero el joven fue sorprendido y sometido a un severo castigo físico que le hizo eyacular. A partir de ese momento erotizó el dolor, vinculando el placer al castigo físico.

El masoquismo supone lograr la excitación y la gratificación sexual cuando alguien es golpeado, atado, cortado, humillado y ante el dolor físico que otra persona le provoca. No se considera una conducta delictiva, al haber consentimiento por parte de quien recibe ese castigo corporal. En estos casos hay un «juego de rol» con un notable desequilibrio de poder en el que se establece una relación pactada de sumisión (ama-esclavo o amo-esclava), al igual que ocurre en el sadismo. No es fácil encontrar a una pareja que lleve a cabo conductas tan extremas como clavar agujas o descargas eléctricas en zonas de su cuerpo, de modo que es muy habitual que estas personas tiendan a autoagredirse.

Una de las más peligrosas, por el alto riesgo que implica, es la hipoxifilia o asfixia erótica, recogida en el DSM-5 como asfixiofilia. Es una manera de excitarse y de aumentar la intensidad del orgasmo reduciendo la cantidad de oxígeno a la otra persona mediante el estrangulamiento manual o el uso de elementos como bolsas de plástico o máscaras.[30] En muchos casos también se pone en práctica la autoasfixia erótica, lo que ha llegado a acabar con la vida de las personas que la han practicado. En este último caso, aunque no afecta a terceros, es una parafilia autodestructiva.

Sadismo sexual

Excitación sexual al infligir dolor físico o sufrimiento psicológico a otra persona. No es delito si hay consentimiento por parte de quien es humillado o castigado. Quien ejerce el rol de sádico en un juego consensuado está interesado en dar placer sexual al otro, y valora el placer que ofrece como algo esencial para su propia gratificación sexual.[31] No obstante, si esa excitación se logra con violencia y sin el consentimiento de esa persona, estamos ante un delito. Lo veremos con detalle en el capítulo siguiente al hablar de los homicidios sexuales sádicos.

Pedofilia

Implica la excitación sexual intensa y recurrente a través de las fantasías, deseos sexuales o comportamientos que implican una actividad sexual con un niño o niños menores de 13 años (prepúberes). Lo veremos con detenimiento en los capítulos 15 y 16, diferenciando entre pedofilia y pederastia, aunque esta diferenciación no se haga en el DSM-5.

Es la parafilia más aceptada socialmente. La excitación sexual se obtiene ante objetos inanimados o que ya han sido usados, como la ropa interior femenina o los zapatos. No se trata de una conducta punible, salvo en los casos en los que se produzcan hurtos o robos de esos objetos. El DSM-5 incluye el parcialismo,[32] cuando es una parte del cuerpo no genital la que produce esta excitación, como por ejemplo los pies, el pelo o las rodillas. Si partimos de esta definición, probablemente todos tenemos algo de fetichistas. Pero para el fetichista parafílico patológico, ese objeto inanimado es la fuente principal para lograr una respuesta sexual satisfactoria.

El coronel Russell Williams, de las Fuerzas Aéreas canadienses, llevaba una vida aparentemente normal: tenía una carrera profesional intachable, estaba casado y era habitual que pilotara aviones donde viajaban importantes políticos y personalidades. Incluso en una ocasión llevó a la reina Isabel II. Durante 19 años, los demás vieron solo aquello que él quería que vieran. Pero finalmente fue condenado a cadena perpetua por el asesinato y la violación de dos mujeres en 2010. Su escalada criminal fue más que evidente: pasó de ser un fetichista parafílico que robaba prendas femeninas en las casas de muchas mujeres a ser un despiadado depredador sexual.

Su actividad delictiva comenzó tres años antes, en 2007. Al confesar sus crímenes, también confesó el allanamiento de morada y el robo en 82 domicilios de ropa interior femenina con la que se fotografiaba. A veces se masturbaba en la cama de estas mujeres. Absolutamente obsesionado con la ropa interior, llegó a tener en su poder casi 500 prendas. Williams las coleccionaba y tenía fotografías de cada una de ellas. A su segunda víctima, Jessica Lloyd, la obligó a posar para él en ropa interior y después la violó y la mató. Además de las fotografías, se encontraron vídeos donde se ve a Williams torturando y agrediendo sexualmente a sus dos víctimas durante horas. Grabó incluso sus muertes.

Los investigadores encontraron las fotografías y los vídeos en dos discos duros, dentro de carpetas encriptadas. Todo estaba ordenado y clasificado casi de un modo «castrense»: fechas, direcciones donde había entrado, datos de sus víctimas, listado de bragas y sujetadores robados... Toda su actividad delictiva de tres años exhaustivamente detallada.

Travestismo o fetichismo travestista

Es la excitación sexual ante la idea de vestir prendas del género opuesto para crear la apariencia y el sentimiento de ser uno de sus miembros. Sin embargo, no se identifican genéricamente con una mujer o un hombre (transexuales), al no desear un cambio quirúrgico ni hormonal. Se puede considerar que hay tres grupos:[33]

1. Aquellos sujetos que obtienen placer al ponerse prendas de vestir femeninas, que es lo más habitual, como medias, ligeros o ropa interior. El hecho de ponerse estas prendas sirve de preludio a una masturbación o los impulsa a tener una relación heterosexual.
2. Desarrollo del deseo a través de vestirse, parcial o totalmente, con prendas femeninas, pretendiendo pasar por una mujer durante cierto tiempo (minutos u horas).
3. Vestirse con prendas femeninas pero durante períodos más largos en el tiempo. En este caso, los sujetos poseen muchas prendas, van a tiendas de ropa femenina y se observan vestidos como mujeres en el espejo.

Son muchas las personas que tienen fantasías sexuales y algunas las disfrutan solo a través de su imaginación, alimentando así su excitación personal, pero de un modo individual y en secreto. Lo complicado es buscar una **relación de causalidad** que demuestre que las fantasías que tiene un sujeto pueden aumentar la probabilidad de que termine cometiendo un delito sexual. Así, el enfoque debe ponerse no en el contenido de esas fantasías (no es delito fantasear aunque se trate de conductas prohibidas, extremas o aberrantes), sino en el efecto que producen y en las funciones que cumplen en un sujeto en particular. Hemos visto que la gran mayoría de las parafilias no son delictivas y debemos tener claro que practicarlas no lleva a esos sujetos a ser agresores/violadores u homicidas sexuales (que no es lo mismo). Lo que sí es cierto, tal como afirma Erick Hickey, es que una parafilia puede llevar a otra, y es bastante usual que los delincuentes sexuales tengan más de una.

ALGUNAS PARAFILIAS POCO COMUNES

Parafilia	Excitación sexual o erotización ante determinadas conductas u objetos
Clastomanía	Excitación sexual al romper cosas
Dendrofilia	Atracción sexual por plantas, árboles, llegando a la excitación inmediata con el roce e incluso con la penetración con vegetales
Audiolagnia	Excitación al escuchar jadeos o contenidos sexuales
Osmolagnia	Sentir placer ante el olor de cuerpos en descomposición
Agalmatofilia	Atracción sexual hacia estatuas, maniquíes, muñecas u objetos inanimados similares
Belonefilia	Excitación, placer y alcance del orgasmo a través de los pinchazos con agujas
Misofilia	Excitarse con la ropa sucia
Odaxelgania	Personas que se excitan mordiendo o siendo mordidos
Altocalcifilia	Excitarse ante la observación de zapatos de tacón. Esta se incluye dentro del fetichismo
Dacrifilia	Excitación ante las lágrimas y el llanto de otras personas, provocadas por esa persona. Es una forma de sadismo
Hifefilia	Excitación por la posesión de un objeto ajeno, ropa o cabello

Hipnofilia	Excitación al observar a una persona dormida. Es una forma básica de voyerismo
Tricofilia	Excitación al tocar o mirar el cabello de otra persona, o el vello corporal
Triolismo	Placer sexual al ver a tu pareja tener relaciones consentidas con otras personas
Amomaxia	Excitación sexual al tener relaciones sexuales dentro de un coche
Acrotomofilia	Placer al relacionarse con personas que tienen miembros amputados, con personas discapacitadas o con defectos físicos visibles
Androfilia	Excitación de un joven homosexual por los hombres maduros
Metatropismo	Excitación femenina o masculina ante el intercambio de roles sexuales
Autonepiofilia	Excitación, sobre todo masculina, por vestirse como un bebé, llevar pañales y ser tratado como tal. NO tienen una inclinación sexual hacia los niños, sino que disfrutan vistiéndose y comportándose como un bebé

Fuente: elaboración propia.

12

Parafilias (clínicas) letales: criminalidad sexual, homicidio sexual y sadismo

> Creemos que el dolor y el placer son antagónicos y no lo son. Lo contrario del placer no es el dolor sino la insensibilidad.
>
> CELIA BLANCO,
> periodista de *El País*

El deseo de infligir dolor en los demás no es la esencia del sadismo. Es un impulso esencial: tener el dominio completo sobre otra persona, convertirla en un objeto indefenso a nuestra voluntad [...], ser su Dios, para hacer con ella lo que uno quiera. Humillarla, esclavizarla, son métodos para alcanzar este objetivo, y el objetivo radical más importante es hacerla sufrir, ya que no existe mayor poder sobre otra persona que el de infligir dolor en ella para obligarla a someterse, a sufrir sin que sea capaz de defenderse. El placer en la completa dominación sobre otra persona es la verdadera esencia del sadismo.[1]

Este texto forma parte del diario de James Mitchell DeBardeleben,[2] encontrado en su domicilio durante el registro policial. Los objetivos de este agresor sádico y presunto asesino en serie eran dominar y ejercer un completo control sobre sus víctimas. Además del diario y de algunas de sus anotaciones,[3] que parecían un guion cinematográfico, los investigadores también encontraron:

- Una cinta de audio en la que se oía cómo estaba torturando a una mujer y suplicaba que, por favor, la matara.
- Fotografías sexuales explícitas de una joven de 20 años a la que tenía secuestrada.
- Escritos sobre sus sentimientos y sus planes, entre los que estaban la construcción de una celda para «sus juegos».
- Un vídeo donde escenificaba uno de sus guiones basado en torturas, la protagonista del cual era su cuarta esposa.

DeBardeleben fue condenado por varios delitos de secuestro, violación y fraude, pero no se pudo demostrar que asesinara a nadie. Sentenciado a 375 años de prisión, murió en 2011 a los 74 años. Los investigadores están convencidos de que nunca se sabrá a cuántas mujeres torturó, pero sí creen que son muchas las mujeres que murieron a manos de este criminal.[4] Hazelwood se refirió a él como «el sádico sexual mejor documentado desde el Marqués de Sade» por todas las fotografías, vídeos y anotaciones que dejó. Ha sido considerado como uno de los delincuentes más peligrosos de la historia de Estados Unidos.

Fue el psiquiatra alemán Richard von Krafft-Ebing[5] (1840-1902) quien dio por primera vez una definición de sadismo en su libro sobre conductas sexuales anómalas,[6] *Psychopathia Sexualis* (1886): «El sadismo es la experiencia de **sensaciones sexuales placenteras** (incluido el orgasmo) producidas por actos de crueldad, castigo corporal afligido a la propia persona u observando a otros, ya sean animales o seres humanos. También puede consistir en un deseo innato de humillar, lastimar, herir o incluso destruir a los demás con el fin de crear placer en uno mismo».[7] En la actualidad se considera que las fantasías del agresor, relativas al poder y el control sobre la víctima, refuerzan el concepto de sadismo. Esta conducta es extremadamente peligrosa cuando se asocia a sujetos con un trastorno antisocial de la personalidad con rasgos psicopáticos.

La característica esencial del sadismo es que el agresor **busca de modo intencionado el sufrimiento de la víctima**, ya que esto le proporciona una intensa excitación y un gratificante placer sexual. Elementos importantes a tener en cuenta:

- Los agresores y los asesinos sádicos se toman su tiempo. La agresión sexual o las torturas se prolongan ya que necesitan controlar, dominar y hacer sufrir a la víctima para mantener su excitación y lograr placer sexual. Se exceden del tiempo que es necesario para matar a su víctima porque el asesinato no es su finalidad.
- Uso de la violencia expresiva (*hot violence*). Esta no es necesaria para consumar el delito, ya que implica someter intencionadamente a la víctima a un intenso sufrimiento físico y psicológico durante un período de tiempo.
- La intencionalidad y el sadismo son elementos subjetivos que están en la mente del agresor sexual o del homicida sádico. Esto se traduce en determinados actos y conductas visibles —tanto en la agresión sexual como en el crimen sádico— que son los que pasan a ser valorados por los investigadores. Ellos determinarán si están ante un sujeto sádico o simplemente ante un sujeto que ha empleado una violencia extrema sobre su víctima.
- El miedo que muestra la víctima, así como el control y la dominación infligidos sobre ella, llevan a la excitación y a la satisfacción sexual del agresor.
- La víctima ha de estar viva y consciente.

Sadismo como parafilia (clínica) homicida (DSM-5)

La gran mayoría de las parafilias no son delictivas y debemos tener claro que practicarlas no lleva a que todos esos sujetos se conviertan en agresores u asesinos sexuales. Pero algunas de estas parafilias[8] se desarrollan a través de intensas fantasías sexuales recurrentes, que con el paso del tiempo tienen un impacto directo en la progresión de determinados actos criminales, y el sadismo es la más habitual y la más peligrosa.

El sadismo consentido (o *mild sadism*) está dentro de las prácticas sexuales sadomasoquistas, en las que cada una de las partes tiene un rol en esa relación sexual. Es simplemente una cuestión de gustos y de preferencias sexuales personales y casi siempre privadas. Todo sádico necesita, por lo tanto, un masoquista para que de modo consensuado ambos disfruten del placer a través del dolor y la humillación. Esta relación de sumisión-dominación puede acompañarse de determinadas palabras degradantes, de una estética determinada y de una serie de elementos y conductas que entran en juego como determinadas prendas y objetos, flagelaciones, cortes, ataduras, privación del sentido de la vista, golpes o mordazas. Sin embargo, absolutamente todo lo que ocurra durante el tiempo que dure ese «frenesí sexual» está pactado previamente, y cada una de las partes se excita y obtiene gratificación sexual en el rol con el que se identifica.

Si no hay consentimiento (*major sadism*) es cuando estamos ante un sadismo orientado a la agresión que puede provocar graves lesiones o incluso provocar la muerte de la persona que está siendo sometida. En este caso se trata de torturas, cortes, apuñalamientos descontrolados, violación extremadamente violenta o agresiones sexuales con objetos. La víctima es sometida contra su voluntad a los deseos del sujeto sádico.

El sadismo como patología implica no solo la **necesidad** de ejercer poder, dominación y humillación, sino la necesidad de provocar sufrimiento (físico o psicológico) sobre otra persona sin su consentimiento, **para poder excitarse y lograr la gratificación sexual**. En las parafilias clínicas, el sujeto no tiene libertad de elección, de modo que solo a través de determinadas conductas es capaz de alcanzar el orgasmo. Abarca los diferentes ámbitos de la psicología del individuo: conductual, interpersonal, cognitivo y afectivo.

Para poder diagnosticar el sadismo como una parafilia clínica, el sujeto ha de cumplir los siguientes criterios (DSM-5):

- Excitación sexual intensa y recurrente derivada del sufrimiento físico o psicológico de otra persona, manifes-

tada a través de fantasías, deseos irrefrenables o determinados comportamientos.

- Estos sujetos actúan según sus deseos con personas que
no han dado su consentimiento.

- Esas fantasías sexuales y deseos irrefrenables causan una
angustia significativa o deterioran su funcionamiento
en el trabajo, en situaciones sociales u otros ámbitos.

- Esta afección ha estado presente durante seis meses
o más.

SADISMO, CRUELDAD Y CRIMEN VIOLENTO

En muchas ocasiones, los investigadores se encuentran ante
crímenes tan violentos que es difícil creer que algo así lo haya
hecho un ser humano. Crímenes cometidos con una crueldad y una violencia extremas, en los que puede apreciarse el
sufrimiento al que ha sido sometida la víctima. Crímenes que
al hablar o al informar sobre ellos en los medios de comunicación, suele hacerse con la expresión «esto solo puede ser
obra de un sádico».

No obstante, hay conductas que pueden confundirse con
el sadismo en el seno de una investigación y que no son tales.
Debemos distinguir entre las conductas crueles que se llevan
a cabo durante un crimen, los crímenes violentos y los asesinatos sádicos, ya que no se trata de lo mismo aunque todos
lleven al mismo resultado: el sufrimiento y la consiguiente
muerte de la víctima. Para ello los investigadores deben fi-
jarse en los elementos de la escena del crimen, qué componentes lo describen y ver cuál es el patrón de la selección de
las víctimas. Además, hay que saber interpretar y demostrar a
través de conocimientos muy especializados (analistas de la
conducta) si el crimen es la representación de una fantasía
elaborada a lo largo del tiempo, ya que el sadismo es un elemento subjetivo que anida en la mente del agresor.

Sadismo como parafilia clínica Excitación sexual inducida por la conducta	Conductas crueles/crimen violento Objetivos o motivaciones personales
El sadismo es un **elemento subjetivo** que reside en la mente del agresor, en sus fantasías, y que terminará llevando a la realidad	La conducta cruel empleada en el crimen es un elemento objetivo que tiene una finalidad o una motivación personal
Tiene un **componente sexual**. Se logra la excitación o la satisfacción sexual plena (orgasmo) a través de determinados actos o conductas Para determinar la existencia de sadismo en un crimen, deberemos buscar en la **escena** elementos que nos indiquen que el *modus operandi* del agresor estaba orientado a la excitación y a la satisfacción sexual	No tienen un componente sexual: Crímenes en los que se inflige sufrimiento físico o psicológico a la víctima, como un mensaje a terceros, como respuesta a una traición o para infundir temor a los rivales[9] Crueldad empleada en un crimen motivado por odio o por venganza hacia la víctima. Aunque la violencia se dirija a zonas sexuales de esta, la finalidad es castigarla Crueldad (física o psicológica) para conseguir la sumisión de la víctima o para coaccionar a terceros
Crímenes cometidos por un solo individuo en la gran mayoría de los casos	Crímenes cometidos en grupo: mayor violencia y crueldad. Cada miembro quiere demostrarse y demostrar a los demás lo que es capaz de hacer

Fuente: elaboración propia a partir de Soria y Mora, 2013.

Desde un punto de vista jurídico, delincuencia sexual son todas aquellas conductas[10] que atentan contra la libertad sexual de personas adultas o contra la indemnidad sexual[11] en el caso de los menores. Pero desde una perspectiva socio-criminológica, la criminalidad sexual es aquella que está motivada por **la búsqueda y la obtención de placer**, incluso sin que exista una relación sexual o coito. Sin embargo, muchos agresores utilizarán el sexo como medio para satisfacer otro tipo de necesidades que no son de índole sexual, como el poder, el control o la dominación.

El concepto de agresión sexual depende de la legislación de cada país, ya que es casi imposible dar una definición global que abarque las diferentes conductas que pueden atentar contra la libertad e indemnidad sexuales. La OMS define la **violencia sexual** como «todo acto sexual, la tentativa de consumar un acto sexual, los comentarios o insinuaciones sexuales no deseados, o las acciones para comercializar o utilizar de cualquier otro modo la sexualidad de una persona mediante coacción por otra persona, independientemente de la relación de esta con la víctima, en cualquier ámbito, incluidos el hogar y el lugar de trabajo».[12] En nuestro Código Penal están tipificados los delitos de agresión sexual (art. 178 a 180) y de abuso sexual (art. 181 y 183.4). Los abusos y agresiones sexuales a menores de 16 años se regulan en los artículos 183, 183 bis y 183 ter.

1. La agresión sexual es un tipo de violencia sexualizada y debe entenderse más allá de la simple búsqueda de la satisfacción sexual fisiológica, ya que cumple determinadas **funciones psicológicas** para el agresor:

    a. Satisfacer deseos de poder, control y dominación.[13]
    b. Humillar y degradar a la víctima.
    c. Se emplea como un medio de ira desplazada.
    d. Compensa la autoestima de ese delincuente.[14]

2. Las **motivaciones** predominantes en un agresor sexual son:[15]

   a. Agresividad, ira y poder. Más que la gratificación sexual en sí misma, lo que busca el agresor es estatus, control y dominación, o incluso puede llegar a buscar el castigo o la venganza con su acto.

   b. Búsqueda de intimidad. El agresor ansía cierto acercamiento a la víctima y un grado de intimidad, que sería imposible conseguirlo sin utilizar la violencia.

   c. La agresión sexual forma parte de otra actividad criminal o de una actividad de ocio en busca de excitación y aventuras.

   d. Necesidades sexuales y deseos sádicos.

3. Se han determinado una serie de **criterios** que conducen a generar las diferentes tipologías que hay de agresores sexuales,[16] ya que se trata de una población criminal heterogénea, por lo que es difícil establecer una única tipología. Por esto mismo no existe un perfil único de personalidad para los agresores sexuales. Los criterios a tener en cuenta son los siguientes:

   a. El grado de agresión empleado sobre la víctima.

   b. La importancia que tiene el componente sexual en esa agresión. Esto determina si es más importante la parafilia, los rasgos de psicopatía o ambos.

   c. El nivel y la presencia o no de sadismo en la agresión sexual. ¿Es una agresión sádica o solo se trata de un uso extremo de la violencia y de la crueldad?

   d. Agresión sexual como demostración de poder o de ira.

   e. Relación víctima-agresor. Waterhouse, Reynolds y Egan (2016) establecen una clasificación de agresores sexuales atendiendo a la relación entre la víctima y el agresor:

- Doméstica: cuando el agresor y la víctima mantienen o han mantenido una relación sentimental o sexual aunque esta haya sido ocasional.
- Vulnerable: cuando el agresor se sitúa en una situación de poder o de responsabilidad sobre la víctima.
- Conocidos: cuando ambos se conocen, sin que entre ellos exista una relación sexual o sentimental.
- Desconocidos: cuando no se conocen o han pasado un corto período de tiempo juntos.

4. Atendiendo a estos criterios, podemos determinar diferentes **tipologías de agresores sexuales**,[17] teniendo en cuenta, además de la motivación subyacente, el tipo de violencia empleada y las conductas llevadas a cabo durante la agresión. Respecto a la violencia, debemos distinguir:

a. El agresor instrumental (*cool violence*). Utiliza un tipo y un grado de violencia determinado con el fin de conseguir la sumisión de la víctima y poder consumar la agresión sexual. La violencia instrumental empleada tiene como objetivo controlar completa y rápidamente a la víctima.

b. El agresor expresivo. La violencia empleada pasa a formar parte de su excitación sexual (violencia reactiva o expresiva).

El esquema que se presenta a continuación es un resumen de las tipologías más básicas y son las que más utilizan tanto los investigadores como los analistas de la conducta, ya sea en el campo de la perfilación criminal o en el ámbito criminológico:

Autores	Tipologías de agresores sexuales atendiendo a las investigaciones de sus autores
Cohen, *et al.*, 1969-1971	– **Violador de agresión desplazada (sadismo)** – Violador compensador – Violador sexual-agresivo
Bridgewater Treatment Center of Massachusetts	– Violador impulsivo
Groth, Burgess y Holmstrom, 1977. Tipología del **FBI** basada en tres componentes: odio, poder, sexualidad	– Violador de odio-venganza motivado por la ira y la rabia – Violador de poder reasegurado. Tiene sentimientos de inadecuación sexual o disfunciones sexuales – Violador de poder asertivo, para reafirmar su masculinidad y su identidad personal – **Violador de odio-excitación (sádicos)**
Prentky, Cohen y Seghorn, 1985	– Violador compensatorio. La agresión sexual es el medio para satisfacer sus fantasías sexuales – Violador explosivo – Violador con ira desplazada. La agresión sexual es el medio para expresar su ira – **Violador sádico. Ejercer el mayor sufrimiento posible**
Holmes, 1989	– Violador de afirmación de poder – Violador por venganza – Violador depredador – **Violador sádico**
Kocsis, *et al.*, 2002 Tipología atendiendo a las características en la escena del crimen, del agresor, de la víctima y su interacción: patrones	– Indiferenciado – Brutal. Dominación y poder sobre la víctima – Coito. Motivación: tener una relación sexual – Caos. Oportunista – **Ritual. Parafilias sexuales, sobre todo el sadismo**

Canter, *et al.*, 2003 Tratamiento de las víctimas: patrones	– Intimidad. Trata de crear un vínculo afectivo con la víctima – Sexualidad. Solo busca una relación sexual – Violencia – Impersonal. Cosificación de la víctima – Criminalidad. Comportamientos criminales que no tienen como finalidad exclusiva la gratificación sexual

Fuente: elaboración propia a partir de Palermo y Kocsis, 2005; Pardue y Arrigo, 2008; Romo y Soria, 2015.

Uno de los sistemas de clasificación comprobados más rigurosos es la tipología *Massachussetts Treatment Center: Rape Classification System.*[18] La primera versión la llevaron a cabo Prentky, Cohen y Seghorn en 1985, pero en la actualidad se aplica la tercera versión (MTC:R3) de 1990.[19] Establece cuatro categorías distintas de **agresores sexuales**, teniendo en cuenta su **motivación primaria**:

- **Oportunista**. La agresión sexual es un acto predatorio impulsivo en busca de la gratificación sexual inmediata. Este agresor se encuentra vinculado a factores situacionales más que a una fantasía sexual o a un odio hacia las mujeres. Es poco agresivo ante la resistencia que oponga la víctima.

- **Muy enojado** (*pervasively angry*). El agresor actúa motivado por rabia e ira generalizada que está presente en diferentes aspectos de su vida. Emplea fuerza física y violencia aunque la víctima no oponga resistencia ante la agresión. Si ofrece resistencia, puede herir a la víctima o llegar a matarla.

- **Vengativo**. El agresor vengativo actúa movido por el odio, el poder y el control sobre la víctima, de modo que la sexualización de la agresión no es el motivo primario. Utilizará la violencia física para humillarla, degradarla o denigrarla. Son sujetos con un odio específico hacia las mujeres.

- **Sexual**. Motivado por el sexo y la agresión:

  - Sádico: pensamientos eróticos y destructivos sobre la víctima, tras haber planificado la agresión. Recurren a la violencia, al uso de armas y es más probable que los agresores tengan determinadas patologías.
  - No sádico: su preocupación sexual está dominada por imágenes eróticas y destructivas fruto de sus necesidades o de sus sentimientos de inadecuación.

Respecto a la **agresión sexual sádica**, partimos de las siguientes premisas: sin duda, estamos ante el agresor sexual más peligroso, y además el único medio que tiene este sujeto para acceder a la excitación y a la gratificación sexual es a través del sadismo. ¿Qué caracteriza al agresor sexual sádico?

- El elemento principal son sus fantasías, impulsos o comportamientos sexuales excitantes, que son recurrentes, intensos y prolongados en el tiempo.
- Las fantasías juegan un papel fundamental, de modo que la planificación y la preparación de la agresión son extremadamente elaboradas. Apenas improvisan porque antes habrán estudiado qué víctima elegir, cómo aproximarse a ella, los métodos de ataque y de control, así como las armas, los objetos y los accesorios que va a utilizar en su agresión.
- El fin de la agresión sexual es escenificar sus fantasías sexuales sádicas, para así lograr la excitación y el placer sexual a través del sufrimiento físico (dolor) y psicológico (miedo) que inflige a su víctima.
- La agresión sexual tiene como objeto humillar, degradar y denigrar a la víctima, porque el placer lo obtiene a través del dolor y del terror que le causa.
- Puede llevar a cabo diferentes actos de tortura sin que haya un remordimiento posterior.
- El patrón de las heridas muestra múltiples incisiones, cortes, golpes o mutilaciones, pero ninguna de esas

heridas es mortal porque su intención es torturar a la víctima el mayor tiempo posible.

- Satisfacción sexual ascendente según las heridas y las lesiones que le va provocando a la víctima.
- Al aumentar su éxcitación sexual, aumenta la agresividad sobre todo en partes del cuerpo con significado sexual: pechos, genitales, glúteos, boca y ano.
- Dado el nivel de excitación que les produce torturar a sus víctimas, la agresión es más duradera en el tiempo, pudiendo llegar a durar horas o incluso días.
- Violencia estereotipada y ritualista. Infligir dolor a la víctima es el objetivo de la agresión sexual, no su medio incidental.[20]
- Su violencia irá *in crescendo*, lo que puede convertirle en un homicida sexual sádico en serie.

«En la motivación sádica, el poder ha de materializarse a través de infligir dolor psicológico y físico a la víctima. El sádico siempre siente placer sexual cuando tortura, sin que sea necesario que se produzca una agresión sexual explícita.»[21]

EL HOMICIDIO SEXUAL:
EROTOFONOFILIA FRENTE A HOMICIDIO SÁDICO

Debemos diferenciar entre el homicidio cometido tras haber agredido sexualmente a la víctima, y el homicidio sexual. En el primer caso, el agresor mata a su víctima para evitar ser reconocido y denunciado. No estamos ante un homicidio sexual, sino que se trata de un homicidio de utilidad con un objetivo claro. Tras la reforma del Código Penal de 2015, estaríamos ante un asesinato «subsiguiente a un delito contra la libertad sexual» que es castigado con la pena de prisión permanente revisable (art. 140). En cambio, en un homicidio sexual se mata por motivos sexuales, ya que lo que se erotiza es el propio acto de matar.

Recordemos que el denominador común de los asesinos múltiples sistemáticos (asesinos en serie) es la naturaleza sexual de sus actos. En sus fantasías están presentes la violencia y el asesinato como elementos potenciadores del orgasmo. Es justamente por esas fantasías por lo que caracterizamos el asesinato en serie como un homicidio sexual incluso en los casos en los que no parece haberse producido penetración física u otro tipo de actos sexuales con la víctima.

Los agentes del FBI Ressler, Burgess y Douglas, en su manual *Sexual Homicide: Patterns and motives* (1998),[22] afirman que se puede considerar que estamos ante un **homicidio sexual** cuando en la escena del crimen se encuentra al menos uno de los siguientes elementos:

- La víctima está desnuda o parcialmente vestida.
- Quedan expuestos sus genitales.
- El cadáver está colocado en una posición sexualmente explícita (*body sexual posing*).
- El agresor ha insertado un objeto en la boca, el ano o la vagina de la víctima.
- Hay evidencias de actividad sexual directa con la víctima o de actividad sexual sustitutoria (masturbación).
- Hay evidencias de fantasías sádicas o de actividad sexual como mutilaciones de carácter sexual.

J. Reid Meloy, doctor en Psicología forense, considera que el homicidio sexual es un subtipo de homicidio que no es fácil de identificar, y supone la muerte intencional de una persona junto a una determinada conducta sexual. La mayoría de las víctimas son mujeres, conocidas o desconocidas por parte del agresor. Establece una tipología clínica de asesinos sexuales, siendo los compulsivos los que suelen ser diagnosticados como sádicos y con trastorno antisocial de la personalidad/narcisismo. Afirma que dejan escenas del crimen organizadas, y la gran mayoría de ellos son psicópatas primarios.[23]

Dentro del homicidio sexual tenemos que distinguir la erotofonofilia (o asesinato por lujuria) del homicidio sexual sádico, porque el deseo lujurioso del agresor al cometer su crimen sexual es diferente de la motivación del homicida sádico.[24]

Erotofonofilia[25] *(o* lust murderer*)*

> Tan pronto como sujetaba a la víctima por el cuello, experimentaba una excitación sexual. Le daba exactamente igual que las mujeres fueran viejas, jóvenes, feas o hermosas para sentirse excitado. Por lo general, le satisfacía el simple hecho de presionarles la garganta y las dejaba vivir; en los dos casos de asesinato, la satisfacción sexual se demoró y siguió apretando hasta que murieron. Este acto de estrangulamiento le proporcionó una gratificación superior a la de una masturbación.
>
> ROBERT RESSLER y TOM SHACHTMAN,
> *Dentro del monstruo: un intento de comprender*
> *a los asesinos en serie,* 2014, pp. 78-79

La **erotofonofilia** supone la excitación y la gratificación sexual que se obtiene al matar a otra persona, y **es una de las formas más extremas de parafilia**. Junto a esta pueden ir asociadas otras como el piquerismo, la antropofagia, la necrofilia, el sadismo o el vampirismo.[26]

El *lust murderer* (asesinato hedonista o asesinato por lujuria) queda definido como aquel crimen en el que se llevan a cabo uno o varios actos crueles, o bien una tortura sexualizada sobre la víctima independientemente de que esta esté consciente, inconsciente, viva o muerta. Supone llevar a cabo determinadas **conductas sádicas aparentes** que se basan en un comportamiento sexual motivado y asociado a los deseos psicológicos del agresor.[27] El doctor en Psicología forense Eric Hickey, especializado en la investigación de los homicidas seriales sexuales y en las diferentes parafilias criminales, determina que este tipo de homicida sexual tiene como objetivo el rapto, la tortura, la agresión sexual y la muerte de sus víctimas.[28]

El agresor no solo tiene el impulso de matar a su víctima, sino también de devastarla. En este tipo de crimen hay una relación intrínseca entre violencia y gratificación sexual, y esta conexión se produce a través del asesinato. Este puede consumarse durante la agresión sexual porque alcanzar el orgasmo es lo que mueve a este agresor. Para él, la muerte es una experiencia sexual intensamente erotizada. Matar a la víctima no es un acto aleatorio, ni un acto para evitar ser detenido; tampoco es fruto de una mente desorganizada. Se trata de un comportamiento intencionado para obtener gratificación sexual a través de la muerte de la víctima, gratificación que solo así es capaz de alcanzar.

«Un homicida sexual puede encontrar satisfacción en el asesinato de la mujer, tras o al mismo tiempo de violarla, pero eso no lo convierte en un sádico. El placer de matar a quien se fuerza sexualmente es lo que define al psicópata sexual: torturarla o hacerla objeto de un gran sufrimiento es algo que puede aparecer o no.»[29]

Una vez cometido el crimen, el sujeto puede llevar a cabo conductas *post mortem* como mutilar, apuñalar, cortar los pechos, los genitales o los glúteos, ya que atacar estas zonas sexuales le sirve de estímulo. La violencia y la brutalidad de sus conductas van en aumento, y cada asesinato será más agresivo que el anterior, acercándose al sadismo (pero como intencionalidad, no como motivación).

Louis Schlesinger, doctor y profesor de Psicología en el John Jay College of Criminal Justice de Nueva York, afirma que las fantasías sádicas parecen siempre preceder el acto brutal del asesinato lujurioso. «Estas fantasías adquieren todo tipo de formas grotescas y crueles. [...] La imaginación se apodera de estos individuos, llegando a perder todo contacto con la realidad, hasta encontrarse de pronto impulsados a llevar a cabo sus fantasías en el mundo real.»[30]

HOMICIDIO (SEXUAL) SÁDICO[31]

Se define como la excitación y la gratificación sexual al **infligir dolor físico y sufrimiento** a otra persona mediante la tortura física y/o psicológica. Estos crímenes representan la violencia extrema más irracional. El placer sexual lo obtienen a través de la dominación y del poder que ejercen sobre la vida y la muerte de su víctima; el acto sexual es secundario. Su motivación primaria es el sadismo, de modo que va mucho más allá de la intención de matar, porque el asesinato no es el protagonista de sus fantasías, sino todas las conductas y actos que llevará a cabo con la víctima. La tortura irá dirigida a aquellas zonas del cuerpo que son sexualmente significativas para él y que le llevará a alcanzar una intensa excitación sexual.

Los homicidios sexuales sádicos son el resultado de las fantasías recurrentes sexualmente violentas y obsesivas de esos sujetos. Actúan como si siguieran un guion que han elaborado en su imaginación, llegando incluso a diseñar las técnicas de tortura que van a poner en práctica. Tratan de llevar a la realidad sus fantasías con la mayor precisión posible, de modo que estamos ante un **crimen organizado, ritualista y compulsivo**, tres características que están presentes antes, durante y después del crimen.

El asesino sexual sádico se nutre de sus fantasías sexuales y de sus parafilias, siendo ambas las únicas que logran excitarle para alcanzar la gratificación sexual. Le mueve su necesidad compulsiva de representar su fantasía sádica sobre la víctima.

La mayoría de los homicidas sádicos **planean** el crimen hasta el último detalle, incluida la selección de las víctimas por alguna razón específica, y en la mayoría de los casos estas son mujeres desconocidas. Son perfeccionistas y meticulosos. En más de un 52 % de las ocasiones, las víctimas que escogen cumplen con los requisitos de sus fantasías, y si se trata de homicidas sádicos en serie, la mitad de ellas cumplen un perfil similar entre sí. En otras ocasiones son mujeres con rasgos o características similares a aquellas que significan algo en su presente, o han significado algo en su pasado.

Tienen actitudes **ritualistas** a la hora de cometer el crimen: saben dónde secuestrarán a su víctima, cómo la controlarán y cómo la harán sufrir. Pueden registrar todos sus actos en vídeo, en anotaciones, fotografías o dibujos. Este tipo de homicida suele quedarse con *souvenirs* (para recordar ese crimen) o con **trofeos** (para recordar una acción en concreto de ese evento criminal), ya sean joyas de la víctima, alguna de sus prendas o, en ocasiones, alguna parte de su cuerpo. Sus crímenes posteriores les sirven para retroalimentar sus fantasías iniciales, siendo estas la que sirven de catalizador de su conducta sádica y criminal.

Cabe destacar algunas conductas del homicida sexual sádico:

- Antes del crimen (unas 48 horas previas a cometer la agresión) presenta sentimientos de baja autoestima, agresividad y enfado provocado por algún altercado con una mujer, así como un alto nivel de estrés. En esta fase, sus fantasías ganan peso y son más importantes que la realidad que vive, lo que le lleva a planificar su agresión.
- Durante la fase del evento criminal suele llevarse a la víctima a su zona de confort, donde está tranquilo y se siente seguro para llevar a cabo sus planes. En este lugar (un sótano, una habitación insonorizada o una casa abandonada) puede controlar y dominar a la víctima el tiempo que él quiera. Dispondrá de los objetos y ele-

mentos que necesita para cumplir sus sádicas fantasías sexuales (cuerdas, cuchillos, cámara de fotos o de vídeo, látigos, electrochoques…). El cien por cien de las víctimas acaban siendo torturadas porque esa es la razón por la que las han secuestrado.

- Suelen retener a sus víctimas durante más de 24 horas, hasta que finalmente las asesinan, bien mediante asfixia (manual o mecánica, entre el 60 y el 80 %), bien a través del apuñalamiento con arma blanca (10 %). En muchas otras ocasiones mueren desangradas debido a la gravedad de las heridas infligidas, que son muchas más de las necesarias para provocar su muerte, o a causa de los golpes recibidos con algún tipo de objeto. Desde el punto de vista del Código Penal, hablaríamos de ensañamiento, pero desde el punto de vista criminológico, estas conductas sádicas se denominan *overkill*.

- Tras el crimen, el sujeto evita dejar pruebas, rastros o indicios, de modo que suele utilizar guantes y limpiar la escena (conciencia forense). Traslada y abandona el cadáver en otro lugar diferente[32] de la escena del crimen primaria. Estará muy interesado en seguir el recorrido de su crimen en los medios de comunicación, se sentirá poderoso y tendrá la oportunidad de controlar la investigación al ponerse en contacto con los investigadores o incluso ofrecerles su ayuda. Tras ser detenido, guardará en su memoria, con extraordinaria precisión, todos los detalles del crimen, no solo por haber sido el autor material, sino porque es el resultado de años y años de fantasías elaboradas y retroalimentadas día tras día. Y disfrutará con ello sin mostrar el más mínimo arrepentimiento.

Elementos del homicidio sádico desde el punto de vista criminológico	Actos de los homicidas sádicos
Excitación sexual a través de actos sádicos	Secuestro o confinamiento de la víctima más de 24 horas
Intencionalidad de infligir sufrimiento a la víctima (físico o psíquico) mientras está **viva y consciente**	Mutilaciones y lesiones en los órganos sexuales: piquerismo,[33] evisceración,[34] corte de pechos (desfeminización)
El sadismo es un **elemento subjetivo** que ha de traducirse en hechos objetivos, es decir, en actos	Posado del cadáver (*body sexual posing*)
El homicidio es el resultado de las fantasías recurrentes sexualmente violentas y obsesivas de esos sujetos	Inserción de objetos en las cavidades del cuerpo relacionadas con el sexo (boca, vagina, ano)
El placer y la gratificación sexual proviene del dolor provocado en la víctima, no tanto por la agresión sexual	Antropofagia y/o necrofilia
Prolongará el sufrimiento de la víctima el máximo tiempo posible, en un lugar donde se sienta seguro y pueda disfrutar de su excitación	Mantiene registros de sus actos: vídeos, fotografías, anotaciones o dibujos
Crimen **organizado, ritualista y compulsivo**	Se quedará con *souvenirs* o con **trofeos** de su crimen

Fuente: elaboración propia a partir de Ressler, Burgess y Douglas, 1998, y la *Sexual Sadism Scale* (SSS) de Marshall y Hucker, 2006.

El doctor Lee Mellor,[35] especialista en homicidios sexuales y perfilador criminal, tras diversas investigaciones ha establecido una nueva tipología de homicidas sexuales sádicos, basada en los comportamientos que estos sujetos llevan a cabo sobre sus víctimas, y no en sus fantasías. Esta tipología se basa en la combinación de tres factores binarios:

- Destructivo frente a conservador. Los destructivos mutilan los cuerpos de las víctimas mientras están vivas y conscientes, algo que no harán los conservadores.
- Prolongado frente a breve. El homicida sexual prolongado tortura a sus víctimas durante más de una hora, y el breve lo hace durante menos tiempo.
- Elaborado frente a simple. Los simples usan a lo sumo dos métodos de tortura, pero los elaborados emplean tres o más de estas conductas:

a. Tortura psicológica (provocar miedo o terror en la víctima).
b. Instrumentos de tortura complejos.
c. Variación en los métodos de tortura.
d. Creación de registros de la tortura: vídeos, notas o dibujos.

Categoría	Destructivo	Prolongado	Elaborado	Ejemplos
1	Sí	Sí	Sí	Dean Corll Fred West
2	No	Sí	Sí	Paul Bernardo Robert Berdella
3	Sí	Sí	No	Chicago Rippers
4	No	Sí	No	Keith Jesperson
5	Sí	No	No	Andréi Chikatilo
6	No	No	No	Dennis Rader
7	No	No	Sí	–
8	Sí	No	Sí	–

Fuente: Mellor y Swart, 2016.

13

La Dalia Negra: la gran paradoja del mal

Nunca resulta fácil contemplar un asesinato. Se puede apreciar si el asesino sintió ira, odio, placer, si actuó movido por la venganza o lo que es peor… si no sintió absolutamente nada al arrebatar una vida. Si fue así, ¿a qué tipo de persona nos enfrentamos?

Pocas escenas del crimen son tan dantescas como la encontrada el 15 de enero de 1947 en Los Ángeles (California), a tan solo cinco kilómetros de la ciudad de Beverly Hills, hogar de las estrellas de cine, la música y el espectáculo. Desde la distancia parecía un pálido maniquí de sastre roto, abandonado al lado de restos de basura y de objetos inútiles y desechables. Pero no era un maniquí. Era el cuerpo abandonado de una mujer seccionado por la mitad, que yacía frío y solitario ante las miradas denigrantes de policías, forenses, periodistas y curiosos.

Era casi imposible imaginar que alguna vez ese cuerpo hubiera tenido vida, hubiera sonreído o hubiera soñado. Han pasado setenta y cuatro años y aún no se sabe quién acabó de un modo tan macabro con el futuro y la vida de Elizabeth Ann Short. Su espantoso asesinato sigue impune y aún se desconoce cuál fue el móvil. Un crimen que impactó a la sociedad estadounidense por su violencia y por la naturaleza, la intensidad y la cantidad de heridas que presentaba el cuerpo de esta joven de veintidós años. Un crimen de una «naturaleza brutal, misógina y ritual»[1] que la prensa sensacionalista convirtió en un espectáculo altamente lucrativo. Al igual que los asesinatos cometidos en 1888 en Whitechapel, la muerte de Elizabeth Short sigue alimentando nuevas teorías e hipótesis.

Elizabeth Short: una muñeca rota y denigrada por la prensa amarillista

A finales de los años cuarenta, muchas jóvenes llegaban a Hollywood llenas de esperanza, soñando con convertirse en grandes estrellas del cine, como Veronica Lake o Joan Fontaine. La gran mayoría regresaban a casa cargadas de deudas y desilusión; muy pocas lograban cumplir su sueño, y el resto entraban a formar parte del submundo de prostitución, drogas y apuestas que estaba en pleno auge en Los Ángeles debido a los grandes beneficios que daba la industria del cine.

Short pasó su corta vida intentando cumplir dos sueños: encontrar el amor y llegar a ser una gran estrella de cine. El amor lo encontró, pero el destino también se lo arrebató. Tampoco consiguió un papel como actriz en ninguna película. Sin embargo, se convirtió en el cadáver más famoso de Estados Unidos. Es muy complicado tratar de comprender un crimen así. Cómo se puede arrebatar no solo la vida a una persona de manera tan salvaje y despiadada, sino también su dignidad.

El asesinato de Elizabeth Short ocurrió en un momento en el que Hollywood y todo lo que rodeaba al séptimo arte estaba fascinado por el crimen, el sexo y las investigaciones policiales. Su brutal asesinato captó de inmediato el interés del público, porque parecía una película de cine negro que hubiera traspasado la gran pantalla. Fue un periodista el que le dio el sobrenombre de la «Dalia Negra» a Short debido al color que usaba para vestirse, el azabache, en honor a la película de moda en aquellos momentos, *La dalia azul,* dirigida por George Marshall en 1946.

En 1947, la relación entre la policía y la prensa era más que estrecha, y así queda demostrado en el expediente del FBI sobre la investigación del caso. Los periodistas tenían acceso a las escenas del crimen, pues aún no se usaban precintos policiales, e incluso asistían a las autopsias. Hubo filtraciones, y miles de personas pudieron ver las fotografías del cadáver. La prensa, a través de su brutal asesinato, hizo famosa a Elizabeth. Una triste paradoja, ya que Short soñaba con salir un día en la prensa consagrada como una actriz célebre.

La vida no trató nada bien a esta joven, y la prensa tampoco. Los periodistas comenzaron a publicar información personal sobre su pasado, deformándolo con titulares denigrantes y presentándola no solo como víctima, sino también como una mujer provocadora. Sus precarios orígenes, datos íntimos de su complicada vida y sus escarceos amorosos fueron presentados ante una sociedad ávida de morbo. En Norteamérica se la vio como una mujer inmoral, pecadora, a pesar de que se comprobó que apenas había mantenido relaciones sexuales con los hombres con los que quedaba de vez en cuando.

Su cadáver se contempló desde el punto de vista sexual porque estaba desnuda, y su cuerpo fue exhibido de modo grotesco sin ninguna compasión ni pudor. Pero en realidad este crimen tenía mucho de violencia y sadismo y nada o casi nada de sexo. La prensa se centró en su desnudez, no en lo que había sufrido antes de morir, y empezó a lanzar hipótesis sobre su vida y su conducta promiscua, regalándole adjetivos como «prostituta», «borracha» y «lesbiana». Mostraron a Elizabeth como un objeto sexual, acompañado de un relato macabro, y las ventas se dispararon. Un periodismo amarillista y falto de ética que fue devorado por la sociedad estadounidense, que dejó de ver a Elizabeth como una víctima e incluso intentó justificar su asesinato.

Encubrimientos y manipulaciones en la investigación del crimen

Las pesquisas policiales no avanzaban, aunque eran muchos los investigadores que estaban trabajando en este crimen. Para no quedar en evidencia, ayudaron a la prensa a sacar a la luz algunos trapos sucios de Short. Si la gente la veía como una jovencita promiscua, consumidora habitual de alcohol, aficionada a determinadas fiestas nocturnas de carácter privado, mitómana y a veces de sexualidad dudosa, la sociedad lloraría menos su muerte y no presionaría tanto para que se resolviera este crimen. Así fue como la víctima de un cruel asesinato quedó retratada en la prensa, ya que para la policía de aquel momento era mucho más importante salvar su imagen que aceptar su ineptidud y su corrupción interna.

El FBI investigó el crimen entre 1947 y 1948.[2] En el expediente se detalla, por ejemplo, cómo identificaron a la víctima 56 minutos después de obtener sus huellas dactilares a través del Soundphoto;[3] copias de los certificados de nacimiento y defunción de Short;[4] notas internas, recortes de prensa con sus titulares, referencias a la excesiva interferencia de la prensa en la investigación;[5] un memorando que les impidió hablar con un grupo de estudiantes de medicina, o cartas que recibieron de personas que decían saber quién era el asesino.[6] Pero lo que me parece más interesante de todo el expediente son algunas de las anotaciones manuscritas de los propios investigadores en los márgenes de los documentos, incluyendo los del propio John Edgar Hoover, director del FBI. Sin embargo, la investigación exhaustiva corrió a cargo del Departamento de Policía de Los Ángeles (en adelante, LAPD), que eran los que tenían la jurisdicción.

Se sabe que la policía llegó a manipular y a hacer desaparecer pruebas para proteger a algunos renombrados médicos que practicaban abortos ilegales durante los años dorados de Hollywood. Además, el LAPD se vio comprometido al conocerse una trama de corrupción relacionada con el ámbito de la medicina que estaba directamente relacionada con el caso. Los archivos del FBI son públicos, mientras que los registros del caso que están aún en el LAPD no lo son a pesar de que han pasado setenta y cuatro años.

Creo que este brutal crimen terminó sin culpable por varias razones: la investigación se vio seriamente dificultada por las filtraciones que se hicieron a la prensa, por cómo presentaron a la víctima ante la sociedad, por los falsos testigos que aparecieron y que aportaron pistas falsas que había que corroborar y porque los métodos de investigación eran más rudimentarios. Por otra parte, pasaron por alto determinadas pruebas y otras fueron manipuladas, como todo lo relacionado con George Hodel, uno de los sospechosos. La posibilidad de que se hubiera llevado a cabo un encubrimiento policial del asesinato de Elizabeth Short se abordó en el informe del Gran Jurado de 1949.[7]

El asesino se puso en contacto con la prensa tan solo unos días después de que se encontrara el cadáver de Elizabeth. Lo primero que hizo fue llamar a James Richardson, editor de *Los Angeles Herald Examiner* el 22 de enero de 1947. Se identificó como Black Dalia Avenger y dio determinados detalles sobre el asesinato que no habían sido publicados. Esta fue la conversación (solo el contenido de lo que él dijo, evitando las respuestas del periodista):

> Bueno, señor Richardson. Debo felicitarle por lo que ha hecho el *Examiner* en el caso de la Dalia Negra [...]. Parece que se ha quedado sin material. Tal vez pueda servirle de ayuda [...]. Le diré lo que haré. Le enviaré algunas cosas que tenía ella cuando, digamos, desapareció. [...] Oh, digamos que su libreta de direcciones y su certificado de nacimiento y algunas otras cosas que tenía en su bolso. [...] Oh, en un día o dos. A ver hasta dónde puede llegar con ellos. Y ahora de verdad que debo decir adiós. Puede que esté tratando de rastrear esta llamada.[10]

También envió tres cartas y una postal:

- **24 de enero.** La mejor pista que tuvo la policía les llegó ese día. El periódico recibió un paquete anónimo que contenía efectos personales de Elizabeth Short: un recibo de una maleta consignada, su certificado de nacimiento, su tarjeta del seguro social, un peine y maquillaje, algunas fotos y recortes de la muerte del mayor Gordon (su gran amor y único prometido), una pequeña agenda con 75 nombres[11] (tenía algunas páginas arrancadas) y una tarjeta de membresía de la Hollywood Wolves Association, entre otras pertenencias.[12] El texto de la carta y del sobre estaba formado con **letras recortadas de periódicos**, lo que le dio al asesino un estilo propio. En el sobre podía leerse: «Aquí están las pertenencias de la Dalia, les llegará una carta».[13]

- **27 de enero.** Envió una postal al mismo periódico con este mensaje escrito con letras mayúsculas: «Aquí está. Me entregaré el miércoles 29 de enero a las 10:00 de la mañana. Me divertí mucho con la policía. Black Dalia Avenger».[14]
- **29 de enero.** Envió esta tercera comunicación a la oficina del fiscal de distrito de Los Ángeles. El texto también estaba formado a partir de letras recortadas de periódicos: «El asesino de la Dalia rompe los términos estipulados».[15]
- **29 de enero.** Última carta.
- La policía esperaba expectante, pero a las 13:00 del día 29 recibieron una nueva nota: «He cambiado de opinión. No me daríais un trato justo. El asesinato de la Dalia estaba justificado».[16]

CARTA RECIBIDA POR LA POLICÍA EL 24 DE ENERO DE 1947

Fuente: Sumario del crimen, número 17, página 610.
© International News Photo/Getty Images.

EL CADÁVER DE ELIZABETH SHORT: EXAMEN FORENSE

El informe forense no condujo a la detención del asesino, pero sí dio datos que hicieron dudar a los investigadores de su cordura e incluso de su humanidad. La autopsia[17] determinó que Short murió a causa de una hemorragia cerebral producida por un fuerte golpe en la cabeza y por las laceraciones que le habían hecho en la cara. Pero su cuerpo contaba una terrible historia, una historia espantosa de horas de dolor y sufrimiento:

- El cadáver apareció desnudo y seccionado por la mitad. El tronco estaba separado de las piernas 50 centímetros. Esta técnica quirúrgica se conoce con el nombre de hemicorporectomía.[18] El FBI determinó que probablemente el asesino tuviera conocimientos médicos o quirúrgicos.[19]
- No había ni una gota de sangre, ni en la escena del crimen ni en el cuerpo, por lo que había sido desangrado en otro lugar.
- Su precioso rostro había sido totalmente desfigurado debido a los golpes recibidos con un bate de béisbol.
- Presentaba quemaduras de cigarrillo en los pechos y profundas laceraciones.
- Las letras «B. D.» fueron grabadas con un cuchillo en uno de sus muslos.
- Le extrajeron los órganos internos: bazo, intestinos y corazón (evisceración).
- El cadáver fue lavado cuidadosamente. Estaríamos ante un acto de precaución (conciencia forense), que forma parte del *modus operandi*. El asesino lo habría llevado a cabo para eliminar los rastros o indicios que hubiera podido dejar sobre el cuerpo de Elizabeth.
- Le tiñeron el cabello tras su muerte, de un color rojizo, probablemente con brea. El asesino también le hizo la manicura.
- Fue torturada durante tres días.
- Le rompieron la nariz y la rodilla de dos golpes fuertes.
- Tenía un corte desde la comisura de la boca hasta las orejas, 8 centímetros en total, al estilo de la «sonrisa de Glasgow».[20]

- Fue amordazada, atada por los tobillos y las muñecas y colgada bocabajo antes de morir.
- Mostraba una mutilación en el muslo izquierdo, justo donde la víctima tenía tatuada una pequeña flor, que apareció en el interior de su vagina.
- Tenía cortes y laceraciones en varias partes del cuerpo, hechos con gran precisión mientras Elizabeth estaba con vida.
- Le habían mutilado el pecho derecho y el pezón izquierdo.
- Fue violada *post mortem*, sodomizada y sometida a diferentes abusos sexuales, aunque sin penetración física.
- En su estómago se encontraron heces humanas digeridas.

A pesar de que la autopsia fue exhaustiva, no ofreció pistas que llevaran a la detención del culpable. En 1947 no se disponía ni de la tecnología ni de los conocimientos para poder extraer información útil para la identificación de su asesino.

¿QUÉ CUENTA LA ESCENA DEL CRIMEN Y EL CADÁVER DE ELIZABETH SHORT SOBRE SU ASESINO?

Toda escena de un crimen cuenta una historia que hay que saber leer e interpretar, teniendo en cuenta que puede ser alterada o modificada. En este caso estamos ante una **escena ritualizada** (*fantasy act*) que tiene un significado personal o emocional para el asesino y que refleja tanto su estado psicológico como sus fantasías más íntimas. La escena ritual puede estar dirigida a satisfacer sus propias necesidades o ser un mensaje directo para los investigadores, los analistas de la conducta o incluso la sociedad. Hay diferentes escenificaciones teniendo en cuenta: *a)* los actos empleados para cometer el crimen; *b)* la disposición o colocación del cuerpo de la víctima, y *c)* el simbolismo de las acciones llevadas a cabo tanto sobre la víctima como en la escena del crimen.[21]

1. En la **escena del crimen y en el cadáver** hay tres elementos importantes:

    a. Exhibición sexual expresa del cadáver.
    b. Despersonalización y deshumanización de Elizabeth Short.
    c. Desfeminización.

    El asesino colocó y exhibió expresamente el cuerpo de la joven. Los brazos hacia arriba con los codos doblados en ángulo recto rodeando su cabeza; las piernas muy abiertas y extendidas (*body sexual posing*) ofrecían una obscena y grotesca visión de sus partes más íntimas, con la clara intención de humillarla y degradarla; su rostro había sido desfigurado intencionadamente, a conciencia, como si su asesino hubiera querido borrar su identidad y también su belleza, convirtiéndola en un monstruo.

    Sus pechos estaban lacerados y mutilados, eliminando aquello que simboliza lo femenino. El asesino se tomó su tiempo colocando el cadáver porque quería que impactara a quien lo descubriera, a modo de mensaje para todas aquellas personas que participaron en la investigación, para la prensa de aquel momento y para la sociedad. La prensa ayudó mucho a que a Elizabeth se la dejara de ver como víctima. En parte, el asesino logró su propósito.

2. **Escena del abandono del cuerpo (*dumpsite*)**. Su asesino buscaba desesperadamente reconocimiento y notoriedad por el crimen que había cometido. Quería ser recordado y pasar a la historia como muchos otros criminales. Lo único que los investigadores tenían claro es que el cuerpo había sido trasladado hasta allí desde otro lugar, ya que un testigo vio un coche al amanecer y no había ni una sola gota de sangre en la escena del crimen. El propósito del asesino era que

el cadáver fuese visto por cualquier persona anónima que pasara por allí, ya que lo dejó muy cerca de la acera. Nunca tuvo la intención de esconder su crimen, lo cual, como en otros muchos casos, puede denotar «orgullo por su obra».

3. **Rastros, indicios, evidencias y pruebas.** Una de las frases más conocidas del doctor James T. Reese dice: «Hay ciertas pistas que aparecen en la escena de un crimen, que por su naturaleza no se pueden recoger ni examinar. ¿Cómo se recoge el amor, la ira, el odio o el miedo? Son cosas que hay que saber buscar».

En la escena del crimen solo se hallaron aquellas pistas que el asesino decidió revelar. El bolso y los zapatos de Elizabeth los encontraron diez días después en un cubo de basura a unos tres kilómetros del lugar donde el asesino abandonó el cuerpo. Trasladando el cadáver de lugar ocultó el sitio donde la tuvo retenida, por lo que se desconoce cuál fue la escena primaria del crimen. Normalmente, los asesinos organizados dejan tres escenas del crimen: el punto de encuentro con la víctima, el lugar donde la agreden y la matan y el lugar donde abandonan el cadáver.[22]

Podemos sospechar que el asesino torturó y asesinó a Elizabeth en un lugar alejado de oídos ajenos, apartado y tranquilo, en el que se sentía seguro y se tomó su tiempo. Quizá una segunda residencia frente a un lago, oculta en el bosque o a las afueras de la ciudad, dato esclarecedor, porque en el año 1947 y tras la Gran Depresión,[23] no muchos se lo podían permitir. O quizá en un frío sótano de una casa acomodada. Fue allí donde dividió su cuerpo en dos, utilizando instrumentos quirúrgicos dada la precisión del corte, y aprovechó para desangrarla.

Rastros	**Señales o vestigios** dejados de modo consciente o inconsciente a través de una acción criminal: contacto personal víctima-delincuente; contacto del delincuente con objetos de la víctima o de la escena del crimen, y contacto de objetos entre sí
Indicios	**Elementos que nos hacen pensar en algo.** Actos, circunstancias u objetos a partir de los que se puede inferir la existencia de unos hechos vinculados a un crimen, a través de la lógica y el razonamiento. La investigación policial se inicia con la recogida de indicios y tras su análisis se pueden convertir en evidencias. Ejemplo: cambiar un mueble de sitio en la escena del crimen
Evidencias	**Demuestran la existencia de una relación o vinculación.** Permiten establecer la relación entre dos elementos encontrados en la escena del crimen. Ejemplo: huellas dactilares en un objeto encontrado en la escena
Pruebas	Elemento o argumento empleado para **demostrar la veracidad o la falsedad de un hecho.** Con ellas se demuestra judicialmente un hecho

Fuente: elaboración propia.

4. **Sadismo y psicopatía.** Elizabeth Short fue torturada durante tres días, de forma meticulosa, planificada y precisa. El hecho de ejercer sobre ella tal sadismo fue el reflejo de las más íntimas fantasías de su agresor, lo que le produjo un alto grado de excitación y gratificación sexual. Por eso la mantuvo con vida todo el tiempo que Short fue capaz de aguantar.

Los psicópatas disfrutan causando dolor físico, psicológico y emocional, y el sufrimiento que provocan no les genera sentimientos de incomodidad y mucho menos de compasión. Son sujetos incapaces de relacionarse con la vulnerabilidad, el miedo o el dolor debido a su falta de empatía. Es bastante complejo determinar si existe o no sadismo en un crimen, ya que estamos ante un elemento subjetivo de la mente de ese asesino, pero... ¿qué elementos de sadismo están presentes en este crimen?

a. Mantuvo a la víctima viva y consciente durante 72 horas. Se excedió del tiempo que era necesario para matarla, ya que el asesinato no era su finalidad primaria, sino hacerla sufrir física y psicológicamente.
b. La secuestró porque su objetivo era torturarla.
c. El agresor tenía la intencionalidad y la voluntad de causarle sufrimiento que se tradujo en todas las lesiones y heridas visibles que presentaba el cadáver.
d. La tuvo retenida en un lugar donde pudo controlar y dominar a Elisabeth sin prisa alguna. Allí disponía del instrumental necesario para hacerla sufrir, lo que denota una gran planificación.
e. El patrón de las heridas halladas en Elizabeth mostraban múltiples incisiones, cortes, golpes y mutilaciones, pero ninguna de esas heridas fue mortal. Su intención fue infligirle dolor el mayor tiempo posible, hasta que físicamente no lo soportara más.
f. Componente sexual del crimen: cadáver desnudo, exposición de sus genitales al colocar el cadáver en una postura sexual explícita, inserción de una parte del cuerpo de la víctima en la vagina, mutilaciones de carácter sexual y abuso sexual con objetos.
g. El sádico sexual no necesita llevar a cabo una agresión sexual física porque sentirá placer sexual a través de la tortura y el sufrimiento que inflige a su víctima.

5. **Violencia expresiva (*hot violence*).** El psicópata sádico usa la violencia expresiva, es decir, aquella que no es necesaria para consumar un delito, de modo que somete a su víctima a un extremo sufrimiento físico y psicológico. Se caracteriza por la impulsividad y la ausencia de control, y esta violencia constituye una respuesta a un intenso estado emocional que le lleva a cometer un ataque físico intenso y extremado.

6. **Narcisismo y desafío.** El presunto asesino envió mensajes a la policía e incluso objetos personales de la víctima, algo que otros asesinos de nuestra historia criminal también han hecho. Jugó con los investigadores, diciéndoles incluso que se iba a entregar. Pero esto simplemente lo hizo para satisfacer su necesidad narcisista, demostrando que estaba por encima del bien y del mal y, por supuesto, por encima de la justicia, como se ha demostrado ante su evidente impunidad.

7. **Motivación.** ¿Qué le llevó a acabar de un modo tan inhumano con la vida de esta joven de veintidós años? Podríamos pensar que por la violencia tan extrema utilizada, se trató de un acto de venganza o incluso de un castigo por motivos personales. En este caso, el resentimiento, la ira y un profundo odio habrían generado sus actos hasta el punto de querer destruir su dignidad como persona y borrar todo rastro de humanidad de su cuerpo. A pesar de su belleza y de su juventud, presentó a Elizabeth ante el mundo como un despojo humano, como una inútil muñeca despedazada y fea que ya nadie quiere mirar... ni jugar con ella. Pero si esta hubiera sido la motivación del crimen, no la hubiera tenido 72 horas encerrada. Todo hubiera sido mucho más rápido.

Creo que se trató de un homicidio sádico cuya motivación primaria fue hacer sufrir a la víctima hasta su muerte, excitándose con cada segundo de su dolor. No olvidemos que la mantuvo con vida durante tres días, en los que las torturas, los golpes y las humillaciones fueron continuos. El asesino, posiblemente, fue un sujeto con un trastorno antisocial de la personalidad con rasgos de psicopatía y sadismo. Un sujeto con una ausencia absoluta de empatía y con conocimientos médicos o quirúrgicos. Fue absolutamente consciente de lo que hacía, ese era su deseo, y le resultó indiferente el sufrimiento de Elizabeth. La escena del crimen estaba limpia, apenas dejó pistas, aunque la propia escena y el cadáver fueron la mayor pista que dejó a los investigadores. En 1947 aún no había nacido la perfilación criminal. Quizá los analistas de la conducta (o *profilers*) hubieran aportado datos que habrían ayudado a detener al culpable. O quizá no, porque el hecho de que la propia policía ocultara pruebas, o las hiciera desaparecer, pesa más que cualquier buena investigación.

El crimen de Elizabeth Short cumple con los tres requisitos del homicidio sexual sádico: organizado, ritualista y compulsivo.

Sospechosos y sospechosas

El crimen de Elizabeth Short provocó una de las mayores investigaciones del LPDA, ya que debido al tipo de crimen y a cómo apareció el cadáver, miles de personas llamaron para dar pistas, contar que habían conocido a la joven e incluso confesar ser los autores del crimen. Estos últimos lo único que hacían era repetir todo aquello que habían leído en la prensa, sin aportar nada nuevo que hiciera pensar a los investigadores que podían seguir de cerca esas confesiones. Bromistas, personas con trastornos mentales, hombres con fantasías sexuales con complejo de culpabilidad que querían ser castigados y personas en busca de notoriedad fueron los protagonistas de estas llamadas.

La lista de sospechosos pasaba de los 200, aunque solo 22 fueron investigados a fondo, y más de sesenta personas confesaron el crimen. Hubo mujeres que dijeron ser las autoras de su muerte, alegando que Short les había quitado a sus parejas. No faltaron aquellos que buscaban una notoriedad inmediata y que fueron excluidos de la lista de sospechosos, como Daniel S. Voohees, que antes de entregarse había llamado a la policía diciendo: «No puedo soportarlo más. Quiero confesar el asesinato de La Dalia Negra». Sin embargo, no había ni una sola prueba que lo vinculara con el crimen y su letra no coincidía con la postal y con la última carta que el asesino había enviado a la prensa.[24] Lo mismo ocurrió con Joseph Dumais, veterano de guerra que llevaba encima todos los recortes de prensa que se habían publicado sobre el asesinato e hizo una confesión de 50 páginas. La investigación policial lo desestimó como sospechoso porque su historia no se sostenía.

LISTADO DE LOS SOSPECHOSOS MÁS INVESTIGADOS

Robert Manley	Última persona que la vio con vida. Con un carácter violento y antecedentes psiquiátricos, fue el principal sospechoso. Tenía coartada y pasó dos veces la prueba del polígrafo. Años después también pasó la prueba del pentotal sódico (suero de la verdad)
Mark Hansen	La agenda que tenía Elizabeth en su bolso era suya. Fue una de las últimas personas en hablar con ella, pero sus declaraciones acerca de esta conversación fueron contradictorias. Intentó tener relaciones sexuales con la joven, pero siempre le rechazó. No se encontraron pruebas en su contra
Doctor Patrick S. O'Reilly	La conoció a través de Hansen. Historial de violencia vinculada al sexo, antecedentes penales por secuestrar a su secretaria y golpearla para agredirla sexualmente (su pecho derecho fue extirpado de un modo similar al de Elizabeth). No se encontraron pruebas concluyentes. Casado con la hija de un capitán de la policía
Doctor George Hodel	Largo historial de conductas sexuales «cuestionables», como lo definió la policía, y acusado por su hija de 14 años de abuso sexual. Una testigo declaró que los había visto juntos en el hotel Baltimore, pero nadie corroboró estos encuentros. La policía nunca determinó de modo oficial que él fuera el asesino

Marvin Margolis	Soldado licenciado de la Marina por inestabilidad mental. Obsesionado con que lo destinasen al servicio de cirugía, ya que había estudiado un curso. Compartió piso en octubre de 1946 con Elizabeth, Marjorie Graham y Bill Robinson
Carl Balsiger	Su nombre apareció en una nota dentro del sobre que se envió a la prensa. Historial violento unido a actos sexuales. Quedó con Elizabeth en varias ocasiones, la última el 8 de diciembre de 1946
Claude Welsh	Hermano de Balsiger, fue juzgado y absuelto por un asesinato similar al de Elizabeth en su pueblo natal
Leslie Dillon	Envió varias cartas al doctor J. Paul De River (psiquiatra del LAPD) mencionando su gran interés por el sadismo y el sexo. La policía cometió un error, ya que fue detenido ilegalmente y, además, no había pruebas suficientes contra él, de modo que no pudieron seguir investigando a este sospechoso

Fuente: elaboración propia.

No se hallaron pruebas en contra y ninguno fue detenido ni juzgado por el caso.

La teoría de Steve Hodel:[25]
«Mi padre fue el asesino de La Dalia Negra»

> Él completó una obra maestra de surrealismo: el cuerpo de Elizabeth Short fue su lienzo, su escalpelo fue su pincel. Él creó algo que sabía que viviría para siempre.
>
> Steve Hodel

El exdetective de la policía de Los Ángeles está convencido desde 1999 que su padre, el doctor George Hodel y uno de los principales sospechosos, no solo tuvo una aventura con Elizabeth Short, sino que fue el hombre que la torturó y asesinó. Entre sus pertenencias había un álbum de fotos, y entre sus páginas estaba ella, desnuda y sonriente. Pero esta no es la única conexión que une a George Hodel con este crimen. Cuando Steve presentó los indicios al fiscal del distrito tras siete años de investigación, este contestó: «Si tu padre aún viviera, pediría la pena de muerte».

George Hodel tenía tres obsesiones: el arte, el sexo y la violencia. Aunque su profesión era la de cirujano, durante 17 años se dedicó a ser reportero de sucesos, de modo que tenía experiencia en periodismo. Era un habitual de las fiestas y orgías nocturnas, a las que acudían las personas más famosas de Hollywood, e incluso llegó a conocer a importantes personalidades de la industria del cine y también a futuras promesas del séptimo arte. Rico y con un poder reconocido, tenía importantes contactos, así como amigos en el LAPD.

¿Qué indicios han hecho pensar a Hodel que su padre fue el asesino de La Dalia Negra?[26]

- La hemicorporectomía practicada en el cuerpo de Elizabeth. Hodel, médico y cirujano, sabía cómo llevarla a cabo.
- Los mensajes que se enviaron a la prensa eran titulares, de modo que quien los envió sabía de periodismo.
- La postal que se envió a *Los Angeles Herald Examiner* estaba manuscrita. Un cotejo caligráfico relacionó esa escritura con la del doctor Hodel.
- El 10 de febrero de 1947, Jeanne T. French, una veterana enfermera del ejército, apareció desnuda y pisoteada hasta morir en Los Ángeles, en una zona conocida como The Moors, lugar al que acudían las parejas para tener un poco de intimidad. La prensa lo bautizó como «El caso del pintalabios». Causó gran conmoción el hecho de que las letras «BD» estuvieran escritas con carmín sobre su cuerpo desnudo, aunque luego se pensó que eran «PD». Las pruebas que relacionaban ambos casos desaparecieron y las que aún quedaban en el expediente estaban manipuladas. No podemos saber si se trató de un asesino en serie o de alguien que la mató inspirándose en el asesinato de Elizabeth Short.

- Mientras la policía lo interrogaba el 15 de febrero de 1950, instaló micrófonos en su vivienda para escuchar y grabar conversaciones en vivo, no telefónicas. Uno de los fragmentos de la grabación entre George Hodel y una persona desconocida dice así:[27] «Suponiendo que yo matara a La Dalia Negra, no han podido probarlo. Ahora ya no pueden hablar con mi secretaria, porque está muerta».
- La pasión que sentía por el arte surrealista[28] y su obsesión por llegar a ser un reconocido artista le hizo creer que no había apenas diferencias entre soñar y estar despierto. Cuando esta catarsis ocurre, el sujeto entra en un terreno peligroso, porque lo racional deja de existir en su mente.

El artista surrealista que logró convertir la fotografía en arte, Man Ray, y el doctor Hodel eran íntimos amigos. Su obra *Minotauro* pudo ser la posible inspiración que le llevó no solo a asesinar a Elizabeth, sino a tratar de mostrar su obra de arte a través de la escena del crimen. En esta fotografía se ve solo el torso de una mujer desnuda, como si su cuerpo hubiera sido seccionado en dos. Los brazos, levantados hacia arriba, rodean la cabeza, de la misma manera que aparecieron los brazos y el torso de La Dalia Negra. ¿Coincidencia?

¿Fue tal vez el asesinato de Elizabeth Short la obra de arte surrealista que quiso dejar George Hodel? Este brutal asesinato sin duda ha pasado a la historia criminal, policial, periodística, literaria[29] y cinematográfica.[30] En internet, la fotografía de la escena del crimen se encuentra en cientos de páginas. Su cadáver muestra las terribles torturas a las que fue sometida, además de un indecente exhibicionismo (en la prensa de 1947), como si de una escultura se tratara.

Setenta y cuatro años después, el nombre del asesino sigue siendo una sombra perenne y oscura con un crimen a sus espaldas por el que ha quedado impune. Hoy en día, todavía hay un detective al frente del caso de La Dalia Negra que recibe varias llamadas al mes de personas que confiesan su crimen. Este agente especial descarta rápidamente a los posibles sospechosos con una simple pregunta: «¿En qué año nació usted?».[31]

14

El rol de las fantasías sexuales (desviadas): guion criminal de los asesinos en serie

> Las parafilias funcionan simultáneamente en la imaginación como fantasía y en la realidad como intentos de hacer reales esas fantasías. El intento de expresar la parafilia con la misma perfección con la que se fantasea con ella es muy adictivo, especialmente cuando la adicción está condicionada por años de respuesta orgásmica masturbatoria.
>
> PETER VRONSKY, *Hijos de Caín*, 2020, p. 92

A un niño de 5 años le llamaron de inmediato la atención un par de zapatos de tacón que encontró en el basurero de su calle. Los recogió y, al llegar a casa, se los probó y comenzó a jugar con una mezcla de curiosidad e inocencia propias de la edad. Pero su madre, al verlo jugar absorto con algo tan extraño, se enfadó muchísimo y quemó los zapatos mientras obligaba al niño a mirar la escena.

Esa tarde se gestó un pequeño trauma[1] en un inocente niño, que hizo que los zapatos de tacón fueran sexualizados para siempre y que un enfermizo fetichismo lo acompañara hasta el fin de sus días. Con el paso del tiempo, sus intensas y recurrentes **fantasías fetichistas** terminaron convirtiéndose en asesinatos. Su viaje hacia el crimen comenzó por la necesidad de unir un objeto inanimado, como es un zapato de tacón, a un objeto sexual animado, en este caso un pie (un tipo de fetichismo denominado parcialismo, como se indicó en el capítulo 11). Y esa unión solo la podía lograr con la muerte de la víctima.

Al convertirse en adulto, asesinó a cuatro mujeres. A una de ellas le cortó el pie y lo mantuvo guardado en el congelador como trofeo. Lo usó para «modelar» su colección de zapatos de tacón que conseguía atacando a mujeres y robándoselos. Esta colección la guardaba en su propio garaje, junto a fotografías en ropa interior de las víctimas, ya que las obligaba a posar para él. También coleccionaba fotografías suyas en ropa interior femenina y zapatos de tacón (travestismo).

Lo que convirtió a Jerome Henry Brudos (*The Shoe Fetish Slayer*) en un asesino en serie no fue que su madre quemara esos zapatos como castigo, sino la suma de otros factores familiares y ambientales, como el constante rechazo emocional por parte de ella, el abuso físico y psicológico al que fue sometido porque su madre quería una niña, crecer en una familia disfuncional y sufrir el abandono de otras mujeres que fueron importantes para él en su infancia y adolescencia. Nadie nace roto, son otros los que te rompen.

Brudos murió de cáncer de páncreas en el correccional de Oregón el 28 de marzo de 2006. Fue el preso que más tiempo había estado privado de libertad en ese estado: 37 años (1969-2006). Todo su tiempo de condena estuvo acompañado por cientos de catálogos de zapatos femeninos.

Fantasear es una facultad humana que está relacionada con lo que un sujeto lee, escucha, ve o vive. Como seres humanos representamos historias, hechos o imágenes que no existen en la realidad y los relacionamos con diferentes aspectos cotidianos y lícitos, como un ascenso profesional, realizar un viaje, tener sexo con alguien a quien conocemos o ganar la lotería. Podemos fantasear a través de la imaginación con situaciones completamente nuevas o fantasear a través de los recuerdos con momentos y experiencias ya vividas. Cada sujeto elabora sus propias fantasías, dando forma a una historia que puede sustituir a una conducta que jamás llevaría a cabo en la realidad, o, por el contrario, puede preparar el terreno para que con el tiempo esa fantasía sí se convierta en realidad.

La sexualidad es una respuesta a un impulso básico[2] que proviene de estímulos externos al individuo, como ver, oler, tocar, escuchar, o de estímulos que él mismo crea y que solo están en su imaginación. Estas fantasías juegan un papel importante en la sexualidad humana sana. La mayoría de las personas tienen fantasías sexuales[3] (frecuentemente o de modo ocasional) que les sirven para excitarse o bien para intensificar la satisfacción sexual a través de la masturbación.

> La fantasía sexual desviada se define como una «adicción al proceso» que impulsa el comportamiento sexual violento y repetitivo de un sujeto. Este se vuelve adicto a una determinada «experiencia máxima», que puede terminar siendo su objetivo a cumplir.[4]

EL CRIMEN COMO PUESTA EN ESCENA DE LA FANTASÍA: EL GUION CRIMINAL

> La fantasía es la realización del deseo no cumplido en la realidad exterior, pero se trata de una realización precaria. Los grandes fantaseadores experimentan una tristeza crónica por su constante frustración, por su incapacidad para la posesión real del objeto. No sorprende que algunos de estos sujetos quieran traspasar lo fantaseado y llevarlo a la realidad, huyendo así de esa sensación de impotencia y frustración.
>
> CARLOS CASTILLA DEL PINO,
> *El delirio, un error necesario*, 1998, p. 46

La gran mayoría de las fantasías sexuales de los asesinos en serie tienen un contenido violento, y están protagonizadas por conductas que dañan a otros (sadismo) o por actos que son tipificados como delitos (agresiones sexuales, asesinatos, secuestro), sobre todo cuando tales fantasías se vinculan a determinados rasgos de personalidad como la psicopatía o el narcisismo. El 86 % de los homicidas sexuales en serie presentan fantasías violentas, frente al 23 % de los asesinos sexuales que matan a una sola víctima.[5] Sin embargo, hay que tener en cuenta que no todos los sujetos que tienen fantasías sexuales violentas terminan cometiendo un delito o un crimen.[6]

El desarrollo de una fantasía sexual desviada a lo largo del tiempo, unida a la visión mental del resultado de esta, termina convirtiéndose en un **guion criminal** para este sujeto. Puede ir modificando los elementos de sus fantasías, eliminando los aburridos y añadiendo aquellos que aumenten su estimulación sexual. Cuando su fantasía pasa a formar parte de la cadena del delito (o *iter criminis*)[7] este sujeto se acerca al momento de actuar en un contexto real, y lo hace a través de diversos actos preparatorios (*acting out*). Y cuando al fantasear ya no logre el mismo nivel de excitación, finalmente tratará de escenificar su fantasía con una víctima real.

Tras su primer crimen, las fantasías iniciales se verán reforzadas por la repetición y la rememoración, de modo que ese guion criminal inicial se irá nutriendo con los elementos de cada nuevo crimen. Cada uno de sus actos, las situaciones creadas, el nivel de excitación y las experiencias con las víctimas pasarán a formar parte de nuevas fantasías enriqueciéndolas, convirtiéndose en un **comportamiento escalador y adictivo**.

En su actividad criminal reiterada (serialidad), intenta que el crimen cometido —como puesta en escena de su fantasía— sea tal y como lo ha idealizado e imaginado cientos de veces, pero esto no será posible. El crimen cometido en la realidad nunca será tan satisfactorio como lo ha sido en su fantasía. Por este motivo, no solo habrá una escalada en sus comportamientos violentos, sino que no dejará de matar hasta que sea detenido.

GUION CRIMINAL DE LAS FANTASÍAS SEXUALES DESVIADAS (FSD)

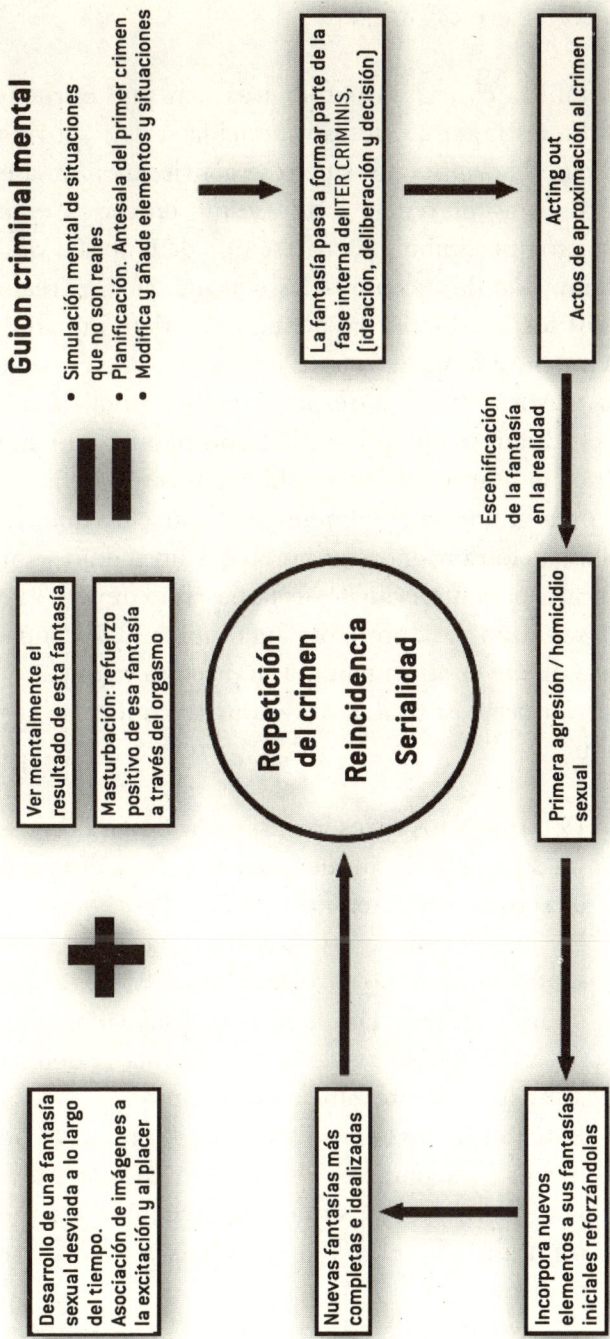

Guion criminal mental

- Simulación mental de situaciones que no son reales
- Planificación. Antesala del primer crimen
- Modifica y añade elementos y situaciones

=

Desarrollo de una fantasía sexual desviada a lo largo del tiempo.
Asociación de imágenes a la excitación y al placer

+

Ver mentalmente el resultado de esta fantasía

Masturbación: refuerzo positivo de esa fantasía a través del orgasmo

Repetición del crimen
Reincidencia
Serialidad

La fantasía pasa a formar parte de la fase interna del ITER CRIMINIS, [ideación, deliberación y decisión]

Acting out
Actos de aproximación al crimen

Escenificación de la fantasía en la realidad

Primera agresión / homicidio sexual

Incorpora nuevos elementos a sus fantasías iniciales reforzándolas

Nuevas fantasías más completas e idealizadas

Fuente: elaboración propia.

Las parafilias clínicas o patológicas dan una estructura conceptual a las fantasías de un homicida serial, pero estas, por sí solas, no hacen que un sujeto se convierta en un asesino en serie.[8] Lo que diferencia a un asesino en serie de cualquier otro sujeto que también tenga ese tipo de fantasías violentas es su **compulsión de escenificarlas** con una víctima real. Así, las fantasías sexuales desviadas actuarán en determinados sujetos como **potenciadoras** de la agresión y del crimen sexual.

La mayoría de los agresores y de los homicidas sexuales usan sus fantasías como un cuaderno mental en blanco para **revivir** experiencias ya vividas o bien para crear otras nuevas, es decir, para simular mentalmente una situación que no es real. Esta simulación otorga a los agresores un medio seguro para planificar y para intensificar sus fantasías extremas, ya que muchos las utilizan para preparar su crimen real. La fantasía es la antesala que le llevará a matar a su primera víctima.

Las fantasías sexuales desviadas cumplen las siguientes funciones:

1. Determinados agresores las utilizan para regular o elevar su estado de ánimo disfórico,[9] buscando a través de ellas nuevas sensaciones.

2. La fantasía puede regular su excitación sexual en dos sentidos: *a)* como precursora que prepara fisiológicamente al sujeto para la actividad sexual, masturbadora o para cometer un delito, y *b)* ayuda al delincuente a acercarse o a intensificar el orgasmo.

3. Función de afrontamiento. Sus fantasías le permiten escapar y separarse, al menos mentalmente, de una realidad o de una situación particular, aislándose en un mundo en el que, en muchas ocasiones, se siente a salvo.

4. La fantasía proporciona al agresor o al asesino un sentido generalizado de control[10] sobre una amenaza inter-

na o externa que puede ser real o que el sujeto la percibe como tal.

5. Puede utilizar sus fantasías para manipular la realidad, a través de la idealización y/o la sustitución de sus contenidos:

    a. Reemplaza el contenido de la realidad que vive con determinadas imágenes que llega a idealizar. Estas las obtiene a través de diferentes fuentes, como la pornografía o las experiencias anteriores.

    b. Restringe el enfoque de la realidad, filtrando los aspectos que son ilegales o incorrectos.

    c. Manipula el escenario mediante la sustitución activa, convirtiendo su fantasía en una conducta delictiva.

6. A través de sus distorsiones cognitivas[11] estos sujetos pueden utilizar sus fantasías para legitimar su contenido y el hecho de llevarlas a la realidad.[12]

7. Las fantasías son un refuerzo positivo[13] para el agresor y el homicida sexual antes, durante y después del crimen.

    a. Una fantasía sexual mantiene la excitación a través de la memoria al recordar, o bien a través de la imaginación al crear.

    b. Proporciona e intensifica el placer del sujeto cuando combina sus fantasías con la masturbación.

    c. Reduce su inhibición conductual ya que en su fantasía puede ocurrir cualquier cosa que él desee.

    d. Estimula su grandiosidad porque todas sus fantasías son perfectas, compensando así sus deficiencias sexuales o relacionales reales.

    e. Fantasear le otorga un control absoluto sobre la situación mentalmente creada y sobre lo que le va ocurriendo a la víctima.

    f. Son un refuerzo positivo de sí mismo al minimizar las posibles amenazas hacia su autoestima.

g. Suponen un período de ensayo en un espacio seguro, ya que a través de su fantasía practica la agresión mentalmente antes de cometer el delito: cómo se acercará a la víctima, cómo puede atraparla, qué métodos de control utilizará, dónde se la llevará, qué elementos u objetos utilizará para agredirla y de qué modo huirá tras trazar un plan.

ACTOS DE APROXIMACIÓN AL CRIMEN: *ACTING OUT*[14]

Las fantasías recurrentes de estos sujetos van evolucionando en intensidad, en cantidad y en gravedad. Las investigaciones que se han llevado a cabo demuestran que los homicidas sádicos que están cumpliendo condena describieron sus fantasías y estas coincidían con el crimen que habían cometido.

Con el paso del tiempo, sus fantasías llegan a tal punto de saturación que ya no son suficientes para excitarlos y necesitan una estimulación mayor. Es el momento en el que llevarán a cabo una serie de actos para probar o ensayar su fantasía en la realidad. Esto implica, en primer lugar, que el sujeto comprobará si está capacitado y si cuenta con las habilidades necesarias para llevar su fantasía hasta un evento criminal real. En segundo lugar, estos actos de aproximación al crimen le proporcionarán nuevas experiencias y nuevos elementos que le servirán para seguir retroalimentando sus fantasías iniciales. Finalmente, los nuevos estímulos añadidos a través del paso al acto (*acting out*) también dejarán de ser eficaces para provocar y mantener su excitación sexual, y será entonces cuando sienta la necesidad compulsiva de convertir su fantasía en realidad. El siguiente paso será perpetrar la agresión o el homicidio sexual, como colofón del proceso.

Hay diferentes categorías de actos de aproximación al crimen:

1. Dibujos, símbolos, figuras o bocetos. Traspasan sus fantasías a un papel, donde dibujan aquello que les gustaría hacer a sus víctimas, cómo se las imaginan. Hazelwood

y Burgess consideran que este es el «menor precipitador» para convertir una fantasía en un acto criminal real. Los bocetos y dibujos más reconocidos son los que hicieron Dennis Rader (BTK) o Gerard John Schaefer antes de cometer sus crímenes.

2. Objetos inanimados. En algunos casos utilizan muñecas que aparecen atadas, acuchilladas o maquilladas. Edmund Kemper representó rituales sexuales con algunas de las muñecas de sus hermanas, llegando a desmembrarlas y decapitarlas.

3. Uso de fotografías como medio para representar sus fantasías. Llevan a cabo alteraciones en fotos que aparecen en revistas (pornográficas o no) a través de dibujos (lesiones, ligaduras) o mediante el añadido de partes de otras imágenes para crear una nueva. En muchas ocasiones crean sus propios albúmes donde coleccionarlas. BTK recortaba figuras de mujeres de anuncios que aparecían en las revistas, y sobre ellas dibujaba cuerdas y mordazas. Después las pegaba en fichas que llevaba encima.[15]

4. Prendas de vestir. El objeto favorito para representar sus fantasías son determinadas prendas femeninas, sobre todo la lencería. Suele ser habitual que los primeros pasos de acercamiento al crimen sean a través del robo de sus prendas íntimas. Estas serán el nexo de unión entre sus fantasías y la realidad, aproximando la fantasía a una futura acción criminal. Recordemos el caso del coronel Russell Williams, que en 2007 comenzó robando ropa interior femenina de las casas de sus vecinas para terminar violando y asesinando en 2009 a Marie-France Comeau (38 años) y en 2010 a Jessica Lloyd (27 años).

5. Animales. Las mascotas de estos individuos (perros, gatos o pájaros) pueden llegar a ser objeto de sus torturas y de su crueldad ya desde la infancia o la adolescencia. Esto hace que el sujeto vaya desensibilizándose frente a conductas sádicas y extremas. Ante la desprotección de estos animales, les resulta fácil poner en práctica sus fantasías con ellos. Harold Schechter, escritor de *true*

crime especializado en asesinos en serie, afirma que «la tortura animal no es un escenario. Es un ensayo».[16]

   a. Cuando era adolescente, Peter Kürten disfrutaba teniendo relaciones sexuales con animales mientras los apuñalaba o les cortaba la garganta al mismo tiempo.

   b. A los 10 años, Edmund Kemper enterró vivo al gato de la familia en el patio trasero de su casa.

   c. Al pequeño Jeffrey Dahmer le gustaba clavar ranas vivas a los árboles, cortar peces y realizar cirugías improvisadas a perros y gatos abandonados.

   d. Dennis Nilsen colgó a un gato solo para ver cuánto tardaba en morir.

   e. Albert DeSalvo disfrutaba encerrando a sus mascotas en cajas de madera y les disparaba flechas con su arco.

6. Prostitutas. Cuando el agresor paga a una mujer por sus servicios sexuales, este se siente con el derecho de poner en práctica con ella sus fantasías, pues entiende que se ha formalizado un contrato sexual que lo sitúa en una posición de poder.

7. Parejas sexuales o sentimentales que consienten en mantener una relación extrema y que son manipuladas para adentrarse poco a poco en conductas sadomasoquistas. En algunas ocasiones, estas mujeres se convierten en sus primeras víctimas.

8. Autoeroticismo. No es habitual, pero algunos de estos agresores practican con ellos mismos algunas de las conductas que después llevarán a cabo sobre sus víctimas, como *bondage*, flagelación, hipoxifilia o electrochoques. Esto los lleva a poder perfeccionar su fantasía antes de cometer el crimen. Así lo hicieron BTK y Albert Fish.

9. Verbalización de palabras o actos sexuales explícitos que le resultan excitantes, lo que le lleva a la masturbación y esta a reforzar aún más su fantasía.

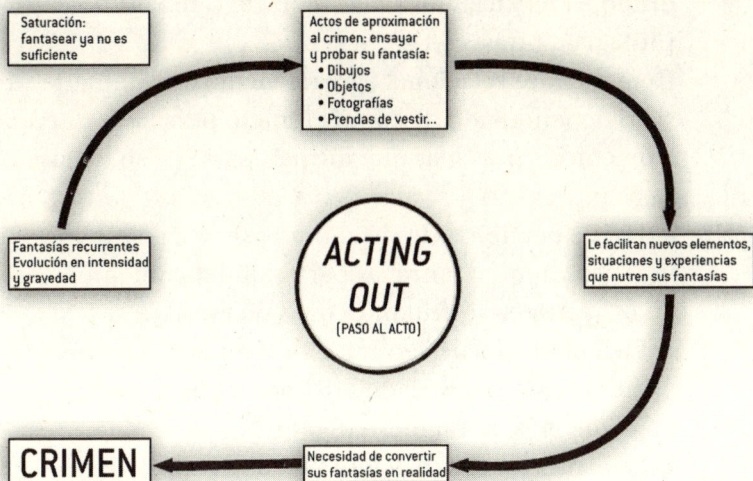

| Saturación: fantasear ya no es suficiente |
| Actos de aproximación al crimen: ensayar y probar su fantasía: • Dibujos • Objetos • Fotografías • Prendas de vestir... |

ACTING OUT
(PASO AL ACTO)

| Fantasías recurrentes Evolución en intensidad y gravedad |
| Le facilitan nuevos elementos, situaciones y experiencias que nutren sus fantasías |

CRIMEN ← Necesidad de convertir sus fantasías en realidad

Fuente: elaboración propia.

Contenido de las fantasías sexuales:[17]
antes, durante y después del crimen

Hay dos tipos: contenido general y contenido violento que se centra en agredir, infligir sufrimiento o incluso asesinar a otra persona. Los agresores y homicidas sexuales fantasean con ambos.

Las fantasías sexuales desviadas se dan en todo el proceso del delito y serán diferentes dependiendo de en qué fase del delito se encuentre el sujeto. Hay cinco categorías distintas en función del contenido de las fantasías y de cómo se combinan entre ellas:

- Características **demográficas** de las víctimas. Sexo, edad, etnia, lugar de residencia, profesión o situación familiar. Esto es importante en el proceso de selección de la víctima.
- Contexto **situacional** de la fantasía, es decir: *a)* dónde tiene lugar, si en una habitación, en un sótano, un bosque o un aparcamiento, y *b)* cuándo tiene lugar, si a plena luz del día, por la noche o al amanecer.
- **Conductas parafílicas**. Conductas o prácticas sexuales anómalas llevadas a cabo en sus fantasías, como el sa-

dismo, el fetichismo, la necrofilia, el canibalismo, la co-
profagia u otras.

- **Componente relacional agresor-víctima**. La fantasía va-
riará dependiendo de cómo el sujeto percibe la interacción con las personas que forman parte de su fantasía:

  – Puede percibirla desde el punto de vista participativo
  activo y mutuo entre las partes, independientemente
  de que estén disfrutando o no de esos actos.
  – La fantasía puede centrarse en sí mismo y en satisfacer
  tan solo sus necesidades, de modo que la víctima simplemente será un mero objeto.
  – Se centra en el sufrimiento de la víctima.

- **Autopercepción**. Cómo se ve a sí mismo mientras tiene
esa fantasía sexual.

CATEGORÍAS Y ESTRUCTURA DE LAS FANTASÍAS SEXUALES

En 2006, Gee y sus colaboradores publicaron la investigación «The Structural Properties of Sexual Fantasies for Sexual
Offenders: A Preliminary Model». En este trabajo se expone
cuál es la estructura de las diferentes fantasías sexuales de estos sujetos durante todo el proceso delictivo. Entrevistaron a
24 hombres que habían sido condenados por delitos sexuales
para tratar de averiguar qué pensaban, qué sentían y cómo se
habían comportado antes, durante y después de cometer sus
delitos. Esta investigación determinó que existen ocho categorías que describen las características de las fantasías sexuales desviadas de los agresores y homicidas sexuales, y que
están directamente relacionadas con sus contenidos: origen,
contexto, desencadenante, percepción, claridad, intensidad,
emoción y movimiento.

1. **Origen** de la fantasía. ¿De dónde procede el contenido
   de su fantasía sexual? Puede ser interno, de modo que

el sujeto crea, modifica y va adecuando el contenido a los diferentes momentos y circunstancias. O bien pueden tener un origen externo:

a. Abuso infantil (sexual, emocional, físico o psicológico) sufrido en la infancia o en su preadolescencia.
b. Consumo reiterado de contenido pornográfico.
c. Experiencias sexuales anteriores consentidas o a través de la violencia.
d. Contenido adquirido en los medios de comunicación, revistas, películas y a través de las nuevas tecnologías.
e. Figura paterna, materna u otras figuras de referencia, que han compartido su desarrollo psicosocial.

La infancia de Albert DeSalvo (el estrangulador de Boston) estuvo marcada por el maltrato físico al que le sometió su padre, un alcohólico violento, y por una madre que jamás le mostró afecto. Su padre le obligó en más de una ocasión a presenciar cómo mantenía relaciones sexuales con prostitutas. Las continuas palizas que recibía le hicieron abandonar su domicilio y creció en las calles. Fue detenido por primera vez a los 12 años por robo. Cuando tenía 15 años, su madre se volvió a casar, dejando a DeSalvo en manos del destino. En Boston, entre 1962 y 1964, 13 mujeres aparecieron asesinadas en sus viviendas siguiendo un *modus operandi* muy similar: la mayoría de ellas fueron estranguladas con sus propias medias (dejaba nudos característicos) después de haber sido agredidas sexualmente. DeSalvo, a pesar de ser diagnosticado como esquizofrénico, fue condenado a cadena perpetua.[18]

2. **Contexto** de su fantasía. ¿Dónde y cuándo tiene lugar la fantasía del agresor? Lo veremos en el apartado siguiente: origen de las fantasías.
3. **Desencadenante**. ¿Qué provoca la activación de la fantasía en su mente? Puede tratarse de un desencadenante externo que despierte la fantasía latente que ya tiene,

como por ejemplo ver a una mujer atractiva con ropa ceñida corriendo sola al anochecer. En la actualidad, el acceso a internet y a su lado oscuro podría considerarse también un factor de origen externo. En el caso de la pornografía online y del material de explotación sexual infantil, el sujeto puede consumir imágenes y vídeos de contenido sexual extremo e incluso puede interactuar con potenciales víctimas. En el caso del desencadenante interno, estarían, por ejemplo, los pensamientos recurrentes acerca de esa fantasía o el estado de ánimo del sujeto.

4. **Percepción**. ¿Cómo percibe la fantasía? En la gran mayoría de los casos lo hacen a través de imágenes visuales concretas que ven en su cabeza. También puede tratarse de determinadas representaciones mentales que tengan que ver con otros sentidos, como el oído (cómo gritará esta chica), con el olfato (cómo olerá su pelo) o con el tacto (cómo sería acariciar su piel).

5. **Claridad**. ¿Cómo vive esa fantasía? Se refiere al grado de realismo con el que vive esa fantasía y esto dependerá de su contenido y de las veces que haya recurrido a ella.

6. **Intensidad**. ¿Cuál es la fuerza y el impacto que tiene esa fantasía? Influyen dos variables:

- La duración de la fantasía. En este caso es importante conocer desde cuándo tiene el sujeto esa fantasía sexual y cuánto tiempo de su vida emplea en evocarla. Harvey Murray Glatman estuvo fantaseando durante quince años con tener ante sí a una joven y atractiva mujer atada y vestida de una manera determinada (fetichismo) para poder fotografiarla y agredirla sexualmente.[19]

- Frecuencia. Número de veces que el sujeto recurre a esa fantasía en un espacio temporal concreto.

7. **Emoción**. ¿Cómo influye dicha fantasía en la psique de ese sujeto? Puede generarle emociones positivas o nega-

tivas (malestar, culpabilidad), o incluso reacciones psicológicas o físicas (una erección).

8. **Movimiento**. En su fantasía, ¿las imágenes están quietas o en movimiento? En este caso dependerá de cuál sea el contenido de la fantasía y si puede verla como una imagen estática (una mujer atada a una cama y amordazada) o como un vídeo mental con el guion criminal que él ha creado.

ORIGEN DE LAS FANTASÍAS DIRIGIDAS AL COMPORTAMIENTO CRIMINAL[20]

Investigar cuál es el origen de estas fantasías y cómo y por qué conducen a determinados sujetos a la criminalidad serial ha sido uno de los campos más estudiados desde los años ochenta. Por una parte, se afirma que determinadas experiencias traumáticas vividas a una edad muy temprana pueden llevar a que ese niño se refugie en un mundo de pensamientos violentos. El abuso sufrido en su infancia (físico, psicológico, sexual o emocional) fortalece sus fantasías y son el medio que utilizan para escapar de la dureza de su vida cotidiana, de su vida real. En ese mundo que ellos crean, su propio refugio, no tienen miedo porque solo ahí dejan de ser víctimas. Pero estas vivencias no son la única causa.

Los diferentes estudios e investigaciones, basados en las entrevistas en prisión con agresores y homicidas sexuales seriales, presentan tres modelos diferentes a partir de los que se puede dar una explicación sobre cuál es el origen de las fantasías violentas de la mayoría de los asesinos múltiples sistemáticos:

1. Modelo motivacional del asesinato sexual del FBI (1986-1994).[21]
2. Modelo de control de trauma de Eric Hickey (2002).
3. Modelo parafílico integrativo de Bruce Arrigo (2007).

Modelos explicativos. Génesis fantasías-crimen sexual	Factores centrales
Modelo motivacional del asesinato sexual (FBI, 1986-1994)	Los primeros estudios sobre el origen de estas fantasías los llevaron a cabo investigadores asociados al FBI y se basaron en los datos que se habían recopilado tras las entrevistas realizadas a 36 asesinos sexuales (118 víctimas) Los asesinatos sexuales sádicos se terminan cometiendo tras pasar por un largo proceso temporal de diferentes fases Los dos factores centrales de este modelo son las fantasías sexuales desviadas y el aislamiento social del individuo
Modelo de control de trauma (Hickey, 2002)	Hay una serie de factores predisponentes y factores facilitadores que hacen que un sujeto termine convirtiéndose en un asesino sexual
Modelo parafílico integrativo (Arrigo, 2007)	Completa los dos modelos anteriores al agregar nuevos componentes: parafilias

Fuente: elaboración propia a partir de MacCulloch, Snowden, Wood, *et al.*, 1983; Burgess, *et al.*, 1986; Hickey, 2002 y Arrigo, 2007.

El modelo motivacional del asesinato sexual (FBI) aborda los factores de desarrollo del sujeto, sus características individuales y los factores situacionales:

- Infancia y adolescencia. Falta de atención y de afecto, sobre todo materno. Esto puede provocar un apego disfuncional en el niño, caracterizado por la hostilidad y el rechazo. El menor puede ser víctima de abusos físicos, psicológicos, sexuales o emocionales, lo que provocará que poco a poco se vaya aislando de la realidad y de su entorno. La investigación llevada a cabo en 1994 por el profesor de Psiquiatría forense Don Grubin sobre 21 asesinos sexuales determinó que las dos características más importantes de estos sujetos fueron el aislamiento social que mantenían y su falta de relaciones heterosexuales.

- La falta de control en su vida real hace que comience a fantasear, y en sus fantasías él sí tiene el control absoluto. Las imágenes sádicas y violentas comienzan a ser las protagonistas, y la masturbación compulsiva reforzará esas fantasías a través del orgasmo. La agresividad, la rebeldía y el deseo de venganza comienzan a aparecer, aumentando su aislamiento social así como su dependencia a esas fantasías, que llegarán a ser su única fuente de estimulación.

- Esas fantasías comienzan a manifestarse en su vida real a través de determinadas conductas no letales, como el maltrato animal, la violencia psicológica o sexual a personas de su entorno más cercano, o incluso algún pequeño incendio provocado. De este modo comprueba que no solo tiene poder en sus fantasías, sino que puede extenderlo a la realidad.

- Las investigaciones determinan que el primer crimen lo suele llevar a cabo después de un acontecimiento estresante: una discusión con una mujer, despido del trabajo, problemas económicos, etc.

- Sus fantasías recurrentes y su decepción ante el crimen cometido es lo que termina convirtiéndole en un asesino serial. Aquellas fantasías que le llevaron a matar por primera vez con el tiempo dejan de excitarle, porque al repetirlas en su mente se habitúa a ellas. Entonces es cuando busca un nuevo acto criminal para retroalimentar y completar sus primeras fantasías, añadiendo nuevos elementos, actos o situaciones que le sigan excitando.

El psicólogo forense y criminólogo Eric Hickey describe en su modelo cómo determinados traumas vividos en la primera infancia pueden influir en futuras conductas desviadas en la edad adulta, considerando que el factor determinante es el entorno donde crece y se socializa ese niño. Hickey establece una serie de factores predisponentes (que influyen en la aparición de las fantasías) y factores facilitadores que pueden llevar a un sujeto a cometer crímenes sexuales en serie. Ambos factores, sumados a la desensibilización de ese individuo, culminan en el asesinato sexual.

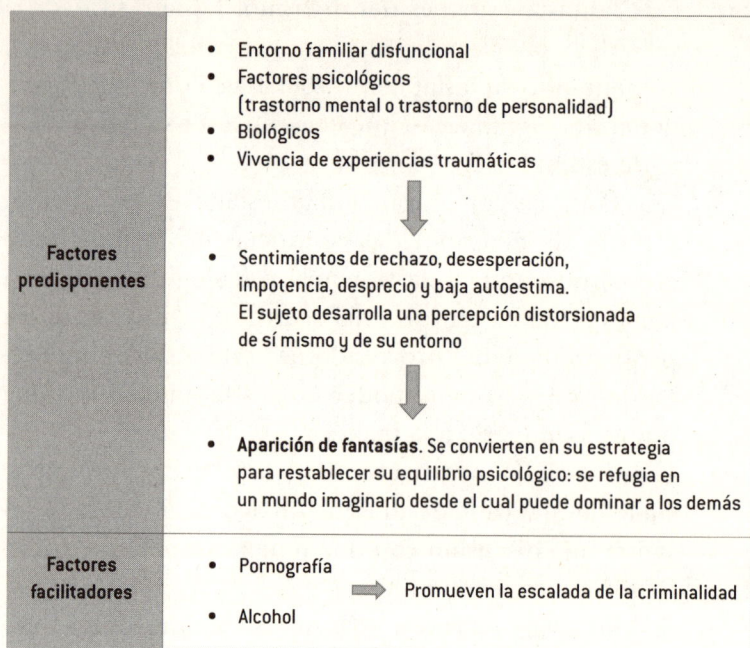

| Factores predisponentes | • Entorno familiar disfuncional
• Factores psicológicos (trastorno mental o trastorno de personalidad)
• Biológicos
• Vivencia de experiencias traumáticas

↓

• Sentimientos de rechazo, desesperación, impotencia, desprecio y baja autoestima.
El sujeto desarrolla una percepción distorsionada de sí mismo y de su entorno

↓

• **Aparición de fantasías.** Se convierten en su estrategia para restablecer su equilibrio psicológico: se refugia en un mundo imaginario desde el cual puede dominar a los demás |
| Factores facilitadores | • Pornografía ⟹ Promueven la escalada de la criminalidad
• Alcohol |

Fuente: elaboración propia a partir de Hickey, 2002.

El modelo parafílico integrativo del doctor Bruce Arrigo, profesor del Departamento de Justicia Criminal y Criminología de la Universidad de Pennsylvania, es una extensión de los dos anteriores, a los que añade nuevos componentes. Este modelo expuesto en su investigación «The Role of Escalating Paraphilic Fantasies and Behaviours in Sexual Sadistic and Sexual Violence:

A Review of Theoretical Models» (2007) parte del apego inseguro del menor y de la vivencia de eventos traumáticos, lo que le hace perder la confianza en su entorno, fomentar su baja autoestima y aumentar de modo gradual su aislamiento social. Arrigo afirma que las parafilias en los homicidas seriales surgen de un proceso cíclico que tiene los siguientes elementos:

- Fantasías sádicas que cada vez son más violentas.
- Estímulos relacionados con sus fantasías.
- Proceso de condicionamiento orgásmico.
- Factores facilitadores como el alcohol o la pornografía.

Finalmente, ese sujeto necesita una estimulación intensa, que le lleva a cometer su primer crimen. Este provocará nuevas fantasías sexuales, que son las que alimentarán la repetición del acto criminal.

Millones de personas han tenido familias disfuncionales, han sufrido abuso infantil, han vivido acontecimientos traumáticos o han tenido y tienen fantasías oscuras, pero no por ello los han convertido, ni los convertirán, en asesinos en serie. Estos individuos son una rareza social y son muy pocas las personas que se convierten en depredadores sexuales. El crimen serial es multicausal, y en él influyen la biología, la neurología, el ambiente, la genética, la educación y los factores sociales, psicológicos y bioquímicos. Incluso la suma de todas ellas en la proporción adecuada puede motivar que un sujeto termine convirtiéndose en un asesino en serie. Hoy por hoy, aún no tenemos una respuesta certera que nos diga cómo se «crea» un homicida sistemático.

15

Ladrones de inocencia:
pedófilos frente a pederastas

> La pedofilia es una parafilia, no una opción de estilo de vida. Los pedófilos no se despiertan una mañana y deciden sentirse atraídos sexualmente por los niños, al igual que otros hombres no deciden sentirse sexualmente atraídos por las mujeres adultas, simplemente son así.
>
> JULIA SHAW, *Hacer el mal: un estudio sobre nuestra infinita capacidad para hacer daño*, 2019, p. 177

Para tratar de entender este fenómeno criminal partamos de la siguiente pregunta: ¿cómo se configura el impulso sexual humano? El 10 % de ese impulso corresponde al instinto natural; el 20 % es la respuesta del cuerpo a la excitación y el 70 % está vinculado a la **esfera mental y emocional** de cada sujeto.[1] Por lo tanto, nuestro impulso sexual viene determinado en un porcentaje muy elevado por nuestra mente y las imágenes que protagonizan nuestras fantasías relacionadas con el sexo. Al fantasear, no existen límites en cuanto a las situaciones, objetos o personas que conducen a la excitación personal de cada individuo.

Los términos *pedofilia* y *pederastia* se emplean en muchas ocasiones como sinónimos, pero no significan lo mismo. Ya el periodista Javier Ortiz, en 1997, en su artículo «El sexo y la infancia» afirmaba: «Otra vez a vueltas con la pedofilia y la pederastia. Muchos las confunden. No son lo mismo. El término *pedofilia* no figura todavía en los diccionarios, pero acabará abriéndose hueco, porque es necesario: se refiere a la atracción erótica que algunos adultos sienten por los niños (o niñas). La pederastia, en cambio, define el abuso sexual de menores. Un abismo separa ambos conceptos: en el primer caso no hay violencia; en el segundo, sí. Sin embargo, la moral victoriana dominante condena por igual ambas realidades».[2]

La pedofilia y la pederastia quedan definidas por las diferentes **conductas o acciones que se llevan a cabo**, aunque ambas estén relacionadas con niños: la atracción erótica o sexual frente al delito de abuso sexual de menores. Para comenzar, podemos analizarlas desde diferentes puntos de vista:

- Etimológico. La pedofilia o paidofilia[3] es la atracción erótica por los menores de edad. Etimológicamente, pedofilia y pederastia significan lo mismo. El término *paedophilia erótica* fue acuñado por Richard von Krafft-Ebing, que lo introdujo por primera vez en su libro ya mencionado *Psychopathia Sexualis* (1886), y argumentó que se trataba de un trastorno neurológico.[4]
- Lingüístico. En la RAE la pedofilia queda definida como la **atracción** erótica o sexual que una persona adulta siente hacia niños y adolescentes, y la pederastia, como el **abuso sexual** a niños o niñas.
- Clínico. Desde este punto de vista no existen diferencias entre pedofilia y pederastia, se tratan como sinónimos. En la CIE-10 se incluye como un trastorno de la inclinación sexual (F.65. 4 pedofilia) y en el DSM-5 como un trastorno parafílico (302.2 trastorno de pedofilia).
- Jurídico. Nuestra ley penal no ofrece una definición ni establece diferencias conceptuales. Sí hay respuestas punitivas diferentes para los pedófilos y los pederastas, atendiendo a las conductas que llevan a cabo.

La pedofilia se considera una **cronofilia**,[5] es decir, un trastorno parafílico que describe a aquellas personas que se sienten atraídas sexualmente por otras con las que hay una diferencia de edad significativa. Es un término que dejó de utilizarse a mediados del siglo xx.

Cronofilia: preferencias sexuales basadas en la edad de los sujetos[6]		
Nepiofilia o infantofilia	Atracción por bebés y niños muy pequeños (hasta los 5 años)	Blanchard, *et al.*, 2009
Pedofilia	Atracción e interés sexual primario o exclusivo por niños prepúberes: hasta los 9 años	DSM-V: 13 años o menores
Hebefilia	Atracción por niños que están en la primera fase de la pubertad, iniciando su adolescencia: de 9 a 12 años	Este término fue introducido por Bernard Glueck en 1955
Efebofilia	Atracción hacia adolescentes de más de 14 años[7]	
Teleiofilia	Atracción que siente un(a) adolescente o un(a) menor por un adulto. Hoy no se considera una parafilia, al ser una atracción muy usual. En la mayoría de los casos se trata de un sentimiento y/o atracción por parte del menor pero sin que exista ningún deseo sexual	Término acuñado por el psicólogo Kurt Freund
Mesophilia	Preferencia sexual por adultos de mediana edad	Término acuñado por Michael Seto en 2016
Gerontofilia	Atracción de una persona joven hacia personas de la tercera edad	

Mantener relaciones sexuales con niños y adolescentes no siempre ha sido un delito. Los abusos sexuales a menores (pederastia) no solo eran más frecuentes que en la actualidad, sino que en determinadas civilizaciones y culturas llegaron a estar admitidos socialmente. Esto es imposible de comprender con los criterios que tenemos actualmente sobre la sexualidad y la legalidad. Por ejemplo, en la Antigua Grecia, los jóvenes de 12 a 16 años eran iniciados por adultos en relaciones homosexuales que quedaban reguladas por rituales y leyes. Esto formaba parte de su formación, para conocer la belleza del cuerpo humano, pasando después a ser ellos los que iniciaban a otros.[8] Esto es lo que ellos denominaban *paidofilia*. Pero si era un menor de 12 años, entonces se cometía el delito de pederastia al entenderse que se estaban manteniendo relaciones sexuales con prepúberes.

En el siglo XXI, el matrimonio con niñas es una práctica tradicional que en muchos países se ve reforzada por costumbres sociales y culturales que esconden el abuso sexual. Es el resultado de la pobreza, de la desigualdad de género y de la desprotección de los derechos de los menores. Cada año 15 millones de niñas son obligadas a casarse, siendo prisioneras el resto de sus vidas. Níger, Chad, Mali (Guinea), Burkina Faso, Mozambique, Pakistán o Bangladés son algunos de los países con una mayor tasa de matrimonios forzados en el mundo. En Etiopía es frecuente que las niñas sean obligadas a casarse a los 7 u 8 años, pero nos escandalizamos, hipócritamente, de lo que hicieron los griegos o los romanos hace siglos.

PEDOFILIA[9] COMO PARAFILIA CLÍNICA:
LA ÚNICA FORMA DE OBTENER EXCITACIÓN SEXUAL

La pedofilia consiste en la «**excitación sexual intensa y recurrente** derivada de fantasías, deseos sexuales irrefrenables o comportamientos que implican la actividad sexual con uno o más niños prepúberes, generalmente menores de 13 años» (DSM-5, p. 377). Para su diagnóstico clínico deben cumplirse tres criterios:

1. **Excitación** por parte de ese sujeto durante un período de tiempo (seis meses o más).
2. Posibles **consecuencias** negativas de esta excitación para el sujeto, como malestar clínico y deterioro de su vida social, laboral y personal.
3. Un criterio de **edad** del sujeto que sufre este trastorno parafílico.

La pedofilia tiene tres características esenciales:

- La **diferencia de edad** entre el pedófilo y la víctima, fijada habitualmente en cinco años. Lo que esta diferencia impide es que se mantengan relaciones sexuales en condiciones de igualdad.
- Solo se puede calificar como pedófilos, según el DSM-5, a los sujetos que tengan **16 años o más**.
- Utilización de la **víctima como objeto sexual** para satisfacer los deseos del pedófilo, a través del engaño, la manipulación, las amenazas o la fuerza física.

Son muchas las dificultades que existen para poder diagnosticar la pedofilia como patología, ya que estos sujetos casi nunca buscan ayuda de modo voluntario. La terapia aplicada a los pedófilos suele comenzar tras una sentencia condenatoria cuando este sujeto da un paso más y comete un delito de abuso sexual contra un menor (pederastia). Pero no siempre un pedófilo terminará cometiendo un delito de abuso sexual. Los hay que restringen su deseo de contacto directo con menores, excitándose solo con sus fantasías, y fantasear, aunque sea con niños, ya hemos dicho que no es un delito. Otros, en cambio, sí entran en riesgo de cometer un futuro delito cuando esa fantasía por sí sola ya no le excita ni le satisface sexualmente y entonces buscan algo más, comenzando por el consumo de material de explotación sexual infantil (visualizar este tipo de material ya es en sí mismo un delito). Finalmente, algunos de ellos pasan a la acción. Debemos distinguir, por lo tanto, la pedofilia (como preferencia sexual primaria) del delito de abuso sexual de menores, porque de lo contrario todos los pedófilos serían pederastas, y esto no es correcto, del mismo modo que no todos los abusadores sexuales de menores son pedófilos.

PEDOFILIA Y PEDERASTIA: UN FENÓMENO MULTIFACTORIAL

> La gente no elige lo que los despierta, lo descubren. Nadie crece queriendo ser un pedófilo.
>
> FRED BERLIN, director de la Clínica
> de Sexo y Género Johns Hopkins

¿Cuáles son las razones que hacen que un sujeto se sienta atraído sexualmente por niños u obtenga placer al tener relaciones sexuales con ellos? Son muchos los factores que influyen en el hecho de que:

1. Un sujeto sea un pedófilo pasivo no infractor (anti-contactos). James Cantor e Ian McPhail, en su estudio «Non-offending Pedophiles», afirman que «los pedófilos no infractores son una población única de personas que experimentan interés sexual por los niños pero que, a pesar de las percepciones erróneas, no han tenido contacto sexual con un niño, ni tampoco han accedido a material ilegal de explotación sexual infantil».[10]
2. Un pedófilo solo consume material de explotación sexual infantil, pero jamás llega a tener contacto con menores.
3. Un pedófilo termine cometiendo un delito de abuso de menores (pederastia) a través de la escalada criminal, como veremos en el capítulo 16.
4. Un pederasta no sea un pedófilo (pederasta situacional).

El doctor José Cáceres, psicólogo clínico y profesor de la Universidad de Deusto, en su libro *Parafilias y violación* (Síntesis, 2001) destaca una serie de factores que llevan a algunos sujetos a sentir ese interés primario o preferencia sexual hacia los menores y que en determinadas ocasiones terminarán convirtiéndose en delincuentes sexuales:

- Estilo inadecuado de formación de vínculos. El origen puede ser la ausencia de modelos adecuados, así como el déficit o la ausencia absoluta de empatía.
- Victimización en la infancia. Aún no está claro cuál es el mecanismo que lleva a algunos sujetos que han pasado por esta experiencia traumática a ser pedófilos, pero sobre todo a ser pederastas. Se parte del supuesto de que aquellos niños que han sido víctimas de abusos sexuales internalizan y normalizan la creencia de que el contacto sexual entre un adulto y un niño es aceptable. El lado opuesto es considerar que su psique queda tan dañada que, según Victoria Noguerol, psicóloga clínica especializada en el maltrato y abuso sexual infantil, el sentimiento de rabia y fracaso que les produce la vivencia de ese evento traumático puede crear la necesidad de repetir ese episodio en su edad joven o adulta, aunque, por supuesto, no todos repetirán este patrón.
- En la actualidad no existe evidencia empírica suficiente que avale esta afirmación, ya que la gran mayoría de los niños que sufrieron abusos sexuales no se han convertido en victimarios y, por el contrario, un altísimo número de pederastas no tienen en su infancia antecedentes de abusos sexuales.
- Desarrollo de un impulso sexual anómalo y desviado que con el tiempo se verá reforzado por las fantasías y la masturbación. En este caso podríamos hablar de una parafilia preferencial, que se desarrolla desde el inicio de la sexualidad de ese sujeto.
- Existencia de distorsiones cognitivas como base de este trastorno parafílico: minimización, creencias erróneas o negación. Entraremos en detalles en el siguiente apartado.

El psicólogo forense y sexólogo canadiense Michael Seto señala una serie de factores sociales que también pueden influir en las conductas de estos individuos:[11]

- Habilidades interpersonales deficientes.
- Aislamiento, baja autoestima y miedo al rechazo.
- Falta de asertividad.
- Sentimientos de insuficiencia.
- Desconocimiento e ignorancia sexual.

En el caso de los pedófilos, nos encontramos ante sujetos con arraigados sentimientos de inferioridad. Ellos solo se encuentran seguros con los niños, ya que no se sienten juzgados sexualmente y no existe el riesgo de que los menores vulneren su autoestima o los rechacen. Además, los niños les atraen porque son fáciles de dominar y de manipular.

Los pederastas se valen del abuso sexual para externalizar su ira, su rabia o su odio, utilizando víctimas vulnerables. En muchos casos agreden por la necesidad de encontrar una válvula de escape ante situaciones y traumas vividos, reales o ficticios, de modo que buscan humillar y dominar a menores de edad.

¿Son diferentes los cerebros de los pedófilos y de los pederastas?

Uno de los investigadores que se han «asomado» al cerebro de los pedófilos es el doctor James Cantor, del Centre for Addiction and Mental Health de Toronto, y afirma que «la pedofilia es algo con lo que esencialmente nacemos, no parece cambiar con el tiempo y es tan esencial para nuestro ser como lo es cualquier otra orientación sexual».[12] Cantor y todo su equipo de investigación **ubica los impulsos de estos individuos dentro de la biología**, de modo que cuando ven a un niño se disparan sus instintos sexuales en lugar de sus instintos de crianza.

Como ejemplo práctico, los doctores Burns y Swerdlow extirparon un tumor cerebral a un profesor pedófilo de Virginia (diagnosticado con esta parafilia) que consumía de modo reiterado material de explotación sexual infantil. Tras la operación comprobaron que habían eliminado por completo los comportamientos pedófilos y obsesivos que mostraba el sujeto.[13] Más de un año después el tumor reapareció y, con él, los impulsos anteriores.

Por otro lado, el cerebro de los agresores y abusadores sexuales de menores (pederastas) también funciona de manera diferente al cerebro de otros delincuentes sexuales, al tener «mayores déficits neuropsicológicos».[14] Por ejemplo, el cociente intelectual de los delincuentes sexuales de niños es generalmente más bajo.

Las diversas investigaciones que tratan de determinar cuál es la causa de la pedofilia y la pederastia consideran que se trata de un **fenómeno multifactorial** en el que influye la genética, la vivencia de acontecimientos traumáticos en la infancia (por ejemplo, victimización por abusos sexuales), procesos concretos de aprendizaje o alteraciones estructurales y funcionales del cerebro.[15] Podemos afirmar que lo que más influye es el proceso de socialización que ha vivido ese sujeto, el entorno y la familia, así como la escalada criminal que finalmente le puede convertir en un abusador sexual de niños.

¿SE PUEDEN PREVENIR LOS ABUSOS SEXUALES A MENORES?

La forma en la que es educado un niño sí puede influir en la inhibición o no de sus impulsos sexuales, **pero no influirá en que se sienta atraído o no por niños**, hombres o mujeres. Las últimas investigaciones parecen demostrar que la pedofilia es algo con lo que se nace y el deseo es algo que, probablemente, no puede curarse.

El proyecto Dunkenfeld Prevention Project (PPD),[16] creado en Berlín en junio de 2005, fue pionero en trabajar en la prevención proporcionando servicios clínicos y de apoyo a aquellos sujetos que se sienten atraídos sexualmente por los niños (pedófilos). Ya está en funcionamiento en once centros diferentes en Alemania, y se permite el completo anonimato para aquellos sujetos que asistan a terapia. Este proyecto tiene un lema: «No eres culpable por tu deseo sexual, pero eres responsable de tu comportamiento sexual. ¡Hay ayuda! No te conviertas en un delincuente».[17] También existe el programa Don't Offend, que en Alemania ya ha ofrecido terapia a más de 1.700 pedófilos.

En 2019, tres entidades sociales españolas[18] se aliaron con el programa PrevenSI[19] para ofrecer tratamiento a pedófilos que tienen miedo de no poder controlar sus impulsos y terminar delinquiendo. Se puso en marcha un teléfono gratuito para atenderlos y derivarlos a servicios de psicología y psiquiatría.

La terapia psicológica que ofrecen se centra en dos pilares: *a)* enseñar a estos sujetos a controlar sus impulsos y, sobre todo, *b)* trabajar sus distorsiones cognitivas, que son las que los llevan a justificar sus deseos y, en muchos casos, sus abusos. Reducir estas creencias disminuirá el riesgo de que den un paso más y puedan terminar abusando de un menor.

¿QUÉ PIENSAN? CREENCIAS Y DISTORSIONES COGNITIVAS DE LOS PEDÓFILOS Y PEDERASTAS

La atracción sexual hacia los niños es un factor de riesgo para abusar de ellos, pero existe un factor de riesgo aún mayor: las creencias o distorsiones cognitivas de esos sujetos. Son alteraciones de la percepción y afirmaciones personales que **explican, justifican o minimizan** la gravedad de ese comportamiento sexual abusivo, negando así su responsabilidad.

La investigación «Working Positively With Sexual Offenders: Maximizing the Effectiveness of Treatment»[20] determinó que son dos distorsiones cognitivas en concreto las que predicen que al final un sujeto termine abusando sexualmente de un niño: creer que el «**sexo con niños es inofensivo**» y considerar que «**son los niños los que provocan activamente que los adultos tengan relaciones sexuales con ellos**». Ambas creencias serán utilizadas como justificación ante la comisión de delitos sexuales contra menores bien por parte de sujetos con un interés preferencial por los niños, bien por aquellos delincuentes sexuales oportunistas.

Otras distorsiones cognitivas son las siguientes:[21]

- Las caricias de índole sexual a un niño en realidad no son conductas sexuales, de modo que no hacen ningún mal.
- Cuando un niño pregunta por el sexo es porque está interesado y quiere experimentarlo.
- El sexo mejora la relación con el niño.
- Si no hay resistencia por parte del niño es porque en realidad desea el contacto sexual con ese adulto.
- Los contactos sexuales son realmente muestras de cariño hacia el niño.[22]
- Los niños no lo cuentan porque en verdad les gusta el sexo.
- El contacto sexual con adultos aporta al niño vivencias, conocimientos y placeres que contribuirán a su crecimiento.[23]

En lo que respecta a los **pedófilos online**, aquellos que consumen imágenes de abuso sexual infantil en internet, tienen creencias que justifican su visualización así como el intercambio de estas imágenes. Consideran que el hecho de que no haya contacto entre ellos y los niños no los victimiza, porque «yo no toco al niño, solo miro». Pero para que se pueda consumir este tipo de material, antes se ha tenido que abusar de un niño, y el consumo y la demanda de este tipo de imágenes perpetúa ese abuso. Otras distorsiones cognitivas de estos sujetos son: «No me puedo controlar», «Soy un coleccionista» o «No hago daño a nadie solo por mirar».

Basándose en estas distorsiones cognitivas, los pedófilos han llegado a crear diferentes movimientos activistas y comunidades propedofilia en la sociedad y también en internet, como veremos en el capítulo siguiente. Defienden su derecho a amar a los niños y piden respeto para su preferencia sexual. Ellos creen que los niños tienen capacidad suficiente para elegir, y que pueden negarse a tener relaciones sexuales si no les gusta.

El **activismo pedófilo** en la sociedad moderna se fundó en los Países Bajos a finales de los cincuenta de manos del psicólogo, sexólogo y experto en pedofilia Frits Bernard (1920-2006)[24]. Le siguieron países como Francia, Alemania, el Reino

Unido y Estados Unidos. En este último se creó a finales de los años setenta la North American Man/Boy Love Association (NAMBLA) con sede en Nueva York y San Francisco. Defendía el derecho de los menores a explorar su propia sexualidad y se oponía a que hubiera una edad mínima para tener relaciones sexuales. En la actualidad no queda nada de esta asociación, solo una web, y un correo electrónico poco activo. En los ochenta el activismo pedófilo decayó hasta finales de los noventa, en que se volvió a apoyar, teniendo hoy una importante y peligrosa presencia en internet.

La idea de la que parten estos activistas es no considerar la pedofilia como un trastorno parafílico (DSM-5) sino como una orientación sexual que sea aceptada por la sociedad. Incluso solicitan que se deroguen las leyes que marcan la edad del consentimiento sexual. En mayo de 2006 se fundó en Holanda el Partido del Amor Fraterno, de la Libertad y de la Diversidad (PNVD), que defendía la legalización de las relaciones sexuales con menores de 12 años, la posesión de material de explotación sexual infantil para consumo privado y la zoofilia. También en los Países Bajos se fundó en 1982 la asociación MARTIJN en busca de la legalización de las relaciones sexuales con menores, que no fue prohibida por el Tribunal Supremo neerlandés hasta el año 2014.

En abril de 2019 se encontró un **manual en inglés para pederastas**, de 170 páginas, en el ordenador de Fabio Lima Duarte, ginecólogo brasileño. Este «tutorial» de autoría anónima contenía consejos sobre dónde encontrar niños, cómo acercarse a ellos, manipularlos y engañarlos con el fin de abusar sexualmente de ellos. Recomienda que en primer lugar se busque a niños dentro de la propia familia, de madres solteras o que estén en lugares públicos como los parques. Además explica cómo se ha de tener una relación sexual con menores y reitera en muchas ocasiones que «el sexo con niños no es repugnante». Este documento ha sido descargado tanto por pedófilos como por pederastas que se ocultan tras el anonimato y la impunidad (cada vez menor) que les brinda la red. Asimismo, en el ordenador de este ginecólogo se encontraron más de 30.000 imágenes vinculadas a la explotación sexual infantil, vídeos de abusos sexuales que grababa él mismo a sus pacientes, y un vídeo donde se grabó a sí mismo teniendo sexo con menores en Natal, uno de los destinos de sus viajes.[25]

Respecto al consumo de material de explotación sexual infantil, que veremos en el capítulo siguiente, hay que hacer la siguiente matización: es cierto que se considera un indicador válido de la pedofilia, pero no todos los sujetos que ven este material ilícito lo hacen motivados por un interés sexual en los niños, ni todos los pedófilos consumen este material. Seto (2019) afirma que muchos de los sujetos que ven estos vídeos e imágenes con intereses pedófilos no tienen los factores facilitadores que les llevarán a cometer un abuso o una agresión sexual a un menor. Lo que ocurre es que estos sujetos no pueden controlar ni evitar ver esas imágenes al ser la única fuente de su gratificación sexual.

Pedofilia frente a pederastia: características y perfiles

En el ámbito de la investigación criminal, sobre todo la serial, se suele repetir este mantra: para atrapar a un criminal o a un delincuente es preciso entrar en su mente y comprenderla. Entender la mente de un pedófilo o de un pederasta desde un punto de vista racional es imposible en nuestra sociedad actual. Solo podemos tratar de hacerlo desde el punto de vista clínico y criminológico. No existe un perfil único que los defina, ni se puede afirmar que haya una causa o un solo factor que lleve a estos sujetos a sentirse atraídos por niños o a abusar de ellos. Puede tratarse de hombres muy jóvenes, adultos o incluso ancianos; pertenecer a todo tipo de clase socioeconómica y cultural, y pueden conocer a los niños o ser estos unos desconocidos.

La pedofilia y la pederastia no son exclusivas de un determinado entorno profesional, aunque se dan con mayor frecuencia en aquellas en las que el adulto está en contacto directo y continuo con niños. Por ejemplo, en la Operación Atlas (2011),[26] entre los detenidos había un inspector de Hacienda de Madrid, varios desempleados, un taxista, un barrendero, un informático y un jubilado.

Pedofilia: atracción sexual hacia los niños. Parafilia	Pederastia: actividad sexual con menores. Delito de abuso de menores
Trastorno parafílico (DSM-5)	En muchos casos, trastorno de la personalidad con rasgos psicopáticos. Trastornos psicológicos
Tendencia sexual de un sujeto (preferencia sexual pedófila)	Conducta delictiva
Esfera de la psiquiatría y de la medicina	Ámbito del derecho penal
Atracción sexual exclusiva y preferente por los niños que aún no han llegado a la pubertad (menores de 13 años)	Abusar sexualmente de bebés, niños y preadolescentes
Impulso sexual y fantasías recurrentes sin que llegue a realizar ningún acto sexual un menor. Los pensamientos, la atracción, el deseo y las fantasías no son punibles	Sujeto que lleva a cabo conductas sexuales explícitas con bebes, niños o preadolescentes
Buscará contactar con su «objeto de deseo» y recurrirá habitualmente a imágenes de explotación sexual infantil (fotografías o vídeos). Autoestimulación sexual	Incluye conductas y comportamientos en los que se utiliza a un menor como objeto sexual
No todos los pedófilos son pederastas. Muchos jamás tienen un contacto físico con niños. Pedófilos pasivos o inactivos	Muchos no son pedófilos, ya que no sienten atracción por los menores, pero sí los utilizan como un objeto sexual[27]
Punible: visualización, posesión, distribución de vídeos y/o fotografías. No todos los pedófilos son consumidores de este material	Punible: abuso sexual 181.1 del CP. Producción, comercialización de material de explotación sexual infantil

Fuente: elaboración propia.

Una de las mayores dificultades que hay para establecer un perfil es que el estudio de estos fenómenos delictivos se centra en:

- Sujetos que ya están cumpliendo condena por visualizar, poseer, coleccionar, producir o distribuir este tipo de material o por el delito de abusos sexuales a niños.
- Las declaraciones de las víctimas de abusos sexuales.
- Los testimonios de los pocos pedófilos que voluntariamente piden ayuda profesional.

De todos los estudios e investigaciones que se han llevado a cabo es posible extraer algunas conclusiones, que se exponen a continuación muy brevemente, respecto a algunos de sus rasgos y características:

Los pedófilos:

- Se sienten atraídos por niños porque son incapaces de mantener cualquier tipo de relación con adultos (sexuales, intelectuales, sociales). No han de demostrar su virilidad ante ellos y, además, no les hacen sentirse inferiores. El peligro está en la escalada que muchos de ellos llevan a cabo al buscar nuevos estímulos y respuestas sexuales más gratificantes. Un pedófilo puede terminar convirtiéndose en pederasta si pasa de visualizar y poseer material de explotación sexual infantil a abusar sexualmente de niños.
- Su intención última puede ser mantener una relación sexual con un niño sin que exista violencia o intimidación, comenzando como un simple juego (sentarle sobre sus rodillas, acariciarle o besarle en la boca).
- En un alto porcentaje no son violentos, y utilizan la seducción y la manipulación para explorar y detectar las vulnerabilidades del niño. Al no ser agresivos ni invasivos, muchos niños no tienen conciencia de que están siendo víctimas de lo que puede terminar siendo un abuso sexual.

- Viven su sexualidad de un modo egodistónico:[28] sienten vergüenza, remordimientos y culpa, sufren por su fijación sexual, son conscientes de su patología. Esto les genera un malestar y un importante deterioro en todos los ámbitos de sus vidas. Al ser detenidos, confiesan y ponen a disposición de los investigadores sus ordenadores y discos duros.

- Respecto a su perfil psicológico, el más habitual es el de **neurótico parafílico**. Son conscientes de que lo que hacen y lo que sienten está mal, pero no pueden evitar la compulsión del acto.[29]

- Son adictos a sus pulsiones, y de ahí que muchos de ellos consuman y coleccionen este tipo de material ilícito. En este sentido, una de las mayores distorsiones cognitivas de los pedófilos es que creen que no están haciendo nada malo, ya que «yo al niño no lo toco, solo miro fotografías», de modo que consideran que no hay victimización hacia el menor. Sin embargo, no son conscientes de que ver este material promueve su producción.

- No todos los pedófilos son pederastas porque son muchos los que «no pasan a la acción» y simplemente se quedan en la atracción y en sus propias fantasías.

En cuanto a los pederastas:

- Utilizan a los bebes, los niños y los preadolescentes como objetos sexuales.

- El menor sí tiene conciencia de que es una víctima, ya que el pederasta puede utilizar contra él amenazas, coacciones y violencia.

- No suelen tener trastornos mentales. En muchos casos sí presentan importantes **rasgos de psicopatía**, y algunos de ellos llegan a ser psicópatas sexuales, como el caso que veremos de Peter Scully.

- Muestran una impecable fachada compensatoria ante los demás: buen profesional, buen amigo, buena persona e incluso con prestigio dentro de su profesión.

- Viven su sexualidad de un modo egosintónico, de modo que sus actividades sexuales con bebés o niños no les causan problemas ni vergüenza ni mucho menos culpa, remordimientos o arrepentimiento.
- Pueden ser consumidores de prostitución infantil o ser habituales del turismo sexual.
- Los abusos sexuales los llevan a cabo dentro de sus entornos familiares, sociales o profesionales y lo habitual es que abusen de niños que conocen. Pueden ser los padres, los abuelos, los tíos, los hermanos, los amigos y las parejas sentimentales de mujeres solteras o divorciadas con hijos.
- No todos los pederastas son pedófilos. Muchos de ellos abusan y agreden sexualmente a menores sin que exista una atracción por los niños, por diversas razones: para probar el sexo con menores, para satisfacer necesidades de poder o violencia, para obtener gratificación sexual a través de la cosificación de estos niños o por venganza contra la familia.

El abuso sexual infantil

> La historia de la infancia es una pesadilla de la que hemos empezado a despertar hace poco; cuanto más se retrocede en el pasado, más expuestos están los niños a la muerte violenta, al abandono, los golpes, el terror, y los abusos sexuales [...].
>
> Lloyd de Mause,
> *Historia de la infancia*, 1991, p. 14

Los abusos sexuales a menores forman parte de la historia olvidada de la infancia porque han sido muchos los momentos históricos en los que los niños tenían muy poca importancia y ningún derecho. Por ejemplo, la palabra *enfant* no se comenzó a usar hasta el siglo XVII en Francia. Durante mucho tiempo ni existió una diferencia clara entre mayor y menor de edad, de modo que era difícil determinar cuándo se estaba abusando sexualmente de un menor.

Los estados no empiezan a preocuparse de sus derechos hasta mediados del siglo xx al entrar en vigor la Declaración de los Derechos del Niño en 1959. Años después, la Convención sobre los Derechos de los Niños de 1989[30] da la definición de lo que entiende por niño en su artículo 1: «Todo ser humano menor de 18 años de edad, salvo que haya alcanzado antes la mayoría de edad». Hoy, la OMS afirma que los abusos sexuales a menores son un tipo de maltrato infantil.[31] Podemos determinar las siguientes categorías de abuso sexual infantil:

Abuso sexual. Sin violencia, sin intimidación y sin consentimiento	Sin contacto físico	– Exhibir los órganos sexuales a un niño (exhibicionismo) – Propuestas verbales explícitas de índole sexual – Obligar a los niños a ver actividades sexuales de otras personas
	Con contacto físico	– Penetración digital en la vagina o en el ano – Penetración vaginal, anal o bucal con el pene – Penetración vaginal o anal con un objeto – Caricias por encima o por debajo de la ropa – Forzar al niño a masturbar al adulto
Agresión sexual	– Cualquier forma de contacto físico con o sin acceso carnal con violencia e intimidación	
Explotación sexual infantil. Se persigue un beneficio económico	– Prostitución infantil (habitualmente organizada por un intermediario) – Tráfico sexual infantil – Explotación sexual en los viajes (turismo sexual infantil) – Pornografía infantil	
Abuso sexual en el ámbito cultural	– Matrimonio infantil	

Fuente: elaboración propia a partir del *Manual de formación para profesionales Save de Children*, 2001, y de Pereda, 2010.

El delito de abuso sexual está integrado por tres requisitos:[32]

- Contacto corporal, tocamientos impúdicos o cualquier otra conducta sobre el cuerpo de otra persona con significado sexual (elemento objetivo).
- Un elemento intencional o «ánimo libidinoso» de querer llevar a cabo esa conducta con la finalidad de obtener gratificación sexual a costa de otra persona (elemento subjetivo).
- El contacto corporal se llevará a cabo sin violencia ni intimidación, pero sin el consentimiento de la víctima, vulnerándose así su libertad, o su indemnidad sexual en el caso de los menores de 16 años. Si para lograr esa satisfacción sexual se empleara la violencia o la intimidación, estaríamos ante un delito de agresión sexual.

David Finkelhor, sociólogo estadounidense,[33] y Sharon Araji,[34] en su investigación «Explanations of Pedophilia: A Four Factor Model» (1984) establecieron un modelo basado en cuatro procesos que explica el abuso sexual infantil. Parten de que determinados factores asociados a la pedofilia terminan llevando a algunos sujetos a cometer abusos sexuales:

- **Congruencia emocional** (*emotional congruence*). ¿Por qué determinados sujetos tienen la necesidad emocional de relacionarse con niños? Para ellos los niños resultan atractivos al considerarlos débiles, menos amenazantes y con escasa capacidad de dominación. Esto les otorga una sensación de poder y control y les permite sentirse poderosos.
- **Excitación sexual** (*sexual arousal*). ¿Por qué se excitan sexualmente con niños? Establecen tres factores:

  – Las experiencias sexuales vividas en la infancia de los agresores.
  – Los errores sexuales de atribución.
  – El consumo de material de explotación sexual infantil.

- **Bloqueo** (*blockage*). Estos sujetos no disponen de fuentes alternativas para cubrir sus necesidades emocionales y sexuales. Tienen problemas para establecer relaciones sexuales adultas, y los niños son la alternativa. Esto puede tener diferentes causas, como la falta de habilidades sociales por parte del sujeto, su timidez o el bloqueo ante una situación íntima con una mujer adulta.
- **Desinhibición** (*desinhibition*). Este es el detonante. Factores como las distorsiones cognitivas, el abuso de drogas o alcohol, la falta de control de impulsos, la senilidad o algún tipo de retraso mental pueden favorecer que estos sujetos terminen cometiendo abusos sexuales a menores.

TIPOLOGÍAS DE PEDÓFILOS Y PEDERASTAS

No se puede establecer un perfil único y cerrado del pedófilo y del pederasta, aunque sí es posible determinar diferentes categorías y tipologías; las siguientes se consideran las más importantes:

1. **Pedófilos:**[35]

    a. Pedófilos anticontacto. Aquellos sujetos que viven su atracción sexual hacia los niños en secreto, sin tener ningún contacto con ellos. Pueden visualizar o no material ilícito (pedófilos online) y se alimentan de sus fantasías. No existe abuso, al no existir factores facilitadores[36] para ello.
    b. Pedofilia primaria y secundaria. La primaria es aquella en la que el trastorno parafílico está arraigado en el sujeto, y la secundaria, cuando se asocia con otro trastorno psicopatológico como un retraso mental, el alcoholismo o la demencia.[37]
    c. Pedófilos preferenciales. Aquellos que desde que desarrollan su apetencia sexual en la adolescencia se sienten atraídos y desean a niños.

d. Pedófilos de desarrollo. Llegan a sentir atracción sexual por los niños tras consumir material de explotación sexual infantil. En este caso pueden terminar convirtiéndose en pederastas, pasando a ser usuarios del turismo sexual de menores.

2. **Pederastas**: tipología basada en las investigaciones de Kenneth V. Lanning, agente retirado del FBI, y de su colaborador el doctor Park Dietz:[38]

   a. Pederasta preferencial: motivados por la fantasía. Orientación sexual permanente y persistente dirigida a los niños y niñas, no están interesados en las relaciones con adultos (ni sexuales ni emocionales). No suelen estar casados, y si lo están es para pasar desapercibidos, por conveniencia o para poder acceder más fácilmente a los niños (a sus hijos o a los hijos de sus parejas). Sus fantasías sexuales se enfocan en los niños, que son el motor de su **conducta sexual compulsiva**. Se acercan a ellos de forma seductora, les ofrecen regalos o les prometen cosas, y son planificadores y ritualistas en sus conductas.[39] No consideran que su atracción por los niños ni su conducta sexual sean inapropiadas, ni entienden por qué los persigue la sociedad.

   b. Pederastas situacionales u oportunistas: motivados por el pensamiento. Es el tipo más frecuente y sus relaciones sexuales no están restringidas a los menores, ya que se sienten atraídos por adultos, e incluso pueden tener pareja. Aprovechan la vulnerabilidad del menor o la facilidad para acceder a él (oportunidad) para cometer el abuso o la agresión sexual dentro del entorno familiar, educativo e incluso religioso. Suelen utilizar la manipulación, la coerción o la fuerza. Su **conducta sexual es impulsiva**, sin que exista planificación, y es más episódica que persistente. El delincuente sexual más común, tanto para niños como para niñas, es un pariente masculino que no es el padre de la víctima.[40]

Los más peligrosos son los pedosádicos,[41] es decir, los que además de sentir atracción por los niños, disfrutan sexualmente al infligirles dolor físico, sometiéndolos o maltratándolos psicológicamente, incluso provocando su muerte.

TIPOLOGÍA DE PEDÓFILOS Y PEDERASTAS
ESTABLECIDA POR EL FBI[42]

Delincuentes situacionales	
Regresivos	Tienen pocas habilidades de afrontamiento. Acceden fácilmente a sus víctimas y abusan de los niños como un sustituto de las relaciones adultas
Moralmente indiscriminados	No prefieren a los niños sobre los adultos. Escogen a niños para sus propios intereses (sexuales y de otro tipo)
Sexualmente indiscriminados	Están interesados principalmente en la experimentación sexual y abusan de los niños por aburrimiento y por probar nuevas experiencias
Inadecuados	Son inadaptados sociales, muy inseguros, con baja autoestima. Las relaciones con niños son su única salida sexual
Delincuentes preferenciales	
Seductores	Los delincuentes cortejan a los niños y les dan cariño, amor, comprensión y regalos para mantener una relación
Fijos	Sujetos con un desarrollo psicosexual deficiente, que desean el afecto de los niños y se sienten atraídos compulsivamente por ellos
Sádicos	Son agresivos, la violencia los excita sexualmente, atacan a niños desconocidos y son extremadamente peligrosos

María Lourdes, una segoviana de 41 años, fue la primera mujer pedófila detenida en nuestro país[43] en la Operación Atlas, por descargar, visualizar e intercambiar material de explotación sexual infantil utilizando la red de intercambio Gnutella. Al ser detenida, se le preguntó por qué se descargaba este material. Simplemente respondió con un «me gusta verlo».

El estudio del investigador David McLeod «Female Offenders in Child Sexual Abuse Cases: A National Picture» (2015), basado en los casos comprobados de abuso sexual infantil que fueron denunciados a los servicios de protección infantil de Estados Unidos en el año 2010, determinó que el 20,9 % de los abusos sexuales a niños habían sido cometidos por una mujer; se obtuvieron los siguientes datos:

- Las victimarias solían ser las madres biológicas.
- El 68 % de las víctimas eran niñas.
- Más de la mitad de las víctimas tenían un promedio de edad de 9 años.

No hay muchas investigaciones al respecto, y ante la imposibilidad de tratar este fenómeno delictivo en el presente ensayo, planteo el siguiente esquema atendiendo a las diferentes variables que nos podemos encontrar en el abuso sexual infantil por parte de una victimaria:

Variables en el abuso sexual	Hallazgos de diferentes investigaciones	Bibliografía que apoya la investigación
Edad de la víctima	Prepúberes	Gannon y Rose, 2008
	Adolescentes entre 12 y 17 años	Bader, Scalora, Casady, *et al.*, 2008
Sexo de la víctima	Los niños son más propensos a ser agredidos sexualmente en su etapa de la adolescencia	Finkelhor y Russell, 1984
	En el caso de las niñas, son muchos menos los casos que se denuncian ante la justicia	Bader, Scalora, Casady, *et al.*, 2008
	Victimización sin preferencia de género	Johansson-Love y Fremouw, 2006
Vínculo víctima-victimaria	En la gran mayoría de los casos la víctima conoce a la agresora: es del entorno cercano de la víctima o son mujeres que se relacionan directamente con las víctimas	Gannon y Rose, 2008, y Bader, Scalora, Casady, *et al.*, 2008
	Relación intrafamiliar: el 58 % de las mujeres agresoras están relacionadas biológicamente con sus víctimas	Johansson-Love, Fremouw, 2006
	Agresoras desconocidas: no existe bibliografía que hable de abusadoras sexuales que desconozcan a sus víctimas	Beech, Parrett, Ward, *et al.*, 2009

Clases de abusos sexuales, teniendo en cuenta la edad de la víctima	Caricias sexuales, masturbación, incitar a la masturbación, felación frente a la víctima, penetración digital en la vagina o coito completo, entre otras	Tardif, Auclair, Jacob, *et al.*, 2005
Persistencia de los abusos	Dependiendo del vínculo existente entre agresora y víctima, la mayoría de las víctimas han sufrido abusos en períodos que van de los 6 meses a los 6 años	Tardif, Auclair, Jacob, *et al.*, 2005
	Solo alguna vez (23,1 %), de 10 a 40 veces (38,5 %) y un par de veces a la semana (23,1 %)	
	La mayoría de las niñas notificaron abusos por parte de sus madres, que comenzaron a los 5 años, y durante unos seis años	Denov, 2002

Fuente: elaboración propia a partir de Flores, 2015.

Si no hay más investigaciones sobre mujeres que abusan sexualmente de niños es porque a la sociedad le sigue costando ver a la mujer como una delincuente, y mucho más como una delincuente sexual. El hecho de que la maternidad se siga vinculando al rol de género solo como madre protectora y cuidadora, a estereotipos sobre la femineidad y a determinados factores sociales, culturales y familiares, donde resulta impensable asociar a las mujeres con la criminalidad sexual, son la gran barrera para estas investigaciones. Es probable que exista una importante cifra negra respecto a este fenómeno delincuencial en el que las abusadoras y agresoras son mujeres debido a la falta de denuncias de las víctimas y de su entorno.

Cabe destacar algunos casos mediáticos:

- Vanessa George, de 49 años, fue acusada en 2009 de abusar de 64 bebés en la guardería en la que trabajaba. Admitió siete abusos sexuales y seis delitos de producción y distribución de material de abuso sexual infantil. Las fotografías las hacía con su teléfono móvil y las envió al pedófilo Colin Blanchard. Ambos formaban parte de una red de pedofilia y abusos sexuales en la que estaban involucradas tres personas más en Plymouth.[44]

- En 2019 fue sentenciada a 8 años de prisión Gemma Watts, una londinense de 21 años que se hacía pasar por un chico adolescente en las redes sociales. Veremos este caso con detalle en el capítulo 18, al hablar del *grooming*.

- En octubre de 2019 fue detenida en Benalmádena (Málaga) una madre de 35 años que luego fue extraditada a Suecia. Allí ha sido condenada a 6 años de prisión por abusar sexualmente de sus hijas de 14 y 8 años, grabarlo en vídeo y vender este material en internet.

16

Pedófilos online:
material de explotación sexual infantil (MESI)

Niños atrapados en la red

> —¿Qué lugar es este?
> —Una sala de orientación, un lugar de encuen-
> tro, un sitio ideal para citas. ¿No cree que los
> sueños e internet en realidad se parecen mu-
> cho? Ambos son zonas donde afloran las concien-
> cias reprimidas.
>
> Diálogo de la película *Paprika*
> (TINTO BRASS, 1991)

¿Representan los delincuentes sexuales en internet[1] un nuevo tipo de delincuente sexual, o solo reflejan la transformación de la delincuencia sexual en el espacio físico a través de la
adopción de las nuevas tecnologías?

El hombre de la sonrisa amable y de los caramelos a la
puerta del colegio, el que se sentaba en el parque a observar
cómo jugaban los niños, el que les hacía regalos para ganarse
su confianza… Esos sujetos casi se han extinguido. Antes era
mucho más fácil identificarlos. Eran visibles a los ojos de todos.
Nuestros padres nos decían «no hables con desconocidos», y si
un desconocido se acercaba a nosotros, no hablábamos con él.
Pero en la era digital hay un nuevo «hombre del saco» invisible,
tenaz y mucho más peligroso, que aunque no se lleve a los niños, sí se lleva su inocencia.

Son miles los niños que hablan a diario con desconocidos y es casi imposible saber quién es un pedófilo o un delincuente sexual en el patio de juegos más grande del mundo. Estos depredadores sexuales online han encontrado su paraíso particular en internet y en las redes sociales. Por un lado, tienen a su alcance a miles de potenciales víctimas con las que interactuar. Además, hay millones de imágenes y vídeos de explotación sexual infantil que los pedófilos de todo el planeta consumen para su autogratificación sexual, para retroalimentar sus fantasías patológicas o incluso para terminar abusando sexualmente de un niño. El fácil acceso, la asequibilidad y el anonimato (aunque este cada vez es menor) que proporciona internet facilitan que se intercambien a diario millones de imágenes ilegales de niños.

A pesar de que la mayoría de los estudios, investigaciones, artículos académicos y legislaciones, incluido nuestro Código Penal, hablan de pornografía infantil, no es un término correcto, ni tampoco adecuado. La pornografía implica voluntariedad, consentimiento entre las partes y la obtención de un beneficio económico. El término apropiado para hablar de este tipo de abuso sexual infantil es el de «material de explotación sexual infantil» (MESI) para referirnos a las imágenes y vídeos en los que aparecen niños y menores de edad. Aun así, el término «pornografía infantil» es el que se sigue utilizando, sobre todo dentro del contexto legal.

Los **pedófilos digitales** pueden estar en el entorno más inmediato del niño o a miles de kilómetros, y una parte del contenido que visualizan no lo consiguen en la Deep Web, sino desde la propia habitación del menor o a través de grupos de Facebook o de WhatsApp. El material de explotación sexual infantil o, como muchos organismos internacionales[2] prefirieren denominarlo, «las imágenes de abuso sexual infantil», están a solo un clic de ratón y puede que un pedófilo esté esperando a su hijo al otro lado de la pantalla.

Internet proporciona las circunstancias **sociales, individuales y tecnológicas**[3] en las que se desarrolla el interés por estas imágenes:

- Sociales. Internet se utiliza para tratar de lograr la normalización de la pedofilia, creando comunidades online donde miles de usuarios comparten sus experiencias, intercambian material de explotación sexual infantil y retroalimentan sus fantasías a través de webs y foros específicos.
- Individuales. A través de la red acceden a este material ilícito, se comunican entre ellos y se dan cuenta de que no están solos, que en verdad hay muchos más «como él». Es en este momento cuando empiezan a racionalizar y a normalizar su atracción y su interés sexual por los niños.
- Tecnológicas. Internet puede convertir a los pedófilos en coleccionistas obsesivos y consumidores compulsivos que busquen material cada vez más extremo. Cuando se han visualizado muchas veces determinadas imágenes ya no les produce la misma excitación y buscarán novedades. Además, permite a usuarios de todo el mundo compartir sus colecciones desde la privacidad de sus propias casas, escondidos tras una identidad online.

Hoy internet también se utiliza como un medio para consumar el abuso sexual infantil al menos de las siguientes formas:[4]

- Consumo de material de abuso sexual infantil (pedofilia online).
- Compartir imágenes y vídeos.
- Producción y distribución de material de explotación sexual infantil.
- Atraer y reclutar víctimas infantiles a través de la red.

PEDOFILIA ONLINE

El problema de las imágenes de abuso sexual infantil es multifacético, complejo, cambiante y afecta a niños y a menores de todo el mundo. Su expansión va de la mano de la evolución y del uso de las nuevas tecnologías, a las que tienen acceso millones de personas. Los diferentes sujetos implicados en este fenómeno delictivo son muy heterogéneos en cuanto a sus características personales, sus profesiones o sus motivaciones.

No se puede establecer que exista un perfil único de **usuario** de este tipo de material ilegal, salvo afirmar que la gran mayoría son hombres. Los estudios de esta realidad tan compleja aún no han determinado si todos estos sujetos son pedófilos preferenciales o de desarrollo, qué rasgos de personalidad tienen, cuáles son sus necesidades criminógenas o cuáles son sus factores de riesgo.[5] Podemos definir al **pedófilo online** como un grupo heterogéneo de individuos cuyas **interacciones se centran esencialmente en la pornografía infantil en el ciberespacio** y cuyo comportamiento es punible.[6]

Estamos ante un delito complejo, globalizado e internacionalizado que va en aumento y que se extiende como la pandemia que estamos viviendo por la COVID-19. Por cierto, en España y debido al confinamiento, los pedófilos han tenido mucho más tiempo para consumir material de abuso sexual infantil. El tráfico ha aumentado sobre todo en redes sociales como Instagram, Twitter o Facebook y también a través de Telegram y WhatsApp. Según datos de la Guardia Civil tras el estado de alarma, el intercambio de este tipo de material, tanto vídeos como fotografías, creció cerca de 650 al día, un crecimiento de más del 500 %.[7]

La accesibilidad a este material a través de internet ha facilitado no solo el desarrollo y la intensidad de la pedofilia, sino también su mantenimiento a lo largo del tiempo. Millones de personas descargan imágenes de explotación sexual infantil para excitarse y masturbarse. Muchos sujetos terminan siendo coleccionistas de este tipo de material, sustituyendo el abuso sexual por su consumo. Son pedófilos pasivos o contrarios al contacto que jamás llegarán a cometer un delito sexual.

No podemos afirmar categóricamente que internet «cree» nuevos pedófilos y en algunos casos incluso nuevos pederastas, pero sí podemos aventurarnos a suponer que tener un acceso más amplio y sencillo a estos vídeos e imágenes de niños y menores puede potencialmente alimentar esa preferencia sexual que ya existe en determinados sujetos.[8] No olvidemos que una cosa son los deseos pedófilos y otra es el abuso sexual infantil, y que los factores que influyen en un comportamiento u otro son diferentes.

TIPOLOGÍAS DE PEDÓFILOS ONLINE

La dinámica y la rapidez de la victimización a través de internet han hecho que millones de niños queden atrapados para siempre en la red. Sus fotos y sus vídeos pasan a diario por miles de miradas. Los expertos y los profesionales que trabajan en la prevención e intervención de estos delitos deben conocer la diversidad de sujetos que victimizan a estos menores, porque no todos ellos son iguales. La clasificación más común es entre aquellos sujetos que utilizan internet para localizar víctimas con el objeto de tener un encuentro sexual posterior, a los que les impulsa el contacto (pederastas), y la de aquellos que solo participan en interacciones sexuales online, motivados por su atracción por los niños y por sus fantasías con ellos (pedófilos).

1. **Tipología generalizada** de delincuentes sexuales en la red:[9]

   a. Los que acceden a imágenes de abuso sexual infantil impulsivamente y/o por curiosidad. En este grupo estarían aquellos sujetos que nunca externalizaron problemas sexuales hasta que comenzaron a usar internet.
   b. Acceso o intercambio de material de explotación sexual infantil para alimentar su interés sexual por los niños, de modo que internet actúa como una extensión del patrón de su parafilia sexual ya existente.

c. Delincuentes sexuales que utilizan internet como medio para delinquir: bien offline cuando conocen a su víctima, bien cuando difunden imágenes que ellos mismos graban.

d. Distribuidores de pornografía infantil por motivos económicos.

2. Tipología de pedófilos internautas según su **motivación psicológica**:[10]

a. Pedófilo de tipo situacional. Conducta oportunista e impulsiva que tiende a satisfacer necesidades sexuales, de dominio, poder o rabia.

   – Adolescentes o adultos que buscan material de abuso sexual infantil en internet por curiosidad, para ampliar sus experiencias sexuales.
   – Amorales, motivados por su necesidad de dominación y rabia. En este grupo se incluye a aquellos padres que ofrecen a sus hijos como objetos sexuales.
   – Profesionales. Es el número más ínfimo y trafican con estas imágenes y vídeos de niños con la intención de ganar dinero.

b. Pedófilos de tipo preferencial. Su conducta está guiada por sus fantasías y tienden a satisfacer su parafilia: preferencia y deseo sexual por los niños. Estos son los más peligrosos y los auténticos depredadores sexuales virtuales:

   – Pedófilos puros.
   – Sexualmente indiscriminados, con una amplia variedad de conductas sexuales.
   – Latentes. Existe una tendencia a la pedofilia pero esta permanece aletargada hasta que el acceso a este material despierta sus deseos.

c. Sujetos con diferentes motivaciones:

- Periodistas arriesgados que participan en actividades pedófilas en internet con la excusa de que están llevando a cabo una investigación.
- Bromistas (*Pranksters*) que utilizan la difusión de información falsa o incriminatoria con el fin de ocultar los objetivos de sus acciones.
- Jóvenes de entre 18 y 20 años que intentan tener sexo online con niños y/o adolescentes.

3. Tener, Wolak y Finkelhor basaron su investigación, «A Typology of Offenders Who Use Online Communications to Commit Sex Crimes Against Minors» (2015), en la revisión de 75 declaraciones policiales de delincuentes sexuales detenidos. Contactaron con algunas de las víctimas a través de internet o las conocieron en persona y posteriormente siguieron comunicándose con ellas online. Su análisis identificó una **tipología cualitativa**, teniendo en cuenta las siguientes variables:

a. Los patrones de comunicación online con sus víctimas (*modus operandi*).
b. Sus identidades reales o falsas, tanto online como en la vida real.
c. El tipo de relación con la víctima.
d. Sus niveles de experiencia teniendo en cuenta:

- El número de víctimas y de delitos anteriores.
- La colaboración con otros delincuentes sexuales.
- Posesión y distribución de pornografía infantil.
- Sofisticación de estrategias para engañar a sus víctimas.
- Su conciencia de criminalidad al escoger a un menor de edad.

Tipologías cualitativas delincuentes sexuales. Online	Características
Expertos. **Nivel más alto** 32 % de los 75 casos	Delincuentes sofisticados. Planificación, manipulación y diferentes estrategias para conseguir víctimas. Las encuentran online y las llevan a una relación sexual utilizando una identidad falsa. Atacan a muchas víctimas al mismo tiempo. Sin apego emocional. Pueden actuar solos o llegar a colaborar con otros delincuentes sexuales para atrapar a sus víctimas. Uso de pornografía infantil: comparten con otros y la producen. Conciencia de su conducta criminal. Utilizan métodos para evitar su detección y detención. Objetivo: el sexo
Cínicos **(interés propio)** 34,6 % de los 75 casos	Conocen a sus víctimas y online utilizan su verdadera identidad. Pueden terminar teniendo un contacto real con su víctima. Menos conocimientos de los delitos sexuales y, generalmente, una sola víctima. No emplean tiempo en manipularla y la escogen atendiendo a sus preferencias personales. No se involucran emocionalmente con sus víctimas. Consumo de pornografía infantil. Conciencia de su conducta criminal. Objetivo: el sexo
Centrados **en el afecto** 34,6 % de los 75 casos	Intención de tener con sus víctimas una relación. Se involucran emocionalmente con ese menor. No utilizan la manipulación. Muestran su verdadera identidad. Delincuente y víctima están interesados en tener una relación sexual que puede incluir o no la conciencia de la criminalidad de la relación. No suelen consumir pornografía infantil. Objetivo: relación afectiva y atención

Centrados en el sexo 12 % de los 75 casos	Delincuente sexual con menos experiencia. Entra en lugares virtuales que organizan encuentros sexuales físicos. No buscan sexo con menores, pero sí sexo inmediato con adultos. Muestran su verdadera identidad. Buscan una relación breve. Es habitual que se encuentren con un menor online que se hace pasar por un adulto. Ambas partes buscan una gratificación sexual real sin apego emocional. Aunque finalmente sepan la edad de la víctima, el encuentro sexual se produce

Fuente: elaboración propia a partir de Tener, Wolak y Finkelhor, 2015.

COMUNIDADES Y ACTIVISMO PROPEDOFILIA EN INTERNET. SIMBOLOGÍA PEDÓFILA

Antes el pedófilo merodeaba por parques, colegios o piscinas, pero la llegada de internet les ha dado la oportunidad de ser invisibles y de crear comunidades (que no son ilegales *per se*) donde se ponen en contacto e interactúan. Esto no solo les proporciona un apoyo mutuo, sino que supone un refuerzo positivo ya que creen que lo que hacen no es ilegal, e incluso llegan al punto de considerar que el resto de la sociedad debe aceptarlo y normalizarlo.

Cuando el pedófilo online se da cuenta de que «no está solo» y descubre que en internet hay comunidades, foros y páginas web dedicadas a sus mismos deseos y preferencias sexuales, esto puede suponer un paso más a la hora de desinhibir sus obstáculos morales o personales, lo que finalmente podría llevarle a cometer un delito de abuso sexual.

Uno de los portales más importantes es Boychat.org, heredero del ya desaparecido Boylover.net, que Europol cerró en 2010.[11] En este tipo de páginas se comparten estrategias para «entrenarse» y convertirse en un depredador sexual digital: desde cómo seducir a un niño o tener relaciones sexuales con él hasta consejos sobre qué hacer si la policía encuentra el rastro de uno de estos pedófilos en la red. Otros sitios que han desaparecido son la web LolitaCity o The Love Zone, uno de los foros de explotación sexual infantil más activos de la red TOR, desaparecidos ambos en 2013.

Respecto al **activismo pedófilo online**, desde hace años existe una campaña en internet que propone la normalización, la aceptación social y la legalización de la pedofilia como orientación sexual y atracción romántica hacia los niños. Abogan por la eliminación de la pedofilia como trastorno parafílico (DSM-5) y por la derogación a nivel internacional de las leyes de consentimiento sexual, dejando que sean los niños los que decidan libremente si quieren tener relaciones sexuales o no.

En la actualidad, podemos destacar dos movimientos:

- Minor-Attracted Persons (MAP's). Esta asociación cuenta con sus propios estatutos y ofrece datos de contacto para que pedófilos de cualquier parte del mundo puedan solicitar su admisión. Se dividen en dos grupos: «pro-contac» y «anti-contac». La atracción y el deseo sexual que sienten por los niños es su orientación sexual y por ello tienen tres objetivos: *a)* ser aceptados socialmente; *b)* que no se considere la pedofilia como un trastorno mental, y *c)* que se les incluya dentro del movimiento LGTBQ+.[12]
- Movimiento del Orgullo Pedófilo (MOP). Desde 1998, el 25 abril es el día del orgullo pedófilo internacional. Este movimiento nació en Holanda en 1870. Hoy, con las redes sociales (Facebook o Twitter) miles de personas se unen a la celebración de este día.

El 31 de enero de 2017, el FBI emitió un boletín[13] dando a conocer los símbolos que utilizan los pedófilos en internet y que identifican sus preferencias sexuales: *boylove*, *girllove* y *childlove*. Este documento fue enviado a las agencias de todo el país, y se conoció públicamente al ser difundidos desde WikiLeaks. Estos símbolos han acabado grabados en colgantes y anillos que usan para reconocerse.

	Logo *BoyLover*. Espiral triangular azul enmarcada por otro triángulo. Adultos que prefieren niños pequeños
	Logo *LittleBoyLover*. Niños muy pequeños
	Logo *GirlLover*. Corazón dentro de otro corazón. El pedófilo prefiere chicas jóvenes
	Mariposa. Pedófilos sin preferencia de género: niñas y niños
	Logo Childlove Online Media Activism (CLOMAL). Los pedófilos lo usan para promover su causa: la despenalización de las relaciones sexuales entre adultos y niños

Fuente: elaboración propia.

El activismo pedófilo en internet no solo puede provocar que aumente el consumo de material de explotación sexual infantil, sino que muchos pedófilos, ante el consumo reiterado y recurrente de ese material, necesiten cada vez más, demandando imágenes y vídeos cada vez más perversos y aberrantes que otros terminan produciendo.

Detrás de cada fotografía, de cada vídeo, hay un niño real del que han abusado sexualmente. Y ese abuso queda reducido a píxeles y a imágenes en las que queda atrapado perpetuamente. Porque internet no olvida.

La gran mayoría de los criminales jamás colgarían una foto de su delito en internet, pero a muchos pederastas esto les resulta emocionante. Además, dependiendo del contenido del material (el grado de violencia, los actos cometidos o la edad del menor) pueden llegar a ganarse el respeto de otros agresores y ascender en su depravada jerarquía de abusadores sexuales. Los investigadores, tanto los que elaboran los informes como los que investigan el delito, creen que podría haber más de veinte millones de páginas de material de explotación sexual infantil activas en este momento, pero es imposible saber el número real. Ylva Johansson, comisaria europea de Interior, afirma que la Unión Europea aloja el 90 % de estas páginas web, especialmente Holanda.[14]

La pornografía «en el sentido moderno de la expresión, empezó con la invención de la cámara a principios del siglo XIX. Prácticamente de inmediato se empezaron a producir, comercializar y recopilar imágenes de contenido sexual en las que aparecían menores. [...] Las imágenes se producían en lugares puntuales, eran de baja calidad, de un elevado coste y de difícil obtención».[15]

Consumir imágenes de abuso sexual infantil no es algo novedoso. Ya en los setenta, Dinamarca, Holanda y Suecia tenían legislaciones que lo permitían, siendo estos mismos países los principales productores. Se comercializaban de modo legal revistas, libros e incluso películas que contenían imágenes "pornográficas" de niños y niñas.[16]

Empresas que se han dedicado a la pornografía infantil	
Color Climax Corporation (Copenhague)	Desde 1969 produjo películas comerciales en las que se abusaba de niñas entre los 7 y los 11 años. Eran cortos de diez minutos y el título de la serie era *Lolitas*. Aún se conservan 36 de estas cintas. Dinamarca aprovechó un vacío legal para su producción hasta que la pornografía infantil fue prohibida
Ukranian Angels Studio LS Studio	Activa entre 2001 y 2004, llegó a explotar a más de 1.500 niñas entre los 8 y los 16 años. Esta empresa no mostraba abusos sexuales, simplemente fotografías de niñas, de ahí el sobrenombre de LS (*Lolitas Sotfcore*). Tenía miles de suscriptores en todo el mundo
Azov Films (Canadá)	Fue desmantelada por la policía de Toronto en 2011. Bajo un aspecto de legalidad, vendían vídeos de niños y adolescentes jugando y luchando desnudos, intentando así bordear el límite de la ilegalidad

Fuente: elaboración propia a partir de Casas, 2017.

Es en los noventa, con la llegada de internet y con su crecimiento exponencial posterior, cuando se abre una nueva caja de Pandora. Aparece un escenario virtual que ha «transformado las pautas de producción y difusión de este material».[17] Internet es el medio idóneo para captar nuevas víctimas, abarata el coste de producción y de reproducción, el material de explotación sexual infantil se puede difundir de manera fácil y sencilla a un número cada vez mayor de consumidores, y tanto los vídeos como las imágenes mantienen su calidad visual con el paso del tiempo. Además, las nuevas tecnologías han traído consigo nuevas modalidades de "pornografía" a partir de la creación y la manipulación digitales, creando contenido sexual con adultos para que parezcan menores o bien creando imágenes virtuales sin víctimas reales, lo que añade aún más aristas a este fenómeno delictivo.

El aumento de material de explotación sexual infantil en internet es inquietante, y existe una gran preocupación a nivel internacional al ser muy difícil de controlar, puesto que las fotografías y los vídeos pueden estar almacenados en cualquier parte del mundo. Los pedófilos mantienen el contacto online entre ellos para intercambiar este material, aumentando así su difusión en la red. Internet les proporciona un fácil acceso a este contenido ilegal teniendo a su disposición miles de imágenes y vídeos sin coste económico, incluso en ocasiones se requiere tan solo el intercambio. Actualmente, la gran parte del contenido de explotación sexual infantil anida en internet, donde consumidores, productores y distribuidores se benefician de las ventajas que ofrece esta nueva escena del crimen (veremos qué ventajas son en el capítulo siguiente).

Fermín Morales, catedrático de Derecho Penal de la Universidad Autónoma de Barcelona, afirma que hay una línea evolutiva que desplaza el ánimo de lucro obtenido a través de este tipo de material hacia un ámbito de consumo e intercambio amateur y doméstico. A esta evolución ha contribuido el turismo sexual, ya que es el ámbito donde se generan gran parte de los vídeos e imágenes, pues son los consumidores de sexo con niños y menores de edad los que la crean. Hoy en día, cualquier usuario de internet con inclinaciones pedófilas puede convertirse en consumidor, coleccionista, productor o difusor de material de explotación sexual infantil.

Es casi imposible dar una definición universal de este tipo delictivo. El concepto de **pornografía infantil**, desde un punto de vista legal, depende de múltiples factores: los elementos culturales de cada sociedad, sus pautas de comportamiento sexual o la moralidad de las creencias religiosas que tengan. Así, cada sociedad tendrá diferentes conceptos legales, atendiendo a las conductas que consideren o no como ilícitas. Además, el concepto «menor de edad» tampoco es el mismo en todas las sociedades y culturas.

El artículo 2.c) de la Convención sobre los Derechos del Niño[18] define la pornografía infantil como «toda representación, por cualquier medio, de un niño dedicado a actividades sexuales explícitas, reales o simuladas, o toda representación de las partes genitales de un niño con fines primordialmente sexuales». La definición en nuestro Código Penal se recoge en el artículo 189.1,[19] y se adopta a tipos penales cada vez más amplios para castigar todas aquellas conductas que estén relacionadas con el proceso de la pornografía infantil. En España se castiga la utilización de menores para fines pornográficos, la producción y distribución de pornografía infantil, la posesión (art. 189.2) y adquisición, el acceso consciente a ella (la simple visualización es un delito) y la asistencia a espectáculos exhibicionistas o pornográficos en los que participen menores de edad.

CARACTERÍSTICAS Y TIPOS DE MATERIAL DE EXPLOTACIÓN SEXUAL INFANTIL

- **Representación visual**: fotografías y vídeos grabados o emitidos en *streaming*.[20]
- Pornografía infantil **real**. La naturaleza de las imágenes ha de ser verdadera. Posados, posados eróticos explícitos (se enfatizan los genitales), actividad sexual explícita, agresión sexual y sadismo.
- Pornografía infantil **simulada**. En este caso nos encontramos con:

  a. Pornografía virtual generada a través de programas de ordenador sin que exista ninguna víctima real. Pueden consistir en imágenes, vídeos, dibujos o películas de animación.

  – Pornografía infantil técnica. Aquella en la que los protagonistas son adultos pero aparentan ser menores al aplicarse diversos retoques en las imágenes o en los vídeos.[21] No queda tipificada como delito, al tratarse de un mayor de edad (art. 189.1.c).
  – Pornografía infantil artificial. Representación de menores a través de dibujos u otros tipos de animación. El *hentai* (cómic) y el *anime* (dibujo animado) tienen contenido pornográfico extremo y perverso en el que se representa tanto a adultos como a menores.[22] Cuando se procedió al registro de la

vivienda de Antonio Ortiz, «el pederasta de Ciudad Lineal», encontraron mucha «literatura *hentai*» protagonizada por mujeres orientales, realizando actos sexuales muy explícitos.

b. La pseudopornografía[23] es un híbrido que surge a partir de la manipulación tecnológica. A través de un montaje o del retoque de fotografías y vídeos se inserta a un menor real (su rostro o su cuerpo) sobre la imagen de un adulto, lo que da como resultado una nueva imagen.

En cuanto al contenido y clasificación de este tipo de material, debemos destacar la escala del proyecto COPINE (*Combating Paedophile Information Networks in Europe*). Se llevó a cabo en 1997 en la Universidad de Cork (Irlanda) por el Departamento de Psicología, y su objetivo era categorizar la gravedad del contenido de las imágenes de abuso sexual infantil en diferentes niveles: del más leve al más grave.

Nivel	Contenido de las imágenes y gravedad de estas
1	Imágenes no eróticas ni de contenido sexual
2	Imágenes de niños desnudos o semidesnudos en lugares apropiados y fuentes legítimas (playas, piscinas, etc.)
3	Imágenes eróticas de niños en ropa interior o desnudos tomadas de modo furtivo
4	Posados deliberados de niños desnudos o semidesnudos. Sugieren por el contexto un interés sexual
5	Posados eróticos, sexuales y provocativos hechos de modo deliberado
6	Posados explícitamente eróticos de modo que en las imágenes se da protagonismo a los genitales de los niños o las niñas
7	Actividad sexual explícita entre niños, sin que intervenga un adulto

8	Abuso sexual. Imágenes de actividades sexuales en las que hay una interacción de un adulto con un niño
9	Abuso extremo, en el que las imágenes muestran actividades sexuales de penetración en las que participa un adulto
10	Sadismo y bestialismo

Fuente: elaboración propia a partir de Quayle, 2008.

PARTICIPACIÓN EN EL DELITO DE PORNOGRAFÍA INFANTIL

Estamos ante un delito muy complejo que implica diferentes grados de participación en función de las conductas que se lleven a cabo, y en el que pueden participar diferentes sujetos. Eduardo Casas, escritor, policía de la Unidad de Investigación Tecnológica y experto en investigación en pornografía infantil, afirma que la verdadera naturaleza de este delito es el «ánimo lúbrico. Hacer fortuna no es el propósito de la mayoría de los productores de pornografía infantil».[24]

- **Productores.** Son los que crean las imágenes.

  – Están los profesionales, cuyo objetivo es el lucro y carecen de cualquier interés sexual en los menores (producción comercial). En muchas ocasiones, esta producción se vincula al delito de trata de personas con fines de explotación sexual.
  – En segundo lugar, las imágenes y vídeos de aquellos pederastas que disfrutan de la relación sexual con niños y que se producen en el entorno doméstico (producción privada). Aquí debemos añadir que hay un importante incremento de pedófilos online que acosan a los menores a través de internet (*groomers*) y que tras obtener esas imágenes pasan a formar parte de los círculos pedófilos de intercambio.
  – Finalmente están las grabaciones que se hacen al consumir turismo sexual infantil en países como Filipinas, Vietnam,[25] Tailandia, Brasil y hasta un total de 23 países, según UNICEF y ECPAT.

		Contacto con menores	
		Directo	**Indirecto**
Implicación sexual del productor	**Indirecta**	Productor-registrador con contacto. Los menores posan para él, pero no hay actividad sexual por parte de ese sujeto con ellos	Productor-registrador sin contacto. Hacen fotos o grabaciones de modo discreto de menores en entornos abiertos (playas, parques)
	Directa	Productor-agresor. Abusa y/o agrede sexualmente a menores, y graba digitalmente los hechos	Productor-agresor on-line. Consigue grabar a un menor o convencerle para que se grabe (*groomers*)

Clasificación basada en el método usado para la creación de pornografía infantil (contacto directo/indirecto), entendiendo que su finalidad depende de quién la consuma y del valor otorgado a ese material. Lovelle, Wojcieszk y Soria, 2014.

- **Distribuidores.** Puede tratarse de un grupo de delincuencia organizada con la intención de beneficiarse económicamente, o bien de particulares que utilizan esas imágenes a modo de intercambio para obtener material difícil de conseguir o para «aumentar su estatus social»[26] dentro de las diferentes comunidades pedófilas que existen en la red. El intercambio de este material es cada vez más sofisticado, e incluso llega a alcanzar grandes niveles de profesionalidad. Cronológicamente, algunas de las vías serían las siguientes:

  – Chats, como el Internet Relay Chat (o IRC), emails y mensajes de texto. Aún se siguen utilizando. Uno de los rincones más oscuros de la red era el chat clandestino KiddyPics & KiddyVids, en el que cientos de pedófilos y pederastas intercambiaban imágenes y vídeos. Pero esto no era lo peor, ya que había vídeos de abusos sexuales a la carta.

– Redes P2P. Emule, Gnutella, Ares, etc.
– Foros y *computer bulletin boards*.
– Redes sociales. Grupos privados de Facebook, Twitter e Instagram. En este último, los hashtags son el método de contacto entre pedófilos, como #dropboxlinks, que ha sido cerrado aunque siguen presentes algunas variaciones.[27]
– Skype. Estos contenidos pueden ser compartidos en *streaming* a tiempo real por *webcam*.
– Aplicaciones de mensajería instantánea: Telegram o WhatsApp.
– Almacenamiento compartido en la nube: Dropbox, iCloud, Google Drive, Mega, entre muchísimos otros más, así como servidores privados.
– Webs cuyo dominio va cambiando de modo automático para evitar su rastreo.
– Red TOR, en uso desde 2003. Se facilita la comunicación a través de internet pero sin que se conozca la identidad de las personas que interactúan.
– Comunidades de *boylovers*.

• **Consumo**. Hasta el año 2003, poseer pornografía infantil no era delito. Hoy en día, nuestro Código Penal castiga no solo la posesión y el almacenamiento o colección, sino que la **visualización** (dolosa) también puede conllevar prisión. Lo que buscan los consumidores de este material pornográfico se divide en *softcore* (niños y niñas desnudos) o *hardcore* (actos sexuales explícitos con niños o entre niños), ya que no todos los pedófilos consumen el mismo tipo de material. Cuando se deja de lado el intercambio «altruista» y los pedófilos están dispuestos a pagar, incluso con su tarjeta de crédito, estos dan un paso más y ya no son simples consumidores, sino que comienzan a representar un peligro social.[28] Además, para ver nuevas fotos y nuevos vídeos o para entrar en determinados grupos, en muchas ocasiones han de compartir el material que tienen, y terminan convirtiéndose en distribuidores.

Dentro de los usuarios de MESI nos encontramos con los **pedófilos preferenciales** que solo descargan archivos de abuso sexual infantil, y con aquellos **sujetos sexualmente indiscriminados** que no sienten una atracción preferente por los niños, pero buscan estímulos sexuales diferentes.[29] Esto nos indica que no todos los consumidores de pornografía infantil son pedófilos.

Los sujetos no pedófilos pueden consumir este material ilegal por:

- Una manifestación de la hipersexualidad, de modo que estos individuos también consumen pornografía de adultos.
- Una adicción a la pornografía y a satisfacer su curiosidad.[30]
- Un comportamiento sexual compulsivo.
- Búsqueda de determinadas sensaciones.
- Coleccionismo.

¿CONSUMIR MATERIAL DE EXPLOTACIÓN SEXUAL INFANTIL PUEDE LLEVAR AL DELITO DE ABUSO SEXUAL INFANTIL? PEDOFILIA ONLINE FRENTE A PEDERASTIA

Internet ha hecho que los pedófilos tengan su *meeting point* particular, un sitio de encuentro en el que hablar de sus fantasías y, para algunos, un lugar virtual donde poder contar sus primeros abusos. Se sienten integrados en una comunidad que los acepta, un lugar donde por fin se sienten comprendidos, porque todos ellos son iguales y ahí normalizan sus preferencias sexuales y sus conductas: «Si lo hacen tantos, no debe de ser algo tan malo». Interactuar con otros pedófilos e intercambiar material de abuso sexual infantil puede incluso llegar a ser un refuerzo positivo para ellos y terminar convirtiendo a un pedófilo online en un pederasta.

Considero que la visualización recurrente de estas imágenes y vídeos puede ser un **factor de riesgo** para que más adelante se perpetre un delito de abuso sexual infantil, pero no podemos generalizar, ya que también se requieren una serie de factores facilitadores aparte del consumo. A través del visionado de este material se están combinando tres elementos: una **fantasía sexual**, la **excitación visual** y la **masturbación** como refuerzo. Muchos de ellos querrán ir más allá cuando esto deje de satisfacerles y desearán que esa fantasía sea real. Pero no olvidemos que no todos los pedófilos pasarán a la acción aunque consuman pornografía infantil.

Las investigaciones y la bibliografía sobre el consumo de MESI no llegan a un acuerdo respecto a este tema. Muchas sugieren que no hay una relación causal directa entre el consumo y el abuso sexual a menores.

Posturas respecto a la relación causal entre el consumo de material de explotación sexual infantil y el abuso sexual	
Wolak, Finkelhor y Mitchell, 2005	Sí existe una relación directa entre el consumo de pornografía infantil y un abuso sexual posterior
Quayle y Taylor, 2002, y Riegel 2004	El consumo de este tipo de material puede: *a)* sustituir los abusos sexuales (al servir de freno a sus impulsos delictivos) y *b)* tener una función preventiva sobre futuras conductas delictivas
McCarthy, 2010	El consumo de pornografía infantil, incluso la visualización del material más extremo, no es un factor de riesgo para un abuso posterior
Seto, Cantor y Blanchard, 2006	A pesar de que no exista una relación directa entre consumo-abuso sexual, es posible que los pedófilos online tengan **más tendencia** a buscar el contacto sexual con niños
Sheehan y Sullivan, 2010	Los abusos sexuales se cometen antes que el consumo de imágenes y después estas pasan a ser un sustituto de los abusos

Fuente: elaboración propia basada en la lectura de las distintas investigaciones que se mencionan.

Desde un punto de vista psicológico y criminológico, es importante conocer cómo evolucionan los actos de los pedófilos.

Esto nos ayudará a la hora de elaborar programas de tratamiento, además de ampliar nuestros conocimientos con el fin de poder tipificar, combatir y prevenir algunas de sus conductas delictivas. Algunos de ellos pueden dar un paso más y convertirse en abusadores, pero la gran mayoría serán pedófilos inactivos o anticontacto.

Consumir pornografía infantil se considera un **indicador de pedofilia**, pero no todos los sujetos que la consumen lo hacen motivados por intereses sexuales pedófilos, al igual que no todos los pedófilos ven pornografía infantil.[31] Muchos consumidores pedófilos no tienen los factores facilitadores para terminar cometiendo un abuso sexual, en cambio son incapaces de controlar su consumo.

Muchos investigadores venían defendiendo la existencia de una «escalada criminal» que se iniciaba con el consumo de MESI hasta llegar al abuso sexual infantil o pederastia, y lo cierto es que en determinadas ocasiones es así. Sin embargo, las investigaciones de la última década han demostrado que el consumo de material de explotación sexual infantil y el delito de abuso sexual son dos fenómenos delictivos diferentes, que en determinadas ocasiones pueden perpetrarlos el mismo sujeto.[32]

Respecto a esta **escalada criminal**, ya David L. Morillas, doctor en Derecho y experto en criminología, indicó en 2005 las siguientes **fases**:[33]

1. Trastorno parafílico de pedofilia (DSM-5). Su preferencia sexual por los niños, así como sus fantasías sexuales, siempre han estado ahí. Pedofilia preferencial.
2. En muchos casos, la primera manifestación activa de esta parafilia es la adquisición de este tipo de material que empieza a coleccionar para su consumo privado. Su fantasía queda reforzada por las imágenes y por la mastur-

bación, lo que le supone una plena gratificación sexual. Considero que en esta fase deberíamos incluir también a los acosadores online o *groomers* (capítulo 18) ya que su intención es obtener imágenes o vídeos de niños y menores, o incluso establecer con ellos un contacto posterior para la comisión de un delito sexual.

3. Entran en contacto con otros pedófilos y llegan a formar parte de comunidades virtuales para intercambiar fotografías y vídeos. Suelen ponerse en contacto a través de chats de WhatsApp, o crean grupos cerrados de Facebook. En este mercado ilícito, introducir material nuevo e inédito garantiza el billete de acceso y poder mantenerse en él.

Este contacto continuo con otros pedófilos puede llevar a que algunos de ellos, bien por decisión propia, bien por invitación de un tercero, decidan dar un paso más: **tener la intención** de abusar de un menor o incluso producir este tipo de material ilícito. Para que cometa su primer abuso sexual, debe ganarse la confianza de un niño, fantaseando con esa «primera vez» hasta que finalmente cometa el acto delictivo. Una vez que el pedófilo determina dar ese paso y cometer el abuso sexual, lo más fácil es recurrir a menores de su entorno familiar en lugar de buscar a un menor desconocido por él, que es mucho más arriesgado.

4. Empiezan a plantearse la posibilidad de ser ellos mismos los que graben sus propias imágenes. Comenzarán fotografiando a niños en espacios públicos y abiertos como parques o playas. Esto nos indica ya una actitud selectiva a la hora de crear sus propias imágenes.[34]

5. Paso al acto: el pedófilo se convierte en pederasta. Deja de fantasear para cometer su primer abuso sexual real. Su comportamiento entrará en ese círculo vicioso de cumplir su fantasía, lo que hará que abuse sexualmente de niños de modo reiterativo.

Podemos afirmar que hay distintos tipos de consumidores de imágenes de abuso sexual infantil según cual sea su interés o preferencia sexual, su motivación y su tendencia (o no) a participar en un delito sexual.[35] Tampoco todos ellos consumirán el mismo tipo de material. Los que realmente nos tienen que preocupar son los sujetos que son **selectivos** con sus imágenes y que las consumen y coleccionan, atendiendo al género, la edad o las actividades sexuales que recogen esas imágenes, porque estas variables están directamente relacionadas con el hecho de que un pedófilo online pueda convertirse en un pederasta.[36]

En su artículo, Sotoca Plaza, Ramos Romero y Pascual-Franch (2020), todos ellos miembros de la Unidad Técnica de Policía Judicial de la Guardia Civil, establecen, tras analizar múltiples publicaciones e investigaciones del Reino Unido y Canadá, que existen tres perfiles diferentes relacionados con el abuso sexual infantil:

1. **Consumidor de imágenes** (pedófilo online). Sujetos más jóvenes, con mayor adaptación social, menos rasgos antisociales y con características psicológicas que le protegen/frenan ante la comisión de un delito de abuso sexual: mayor autocontrol, menos distorsiones cognitivas, mayor empatía y menos identificación emocional con la víctima. Estos sujetos, aunque puedan mostrar una tendencia pedófila, tienen una serie de inhibidores que evitan el contacto físico con un niño.

2. El **pederasta**, motivado por el contacto sexual con los niños.

3. El **agresor dual**: consumidor online y abusador sexual infantil, que incluso llega a producir vídeos y fotografías. Su perfil es mucho más cercano al del pederasta que al del consumidor: rasgos de personalidad antisocial, menor autocontrol, mayores distorsiones cognitivas, menor empatía y mayor identificación emocional con la víctima. Suele tener menos imágenes pero más extremas, y existe una relación directa entre el tiempo que lleva consumiendo este tipo de material y abusando sexualmente, de modo que se presentan como delitos

paralelos. Además, debido a su mayor impulsividad, es más probable que un *groomer* termine convirtiéndose en un agresor dual.

Michael Seto, a través de su modelo *Motivation-Facilitation Model of Sexual Offending* (2017), trata de explicar por qué determinados pedófilos solo consumen imágenes de abuso sexual infantil y otros llegan a abusar sexualmente de esos niños.

Los dos factores más relevantes a tener en cuenta son las **tendencias pedófilas** (motivación) y los **rasgos antisociales** (factores facilitadores). Determinados sujetos pedófilos, a pesar de su deseo y de la excitación que les producen los niños, tienen una serie de características psicológicas que actúan como freno ante la conducta delictiva, y por este motivo solo un pequeño porcentaje terminará abusando sexualmente de un niño. El abuso físico tendrá lugar cuando en ese sujeto, además de la pedofilia, haya una serie de características desinhibidoras que faciliten la perpetración del abuso, como por ejemplo determinados rasgos antisociales (impulsividad, ausencia de empatía), consumo de sustancias, oportunidad de acceder fácilmente a un niño o fuertes distorsiones cognitivas.

Hay autores que consideran que son otras las utilidades o finalidades del consumo de las imágenes del abuso sexual infantil:[37]

- La mayor parte de los pedófilos utilizan este material con el objetivo de excitarse, lo cual se demuestra porque, tras el acto masturbador, apagan el ordenador o siguen con otras actividades.
- Material como fetiche si pertenece o está relacionado con la víctima, aunque esta sea real o imaginaria.
- Pueden utilizar esas imágenes o esos vídeos para convencer a otras víctimas de que lleven a cabo conductas sexuales como las que allí aparecen.
- Puede ser un instrumento de chantaje sobre los menores (sextorsión) para que no cuenten a nadie la relación que hay entre ambos.

Peter G. Scully:[38]
El creador del polémico vídeo *Daisy's Destruction*

El australiano Peter Scully, tras estafar tres millones de dólares a más de veinte inversores, huyó a Filipinas y puso en marcha un negocio de explotación sexual infantil que lo ha convertido en uno de los pederastas más aberrantes del planeta. Lo grababa todo: abusos sexuales, torturas a niños, agresiones sexuales muy violentas e incluso vídeos a la carta que le solicitaban algunos de sus ricos «clientes». Para hacer las grabaciones, recogían a niños hambrientos y abandonados de la calle o engañaban a algunas familias diciéndoles que ellos les darían una buena vida y una educación.

En su base de Cagayán de Oro (Mindanao, Filipinas) grabó el polémico vídeo llamado *Daisy's Destruction*, en el que se ven abusos muy graves a una niña de 18 meses por parte de una joven. Pero en contra de las leyendas que corren por la red, la niña no es asesinada ante la cámara. Tras entrevistarme con Eduardo Casas Herrer, autor de *La red oscura* y experto en investigación sobre material de explotación sexual infantil, la niña sigue viva aunque le han quedado graves secuelas, algunas de las cuales las sufrirá de por vida. El vídeo principal tiene dos secuencias grabadas con croma, donde se oye la voz de un hombre dando órdenes a la joven autora de los abusos en visayo (una de las lenguas de Filipinas). Sin embargo, le delató su marcado acento australiano. Este vídeo es tan horrendo que llegó a ser denunciado por algunos pedófilos.

Casas me confirmó que Scully creó una pseudoempresa NLF (No Limits Found) que utilizaba para comercializar los vídeos que grababa, abusando y torturando a niñas. Pero no estaba solo: dos de las niñas que sacó de la calle «adoptándolas» y a las que convirtió a ojos de ellas en sus «novias» (aunque realmente eran sus esclavas sexuales) fueron sus cómplices: Carmen Ann Álvarez, prostituta infantil a la que conoció con 13 años (la llamaba Ángel) y Liezyl Margallo también prostituta (Lovely). Esta última fue quien cometió los abusos sobre Daisy (nombre ficticio de la víctima). NLF se publicitaba en la red TOR, y antes de proceder a la venta de los vídeos se aseguraba de quién era el comprador.

El 20 de febrero de 2015 fue detenido y permanece internado en una prisión de Filipinas. Está considerado un pederasta *hurdcore* y un psicópata sexual sádico, que abusó y torturó a 11 víctimas, llegando a asesinar a una niña. En enero de 2018, Tara Brown, del programa *60 minutos* del Canal 9Now de la televisión australiana,[39] lo entrevistó en la cárcel: «Aún no puedo sentir arrepentimiento por lo que he hecho». Le confirmó que estaba escribiendo un diario con todo lo que ocurrió en su casa de Mindanao.

Por cierto, como ya comenté en un capítulo anterior, todos aquellos que no son miembros de las fuerzas y cuerpos de seguridad del Estado y alardean de haber visto *Daisy's Destruction* (el más famoso), *Dafu Love* o *Green Ball*, están confesando la comisión un delito, lo mismo que los que afirman haber visto una auténtica *snuff movie*. Aun así, si es cierto que las han visto, cosa que dudo bastante, no puedo entender cómo se enfrentan a tal horror… mirar y seguir viviendo con ello después.

Un caso práctico real. Cazadores online: *hunters* y *loopers*

Son muchas las niñas y preadolescentes (de 8 a 14 años) que suben vídeos a internet: unas cantan, otras bailan, otras cuelgan tutoriales de maquillaje y algunas se hacen *selfies* imitando a las grandes modelos que ven a diario en las redes sociales. Un día alguien las invita a que sigan compartiendo estas actividades en una nueva plataforma, donde participan más niños y niñas. Además, podrán competir entre ellos. Es muy fácil: cada nuevo participante puede ir ganando puntos y llegar a ser los que mejores vídeos suban a la red. Solo hay una regla: seguir las pautas del juego.

Bailar o cantar tiene un número de puntos, lanzar un beso a la cámara alguno más y quitarse la camiseta dispara el marcador. Esto va a más, hasta que el adulto que está detrás de la cámara consigue lo que quiere, mientras los menores creen que solo se trata de un juego, de una competición entre niños y niñas de su edad.

En mayo de 2019 finalizaba la Operación Craven, que comenzó en 2016. La Guardia Civil y el FBI detuvieron a 31 personas que habían entrado en contacto con 145 menores (ocho niñas eran españolas) para que participaran en una plataforma de internet, chateen.com, que se administraba desde España. En ella se incitaba a los menores a participar en diferentes actividades sexuales, grabándolos con su *webcam.*

Este grupo actuaba de modo organizado y cada miembro tenía su rol. Estaban los *hunters* (o cazadores), que se encargaban de captar a los menores, sobre todo niñas de 8 a 14 años, enviándoles enlaces para participar en una nueva plataforma. Utilizaban perfiles falsos con fotos de otros menores para ganarse su confianza y atraerlas hacia la plataforma digital de videoconferencias. Cuando accedían a la plataforma a través del enlace que se les proporcionaba, entraban en acción los *loopers*, es decir, los encargados de engañar a nuevas víctimas. Su función era compartir vídeos de otras menores para que las nuevas víctimas creyeran que estaban interactuando con otras niñas. Finalmente, las convencían para que grabaran actos sexuales ante la cámara, pero todo comenzaba como un juego para irse ganando su confianza poco a poco.[40]

El *modus operandi* era el siguiente: a) crean identidades falsas haciéndose pasar por menores, y b) utilizan diferentes técnicas de engaño para ganarse su confianza y obtener imágenes sexuales explícitas.

Microsoft ha creado un sistema automatizado que detecta posibles depredadores sexuales que actúan en internet. El Proyecto Artemis se ha diseñado para detectar patrones de comunicación en las conversaciones, ya que analiza las conversaciones textuales. Tras este análisis se puede determinar la probabilidad de que uno de los interlocutores esté tratando de abusar de otro. Las empresas que ofrecen chats en línea podrán establecer una puntuación mínima y enviar la conversación para que sea revisada por un moderador de modo personal. Es muy reciente, de modo que aún no es cien por cien efectiva, por lo que puede arrojar muchos falsos positivos a la hora de evaluar el significado y el contexto del lenguaje que forma parte de una conversación.[41]

17

Ciberespacio:
la nueva escena del crimen

> Internet es la primera cosa que la humanidad
> ha construido y que no entiende, el experi-
> mento más grande de anarquía que hemos
> tenido.
>
> ERIC SCHMIDT

Nuestra sociedad está inmersa en la era de la información y de la comunicación, lo cual afecta al estilo de vida y a las actividades cotidianas de millones de personas, en el ámbito económico, profesional, familiar, educativo y, sobre todo, en el ámbito personal. Hoy leemos titulares en la prensa (tradicional y digital) como estos: «Liberada una adolescente de 13 años raptada por un hombre que la engatusó a través de un chat»,[1] «El ciberbullying ya aparece en más del 20 % de los casos de acoso escolar»,[2] «Un menor y un adulto, investigados por un caso de sexting a otra menor»[3] o «Dulce Ángel, la asesina de la web de citas»[4]. Todos ellos son fruto de la interacción entre personas que nace en internet.

Hemos ido normalizando conductas lesivas, dañinas y a veces muy peligrosas que ya no se cometen en lugares físicos, sino en un espacio virtual intangible en el que todos nosotros, de un modo u otro, estamos presentes. Las nuevas tecnologías e internet están en constante evolución y han transformado algunos de nuestros comportamientos, como la forma de comprar productos, la de realizar transacciones económicas y bancarias, la forma de estudiar y de trabajar, nuestro tiempo de ocio, la comunicación con otras personas e incluso la forma de enamorarse.

Y también han transformado la forma de delinquir, ya que los delincuentes se han adaptado a este nuevo entorno delictivo aprovechando las oportunidades que ofrece. Y es que internet es el lugar virtual donde se pueden llevar a cabo muchos delitos, incluso un asesinato. Imaginemos que alguien puede tener acceso al programa informático que regula la medicación de un paciente. ¿Qué ocurriría si esa persona cambiara la dosis habitual por una que fuese letal? Probablemente, que la nueva dosis se administraría al paciente, porque es lo que dice su historial médico al que se supone que nadie externo al centro hospitalario tiene acceso.

Momento y lugar para delinquir: la escena del crimen

Para cometer un delito es necesario un lugar donde realizar la conducta ilícita (espacio), un momento adecuado (tiempo) y una víctima potencial. La escena del crimen es el lugar o el espacio físico donde se lleva a cabo la acción criminal sobre la víctima. En ella, los investigadores hallan indicios o rastros físicos e indicios conductuales. La investigación de la escena del crimen es el eje principal sobre el que se asienta el trabajo de los analistas de la conducta, sobre todo en los casos de criminalidad serial, al ser el lugar donde el **agresor y la víctima han interactuado**. En la escena[5] se encuentra la impronta psicológica del agresor que nos ofrece una valiosa información sobre su personalidad. La escena del crimen de cada sujeto es única, distinta, individual y personalizada, y constituye una clara evidencia de su comportamiento delictivo. Cada agresor, cada delincuente, cada crimen tendrán su propia escena y serán diferentes de las escenas de los demás agresores. Incluso en una misma acción criminal llevada a cabo por el mismo sujeto (asesinato serial) puede haber diferentes escenas del crimen.

Tipos de escena según la ubicación geográfica	
Punto de encuentro	Lugar donde el agresor se acercó por primera vez a la víctima, la abordó, la atacó o la engañó para que se fuera con él
Escena primaria	Es donde existe mayor contacto entre el agresor y la víctima, donde se invierte más tiempo y donde se llevan a cabo el mayor número de agresiones sobre la víctima, y a veces también su muerte
Escena secundaria	Lugar donde existe interacción entre víctima y agresor, pero en menor medida. Si es el lugar donde se encuentra el cadáver, entonces la escena secundaria también es la escena del abandono del cuerpo
Escena intermedia	Cualquier escena del crimen entre la escena primaria y el sitio en el que se abandonó el cadáver. Sería un tipo de escena secundaria donde se incluirían los vehículos utilizados para el transporte de la víctima viva (o su cadáver) de un lugar a otro, y los lugares donde ha estado oculta la víctima viva (o el cadáver) hasta que este se abandona definitivamente
Escena terciaria	Cualquier lugar donde la evidencia física está presente, pero no existen evidencias de interacción entre víctima-agresor
Escena final o abandono del cadáver. *Dumpsite/ disposal site*	Es la escena donde se encuentra el cadáver. Se suele emplear este término para indicar que la víctima fue abordada en otro lugar y trasladada a este otro escenario antes o después de su muerte

Tipos de escenas según el ambiente donde se encuentra	
Escenas de interior	Escenas protegidas de los elementos de la naturaleza: viviendas, apartamentos, locales, aparcamientos, almacenes, trasteros, casetas, etc.
Vehículos	Escenas del crimen móviles: coches, caravanas, remolques, etc.
Escenas de exterior	Expuestas a los elementos de la naturaleza: bosques, descampados, acequias, ríos, playas, etc.
Escenas bajo un medio acuoso	Ríos, lagos, pantanos, etc.

Fuente: elaboración propia a partir de la tipología de la escena del crimen según su ubicación geográfica (Turvey, 2006) y según el ambiente en el que se encuentra (Lee, Palmbach y Miller, 2001).

La tecnología nos ha cambiado a nosotros y lo ha cambiado todo, incluso la criminalidad y la delincuencia. La escena física se vincula casi siempre a un solo agresor o delincuente, pero hoy tenemos una nueva escena del crimen que utilizan miles de individuos y, además, al mismo tiempo. Con las tecnologías de la información y de la comunicación (en adelante, TIC) surge una nueva escena del crimen donde pueden actuar un gran número de acosadores, estafadores y pedófilos online. En esta nueva escena no hay interacción personal o física entre las potenciales víctimas y el agresor, sino un contacto online, un contacto impersonal. Aparecen nuevos delitos que solo se pueden cometer a través de internet y otros que, aunque ya existen en el espacio físico, se adecuan a este nuevo escenario. Surge, por lo tanto, una nueva categoría criminal, los cibercrímenes o ciberdelitos que se perpetran en esta nueva escena del crimen: el ciberespacio.

La primera vez que se utilizó este término fue en la novela de William F. Gibson *Quemando cromo* (*Burning Chrome*, 1981), aunque el concepto se desarrolla por completo en su obra *Neuromante* (*Neuromancer*, 1984). Se refiere a un nuevo espacio abierto donde cualquiera de nosotros, en cualquier sitio que nos encontremos, podemos expresar qué creemos, cómo nos sentimos, qué nos gusta o qué estamos haciendo sin miedo a ser coaccionados, al silencio o al rechazo.

El ciberespacio es el nuevo ámbito virtual de interacción social y de comunicación personal que está en permanente evolución tecnológica.[6] Internet y especialmente las redes sociales conforman un nuevo espacio vital (artificial) que ha permitido cambiar el modo en que nos relacionamos socialmente. Lo creamos o no, una parte importante de nuestra vida transcurre en internet y el desplazamiento de nuestras actividades, nuestros intereses y nuestra intimidad al ciberespacio ha favorecido que surjan nuevos delitos.

Su carácter universal y popular se ha extendido en todas las sociedades y en todo el mundo, convirtiéndose en un lugar de intercambio económico y de interacción personal. Actualmente hay más de 4.000 millones de usuarios, según el informe de 2018 de We Are Social y Hootsuite. El Banco Mundial apunta datos como que solo en diez países del mundo los usuarios están por debajo del 2 %, y que existen países que censuran contenido como Vietnam, Túnez, Siria, Irán, Arabia Saudí, Etiopía, Eritrea, China y Corea del Norte, entre otros. Frente a esto encontramos países como Estados Unidos, Canadá y algunos de Europa (sobre todo países nórdicos), donde los usuarios llegan al 90 %.[7]

Características del ciberespacio y su repercusión en una nueva delincuencia

El crimen, al igual que cualquier otra actividad social de las que llevamos a cabo, depende del espacio y del tiempo. El espacio físico (un bosque) existe con independencia de que haya relaciones entre personas en ese lugar, y además seguirá estando ahí después. Sin embargo, en el caso del ciberespacio, estamos ante un **ámbito virtual de interacción** que solo existe cuando hay comunicación e intercambio de información entre los usuarios.[8] Y a pesar de ser un mundo virtual, no deja de ser también real ya que en él podemos efectuar diferentes acciones e incluso tomar diferentes decisiones que afectan a nuestra vida personal, profesional y social.

1. Características respecto al espacio y el tiempo:

   a. En este ámbito virtual se ha «contraído el mundo» al acercar a un mismo lugar interactivo a personas que viven a miles de kilómetros de distancia.[9]

   b. Hay actividad continua las 24 horas del día, los 7 días de la semana, los 365 días al año.

   c. La comunicación entre dos personas o más puede ser inmediata o puede darse en momentos temporales diferentes (envío del email y lectura del email).

   d. Puede convertir en perenne lo que en el espacio físico es caduco,[10] y puede convertir una broma en una humillación perpetua.[11] La publicación de determinados contenidos (postofensivos, insultos, memes, fotografías o vídeos) producen efectos inmediatos y además pueden quedar fijados en el ciberespacio de manera perpetua, haciendo que la victimización, por ejemplo en caso de *cyberbullying*, sea imperecedera y agónica para las víctimas.

2. Otras características de este espacio virtual de interacción:

   a. El ciberespacio no pertenece a ningún Estado en concreto. Es transnacional. Supone la eliminación del espacio físico, de las barreras, de modo que los usuarios pueden acceder desde cualquier Estado a contenidos alojados en servidores de otros estados. Esto es una ventaja, pero también un serio inconveniente en el sentido de que dificulta el seguimiento y el control de la cibercriminalidad.

b. No está ubicado en un sitio concreto en el sentido físico y a nivel funcional; está en todos los sitios a la vez (deslocalización).

c. No existe una autoridad centralizada, ni órganos o instituciones que lleven a cabo un control o algún tipo de censura sobre los contenidos que circulan en internet.[12]

d. Permite a los usuarios navegar libremente sin que sus comunicaciones sean censuradas y sin que el contenido de la comunicación sea alterado.[13]

e. Anonimato de los usuarios. En el ciberespacio se puede ocultar la identidad o crearse múltiples versiones alternativas de uno mismo para involucrarse en diferentes formas de interacción.[14] Pese a los rastros digitales del delito y que se ha avanzado mucho en la identificación de la IP (*Internet Protocol*), aunque ya se puede averiguar el lugar desde donde se actúa, seguimos sin poder identificar al sujeto que está detrás. Los cibercafés, las redes wifi abiertas o los proveedores de servicios gratuitos que no exigen que los usuarios se identifiquen son herramientas que muchos utilizan para mantener su anonimato.

f. Es un espacio virtual abierto y en constante evolución. Las barreras de protección que pueden ser eficaces hoy, pueden dejar de serlo en poco tiempo, y bienes que parece imposible que sean atacados, pueden serlo en un instante.[15] Además, los cambios que se producen en el ciberespacio derivan de las interacciones entre los usuarios y de la creación de diferentes plataformas por parte de algunas empresas.

¿Es el ciberespacio un nuevo ámbito de oportunidad criminal?

Las TIC e internet han dado forma a un nuevo tipo de criminalidad. El ciberespacio es un **ámbito de riesgo** y en él acontecen una gran tipología de comportamientos delictivos que atentan contra diferentes bienes de las personas, tanto patrimoniales como personales.

La Criminología, como ciencia social, centra su estudio en el **crimen como evento**, prestando especial atención al **lugar** donde este se ha cometido. El delito se produce cuando se unen en el tiempo y en el espacio tres elementos: *a)* un objetivo adecuado (víctima); *b)* un delincuente capacitado y motivado para cometer ese delito, y *c)* la ausencia de un guardián capaz y eficaz que pueda proteger a la víctima y evitar la comisión del delito.[16] Estos tres elementos también se dan en el cibercrimen que se lleva a cabo en el espacio virtual.

A raíz de este nuevo espacio delictivo surge la **cibercriminología** encargada de investigar y analizar las conductas delictivas y antisociales[17] que se llevan a cabo en el ciberespacio, así como las repercusiones que estos delitos tienen en la vida real de las personas y en la sociedad en general. Su objeto de estudio es el cibercrimen y sus tipologías, los cibercriminales, la cibervictimización, su relación con la delincuencia tradicional y el control social aplicable a estos delitos. Su enfoque multidisciplinar ayuda no solo a entender la naturaleza de la cibercriminalidad sino a hacerle frente al valorar la ciberseguridad y el cibercrimen en su conjunto.

Cada vez que una persona se conecta a internet pasa a ser un objetivo potencial. Las características del ciberespacio incrementan las oportunidades para delinquir; es posible atacar bienes como el patrimonio, la dignidad personal, la libertad, la intimidad o el honor de las personas. Pero... ¿por qué este espacio virtual genera nuevas oportunidades para delinquir?

- El ciberespacio elimina la exigencia de que haya proximidad física entre la víctima y el agresor. El delito se puede consumar desde casa sin necesidad de que el delincuente se desplace a ningún sitio.
- Percibir un menor riesgo de acabar detenido aumenta la motivación para delinquir. El delincuente asume menos riesgos ya que no hay contacto personal con la víctima, no tiene que huir del lugar de los hechos y, además, puede delinquir a cualquier hora y desde cualquier lugar.
- El incremento de la ciberdelincuencia está directamente relacionado con el anonimato (cada vez menor) que ofrece. Este espacio virtual otorga una sensación de seguridad al delincuente por la que su percepción sobre la impunidad de sus actos es cada vez mayor.
- Su carácter público hace que todo lo que está en internet sea **visible y accesible** a nivel mundial. Todos nos pueden estar mirando.
- Se amplifican las oportunidades del potencial agresor para atacar a diferentes personas y diferentes bienes, ya que un solo individuo es capaz de interactuar, perjudicar y dañar a varias personas, incluso a miles, al mismo tiempo con una sola conducta.[18] Este efecto multiplicador da lugar a que sujetos con los mínimos recursos —un ordenador, una *webcam* o un teléfono móvil— generen enormes efectos negativos.[19]
- Potencialmente, hay un mayor número de agresores motivados debido a que hay más de 4.000 millones de usuarios que interactúan en la red, sin que existan barreras que impidan el contacto entre ellos.
- Hay muchas más víctimas **potenciales**. Como usuarios, al navegar e interactuar en internet no somos conscientes de los peligros a los que nos enfrentamos, sobre todo los menores. Ahí nosotros somos el producto, el posible objetivo de muchos sujetos, no solo de uno. Los

agresores pueden elegir y seleccionar entre múltiples objetivos y, además, una misma víctima puede ser atacada por varios agresores (*cyberbullying*) y desde cualquier parte del mundo. Hay cuatro factores que influyen a la hora de convertirse en una posible víctima online: *a)* con cuántos usuarios interactúa esa persona, sobre todo si la gran mayoría son desconocidos; *b)* con qué frecuencia accede a internet; *c)* cuánto tiempo se pasa conectado a la red, y *d)* qué es lo que esa persona sube y comparte.

- Ausencia de barreras y de vigilantes, lo que facilita la comisión de delitos.
- Escasez de medidas preventivas, tanto de las autoridades competentes como de los medios de control social informal como la familia, los padres o el grupo de iguales.[20]

Millones de personas (potenciales objetivos o víctimas) tienen relaciones personales, sociales y comerciales en internet. Al aumentar el número de usuarios, aumenta también el número de potenciales delincuentes. En este sentido, el ciberespacio es un espacio de riesgo con un potencial efecto multiplicador sin precedentes en la historia.[21]

Nuevo espacio para delinquir y nueva categoría de delitos. Cibercriminalidad

> El crimen online es solo parte de la maduración del medio.
>
> Bill Gates

Son muchos los términos que existen para referirse a la criminalidad que se comete a través de las nuevas tecnologías e internet: *virtual criminality* (Grabosky, 2001), *digital crime* (Taylor, 2006), *crime-online* (Jewkes, 2013), *computer crime* (Bregant y Bregant, 2014), etc. El fenómeno de la cibercriminalidad no contiene tipos penales tipificados como tales en nuestro Código Penal —a excepción del *stalking* (art. 172), *online child grooming* (art. 183.bis) y el acceso informático ilícito (art. 197.3)—, sino tipologías de conductas peligrosas y lesivas para terceros que afectan a diferentes bienes y derechos; por lo tanto, estamos ante una nueva categoría criminológica, una nueva forma de criminalidad.

El cibercrimen[22] engloba a la delincuencia que se lleva a cabo en el ciberespacio,[23] aunando internet y las TIC como medio para la comisión del delito. Es un fenómeno criminal que se expande rápidamente, ya que los cibercriminales aprovechan las ventajas, la velocidad y el anonimato que les ofrece la red para delinquir. Antes se hablaba de «delitos informáticos», que eran aquellas conductas delictivas que se efectuaban **a través del uso de los ordenadores** y que afectaban sobre todo a bienes patrimoniales. Hoy el neologismo «cibercriminalidad» es el que se utiliza para hablar de los delitos que se cometen **a través del uso de internet**. Los bienes a los que pueden afectar estos delitos son mucho más amplios que antes, como la indemnidad sexual, la privacidad, la dignidad personal o el honor.

Los cibercrímenes son comportamientos delictivos cuyo contenido ilícito puede ser **nuevo**, surgido al crearse el ciberespacio, conductas delictivas **tradicionales** que ya existían pero que ahora se cometen a través de internet y los delitos que **surjan en el futuro** a consecuencia de la evolución de la tecnología y las TIC. Esto plantea nuevos problemas no solo desde el punto de vista de la criminología, sino desde el punto de vista penal y, sobre todo, desde el punto de vista de la prevención y de la identificación de los cibercriminales.

Cibercrimen: acto ilícito cuyo objetivo son determinados dispositivos digitales o aquel que es cometido a través de internet y las nuevas tecnologías. Están los delitos tradicionales que utilizan el ciberespacio como medio para cometerlo y los delitos absolutamente nuevos que solo pueden perpetrarse a través del ciberespacio.[24]

1. Tipos de cibercrímenes en función de la relevancia que tienen las TIC e internet en la comisión del delito:

    a. **Ciberataques puros**. Nuevas conductas delictivas que solo se pueden cometer a través del ciberespacio, como el *hacking* o el *malware*.

    b. **Ciberataques réplica**. No se trata de nuevas formas delictivas, sino que ya existen en el ámbito físico pero cambia el *modus operandi* y la escena del crimen, es decir, el cómo y el dónde se perpetran esos delitos. El ciberespacio es el nuevo medio a través del cual se consumen delitos como el ciberacoso o el *phishing*,[25] que también se cometen en el espacio físico: acoso, robos y estafas.

    c. **Ciberataques de contenido**. La ilicitud está en la distribución, difusión, comunicación y transmisión de determinada información a través de internet.

        – Distribución de contenido ilegal. Suele cometerse por sitios web (páginas y blogs) y podemos diferenciar:

            • La que distribuye de modo directo contenido ilegal.
            • La que pone a disposición de terceros ese contenido ilegal.
            • Aquella que solo facilita un enlace para su acceso.

En cuanto a los particulares, la ilicitud está en la posesión de determinado contenido, independientemente de que se comparta o se distribuya, como es el caso de la pornografía infantil (art. 189.2 del Código Penal).

– Distribución de contenido legal. En este caso la conducta delictiva no está en el contenido sino en su transmisión sin que los titulares lo hayan autorizado; por ejemplo, los derechos de autor (piratería intelectual).

2. Tipos de cibercrímenes en función de la intencionalidad y la motivación del delincuente, así como del objetivo (víctima). Aunque todos comparten el medio a través del cual se lleva a cabo la conducta ilícita, la finalidad por la que actúan los cibercriminales, su perfil criminológico y las víctimas que seleccionan son distintos.

a. **Cibercrímenes económicos**. La finalidad es obtener un beneficio económico.

b. **Cibercrímenes sociales**. Son los que tienen que ver con la comunicación y la interacción social que se lleva a cabo a través de la red. El desarrollo de las TIC y de internet no solo ha cambiado la forma de comunicarnos, sino que ha abierto una puerta virtual que pone en peligro nuestra privacidad y determinados intereses y bienes personales que pueden ser lesionados, a veces de modo irreversible. El magistrado Eloy Velasco (2010) la denomina «ciberdelincuencia intrusiva» en referencia a aquellas conductas que atentan contra la privacidad, la intimidad, el honor o la propia imagen.

c. **Cibercrímenes políticos**. Actos ilícitos que están relacionados con la lucha ideológica o política. Internet, como potente medio de comunicación, puede utilizarse para llevar a cabo la captación ideológica de determinados sujetos, o para unir a sujetos que viven en distintos lugares del planeta pero que tienen una misma ideología.

TABLA TIPOLÓGICA-CRIMINOLÓGICA DE LA CIBERCRIMINALIDAD

	Ciberataques puros	Ciberataques réplica	Ciberataques de contenido
Ciber-crímenes económicos	- *Hacking* - *Malware intrusivo* - *Malware destructivo* - *Spam* - Ataques DoS - Ataques de *insiders* - Ciber-ocupación red - *Antisocial networks*	- Ciberfraudes (*phishing, pharming, scam, auction fraud*) - *Cyberspyware* - *Identity Theft* - *Spoofing* - Ciberblanqueo de capital - Ciberextorsión	- Distribución de pornografia en internet - Ciber-piratería intelectual
Ciber-crímenes sociales		- *Spoofing* - *Cyberstalking* - *Cyberbullyng* - *Online harassment* - *Sexting* - *Onlines grooming*	
Ciber-crímenes políticos	- Ataques DoS (*Cyberwar, Cyberhacktivism*) - *Malware* intrusivo	- Ciberespionaje terrorista - Ciberguerra	- *Online hate speech* - Ciber-terrorismo (difusión de mensajes radicales con fines terroristas)

Fuente: Miró, 2012.

A través de internet muchas personas abren puertas que en la vida real no abrirían, y esto puede llegar a tener fatales consecuencias. Ya se puede hablar del «homicidio por internet», es decir, aquellos crímenes que se cometen cuando la víctima y el agresor han interactuado online y la red es su punto de encuentro. Recordemos que los asesinos, sobre todo los seriales, se adaptan a la sociedad y a la modernidad. Así, han pasado de publicar anuncios personales en la prensa[26] a comunicarse a través de la red, aunque el fin sigue siendo el mismo: la búsqueda y la selección de víctimas.

John Edward Robinson (Slave Master)

Se le considera el primer asesino en serie que utilizó internet para buscar víctimas online a través de chats y foros BDSM. Robinson encontró en la red un coto de caza ilimitado. Desde 1993 y hasta que fue detenido, el 2 de junio de 2000, interactuó con mujeres en diferentes chats de contactos con el fin de mantener relaciones sadomasoquistas con aquellas que de un modo voluntario quisieran asumir el rol de esclavas o sumisas sexuales. A otras les ofrecía un puesto de trabajo, ya que se presentaba como un empresario de éxito, de modo que se trasladaban hasta donde estaba Robinson. Con las primeras quedaba en moteles de carretera, y tras torturarlas y violarlas, como parte de la relación sadomasoquista, las asesinaba golpeándolas con un objeto contundente. Trasladaba los cadáveres a su finca de Kansas o a naves de almacenamiento en Misuri, donde los introducía en bidones con productos químicos para que desaparecieran y no dejar huellas. Confesó nueve asesinatos, pero los investigadores creen que asesinó a más de 20 mujeres.[27]

Armin Meiwes (el caníbal de Rotemburgo)

«Se busca un hombre joven, entre 21 y 40 años, que quiera ser devorado.»[28] Muchos de los que leyeron este mensaje en un foro de internet para vorarefílicos[29] (o *vore* en muchos chats) se tomaron esto como una broma más, menos Bernd-Jürgen Brandes, que se puso en contacto con Armin Meiwes, quien lo asesinó, grabando todo en vídeo, la noche del 9 de marzo de 2001. Conservó su cuerpo, lo troceó y se lo fue comiendo. Unos meses después, en ese mismo foro, comentó que «había hecho realidad su sueño» y que buscaba a una nueva víctima, pero un usuario lo denunció y fue detenido en 2002. Lo increíble es que en las respuestas a su comentario se registraron centenares de víctimas voluntarias que estaban dispuestas a dejarse comer por Meiwes. En enero de 2004 fue condenado a 8 años de prisión por «homicidio no premeditado o consentido». El presidente del tribunal, el juez Volker Muetze, afirmó que el acto de Meiwes no era cometer una maldad, «sino satisfacer una fantasía». Sin embargo, dos años después, y ante el escándalo que supuso que su pena quedara atenuada por el hecho de que la víctima diera su consentimiento, se le sentenció a cadena perpetua por asesinato. En mayo de 2020, un titular de la prensa decía que Armin Meiwes, «con un sombrero y gafas de sol, sale de paseo fuera de prisión»; tiene derecho a salidas vigiladas en Alemania. Su abogado ha declarado que «sigue siendo amigable, extrovertido y educado».[30]

William Melchert-Dinkel (el ángel de la muerte de internet)

Este enfermero de Minesota daba consejos online sobre cómo suicidarse. Afirmó en el juicio que solo ejerció su derecho a la libertad de expresión, aconsejando a dos jóvenes sobre cómo quitarse la vida: Mark Drybrough (32 años) y Nadia Kajouji (17 años). Y lo hicieron: Mark en 2005 y Nadia en 2008. William se escondía tras identidades falsas, haciéndose pasar por una servicial enfermera con los nombre de Li Dao o Falcon Girl.[31]

Visitaba foros en los que se incita al suicidio y aquellos de asistencia al suicidio, dando consejos sobre cómo hacerlo de la manera más rápida. Buscaba personas con impulsos suicidas, y él se encargaba de darles el último empujón que necesitaban para quitarse la vida. Aparte de las dos víctimas conocidas, los investigadores creen que «asistió» a más de una docena de víctimas. Ha sido condenado a más de 15 años de prisión.

Miranda Barbour (la asesina de Craigslist)

En 2014 fue detenida Miranda Barbour, una joven de 19 años que asesinó a más de 20 personas, junto a su esposo Elytte Barbour, de 22 años. Según su propia confesión, comenzó a matar cuando tenía 13 años y afirmó que los asesinatos que cometió salvaron a cientos de niñas de ser víctimas de abusos sexuales. En 2013, ambos fueron detenidos acusados de apuñalar, en más de veinte ocasiones, y estrangular a Troy LaFerrara, de 42 años. Miranda se puso en contacto con él a través de un portal de citas, Craigslist, y quedaron para mantener relaciones sexuales. La joven encontró a la mayoría de sus víctimas a través de internet y declaró que solo asesinó a aquellas personas que ella consideraba que eran malas. «No lastimé a nadie que no se lo mereciera.»[32]

Shiraishi Takahiro (el falso suicida)

En octubre de 2017 se hallaron los cuerpos descuartizados de nueve personas en la ciudad de Zama (en la prefectura de Kanagawa, Japón). Estaban en cajas y neveras portátiles.[33] Takahiro contactaba a través de Twitter con mujeres que publicaban mensajes y pensamientos con intenciones y tendencias suicidas. Él comenzaba a hablar con ellas y finalmente las invitaba a su casa. Les contaba que estaba en su misma situación y les prometía que se quitarían la vida juntos. Sus víctimas fueron ocho mujeres y un hombre (el novio de una de sus víctimas). Todas fueron violadas y estranguladas.[34]

Hedangelin Candy Arrieta (*Dulce Ángel, la asesina de Badoo*)

La red social «para ligar» Badoo fue la que utilizó Candy Arrieta, venezolana de 34 años, para contactar con hombres que buscaban una aventura o incluso el amor. Les prometía un fin de semana de sexo y erotismo. Pero realmente lo que hacía era secuestrar y robar a los hombres que acudían a su «reclamo», ayudada por su novio. A su tercera y última víctima, creyendo que estaba muerta tras torturarla para obtener más dinero, la enterraron viva. José Antonio Delgado, de 54 años, no regresó de su cita con Dulce Ángel.

Utilizaba el siguiente *modus operandi*: seducía a hombres maduros a través del chat (conversaciones eróticas y fotografías bastante explícitas de su cuerpo) y finalmente quedaba con ellos. Una vez llegaban al punto de encuentro, Candy y su novio los golpeaban y les robaban el coche, el dinero en efectivo que llevaran y, además, les obligaban a darles las claves de sus tarjetas de crédito. En este portal de citas mostraba claramente que su intención era la de mantener relaciones sexuales, y era ella quien seleccionaba a sus víctimas: hombres que aparentaban tener una posición económica solvente.

Se les ha imputado tres hechos con el mismo *modus operandi*, entre julio y septiembre de 2019, aunque solo José Antonio Delgado fue asesinado. A finales de mayo de 2020, la jueza María José Bello dictaba auto de cierre del sumario y de las investigaciones, siendo acusada de asesinato, detención ilegal, estafas y amenazas.[35] Ella, su pareja y un segundo cómplice serán juzgados en la Audiencia de Zaragoza.

18

Cibercriminalidad social: victimización interpersonal online

El ciberacoso

> Se preguntó por qué ella, a la que le costaba tanto hablar de sí misma con gente a la que veía cara a cara, podía confiarle, sin la menor preocupación, sus secretos más íntimos a una pandilla de chalados completamente desconocidos de internet.
>
> STIEG LARSSON, *La reina en el palacio de las corrientes de aire*, 2007

Con tan solo 12 años, Amanda Todd hizo *topless* frente a una *webcam* para un desconocido. Poco tiempo después comenzó a ser acosada por este hombre, que cada vez le pedía fotografías más íntimas y subidas de tono. Amanda se negó, el chantaje siguió y el acosador creó un perfil en Facebook con la foto de sus pechos. Días después, esas mismas fotografías aparecieron en los correos de sus compañeros de colegio y sus amigos le dieron la espalda, la insultaron, la humillaron y llegaron a golpearla mientras grababan la agresión. Antes de suicidarse el 7 de septiembre de 2012, colgó un vídeo en YouTube[1] de 8:54 minutos de duración titulado *My Story: Struggling, bullying, suicide and self-harm*, en el cual, enseñando a la cámara mensajes escritos en cartulinas, contó su sufrimiento, su inmenso dolor, y aunque tuvo millones de visitas, no evitó su trágico final. Amanda Todd tenía 15 años y fue víctima de sextorsión y de *cyberbullying*, lo que acabó con su vida.

Muchas personas participaron en este linchamiento virtual que duró tres años. ¿Cómo pudieron continuar con sus vidas después de reírse, acosar y humillar hasta la muerte a esta adolescente? Todos aquellos que miraron sin hacer nada, y los que participaron en su brutal acoso incitando con ello a su suicidio, son en cierta manera cómplices de su muerte.

Cuando el ciberespacio nació, se utilizó para desarrollar relaciones económicas entre empresas y clientes, mejorando la comunicación entre ellos y llevando a cabo transacciones económicas beneficiosas para ambas partes. Los bienes que se introducían en la red eran bienes económicos, de modo que la mayoría de los cibercrímenes tenían como objetivo el lucro (ciberdelincuencia económica). Pero en la actualidad, internet es una red de intercomunicación y de relaciones sociales en la que se introducen bienes personalísimos que son visibles y accesibles para miles de personas.

La primera generación de la cibercriminalidad[2] se caracterizó por que los delincuentes usaban los sistemas informáticos para delinquir y el objeto de su ataque eran otros ordenadores (sabotajes informáticos o robo de información). Con la llegada de internet, la segunda generación se caracterizó por delinquir a través de la red, pudiendo menoscabar intereses sociales, personales y patrimoniales. En una tercera generación, internet se ha convertido en un nuevo ámbito de relaciones sociales y personales, un lugar en el que se puede socializar, contactar con cientos o miles de personas, manteniendo y alimentando la comunicación interpersonal,[3] que es precisamente la principal característica de esta tercera generación.

La **cibercriminalidad social** es un fenómeno delincuencial que incluye diferentes formas de victimización interpersonal online[4] y **que afecta a bienes personalísimos** como la intimidad, el honor, la dignidad o la libertad sexual. En determinadas ocasiones, este tipo de cibercriminalidad tiene graves consecuencias, así como un gran interés mediático y jurídico que convierte a los diferentes tipos de victimización en objeto de estudio no solo desde el punto de vista penal, sino también desde el punto de vista político-criminal.

Los cibercrímenes sociales se producen en el **ámbito de las relaciones personales** entre usuarios que utilizan el ciberespacio para comunicarse entre sí, y el objeto del ataque es una persona individual. El espacio virtual crea una atmósfera de anonimato que alimenta, promueve y protege nuevos modos de atentar contra determinados bienes de las personas, multiplicando su lesividad,[5] ya que la transmisión de la información es inmediata y alcanza a muchos receptores.

> El riesgo percibido por los delincuentes es un elemento esencial en la motivación para delinquir, de modo que la ausencia de control en internet hace que estos sujetos perciban que apenas hay riesgo de que los descubran y detengan.

¿QUÉ ES EL CIBERACOSO?

La facilidad que existe hoy en día para hacer o hacerse vídeos y fotografías y difundirlos al instante no solo ha generado nuevos hábitos de conducta, sino que ese material puede emplearse para vulnerar derechos y lesionar bienes personalísimos de los protagonistas de esas imágenes. Estamos ante una actividad de alto riesgo de la que en muchas ocasiones la sociedad, y sobre todo los menores, no es consciente.

Acosar es un acto de violencia física, psicológica o sexual que se lleva a cabo de modo reiterado y que alcanza diferentes formas. Las nuevas tecnologías cruzan la frontera del espacio físico creando nuevas modalidades de acoso cuyo efecto para las víctimas es devastador y en algunos casos puede conducirlas a la muerte.

El **ciberacoso** (o acoso virtual) es un conjunto de comportamientos a través de los que una persona, varias o una organización usan las nuevas tecnologías para hostigar a otros.[6] Dichos comportamientos consisten (y no de un modo excluyente) en amenazas, intimidaciones, coacciones o humillaciones reiteradas valiéndose del anonimato, y pueden llegar a los ámbitos académicos, profesionales, sociales y personales en los que nos movemos. Lo más habitual es publicar post, fotografías o vídeos humillantes a través de las redes sociales, foros, chats, emails o blogs. En algunas ocasiones incluso se ha llegado a crear una web sobre la víctima (la web apaleador)[7] desde la que se anima a terceros a que participen en este hostigamiento.

El ciberacosador lesiona derechos de las víctimas que tienen relación con la dignidad de las personas y su integridad moral, así como el derecho al honor, a la intimidad, a la propia imagen, e incluso se vulnera el secreto de las comunicaciones.

Internet se ha convertido en el medio perfecto de las venganzas anónimas, ya que es la única tecnología que alberga distintas personalidades y cada una de ellas puede usarse a conveniencia.[8]

CARACTERÍSTICAS Y FORMAS DEL CIBERACOSO

- Acoso **público** que alcanza una rápida difusión al ser visible para muchísimas personas/usuarios; **indirecto**, en el que no hay necesidad de la presencia física del acosador(es), y **encubierto**, ya que se ampara en el anonimato.
- Puede prolongarse indefinidamente en el tiempo. Introducir algo en internet es sencillo, pero hacer que desaparezca no lo es tanto.
- Reiteración del acoso. Un solo ataque en línea no se puede considerar como ciberacoso, aunque hay excepciones según sea la gravedad de la conducta.

- Recopilación de información personal sobre la víctima, que ella misma comparte online.
- Acusaciones falsas o calumnias para dañar la reputación de la víctima.
- Insultos y amenazas haciendo pública la identidad de la víctima.
- Envío de *emails* difamatorios para manipular al entorno de la víctima.
- Publicación de información falsa sobre la víctima.
- Manipulación de terceros para que acosen y hostiguen a la víctima ofreciendo la oportunidad de pasar de meros espectadores a acosadores.
- Falsa victimización del ciberacosador, alegando que es la víctima quien le acosa a él.
- Intento de dañar el ordenador de la víctima enviando virus.
- Aquel ciberacoso en el que no existe un propósito legítimo, salvo aterrorizar a la víctima. Algunos ciberacosadores creen que tienen una «causa justa» para acosar, basándose en que la víctima debe ser castigada por un error que ha cometido.

Compartir y exponer nuestra privacidad en internet (vivencias, experiencias, gustos, sentimientos) junto con el anonimato que ofrece son el caldo de cultivo en el que surge el ciberacoso.[9]

TIPOS DE ACOSO A TRAVÉS DE LAS NUEVAS TECNOLOGÍAS[10]

- Comportamientos escritos y verbales (*written-verbal behaviours*). Llamadas de teléfono, correos electrónicos, mensajes de texto, chats, redes sociales, blogs, páginas web o mensajería instantánea.
- Comportamientos visuales (*visual behaviors*). Enviar, compartir o postear fotografías o vídeos comprometidos a través de internet o del móvil.

- Exclusión intencionada de una persona de un grupo online.
- Robar y revelar información personal, usando el nombre y la cuenta de otra persona (suplantación de identidad).

En nuestro Código Penal no están tipificados como tales los diferentes tipos de ciberacoso, sino **conductas concretas** en el marco de un acoso cometido a través de internet. La respuesta penal a este acoso virtual depende:

1. Del bien jurídico o del derecho que se haya vulnerado: integridad moral, honor, intimidad, propia imagen, libertad o indemnidad sexual.
2. De las conductas tipificadas en otros delitos, pero que en este caso se llevaran a cabo a través de internet: injurias, calumnias, revelación de secretos, captación de menores para material de explotación sexual infantil, amenazas o coacciones.

CYBERBULLYING. ABUSO CONTINUADO DE PODER ONLINE DE UN MENOR SOBRE OTRO

El *cyberbullying* es la modalidad online de acoso continuado entre menores utilizando amenazas, conductas de hostigamiento o humillaciones, lo que produce como resultado una agresión psicológica. Al igual que en el *bullying*, se dan los elementos de **intencionalidad, repetición en el tiempo y desequilibrio de poder** pero usando las nuevas tecnologías para perpetrar el acoso.

Al no llevarse a cabo en el espacio físico, hay que añadir otros elementos como el anonimato, el carácter público de la agresión (ante una gran audiencia) y el hecho de que se puede acosar a la víctima en cualquier momento, incluso cuando no esté conectada a internet. La víctima no puede escapar de esta situación de acoso, ya que no encontrará un lugar seguro donde poder esconderse,[11] lo que implica que cambie el perfil de los acosadores, las causas del acoso y sus consecuencias.[12]

Tipo de ciberacoso	Duración del acoso	Tipo de acoso	Bienes afectados por el acoso	Agresor (ciberagresor)	Víctima (cibervíctima)	Código Penal
Cyberbulling	Acoso continuado en el tiempo	Psicológico	Libertad, honor, dignidad, intimidad, integridad moral, propia imagen	Menor	Menor	173, 177, 197, 205, 206, 208, 209
Cyberstalking	Acoso continuado en el tiempo	Psicológico y sexual	Libertad, honor, dignidad, intimidad, integridad moral, propia imagen, libertad sexual	Adulto	Adulto	168, 172, 172. ter, 197.2, 197.7, 264
Online grooming	Acoso continuado en el tiempo	Sexual	Libertad e indemnidad sexual	Adulto	Menor	183.ter, 189.1.a
Sexting-Sextorsión	Acoso continuado en el tiempo	Sexual	Libertad e indemnidad sexual	Adulto o menor	Adulto o menor	197.7
Online harassment	Acoso opcional	Psicológico y sexual	Libertad, honor, dignidad, intimidad, integridad moral, propia imagen, libertad sexual e indemnidad sexual	Adulto o menor	Adulto o menor	173

Fuente: elaboración propia.

En el *cyberbullying*, **una sola conducta**, como colgar una fotografía o un vídeo en internet, puede convertirse en una humillación continua y perpetua para la víctima, ya que lo visualizarán muchas personas y en múltiples ocasiones. Nuestra jurisprudencia entiende que aunque el ataque se produzca una sola vez, puede suponer una grave afectación a la integridad moral de la víctima.[13]

Existen dos tipos de *cyberbullying*: el acoso independiente que solo se lleva a cabo en el ciberespacio, sin antecedentes en la vida física, o la extensión y el refuerzo del acoso que ya sufre el menor en el ámbito escolar, cuando las formas tradicionales ya no son eficientes o satisfactorias para el acosador. En estos casos, el acosador utilizará también internet para amplificar el acoso y sus efectos sobre las víctimas.[14]

Características del *cyberbullying*	
Escenario	Aunque tiene su origen en entornos escolares, se extiende más allá del ámbito escolar: amigos, lugares de ocio, actividades externas
Visualización y detección	Mayor invisibilidad y anonimato, lo que implica una detección del acoso más difícil. Pasa más desapercibido por el silencio de las víctimas y por la falta de supervisión del uso habitual de internet
Ejecución	Ámbito tecnológico. Hay más variantes de acoso (invasión de la intimidad, suplantación de la identidad) y mayores vías de transmisión (post, fotos, vídeos, imágenes manipuladas, chats, blogs o redes sociales)
Riesgo	Es menor para el acosador, puesto que no necesita la presencia física
Perfiles	Se alejan de perfiles escolares de fracaso y conflictividad
Atemporalidad del acoso	Acoso continuo en el tiempo a través del uso de las nuevas tecnologías e internet. El acoso se extiende 24 horas, siete días a la semana, de modo que llega incluso a la intimidad de su casa, acrecentando en la víctima su sentimiento de inseguridad y temor

Público	La agresión adquiere un mayor alcance, ya que son muchas más las personas que potencialmente pueden contemplar un acoso online, incluidos aquellos que no pertenecen al círculo del agresor y de la víctima
Anonimato	La víctima desconoce de dónde vienen los ataques, por parte de quién y qué personas pueden estar apoyando este acoso
Impunidad y desinhibición	El uso de las nuevas tecnologías e internet facilita el anonimato y ofrece al acosador una sensación de impunidad. Esto puede provocar la posibilidad de que lleve a cabo una conducta de acoso que descartaría en el espacio físico, porque el anonimato puede conducir a la desinhibición
Audiencia e inmediatez	Amplia audiencia potencial e inmediatez de la transmisión del contenido del acoso a compañeros de colegio y a terceras personas que forman parte de su entorno, así como a terceros desconocidos
Victimización replicada	La víctima sufre de modo continuo el acoso durante las 24 horas del día, no solo cuando acude al centro escolar

Fuente: elaboración propia.

Los psicólogos Kowalski, Limber y Agatston (2010) consideran que hay ocho tipos de *cyberbullying*:

1. *Flaming* (peleas online). Es el acto de publicar comentarios online —breves y acalorados— usando un lenguaje hostil y vulgar. Incluye el intercambio de mensajes privados de texto o bien en contextos públicos como los foros de discusión. La socióloga Ashlee Humphreys lo define como el uso de lenguaje hostil en línea incluyendo insultos, lenguaje ofensivo y palabrotas.[15]

2. Hostigamiento. Mensajes ofensivos y reiterados enviados a la víctima por email, en foros públicos o a través de mensajes al móvil. Es diferente a los insultos, ya que el hostigamiento es una conducta que dura más en el tiempo.

3. Denigración. Descalificar a alguien online difundiendo información falsa y despectiva para dañar su reputación. Se puede llevar a cabo enviando imágenes, memes, fotografías alteradas digitalmente o rumores.

4. Suplantación de identidad. Usar la cuenta de otra persona para enviar mensajes o crear situaciones que dañen la reputación del propietario de esa cuenta.

5. Revelar información comprometida a otras personas de la víctima, bien porque esta la ha facilitado de modo privado, bien porque se la han sonsacado y después ha sido difundida.

6. Exclusión. No permitir que esa persona participe en una red social o en un grupo online concreto.

7. Ciberpersecución. Enviar a la víctima mensajes reiterados de hostigamiento y amenazantes.

8. *Happy slapping* (bofetada feliz).[16] Consiste en grabar con el teléfono imágenes agrediendo a un menor (bofetadas, empujones, tirones de pelo u otras formas de violencia) para después compartirlas y difundirlas en las redes sociales o en internet.

El *happy slapping* es una conducta que se ha ido popularizando entre los menores y adolescentes y la llevan a cabo por imitación con la intención de buscar popularidad y *likes* en las redes sociales. Es una forma de violencia física que se ejerce de una forma intencionada y puede surgir de modo ocasional o bien tras planificar la agresión. La intención última es **difundir el contenido que se ha grabado**. Podemos determinar que existe una conexión entre estas tres formas diferentes de acoso: el escolar, que puede llevar al *cyberbullying*, y si se graba esa agresión física y se difunde, estaríamos ante el *happy slapping*.

Este tipo de *cyberbullying* pasaría por las siguientes etapas:

1. La víctima suele ser un niño una niña que ya sufre acoso escolar o ciberacoso. Dos o tres personas se ponen de acuerdo (planifican) cuándo y dónde agredirle físicamente.

2. Lo engañan para llevarlo a un lugar aislado en el que no haya riesgo para los agresores de que algún adulto los vea.

3. El menor comienza a recibir agresiones verbales o físicas (que es lo más habitual) mientras una o dos personas graban todo lo que ocurre.

4. La agresión en realidad supone la primera fase del *cyberbullying*, puesto que la difusión de la violencia ejercida sobre el menor es la verdadera intención de esta conducta. El menor sufre una victimización y una humillación constantes al ver cómo se reproduce repetidamente en internet y en las redes sociales la agresión que ha sufrido.

Es esta visibilidad pública, su viralidad y el aumento de popularidad de quien graba o difunde las imágenes lo que puede dar lugar a que otros menores y adolescentes repitan esta misma conducta.[17] Se cree que en España 76.643 jóvenes sufrieron *happy slapping* durante su infancia (la primera vez a los 14 años) por parte de un compañero o amigo del colegio.[18] En España, este tipo de actos suelen clasificarse como un delito de lesiones. En 2007, una menor fue víctima de una paliza en Jaén y las imágenes terminaron en YouTube (Sentencia de la Audiencia Provincial de Jaén 1403/2008 de 2 de octubre).

Las conductas más usadas en el *cyberbullying* son el envío de mensajes insultantes y amenazadores, así como la difusión de imágenes, vídeos, fotos o memes,[19] con la intención de humillar a la víctima.

El estudio internacional de IPSOS refleja que el *smartphone* es la principal vía de ciberacoso en España: casi 1 de cada 2 casos de *cyberbullying* se dan a través del teléfono (47%), frente a otros canales como las redes sociales (44%), sistemas de mensajería online (42%), chats (29%), email (25%) y otro tipo de páginas web (18%). Sin embargo, a nivel internacional, el mayor porcentaje de casos de *cyberbullying* se da a través de las redes sociales (65%), casi 20 puntos por encima del *smartphone*, que ocupa el segundo lugar con un 45%, seguido por sistemas de mensajería online (38%), chats (34%), email (19%) y otro tipo de páginas web (14%).[20]

Nuestro Código Penal no regula un tipo delictivo específico que sancione el *cyberbullying*, de modo que es la jurisprudencia la que reconduce a los distintos tipos penales las conductas que existen de ciberacoso teniendo en cuenta qué derechos se han lesionado. En este caso y dependiendo de los actos cometidos, estaríamos ante un delito contra la integridad moral del menor.

CYBERSTALKING. HOSTIGAMIENTO CONTINUADO A ADULTOS

Se conoce como *cyberstalking*[21] el uso de internet u otras tecnologías de la comunicación para acechar, hostigar, amenazar o difamar **repetidamente** a una persona, causando miedo, amenazando su seguridad y provocando una desestabilización emocional. Fue regulado por primera vez en el estado de California en 1998 al modificar su Código Penal para incluir dentro del tipo de acoso el «electrónicamente comunicado». Trudy Gregory, directora del Centro Nacional para Víctimas del Delito, lo considera como una extensión de la modalidad física del delito de *stalking* (lo veremos en el capítulo 20). Sin embargo, tiene unas características propias que lo diferencian del *stalking offline*: anonimato del ciberacosador, no hay contacto directo con la víctima, invade ámbitos privados del espacio virtual de la víctima o la facilidad de acceso a esta sin límite de horarios.

El *cyberstalking* puede consistir en:[22]

- Ponerse en contacto con alguien después de que esa persona le haya pedido que cese todo contacto.
- Acosar, atormentar, atemorizar o amenazar con causar un daño físico.
- Enviar de modo continuado emails, mensajes de texto o imágenes obscenas.
- Robar o intentar robar la identidad o información de otra persona para perjudicarla.

- Hacer insinuaciones o solicitar relaciones sexuales no deseadas e injustificadas.
- Incluir sus datos personales en una página web que ofrece servicios sexuales, creando un perfil falso de la víctima solicitando ser contactada.
- *Hackeo* de su cuenta de correo electrónico o de su ordenador para espiar todos sus movimientos, así como monitorización informática.

Hemos de tener en cuenta que el *cyberstalking* puede convertirse en *stalking* dada la facilidad de acceso que el *stalker* o acosador puede tener a datos de la víctima como el lugar donde trabaja, su domicilio o su teléfono.

Estamos ante una modalidad de *stalking* adaptada a las nuevas tecnologías, que quedaría incluida en el artículo 172 ter del Código Penal. Se tipifican conductas como vigilar, contactar y atentar contra la libertad y el patrimonio, y al no especificarse el método o los medios por los que se deben llevar a cabo estas conductas, podemos incluir el acoso a través del móvil, internet, chats, foros o redes sociales.

SEXTING[23] Y SEXTORSIÓN. DELITOS QUE ATENTAN CONTRA LA LIBERTAD SEXUAL O LA INDEMNIDAD SEXUAL[24]

No hay *sexting* seguro. A partir del momento en el que compartimos contenido online, escapa de nuestro control.

ANNA PLANAS COLOMÉ

Sexting proviene de la unión de dos términos anglosajones, *sex* y *texting*, y hace referencia al envío de mensajes eróticos o de alta carga sexual a través de mensajes de texto. Sin embargo, la evolución tecnológica ha hecho que hoy se vaya mucho más allá de los simples mensajes de texto de contenido sexual.

El *sexting*, en un sentido muy amplio, queda definido como una «exposición sexual voluntaria en línea»[25] que incluye la **creación, envío, recepción e intercambio de imágenes sexualmente sugerentes** a través de las nuevas tecnologías. Se trata de una conducta sexual que la pueden llevar a cabo voluntariamente tanto adolescentes y menores de edad como adultos.

Es una práctica de alto riesgo y consiste en hacer fotografías o grabar vídeos de uno mismo o dejar a otra persona que lo haga con su consentimiento (*sexting* activo), y posteriormente proceder a su envío a través de internet o del móvil. El delito nace cuando existe una difusión de ese material a terceros sin el consentimiento de la víctima, lo que afecta gravemente a su intimidad. La intención es dañar el honor y la imagen de esa persona, ya que en las imágenes se la identifica de modo inequívoco. Puede tratarse de archivos de producción propia, de producción ajena pero con su consentimiento, o bien archivos robados a la víctima de su teléfono móvil.

El último caso ocurrido en España llevó a Verónica Rubio, de 32 años, al suicidio el 25 de mayo de 2019. Se quitó la vida después de que un vídeo de alto contenido sexual que había grabado cinco años antes y enviado a su expareja, empezara a compartirse entre los empleados de la empresa donde trabajaba (IVECO). El vídeo comenzó a circular a principios del mes de mayo y Verónica, ante la creación de un entorno hostil en su lugar de trabajo, las humillaciones diarias a las que era sometida y el ver que muchos de sus compañeros se acercaban a su puesto de trabajo para ver «quién era la del vídeo» decidió quitarse la vida en su propia casa. Un año después, en mayo de 2020, la magistrada Ana María Gallegos cerró el caso. La investigación llevada a cabo no identificó al responsable del primer envío ni tampoco cuántas personas llegaron a verlo y a compartirlo en diferentes grupos de WhatsApp. Está claro que se trata de un delito contra la intimidad, pero tal y como manifestó la magistrada, «la ley española dice que para investigar un supuesto delito contra la intimidad la víctima debe haber presentado una denuncia»,[26] algo que Verónica no hizo. Además, los investigadores afirmaron que sin su denuncia y sin que existieran indicios de que estaba siendo víctima de una extorsión, era muy complicado seguir con la investigación.

> Hacerse a sí mismo fotografías o vídeos y enviarlos a terceros, o bien dejárselas hacer por otros basándose en una relación sentimental o de confianza, no es un delito, ya que esta conducta queda amparada por la libertad sexual de cada persona. No obstante, sí es un delito cuando, sin el consentimiento de la persona que aparece en esas fotos o vídeos, otra persona difunda, revele o ceda a terceros esas imágenes, y cuando esta divulgación menoscabe gravemente la intimidad personal de esa persona.

Sextorsión es un término que designa un delito, cada vez más común, que consiste en **chantajear** bajo la amenaza de publicar (en internet o en redes sociales) o enviar imágenes o vídeos íntimos en los que la víctima aparece en una actitud erótica, pornográfica o incluso manteniendo relaciones sexuales. La intención es obtener un beneficio económico, o bien ejercer un poder y un control constantes sobre la víctima.

- Puede ir dirigida a menores o a adultos.
- El material obtenido con el fin de chantajear a esa persona puede consistir en imágenes fijas o vídeos obtenidos a través de *webcams*, chats, móviles, etc.
- A través de imágenes obtenidas en el contexto de una relación sentimental.
- La finalidad del chantaje puede ser consumar un abuso sexual, una explotación pornográfica para uso privado o para círculos pedófilos.
- Puede llevarse a cabo por conocidos (exparejas) o desconocidos, por ejemplo mediante el robo de las imágenes del móvil.

El *sexting* también puede tratarse de una campaña de «correos fraudulentos» cuyo objetivo es extorsionar a los destinatarios con el fin de cobrar una cantidad en bitcoins, bajo la amenaza de publicar un supuesto vídeo de contenido sexual que no existe, como anunció el Instituto Nacional de Ciberseguridad (INCIBE) el 6 de mayo de 2020 en España.[27]

Tras el suicidio de Jessica Logan, de 18 años,[28] en 2008, Estados Unidos aprobó la *Jessica Logan Act*,[29] que entró en vigor en 2012 y que obliga a los centros educativos a prohibir el *cyberbullying*. Y es que una conducta de *sexting* puede tener muchas consecuencias, y una de ellas es ser víctima de un ciberacoso intenso y permanente en el tiempo, en el que terminan participando muchas personas del entorno de la víctima.

El *sexting* se ha convertido en una práctica muy popular entre los **adolescentes** a pesar de que conocen los riesgos que conlleva enviar imágenes de contenido sexual. Además, hay un problema añadido, y es que estas imágenes autoproducidas pueden tener un doble recorrido: acabar en manos de amigos, familiares y compañeros de colegio, con lo que puede generarse *cyberbullying*, o acabar en páginas web y en círculos de pedófilos online.

Pero ¿por qué hacen *sexting* los adolescentes?

- Minusvaloración del riesgo de esta conducta, sobre todo los menores de edad (McLaughlin, 2010).
- Muchos adolescentes consideran el *sexting* como una conducta previa a mantener relaciones sexuales (Temple y Choi, 2014).
- Confianza en la persona que recibirá la imagen o el vídeo, o en la persona que hace la foto o graba.
- Exploración de la sexualidad, diversión y la excitación que esta práctica genera (Baumgartner, Sumpter, Peter, *et al.*, 2014).
- Presiones o coacciones por parte de la pareja sentimental.
- La ausencia de sanciones legales (Agustina, 2010).
- Muchas adolescentes admiten que hacer *sexting* les hace sentirse «sexis» ante los demás (Van-Ouytsel, Ponnet, Walrave, *et al.*, 2017).

- Como regalo íntimo a su pareja o elemento de coqueteo.
- Flirtear o llamar la atención de la pareja (Cooper, Quayle, Jonsson, *et al.*, 2016).
- Para sentirse bien (autoafirmación), por mera diversión o para impresionar a alguien (Cox Communications, 2009).
- Deseo de encajar en un entorno cada vez más sexualizado.
- Llamar la atención del grupo o para impresionar a alguien.
- Sexualización precoz en la infancia.
- Aburrimiento, influencia del ambiente y del grupo de iguales (Kopecký, 2012).

Un metaanálisis publicado en abril de 2018 en la revista *JAMA Pediatrics*[30] determina que un número considerable de jóvenes menores de 18 años participan o han participado en prácticas de *sexting*; 1 de cada 7 (15%) ha enviado material sensible y 1 de cada 4 (27%) lo ha recibido (*sexting* pasivo).[31]

El primer condenado por sextorsión en España en 2018 fue un hombre que chantajeó a cinco mujeres para tener con ellas sexo online a través de la *webcam*, tras acceder a sus archivos personales e íntimos mediante un virus informático. El Tribunal Supremo[32] le impuso la pena de 22 años de prisión por los cinco delitos continuados de abusos sexuales por internet y amenazas. La sala destacó que se trataba de un **delito de abuso sexual por internet**, que no requiere de un contacto físico por parte del sujeto, sino de «actos que vayan encaminados a atentar contra la libertad sexual de las víctimas […], mediante la advertencia de difundir archivos de ellas de alto contenido sexual y causándoles, con ello, un gran perjuicio personal y de imagen».

ONLINE *CHILD GROOMING*.
ACCESO A MENORES CON FINES SEXUALES

El escenario del acoso y del abuso sexual a menores ha cambiado: se ha trasladado del espacio físico al espacio virtual. Muchos de esos abusos ahora se llevan a cabo en un espacio que los adultos no pueden supervisar. Es muy difícil controlar toda la actividad que los menores y adolescentes llevan a cabo a través de la red, y la prohibición es aún más peligrosa, porque lo harán a escondidas y crearán perfiles que ni los padres ni sabrán que existen.

Estos son los «ataques online» que más alarma social generan, e internet facilita el proceso de este tipo de ciberacoso. Consiste en una serie de conductas y estrategias que se aplican de modo gradual y que las lleva a cabo un adulto a través de internet, en muchos casos utilizando las redes sociales, **con el fin de ganarse la confianza de menores de edad** fingiendo empatía o incluso una conexión emocional.

El objetivo del *groomer* o acosador puede ser desde obtener fotografías y/o vídeos del menor desnudo o realizando actos sexuales explícitos (pedófilo online), hasta tratar de acceder sexualmente al menor en un espacio físico para perpetrar un abuso sexual (pederasta). En determinados casos, el fin último de este depredador sexual puede ser introducir a ese menor en la producción de material de explotación sexual infantil.

Estos sujetos crean perfiles falsos en distintas redes sociales, simulando ser niños o adolescentes con gustos e intereses parecidos a los de los menores con los que entran en contacto. Estamos ante sujetos que utilizan la manipulación, ocultando su identidad y sus verdaderas intenciones, para que los menores caigan en la red que van tejiendo.

El doctor Christian Moreno Lara[33] define el *grooming* como el «**acoso o abuso sexual a través de internet** de un adulto (victimario) hacia un niño o adolescente (víctima). El *grooming* se lleva a cabo a través de un proceso de engaño donde el *groomer* (adulto que comete el delito) se gana la confianza del menor con el fin de poder abusar sexualmente de él. La pronta detección y la prevención del *grooming* es un reto para la criminología, ciencia idónea para luchar contra este tipo de acoso donde juegan varios factores (edad, sexo, sociológicos, avance frenético de nuevas tecnologías, etc.) y que suele llevar asociado conductas delictivas como el engaño, el chantaje y la extorsión».

El *grooming* es un término que se comenzó a usar en el ámbito criminológico y psicológico, aplicándolo al estudio de los depredadores sexuales, para investigar el comportamiento de estos sujetos en la primera fase del abuso, que es la de tratar de ganarse la confianza del menor.[34] Deriva del verbo *to groom*, que en su tercera acepción significa «preparar o entrenar a alguien para un trabajo importante o cargo».

Anne-Marie McAlinden, profesora de Derecho en la Queen's University de Belfast, señala que el *grooming* se caracteriza:

1. Por el uso de diferentes técnicas de manipulación y control.
2. Se llevará a cabo sobre un sujeto vulnerable.
3. Puede aplicarse en entornos interpersonales (online *y* offline) o en otros entornos sociales del menor.
4. Trata de crear un lazo de confianza o normalizar un comportamiento sexual que es dañino.
5. La finalidad es facilitar una explotación sexual y/o una exposición prohibida.

Se trata de un proceso complejo y gradual en el que varía el tiempo necesario para la consecución de los fines y donde el estilo empleado refleja la personalidad y la conducta del agresor.[35] El adulto prepara poco a poco a un menor para tener acceso a él, satisfacer sus necesidades y mantener en secreto esta relación.[36] Es un proceso de seducción y acercamiento a los menores y adolescentes que permite la manipulación emocional de estos con el propósito de lograr un posterior contacto sexual.[37] Este proceso puede durar días, semanas o incluso meses, de modo que cuanto más dure la estrategia de acercamiento, más se consolidará la confianza del menor y podrá establecerse un lazo de «amistad virtual».

El *online child grooming* pasa por varias fases: [38]

- Se inicia con la **selección de la víctima**, en un lugar virtual frecuentado por menores y que sea atractivo para ellos, como chats o redes sociales. El *groomer* se pondrá un *nick* llamativo o incluso similar al de otros menores, para llamar su atención.
- **Acercamiento**. Finge ser otro menor, entablan conversaciones y le hace creer que comparten hobbies o intereses comunes.
- Le presta una **atención exclusiva** para que el menor se sienta especial y poco a poco se va ganando su confianza.
- Utilizando tácticas como la seducción e incluso la provocación, consigue que el menor se desnude ante la *webcam*, lleve a cabo actos de naturaleza sexual o le envíe fotografías.
- El material obtenido le permite **iniciar el ciberacoso** a través de la manipulación y el chantaje, bien para obtener más material pornográfico, bien para tener un encuentro físico con ese menor con la intención de abusar sexualmente de él. Suele amenazarlo con difundir esas fotografías o vídeos a sus padres y a sus contactos si no cede a sus peticiones. En muchos casos, las imágenes obtenidas pasan a ser distribuidas o intercambiadas en círculos de pedófilos online.

El delito de *grooming*, desde el punto de vista penal, cuenta con tres elementos:

- Es necesario que haya un contacto y el envío de un mensaje, a través de internet, el móvil o cualquier otro tipo de tecnología, con un menor de 16 años y que haya una respuesta por parte de este.
- Proponer un encuentro a ese menor de 16 años.
- Llevar a cabo actos materiales encaminados a ese encuentro en el mundo físico.

En noviembre de 2018, una niña madrileña de 13 años desapareció durante varios días. Los padres, mientras revisaban su habitación, descubrieron que mantenía desde hacía meses conversaciones de alto contenido sexual con un hombre a través de un chat de un videojuego de la PlayStation. Siguiendo esta pista, la policía detuvo a un hombre de 39 años, que fue acusado de delito de detención ilegal y abuso sexual. Este sujeto, tras meses de conversaciones con la niña y de decirle que tenía 17 años y luego 26, la convenció para que quedara con él un sábado a las tres de la tarde; cuando la menor acudió a la cita, se la llevó en su coche a su piso.[39]

Gemma Watts, de 21 años, se hacía pasar por un encantador adolescente de 16 años en las redes sociales llamado Jake Waton; sin embargo, lo que buscaba eran adolescentes de las que poder abusar. Flirteaba con ellas varias semanas a través de Snapchat o Instagram y finalmente quedaban. Watts se vestía de adolescente varón, y ni los padres de algunas de sus víctimas que la conocieron se dieron cuenta de que bajo aquella gorra de béisbol se escondía una mujer adulta. Ha sido condenada a 8 años de prisión por abusos sexuales a menores (aunque se desconoce el número exacto de víctimas) y un delito de agresión con penetración.[40]

ONLINE HARASSMENT. ACTOS DE CIBERACOSO CONCRETOS, OCASIONALES E INDIVIDUALIZADOS

Se trata de conductas de acoso que se pueden llevar a cabo sobre adultos o sobre menores y que no se realizan de modo continuado en el tiempo.[41] ¿Qué conductas incluye?

- Envío de mensajes a través del email, chat o mensajería instantánea[42] de contenido amenazante o abusivo.
- Publicar información falsa sobre la víctima.
- Suplantación de identidad con el objetivo de burlarse, de obtener información o de dañar a la víctima.
- Intimidar o coaccionar por medio de internet mediante una comunicación escrita o verbal.
- Injuriar,[43] calumniar.

- Incitar a terceros al acoso, a amenazar o incluso a agredir a la víctima.

Los forenses australianos en salud mental Cristina Cavezza y Troy McEwan[44] consideran que tanto el *cyberbullying* como el *ciberstalking* son formas concretas de *online harassment* que tan solo se diferencian en el elemento de la continuidad en el tiempo.

19

Tienes una nueva solicitud de amistad:
el ciberacosador y sus víctimas

> Internet terminó con la era de la casa como refugio, al igual que la artillería acabó con la del castillo como fortaleza.
>
> KEN PEASE, «Crime Futures and Foresight Challenging Criminal Behavior in the Information Age», *Crime and Internet*, 2001, p. 24.

Es innegable que internet no solo nos ha cambiado la vida, sino que además forma parte de ella. Es la mayor fuente de información generada y utilizada por millones de usuarios en el mundo. Estamos ante un espacio virtual de ocio y entretenimiento, de interacción y de comunicación. Nos ofrece la posibilidad de relacionarnos de modo inmediato con miles de personas de distintos lugares geográficos, de comprar casi cualquier producto sin desplazarnos, de trabajar desde cualquier lugar del planeta y en cualquier momento, de formarnos académicamente a nuestro ritmo y de llevar a cabo trámites administrativos, a gran y pequeña escala, ahorrándonos largas colas de espera. Además, las redes sociales permiten trasladar a internet la vida social y personal de cada usuario a tiempo real. Todo parecen ventajas, ¿verdad?

Compartimos situaciones cotidianas: adónde viajamos o dónde estamos, qué comemos, qué escuchamos, qué leemos o cómo nos sentimos. Pero compartir parte de nuestra vida privada y de nuestra intimidad en internet supone exponernos a numerosos riesgos de los que a veces no somos conscientes. Riesgos que pueden lesionar algunos de nuestros bienes y derechos más personales, pudiendo llegar a ser víctimas de injurias, calumnias, acoso o de la violación de nuestra intimidad. A veces, compartir cierta información vía email o a través de las redes sociales puede terminar arruinando la vida de muchas personas.

«El mundo disfruta de internet como si se tratase de un juguete. Sin embargo, es el arma más poderosa creada por el hombre.»[1]

Cuando pensamos en los cibercriminales, nos viene a la cabeza la imagen de esos jóvenes rebeldes, casi prodigios de las nuevas tecnologías, urbanitas y con una estética muy definida. De inmediato imaginamos a un joven incomprendido, inadaptado socialmente, que rechaza a la sociedad porque ella también lo rechaza a él, capaz de cambiar las notas de un expediente universitario o tener en jaque al Pentágono. Este reduccionismo criminal es fruto, una vez más, del modelo de *hacker* explotado en el cine, la literatura y la televisión.

Pero no pensamos en el padre de familia que acaba de leer un cuento a sus hijos o en ese joven universitario introvertido y silencioso que pasa totalmente desapercibido o en esa adolescente encerrada en su habitación durante horas. Ese padre o ese universitario pueden estar detrás de una *webcam* pidiéndole a una niña de 10 años que se haga fotografías o que grabe un vídeo masturbándose, y esa adolescente puede estar colgando en la red un post con el que humillar y difamar a una compañera de clase *in aeternum*.

Es indudable que el ciberespacio es una nueva escena del crimen, pero... ¿los sujetos que delinquen a través de internet tienen el mismo perfil que aquellos que cometen el mismo delito en el espacio físico? Y ¿qué características reúnen las cibervíctimas?

Las características del ciberespacio hacen que cambie el perfil de los sujetos que llevan a cabo conductas delictivas a través de internet. Es muy difícil determinar características genéricas de los cibercriminales sociales, ya que esta categoría delictiva incluye diferentes **motivaciones**: desde el que actúa con la intención de acosar, amenazar, coaccionar o humillar públicamente a otra persona, hasta aquellos que actúan con un propósito sexual concreto.

Del mismo modo, tampoco se puede afirmar que exista un perfil genérico de cibervíctimas, debido a la amplia tipología que existe de ciberdelitos sociales y al hecho de que cualquiera con acceso a internet puede terminar siendo una víctima potencial. Sin embargo, la gran mayoría de las víctimas son adolescentes y jóvenes, puesto que la cibervictimización social está directamente relacionada con la **cantidad de tiempo y el tipo de uso** que se hace de internet.

Vamos a centrarnos en los ciberdelitos que tienen más incidencia en nuestra sociedad, y en sus autores: *cybergroomer*, *cyberstalker* y *cyberbullie*.

Cybergroomer. *El ciberdepredador sexual de menores*

Los delincuentes sexuales de menores pueden usar internet con los siguientes fines:[2]

- Consumo o comercialización de imágenes y vídeos de abuso sexual infantil.
- Intercambio de material con otros pedófilos online.
- Participar activamente en chats y grupos privados de contenido sexual con menores para obtener material de explotación sexual infantil o para cometer un posterior abuso sexual.

El termino *child grooming* ha quedado definido por nuestra jurisprudencia como «las acciones realizadas deliberadamente con el fin de establecer una relación y un control emocional sobre un menor con el fin de preparar el terreno para el abuso sexual del menor».[3] El *cybergroomer* entabla conversaciones con estos menores durante un período de tiempo prolongado con el propósito de ganarse su confianza para finalmente pedirles fotografías y vídeos de contenido sexual explícito; esta es la acción principal del *child grooming*, obtener imágenes. En los casos más extremos puede que este sujeto quiera acceder físicamente al menor para abusar sexualmente de él, utilizando para ello la coacción y el chantaje, utilizando el material que tiene del menor.

En muchos casos, la conducta del *cybergroomer* responde a la **necesidad de dar respuesta a sus fantasías sexuales**. Estas vienen provocadas por su parafilia, influyendo también su necesidad de huir de su propia soledad, ya que tienen dificultades para establecer relaciones sociales con su entorno, así como su baja autoestima. Son esas fantasías las que les mueven a entrar en contacto con menores y adolescentes para obtener imágenes y vídeos, y no es probable que abusen sexualmente de ellos, aunque sí pueden extorsionarlos (sextorsión) y chantajearlos para que los menores les envíen más imágenes o tengan con ellos sesiones de cibersexo.

- En estos sujetos, el mayor factor de riesgo que existe es la relación entre su aislamiento social y su sexualidad compulsiva.
- En muchos casos no tienen la intención de llevar sus fantasías a la realidad, de modo que no siempre entrarán en la categoría de pederastas.
- El *cybergroomer* tiene más empatía por sus víctimas, menos impulsividad, un mayor autocontrol, así como un índice mucho más bajo de desviación sexual que los acosadores/agresores que actúan en el espacio físico.
- Actúan bajo un patrón de conducta persistente y de larga duración. Emplean mucho tiempo y un ritual que repiten una y otra vez con potenciales víctimas hasta que encuentran la idónea.
- Evalúan la experiencia, mienten y manipulan utilizando un método que les permite el acceso a las víctimas. Pedro José C. H. (Alicante) se hacía pasar por un joven depor-

tista de 18 años. Una vez se ganaba la confianza de otros menores, empezaba a pedirles fotos y vídeos. En realidad se trataba de un hombre de 49 años que diseñó perfiles para atraer a chicos menores de edad y activos deportistas haciéndose pasar por uno de ellos. Cuando los chicos se negaban a llevar a cabo sesiones de cibersexo, los amenazaba con difundir sus imágenes a todos sus contactos y a sus familias. En el registro de su vivienda los investigadores encontraron gran cantidad de archivos de abuso sexual infantil. No quedó con ningún menor de modo físico, aunque la policía consideró que esta era su intención final: abusar sexualmente de estos niños. Fue detenido en 2018 tras ser denunciado por un menor en Zaragoza.[4]

- Tienen intereses sexuales específicos y definidos, racionalizando sus preferencias, aunque su conducta está dirigida por sus fantasías.
- Coleccionan pornografía centrada en sus temas de interés, no pornografía generalizada.

El estudio basado en 51 sujetos[5] condenados por un delito de *grooming* llevado a cabo por Briggs, Simon y Simonsen (2011) sugiere que existen dos tipos de *groomers* atendiendo a la razón por la que acceden y se acercan a adolescentes (de 13 a 15 años) a través de internet:

- Impulsados por sus fantasías. Se involucran en actividades online, como el chat sexual, el intercambio de imágenes y vídeos con los menores o el exhibicionismo a través de la *webcam,* porque son conductas gratificantes en sí mismas, lo que a menudo los lleva al orgasmo. Estas actividades reflejan sus fantasías sexuales y es habitual que guarden ese material para futuras ocasiones. Este grupo de sujetos solo se mueven por sus fantasías, y no es probable que abusen sexualmente de menores.
- Impulsados por el contacto sexual. En este caso participan en actividades online con la finalidad de tener un encuentro sexual real con esos menores o adolescentes.

Respecto a cómo aparecen en internet distinguimos:

- Los que se hacen pasar por niños o adolescentes. Tratan de manipular a sus potenciales víctimas con la intención de obtener imágenes o vídeos, y en determinados casos con el objetivo de abusar sexualmente de esos menores.
- Aquellos que no mienten sobre su edad o sus intereses sexuales. Se presentan como amigos, confidentes o incluso como mentores y se ofrecen a ayudar a esos menores a descubrir su sexualidad. Ellos no suelen utilizar coacciones ni amenazas.[6]

Algunos autores defienden que el objetivo del *cybergroomer* no es tanto abusar de niños menores de 12-13 años como lograr mantener relaciones sexuales consentidas con adolescentes de entre 13 y 17 años. En estos casos ya no buscan víctimas menores de 12 años, sino que generalmente prefieren a chicas adolescentes que ya hayan tenido alguna experiencia sexual previa o que estén dispuestas a tenerla. En más del 98 % de los casos las víctimas tienen entre 13 y 17 años.[7]

Los estudios victimológicos determinan que colgar información en internet no es un factor que incida directamente en el riesgo de ser atacado por un *cybergroomer*. El factor de riesgo es el **previo envío por parte de la víctima**, de información personal, vídeos y fotografías a desconocidos. En contra de lo que se cree, no siempre es la inocencia de los menores lo que incrementa el riesgo de ser víctimas de un ciberacosador sexual, y menos en la era de las nuevas tecnologías. Los factores que los vuelven vulnerables a la seducción de estos *online molester* es la suma de diferentes y complejos factores que se dan en la adolescencia y que están relacionados con la inexperiencia sexual, la impulsividad, la inmadurez personal y de qué modo influyen todos ellos en la vivencia de su sexualidad.[8]

En nuestro Código Penal queda tipificado como delito (art. 183 ter. 1.º) el acceso a menores de 16 años a través de internet, del móvil o de cualquier otra TIC cuando la finalidad sea sexual. En los delitos de *online child grooming*, estamos ante intrusiones que rompen e influyen en la normal formación de la personalidad y la sexualidad de un menor al quebrarse la confianza que este deposita en una persona adulta.[9] Lo que se protege, por tanto, es la indemnidad sexual del menor, es decir, «el derecho del menor a no sufrir interferencias en el proceso de formación [sexual] adecuada a su personalidad».[10]

Cyberstalker. *Hostigamiento a adultos a través de internet*

Apenas existen estudios sobre el perfil de este tipo de ciberacosador, aunque los que hay determinan que su perfil no es muy diferente al del *stalker offline* (lo veremos en el capítulo 20). Leroy Macfarlane, psicólogo clínico forense, y Paul Bocij, experto en ciberacoso, en su investigación de 2003 «An Exploration of Predatory Behaviour in Cyberspace: Towards a TIpology of Cyberstalkers», determinan que:

- Una gran mayoría de estos ciberacosadores son hombres: 84,6 % frente a un 15,4 % de mujeres.
- La media de edad está en torno a los 41 años, aunque el rango pueda estar entre los 18 y los 67 años.
- Un 52,3 % son hombres solteros, un 21,7 % son casados y un 17,3 % divorciados o separados.
- Son sujetos que tienen una profesión, un trabajo y conocimientos informáticos de grado medio-alto.

Los *cyberstalkers* suelen estar motivados por **emociones negativas, o por graves factores psicológicos**. Trastornos mentales, obsesiones, odio, ira, celos o venganza alimentan directamente a este tipo de acosador online.

Existen cuatro tipos de *cyberstalkers*:[11]

- El vengativo (*vindicative*). Es el ciberacosador más violento y suele tener antecedentes penales. Controla el uso de las nuevas tecnologías y utiliza métodos muy diferentes para acosar a sus víctimas, como por ejemplo el envío de virus troyanos o la usurpación de identidad. Del análisis de los mensajes que enviaron a sus víctimas se puede concluir que, probablemente, varios de ellos presenten algún trastorno mental.

- El integrado (*composed*). La intención del acosador es molestar a sus víctimas sin intención de querer una relación sentimental con ellas. Alto nivel en el uso de las nuevas tecnologías y no suele tener antecedentes penales ni historiales psiquiátricos.
- El íntimo (*intimate*). El objetivo en este caso es llegar a tener una relación sentimental con sus víctimas, con las que suelen contactar a través del email y de webs de citas. Puede tener altos conocimientos informáticos o apenas tenerlos.
- El colectivo (*colective*). Ocurre cuando dos o más personas se unen para acosar a una misma víctima. Cuentan con amplios conocimientos de informática y usan diferentes técnicas para acosar a sus víctimas.

Son los adultos los que más sufren este tipo de ciberacoso, pero es muy complicado estudiar la victimización de un tipo delictivo como este que abarca tantas conductas y tan diferentes. Esto dificulta en exceso la posibilidad de establecer unas características generales de las personas victimizadas (hombres y mujeres). Sí que se ha determinado que las características de estas cibervíctimas coinciden en gran medida con las que sufren *stalking offline*: mujeres menores de 30 años que no están casadas o que están divorciadas. En la actualidad no existen estudios que puedan darnos datos reales de cuál es la «cifra negra»[12] de este ciberdelito, pero tal vez algunas de las razones por las que una víctima de *cyberstalking* no denuncia son:

- Por la falta de tipificación penal. Hay conductas que no se pueden denunciar porque no están contempladas como delito.
- Porque la víctima no considera que sea una conducta delictiva, o no la considera lo suficientemente grave para denunciar. Hay ocasiones en que minimiza su gra-

vedad porque cree que no corre ningún tipo de riesgo al no existir un contacto físico entre su acosador y ella.

- Considera que la denuncia no servirá de nada. Hay un desamparo legal al respecto, puesto que en España aún no existen mecanismos legales efectivos para proteger a la víctima en el momento de la comisión de este tipo de delitos. También se minimiza el riesgo al no existir un contacto físico entre el ciberacosador y la víctima.

Cyberstalking (diferencias con el *stalking offline*)
Desde el punto de vista criminológico y legal, es una nueva conducta delictiva
Se lleva a cabo a través de internet u otras tecnologías, por lo que es más difícil rastrear e identificar al acosador
La víctima no conoce a su acosador, quien suele elegirlas al azar en muchas ocasiones
Puede acosar a su víctima desde cualquier lugar o país, y suele tener altas habilidades en el campo de las nuevas tecnologías
Es habitual que haya un primer contacto inocente entre la víctima y el acosador, en internet
No se necesita continuidad en el tiempo: un post, un tuit o subir una imagen robada puede victimizar a esa persona durante mucho tiempo
Gran sensación de desprotección de la víctima al ver invadido su ámbito privado
Puede terminar siendo un acoso público (*stalking by proxi*), alentando a otros a que participen en el hostigamiento, sobre todo en redes sociales
Puede pasar de ser un ciberacoso a ser *stalking* debido a que el acosador lo tiene fácil para acceder a datos personales de la víctima (teléfono, lugar de trabajo, sitios de ocio, etc.)
Pueden llevarse a cabo comportamientos de acoso que no son posibles en el espacio físico
Alta cifra negra de la criminalidad. La mayoría de las víctimas no denuncian

Fuente: elaboración propia a partir de Pittaro, 2007, y Lowry, Zhang, Wang, *et al.*, 2013.

Al igual que ocurre en el *bullying* tradicional, no podemos determinar que exista un único perfil de *cyberbullie*. En este caso estamos ante una agresión indirecta, donde el acosador busca aumentar su liderazgo o sentirse superior ocultando su identidad para así eliminar el riesgo de que lo descubran. Son niños y adolescentes con tendencia al dominio, al abuso y a la exclusión de otros, egoístas e insolidarios. En la «Guía clínica de ciberacoso para profesionales de la salud», coordinada por Salmerón, Eddy y Morales en 2015, se considera que una gran parte de estos ciberacosadores provienen de familias donde no hay pautas de educación moral a seguir, o bien tienen padres demasiado autoritarios o permisivos.

El **perfil** de estos niños y adolescentes se caracteriza por:[13]

- Personalidad dominante.
- Impulsivos. Se frustran fácilmente.
- Muestran ciertas actitudes encaminadas a la violencia.
- Dificultad para cumplir las reglas.
- Poca empatía y compasión por las víctimas que acosan.
- Falta de respeto hacia los adultos.
- Hábiles para librarse de situaciones complicadas.

Un estudio australiano llevado a cabo por las expertas en *cyberbullying* Donna Cross y la Jenny Walker (2013) determinó cuáles pueden ser algunas de las características de estos ciberacosadores de menores:

- Experiencias anteriores de *bullying* en el colegio.
- Baja empatía.
- Percepción favorable de las conductas que suponen acoso escolar.
- Niños y niñas que no consideran la escuela como un lugar seguro.

- Mayor acceso, frecuencia, habilidad y dependencia de internet y de las redes sociales.
- Figuras parentales poco implicadas en el control o conocimiento de internet.

Respecto al **sexo de los ciberacosadores**, la mayoría de los estudios realizados en España[14] indican que son los chicos los que más se involucran en estas conductas. Sin embargo, otros estudios como los de Patchin e Hinduja (2011) indican que no se han encontrado diferencias importantes entre chicos (18 %) y chicas (16 %).

Sí queda demostrado un mayor predominio de acoso por parte de las chicas en determinadas conductas, como por ejemplo:

- Llamadas ofensivas a la víctima.
- Agredir violentamente a una compañera y después colgarlo en internet (*happy slapping*).
- Difundir fotos y vídeos humillantes a través del móvil e internet.
- Difamar y extender rumores en internet y en las redes sociales.

Las chicas que asumen el papel de acosadoras son mucho más crueles. Son las que más daño psicológico causan a sus víctimas ya que el *cyberbullying* es un tipo de agresión indirecta, más emocional y psicológica.

Esta ratio entre chicos y chicas puede explicarse a partir de la investigación de Coral Hernández y José Antonio Alcoceba (2015), ambos de la Universidad Complutense de Madrid, que determinan que los chicos y las chicas que llevan a cabo conductas de ciberacoso perciben de modo diferente el riesgo. Las chicas asocian el riesgo, en internet y en las redes sociales, con su privacidad y su intimidad centrada en los datos personales y el uso de fotografías. Sin embargo, los chicos perciben menos riesgos en las redes sociales al considerar que son espacios que pueden controlar. En mi opinión, son menos los chicos victimizados, ya que se involucran menos en internet, mientras que las chicas son más vulnerables a ser víctimas de *ciberbullying* puesto que para ellas la red es un lugar donde desarrollar sus relaciones sociales y personales.

En el *cyberbullying* también actúan los **cibertestigos**, y aunque no se puede determinar qué características sociales y personales tienen, su silencio contribuye a que este acoso se perpetúe en el tiempo. Son niños y adolescentes conscientes del acoso y toman una de las siguientes posiciones:[15]

- Espectadores indiferentes. Observan, pero no interactúan ni opinan.
- Espectadores que disfrutan y se divierten con el acoso, hacen comentarios y comparten los contenidos ofensivos y humillantes. Participan de un modo activo.
- Espectadores que no están de acuerdo con estas conductas y defienden a la víctima, increpando al acosador o acosadora.

El mero hecho de dar *like* al comentario de un acosador implica reforzar y multiplicar la victimización de ese menor. En el caso del *cyberbullying*, el efecto espectador es mucho más habitual y en mayor número que en el caso de *bullying* cara a cara.[16]

Las características de las víctimas del *cyberbullying* son muy parecidas a las de las víctimas de *bullying*: niños y niñas inseguros, con baja autoestima, con tendencia al aislamiento, con una discapacidad o con características físicas diferenciadoras, o bien pertenecen a una minoría étnica o sexual. En cuanto a la edad, no hay consenso respecto a si es un factor determinante en la victimización, pero los cursos donde más *cyberbullying* se registra es en segundo y tercero de la ESO, al igual que ocurre en el *bullying* tradicional.

La investigación llevada a cabo por la Universidad del País Vasco en 2013,[17] con una muestra de 3.026 adolescentes de 12 a 18 años y que se hizo a través del test de *cyberbullying*, señala un predominio de víctimas femeninas en conductas como acoso sexual (a través del móvil e internet), robo de contraseñas, llamadas anónimas, difamación y suplantación de identidad. Las adolescentes usan muchísimo más las redes sociales que los chicos, de modo que están más expuestas a ser víctimas.

¿INFLUYE CÓMO NOS COMPORTAMOS EN INTERNET PARA CONVERTIRNOS EN VÍCTIMAS? FACTORES DE RIESGO QUE INCIDEN EN LA CIBERVICTIMIZACIÓN

> —Su naturaleza es la codicia. ¿Y cómo empezamos a codiciar, Clarice? ¿Buscamos cosas que codiciar? Esfuércese por contestar correctamente.
> —No. Lo que nos...
> —Exactamente. No. Su respuesta es correcta. Empezamos por codiciar lo que vemos cada día. ¿No nota usted cada día ojos que la recorren por entero, Clarice, en encuentros casuales?
>
> Doctor Hannibal Lecter, THOMAS HARRIS, *El silencio de los corderos*, 1988, p. 187

Todos nosotros somos potenciales víctimas en internet. Millones de personas usan a diario las redes sociales, aceptan solicitudes de amistad, chatean con desconocidos, compran productos online con sus tarjetas de crédito, responden emails, navegan por distintas páginas web, se descargan archivos... Estamos continuamente interactuando en la red a nivel social, personal y económico, y esto ya forma parte de nuestras actividades cotidianas.

Nosotros, como usuarios privados, somos potencialmente las víctimas más vulnerables, al aparecer en internet como un **objeto u objetivo «deseable»** para los cibercriminales y no solo porque mostremos públicamente parte de nuestra vida privada. Nuestra forma de actuar en internet determina el riesgo que existe para ser o no víctimas de estos depredadores cibernéticos o *Ipredators*.[18]

La criminalidad ha ido incorporando a su *iter criminis* las nuevas tecnologías, cambiando el *modus operandi* de algunos delitos. El traslado consciente o inconsciente, voluntario o involuntario de la vida cotidiana a internet ha hecho que determinadas conductas delictivas se adapten a esta nueva realidad social virtual. Esto implica que además de existir un nuevo perfil criminológico de *criminales virtuales*, haya un gran número de víctimas potenciales en las que estos sujetos van a poner toda su atención.

Cada vez que una persona se conecta a internet puede convertirse en un *objetivo potencial y deseable*. Para ello hay que introducir bienes en la red y han de ser visibles para el resto de los usuarios, bienes como la **intimidad** y la **privacidad** (fotografías, vídeos, lugares, teléfono…) o el **patrimonio** (tarjetas de crédito, cuentas bancarias). La mera introducción de información no es *per se* peligrosa, sino que el riesgo de victimización depende de algunas de las conductas que llevemos a cabo:

- Interactuar con otros sujetos, sobre todo con desconocidos.
- Abrir enlaces que llegan al email procedentes de cuentas desconocidas.
- Agregar a desconocidos a las redes sociales.
- Frecuencia de acceso a internet.
- Tiempo que se pasa en internet.
- Uso de mensajería instantánea y de las *webcams*.
- Uso continuado de redes sociales: mayor número de fotos subidas, número de actualizaciones de estado, y número de cuentas abiertas.
- En el caso de los menores de edad, el uso frecuente de salas de chat, con el riesgo de una mayor exposición a la pornografía.
- Falta de autoprotección real por parte de la víctima: descargar o abrir archivos desconocidos, navegar sin antivirus.

- Enviar información personal a desconocidos (fotos, vídeos, ubicación…).
- Tipos de páginas web que se visitan, etc.

El comportamiento de la víctima en internet es un importante factor pronóstico de su victimización: cuantos más bienes introduzca (fotografías, vídeos, datos personales, tarjetas de crédito…), más interactúe con desconocidos y más tiempo pase en internet, mayor riesgo tendrá de convertirse en la «presa apetecible» de un ciberdepredador. Porque ellos están ahí, observando quiénes somos, qué hacemos y qué tenemos.

FACTORES DE RIESGO QUE INCIDEN EN LA CIBERVICTIMIZACIÓN

Introducción de bienes en internet (cibercrímenes sociales y económicos)
Es la propia víctima la que decide qué información personal introducir en la red. Introduce sus bienes personalísimos y patrimoniales en el ciberespacio: – Identidad y datos personales – Fotografías, vídeos, hobbies, horarios, lugares, actividades – Datos bancarios, tarjetas de crédito

Valor del bien (cibercrímenes sociales)
El objetivo (víctima) ha de tener un valor que lo haga apetecible/deseable para el cibercriminal: – Identidad completa – Edad – Estado civil – Orientación sexual – Intereses, fotos, vídeos – Actualización del estado en redes sociales – Estado de ánimo

Interacción en internet
(cibercrímenes sociales)

El objetivo (víctima) debe:

– Interactuar en internet
– Ser percibido por los demás
– Contactar con un agresor motivado

Emails, chats, redes sociales, Skype, mensajería instantánea, webs de contactos, responder a solicitudes de contacto sexual, *webcam*, GoToMeeting, Zoom, etc.

Falta de autoprotección
(cibercrímenes sociales y económicos)

– Descargar o abrir archivos desconocidos
– Navegar sin antivirus
– Uso de software pirata
– Enviar información íntima a desconocidos o a conocidos (fotos, vídeos)
– Sin privacidad de las cuentas de redes sociales
– Visitar páginas para adultos
– Poner datos de la tarjeta de crédito en páginas no seguras
– Usar la misma contraseña para todo, etc.

Fuente: elaboración propia.

Las decisiones que tomamos cada día respecto a internet y, a veces, nuestra escasa percepción del riesgo en relación con determinadas actividades que llevamos a cabo en el ciberespacio influyen en el hecho de que un usuario termine siendo víctima de un ciberdelito. Factores sociodemográficos como la edad, el sexo y el nivel social, económico o cultural son menos relevantes que el hecho de trasladar parte de nuestra vida a internet.

Si el tiempo que pasamos en la red es un factor de riesgo, debemos formar y formarnos cada vez más en seguridad para que los usuarios privados sigan llevando a cabo esas actividades diarias pero de un modo seguro. Lo cierto es que tendríamos que aplicar esta máxima: «No hagas en internet lo que no harías en la vida real».

20

Delinquiendo en gerundio:
stalking, bullying, mobbing

El acoso en otros ámbitos

El acosador, a través del miedo que provoca en su víctima, con el tiempo y de modo invisible para los demás, se va apoderando de cada aspecto de su vida dejándola vacía.

¿Conocen el mito griego del dios Apolo y la ninfa Dafne? A muchos les parecerá una historia de amor, pero no lo es. Lo que narra este mito es una situación persistente de acoso. Apolo agravió profundamente a Eros, dios del amor, y este, al sentirse humillado, quiso darle una lección. Eros disparó dos flechas: una de oro al corazón de Apolo, lo que le provocó sentir un apasionado amor, y otra de plomo al corazón de Dafne, cuyo efecto era sentir por él un absoluto rechazo y desprecio. Apolo comenzó a perseguirla y a acosarla para conseguir su amor, pero ella huía y huía. Dafne pidió ayuda a su padre, Peneo, y este la convirtió en un árbol, en un laurel, para evitar que Apolo la alcanzase. Cuando al final lo consiguió, vio cómo sus brazos se convertían en ramas, sus pies en raíces y su cabello en hojas. Apolo abrazó el árbol, prometiéndole a Dafne que sus hojas adornarían su cabeza y la de aquellos guerreros, poetas o atletas que lo merecieran, convirtiendo el gesto en un símbolo de victoria.

El delito es un fenómeno social, ya que es la propia sociedad la que determina qué conductas son lícitas y cuáles no, así como un fenómeno espacial y temporal. Cambia según evoluciona la sociedad, la cultura, la tecnología, los valores políticos y económicos, la religión y el lugar geográfico o el país donde se cometen. Si las conductas que se consideran delito cambian, también lo hace el tipo de delincuencia, los criminales y el tipo de víctimas. Hoy existen una serie de anglicismos para denominar diferentes conductas que han estado siempre en nuestra sociedad pero que no siempre han sido objeto de protección penal: el acoso.

En la actualidad, el acoso es una enfermedad social, una manera de ejercer poder sobre otras personas, pero ocultándose ante los ojos de los demás. Consiste en hostigar, perseguir, humillar o molestar a través de diferentes conductas y por distintas motivaciones. Para considerar una conducta como acoso, debe existir un desequilibrio de poder entre el acosador y el acosado, que las conductas llevadas a cabo por el acosador se repitan más de una vez y que haya intencionalidad por su parte. Puede darse de muchas formas y en muy diferentes contextos: *a)* acoso escolar o *bullying*, *b)* acoso laboral o *mobbing*, *c)* acoso físico o *stalking*, *d)* ciberacoso, *e)* acoso inmobiliario o *blockbusting*,[1] *f)* acoso psicológico y *g)* acoso sexual.

STALKING. HOSTIGAMIENTO FÍSICO
O ACECHO PREDATORIO PERSECUTORIO

> Hola, ¿quién eres? Todas tus cuentas son públicas, quieres que te vean, que te escuchen, que te conozcan. Y yo te lo agradezco.
>
> JOE GOLDBERG,
> serie *You*, 1.ª temporada

Stalking significa «acecho», de modo que la víctima es perseguida de forma obsesiva contra su voluntad mediante diferentes conductas que vulneran gravemente su libertad de obrar (capacidad de decidir con libertad), su dignidad y la necesidad de sentirse segura.

La víctima puede verse sometida a persecuciones o vigilancias constantes (el acosador la espía, la sigue por la calle), recibir mensajes continuamente, llamadas telefónicas, regalos, y en casos extremos el acosador puede amenazarla e incluso ponerse violento con ella.[2] Los *stalkers* pueden acosar a exparejas, a personas que conocen (amigos, familiares) y también a desconocidos con los que llegan a obsesionarse.[3] En psicología se conoce como «síndrome del acoso apremiante», y el *stalker* o acosador acecha compulsivamente a su víctima sin tener en cuenta sus negativas.

Este término surgió en los años noventa tras el asesinato el 18 de julio de 1989, en la puerta de su casa, de Rebecca Schaeffer, actriz estadounidense de 21 años que fue acosada durante tres años por Robert John Bardo, un fan obsesivo de tan solo 19 años de edad.[4] Su muerte sirvió para cambiar las leyes en Estados Unidos, siendo el estado de California el primero en incluir en su legislación el delito de *stalking*, recogido en el artículo 649.9 de su Código Penal.[5] En Europa, el concepto *stalking* se introdujo por primera vez en Gran Bretaña en 1997 con la aprobación de la *Protection from Harassment*, y después se trasladó al resto de los países de la Unión Europea.

¿Qué conductas se tipifican en nuestro Código Penal como un delito de acoso?

Acosar implica llevar a cabo conductas de muy diversa naturaleza y de distinta gravedad. Algunas se consideran delitos, otras se tienen por irrelevantes y en algunos casos incluso están aceptadas socialmente. El delito de acoso o *stalking* se incluyó por primera vez en España con la reforma del Código Penal de 2015. Para que sea punible, tiene que realizarse a través de alguna de las cuatro modalidades que se recogen en el artículo 172 ter del Código Penal y tener los siguientes requisitos:

a.   Debe tratarse de actos de persecución insistentes, reiterados en el tiempo.

b.   Sin autorización de la víctima.

c. Esta debe percibir esos actos como intimidatorios, hasta el punto de que **alteren gravemente el desarrollo de su vida cotidiana** (cambio de número de teléfono, domicilio, sus recorridos habituales, etc.).

Aunque puede consistir en otras muchas conductas,[6] en España solo estas pueden considerarse delito:[7]

1. Vigilar, perseguir o buscar su cercanía física. Hablamos de proximidad física y de observación en la distancia a través, por ejemplo, de cámaras de videovigilancia o dispositivos GPS.

2. Establecer o intentar establecer (tentativa) contacto con ella a través de cualquier medio de comunicación o por medio de terceras personas.

3. Usar indebidamente sus datos personales para comprar productos o mercancías, contratar servicios o hacer que terceras personas se pongan en contacto con ella, como, por ejemplo, poner sus datos en una web para que reciba llamadas o e-mail de muchas personas.

4. Atentar contra su libertad o su patrimonio o contra la libertad o patrimonio de otra persona próxima a ella.

Para que el acoso sea punible, debe llevarse a cabo a través de alguna de las modalidades recogidas en el artículo 172 ter del Código Penal.

Tipología del stalker

Los *stalkers* no son un grupo homogéneo porque cada uno de ellos (y, en algunos casos, de ellas) tiene diferentes razones y motivaciones para lo que hacen, pero sí coinciden en algo: su obsesión por la víctima.

- Desde el punto de vista criminológico:[8]

- Doméstico. Acoso a su excónyuge o expareja.
- Lujurioso. Los violadores y asesinos en serie pueden iniciarse en este sentido.
- Enamorado. Un conocido, un compañero de la víctima, un vecino que desea una relación íntima con la víctima pero que es rechazado.
- Acosadores de celebridades.
- Acosador político. El acoso está motivado por creencias políticas, bien porque está de acuerdo, bien porque está en desacuerdo con la víctima.
- *Hitman.* Acoso para proceder a un asesinato por contrato.
- Venganza.

- Tipos de acosadores en función del contexto, la motivación inicial, la relación previa víctima-acosador y si existe o no trastorno mental en el acosador:[9]

  - *Stalker* **resentido**. Se siente humillado, maltratado, incluso se siente víctima de una injusticia, por lo que considera su acoso como una justificación o un medio de defensa. Las víctimas pueden ser conocidas o desconocidas. Este tipo de acoso puede tener su origen en un trastorno mental grave, cuando el *stalker* desarrolla creencias paranoicas o delirantes sobre la víctima. Su motivación principal es la venganza, y se apoya en el poder y el control que ejerce sobre la persona que es acosada a través del miedo que esta siente.
  - *Stalker* **depredador**. Acecha a una víctima desconocida y desarrolla por ella un obsesivo interés sexual, teniendo fantasías recurrentes con ella. Implica actos de voyerismo, pero para obtener no solo gratificación sexual, sino también información privada sobre la víctima, descubrir sus vulnerabilidades para luego llegar a una agresión sexual. Conoce los lugares que frecuenta, sus amis-

tades, sus horarios y sus rutinas. En muy pocas ocasiones la víctima es consciente de que está siendo acosada.

– **Stalker rechazado.** Acecha por venganza o bien con la intención de retomar una relación sentimental o sexual (en algunas ocasiones de amistad o laboral) a la que la víctima ha puesto fin. La motivación es recuperar esa relación o, por el contrario, vengarse por haber sido rechazado. En muchas ocasiones el *stalker* continúa con el acoso porque es una manera de sentirse cerca de la víctima. Es una combinación compleja entre el deseo de reconciliación y la venganza, y constituye el tipo de acoso más habitual y, en muchas ocasiones, el más peligroso cuando no se acepta la ruptura sentimental.

En 1968, dos estudiantes de la Universidad de Berkeley, Tatiana Tarasoff y Prosenjit Poddar, comenzaron a salir juntos de manera casual. Tenían ideas muy diferentes sobre su relación y él interpretó que eran novios formales, pero ella salía también con otras personas. La ruptura por parte de Tatiana fue el inicio de un acecho incesante por parte de Poddar, quien creyó que un día lo amaría solo a él. Terminó asesinándola en 1969.

– **Stalker pretendiente ineficaz.** Acecha en un contexto de soledad y lujuria, pudiendo acosar a conocidos o desconocidos. No busca una relación amorosa, sino obtener una cita o una relación sexual a corto plazo. No destaca por sus habilidades sociales y comunicativas, y el hecho de compartir aficiones con la víctima hace que se llegue a obsesionar con ella. Acecha por períodos breves pero de un modo muy persistente y angustioso para la persona acosada.

– **Stalker que busca intimidad.** La motivación principal es tener una relación sentimental e íntima con la víctima, a la que ve como su alma gemela a pesar de que entre ellos no existe una relación personal ni cotidiana. Cree que ella lo ama o podrá amarlo, e idealiza el amor romántico y a la víctima con cualidades únicas que la convierten en el objeto de su deseo. Su conducta está motivada por ideas delirantes sobre la víctima basadas en delirios erotomaníacos.

¿Puede un amor no correspondido convertir a una persona en un asesino? A Richard Farley le sonrió una nueva compañera de trabajo. Aquella sonrisa se convirtió para él en un amor obsesivo. Farley comenzó a acosar sexualmente a Laura Black, de 23 años, de un modo tan evidente y repulsivo, que al final la empresa le despidió. Este despido y este amor no correspondido, según sus fantasías amorosas, fueron los detonantes que llevaron a Farley a cometer un asesinato en masa en 1991: siete víctimas mortales y cuatro heridos en una empresa de California. Los informes psiquiátricos determinaron que sufría un trastorno delirante denominado erotomanía[10] o delirio pasional amoroso. En la actualidad continúa en el corredor de la muerte en la prisión de San Quintín.

En España se pretendió que la «alteración psíquica por enamoramiento» se aceptara como atenuante para rebajar la pena por la comisión de un delito de *stalking*. La Audiencia Provincial de Madrid, en la sentencia 80/2017 de 27 de marzo, determinó que no se puede aceptar la obsesión por una persona ni como atenuante ni como eximente de su conducta criminal porque es solo una sensación no correspondida de enamoramiento[11] del acosador hacia su víctima, siendo esta del todo libre para rechazar la relación que se le propone, que fue lo que ocurrió en este caso.

Lo cierto es que en principio cualquier persona puede llegar a ser un *stalker* y, lo que es peor, cualquiera puede ser víctima. La psicología y la criminología consideran que una minoría significativa es psicótica y que otros(as) pueden sufrir trastornos de personalidad que no han sido diagnosticados. Estas conductas de acoso están motivadas por sentimientos de enfado, hostilidad, malicia, venganza, culpabilidad o incluso ser el resultado de una obsesión. Pittaro (2011) añade como motivaciones la rabia, el poder y control sobre la víctima y la ira.

BULLYING. ACOSO ESCOLAR ENTRE MENORES

El primer estudio publicado sobre este fenómeno data de 1969, cuando el psiquiatra austríaco Peter Paul Heinemann descubrió el acoso al que estaba siendo sometido un estudiante por parte de un grupo de compañeros en el patio del colegio. Posteriormente, en 1973, un estudio noruego sobre las conductas violentas entre iguales, llevado a cabo por Dan Olweus, afirmaba que hay victimización por *bullying* cuando un alumno está expuesto repetidamente y a lo largo del tiempo a acciones negativas de otro u otros estudiantes.

El *bullying* implica diferentes tipos de conductas basadas en actos de violencia psicológica, física y social sobre un menor por parte de una o más personas, con la finalidad de someterlo, asustarlo, amenazarlo y atentar gravemente contra su dignidad. El acoso escolar es un tipo de victimación violenta, intencionada y reiterada en la que intervienen tres tipos de actores: unas víctimas vulnerables debido a factores individuales o colectivos; unos agresores cuya conducta está regida por la idea de dominio y poder, y un grupo de espectadores que actúan como instigadores o bien como actores pasivos manteniendo su silencio ante esta situación. El propósito final es establecer una relación de dominio y de poder sobre la víctima, así como obtener una gratificación social e individual.

El 21 de septiembre de 2004, el niño de 14 años Jokin Cebeiro se suicidó desde lo alto de la muralla de Hondarribia (Guipúzcoa). Fue víctima de un cruel acoso por parte de sus compañeros de clase durante más de un año. Las constantes amenazas, insultos, golpes, humillaciones y palizas[12] lo sumieron en una profunda depresión, de la que solo pudo escapar de una manera: quitándose la vida. Fue la primera muerte que se produjo en España a causa del acoso escolar, pero no ha sido la última. Porque el acoso escolar mata y nuestro país «ocupa el cuarto lugar en casos de *bullying* a nivel europeo tras el Reino Unido, Rusia e Irlanda».[13]

El *bullying* **se caracteriza** por tres elementos:[14]

- Debe existir **intencionalidad** de agredir a una víctima con la finalidad de hacer daño u obtener poder.
- Reiteración en el tiempo de ese comportamiento hostil sobre la víctima.
- **Existencia de un desequilibrio de poder** real o imaginario entre el agresor o agresores y la víctima, por su mayor fuerza, por su mayor tamaño o edad, o por un mayor estatus de popularidad entre el grupo de iguales.

La huella destructiva del acoso escolar es indeleble: angustia, ansiedad, temor, absentismo y fracaso escolar y aparición, en los casos extremos, de procesos depresivos que pueden desembocar en ideas y prácticas autodestructivas (Fiscalía General del Estado, 2004).[15]

Tipología del bullying

- *Bullying* **social**. El fin último es aislar al menor ignorándolo y excluyéndole del grupo, de las relaciones con los demás y de las actividades que llevan a cabo.
- *Bullying* **verbal**. Insultar, poner motes ofensivos, hablar mal a sus espaldas, propagar rumores falsos, hacer bromas insultantes y burlas ante los demás por razones de etnia o de orientación sexual. Este tipo de acoso es más habitual en las chicas, que suelen actuar en grupo contra una sola víctima; son las que efectúan un acoso más sutil e indirecto.

- **Bullying físico.** Este es el tipo de acoso más común y consiste en agresiones físicas directas (golpes, empujones, palizas), o bien en romper, dañar o robar objetos de la víctima (*bullying* económico).
- **Bullying sexual.** Asedio, inducción o referencias malintencionadas a partes íntimas del cuerpo de la víctima, incluyendo el *bullying* homófobo, que es cuando los agresores se refieren a la orientación sexual de la víctima por motivos de su homosexualidad, real o inventada por ellos.
- **Bullying psicológico.** Consiste en perseguir, intimidar, manipular, amenazar o chantajear a la víctima. Estas acciones merman su autoestima, creando en ella temor e incluso fobia al entorno escolar, lo cual provoca graves y duraderos problemas psicológicos en el menor.
- **Cyberbullying.** Acoso escolar que en la mayoría de las ocasiones se lleva a cabo de forma anónima, a través de las nuevas tecnologías e internet. Puede llegar a ser muy grave por la amplia audiencia y porque el acto de acoso puede perdurar en el tiempo, convirtiendo una humillación, una injuria o una calumnia en algo sempiterno. Aquí las conductas de acoso cambian y se utilizan fotografías, vídeos, montajes, imágenes tomadas sin el permiso de la víctima, publicación de contenidos falsos o comentarios humillantes.

El 15 de julio de 2019, Sam Connor, de 14 años,[16] se arrojó a las vías del tren en Guildford Road (Chertsey, Reino Unido) delante de todos sus compañeros. Algunos sabían que sufría acoso, aunque el colegio dejó claro que no tenía constancia de esta situación. Sam entregó a sus amigos una nota que contenía dos nombres y el código de desbloqueo de su teléfono móvil. En él pudieron leer el acoso online del que estaba siendo víctima. A fecha de hoy la investigación aún está en curso.

Perfiles tipo en el acoso escolar:
víctima, agresor, instigadores y espectadores

El *bullying*, en la gran mayoría de las ocasiones, es invisible a los ojos de los educadores. Por eso es importante que conozcan los distintos perfiles de alumnos que pueden participar, activa o pasivamente, en una situación de acoso escolar. Esta información les dará pistas no solo para estar alerta, sino también para que el centro educativo pueda mantener la vigilancia y los niveles de alerta, sobre todo vigilando a aquellos niños y niñas con mayores factores de riesgo.

Existen dos tipos de acosadores: el **proactivo**, que actúa por propia iniciativa, y el **reactivo**, que es el menor que reacciona de un modo agresivo al sentirse atacado porque no sabe gestionar emociones como la rabia, la ira o la tristeza.

CARACTERÍSTICAS DE LOS MENORES IMPLICADOS
EN LAS CONDUCTAS DE ACOSO

El acosador o *bullie*
• Bajo autocontrol e impulsivo, dominante
• Escasa empatía y asertividad
• Personalidad irritable y agresiva
• Comportamientos antisociales
• Pocas habilidades sociales
• Físicamente fuerte
• Tendencia a las conductas violentas y amenazantes
• Bajo rendimiento académico
• A veces es el mayor del aula. Repetición del curso académico en varias ocasiones
• Posiblemente vive en el entorno de una familia desestructurada con antecedentes de violencia de género o violencia doméstica
• Asume el rol de líder
• Comportamiento en el aula: actitud desafiante, bromas fuera de lugar, salidas de tono

La víctima

Hay estudios que identifican una serie de características comunes de las víctimas, psicológicas y de comportamiento, pero lo cierto es que cualquier alumno puede convertirse en víctima, simplemente por azar.

Aun así, existen una serie de factores que favorecen las posibilidades de sufrir acoso en las aulas:

- Pertenecer a un grupo minoritario por razones de religión, culturales, étnicas o de orientación sexual
- Menores con discapacidad física o psíquica
- Haber sido víctima de acoso escolar en el pasado
- Aspecto o características físicas
- Tener algún trastorno de aprendizaje o problemas con la comunicación oral

Los observadores

No hay un perfil definido de este grupo.

Participan en el acoso y lo hacen posible con su silencio. Pueden colaborar, animando (instigadores) a los agresores e incluso grabando sus acciones (*happy slapping*). Aunque ellos no lleven a cabo ninguna conducta de acoso, su actitud pasiva va a reforzar las conductas de los agresores ya que implícitamente la están aprobando.

Actúan de este modo porque así podrán integrarse mejor en su clase o por miedo a ser ellos los siguientes.

Fuente: elaboración propia a partir de Garrido, 2000 y 2006; Farrington y Baldry, 2006, y Baldry, Farrington y Sorrentino, 2017.

El acoso escolar puede llegar a ser delito, no porque el *bullying* esté tipificado como tal, sino porque sí lo están las conductas que llevan a cabo los acosadores contra sus víctimas. Un acto de acoso incluso puede llegar a ser constitutivo de varios delitos como lesiones, amenazas, coacciones, injurias, calumnias, abuso y agresiones sexuales, homicidio o incluso asesinato. Cuando este acto o actos sean lo suficientemente graves, pueden llegar a ser considerados como un delito contra la integridad moral cuando a la víctima se la inflija un trato degradante, o actos hostiles y humillantes reiterados que supongan un grave acoso para ella. En los casos más graves, esta situación de acoso puede llegar a provocar el suicidio de esos menores, y nuestro Código Penal (art. 143.1) castiga a aquellas personas que induzcan a otra persona al suicidio, como en el caso de Jokin Cebeiro.[17] Sin embargo, el *bullying* no solo puede llevar a comportamientos autodestructivos. La otra cara de la moneda es que algunas de las víctimas que han sufrido un intenso acoso escolar, junto a otros factores endógenos y exógenos, puede conducirles a cometer asesinatos múltiples indiscriminados en sus centros escolares o en otros lugares (asesinato múltiple en un solo acto o asesinato en masa) movidos por su deseo de venganza por las humillaciones que han sufrido. Esto fue lo que ocurrió con Seung-Hui Cho (masacre en la Universidad Tecnológica de Virginia, 2007), Adam Lanza (masacre en la escuela Sandy Hook, 2012), David Sonboly (masacre en el McDonald's del centro comercial Olympia en Múnich, 2016) o el niño de 14 años[18] que abrió fuego en un colegio de Brasil (2017). También hay casos de homicidios simples como el perpetrado por Omar «N», de 17 años, que tras ser víctima de un encarnizado acoso escolar, asesinó de un disparo a su acosador y luego se suicidó presuntamente con la misma arma en su casa.[19]

MOBBING. ACOSO PSICOLÓGICO EN EL TRABAJO

> En las sociedades de nuestro mundo occidental altamente industrializado, el lugar de trabajo constituye el último campo de batalla en el cual una persona puede matar a otra sin ningún riesgo de llegar a ser procesado en un tribunal.
>
> HEINZ LEYMANN

El *mobbing* es una conducta hostil, intimidatoria, intencionada, premeditada y abusiva que se lleva a cabo de una manera sistemática durante un cierto período de tiempo y que atenta contra la integridad psicológica (y en algunos casos física) de un trabajador o trabajadora.

El psiquiatra Heinz Leymann, primer investigador del acoso laboral, determinó que el *mobbing* se ejerce con la intención de destruir la reputación de la víctima, sus redes de comunicación dentro de la empresa, de alterar su ejercicio laboral hasta conseguir su desmotivación, e incluso de que abandone su puesto de trabajo. Este tipo de acoso implica una comunicación hostil a través de acciones de hostigamiento, ejercidas por uno o varios sujetos contra una sola persona, de modo **frecuente y persistente** (al menos una vez por semana) **y durante un largo período de tiempo** (al menos durante seis meses). La alta frecuencia del acoso y su duración se traducen en una tortura psicológica, psicosomática y social que afecta gravemente a la víctima.[20]

El psicólogo forense González Trijueque (2007) determina que para poder calificar una situación como *mobbing* deben darse los siguientes elementos: *a)* una presión laboral tendenciosa con la finalidad de destruir la autoestima y/o la fortaleza psíquica de la víctima; *b)* conductas de acoso constantes y reiteradas; *c)* que el acoso esté dirigido hacia una persona en concreto, y *d)* que exista una situación de desigualdad entre acosador y víctima que no se identifica necesariamente con una posición jerárquica dentro de la empresa.

En este tipo de acoso son muchas las conductas y comportamientos hostiles que se pueden ejercer sobre la víctima. Zapf, Knorz y Kulla (1996) distinguieron más de treinta comportamientos hostiles[21] que se pueden llevar a cabo sobre las víctimas, divididos en diferentes grupos, como ataques a la víctima con medidas organizacionales, ataques para lograr el aislamiento social en el trabajo, ataques a su vida privada, violencia física, ataque a sus actitudes, agresiones verbales y rumores.

Muchas situaciones ingratas e incómodas en el trabajo no constituyen necesariamente acoso laboral, como el estrés o el *burnout*. Lo que diferencia al acoso laboral de otros problemas similares en el trabajo es la intención de causar daño, el focalizar la acción en una o varias personas de forma repetida y por un período continuado de tiempo.

Tipología del mobbing

- **Descendente.** La víctima está en una situación de inferioridad jerárquica (*bossing*) o, de hecho, respecto al acosador. Es el tipo más habitual.
- **Horizontal.** Acoso entre compañeros de trabajo de la misma categoría profesional. Los celos, la envidia, el exceso de competencia de la víctima o problemas personales suelen ser las motivaciones de este acoso cuya intención es deteriorar su imagen ante la empresa.
- **Ascendente.** La víctima es el superior jerárquico.
- **Estratégico.** Acoso descendente o institucional que forma parte de la estrategia de la empresa para que la víctima rescinda voluntariamente su contrato de trabajo, evitando así pagarle los costes que derivan del despido.
- **Institucional.** Lo ejecuta la propia dirección de la empresa para controlar a sus trabajadores, como mecanismo del miedo.
- **Perverso.** No hay un objetivo final, sino una pretensión gratuita de destruir psicológica y moralmente a otro compañero de trabajo por parte de un sujeto con una personalidad manipuladora y hostigadora.
- **Disciplinario.** Hacer ver a ese trabajador que debe seguir «las reglas».

En la empresa de telecomunicaciones **France Télécom** se produjeron al menos 19 suicidios y varios intentos fallidos, acoso laboral a 39 trabajadores y decenas de bajas laborales cuando la mayor operadora pública de telefonía móvil de Francia pasó a manos privadas en 2004. Joel Peron, trabajador de la empresa, en una entrevista que concedió a *El Mundo*[22] afirmó que su infierno comenzó en 2005 y que hubo momentos en que quiso suicidarse, desaparecer, debido a la tortura mental y al proceso de destrucción espiritual que le iba minando. Primero le anunciaron que su puesto de trabajo en el que llevaba media vida ya no existía y le ofrecieron uno como teleoperador. Ante su negativa, le relegaron a un despacho en el que se pasó meses solo, sin que nadie le diera trabajo ni nadie fuera a verle. Cuando se reunía con su superior, le decía que esa empresa ya no era lugar para él y que no era capaz de hacer nada que fuera de utilidad para Télécom. A esto se sumó la supresión de sus primas, sus aumentos salariales y las reiteradas denegaciones a sus peticiones de traslado.

El caso más dramático fue el de Remy Louvradoux, de 56 años, que sufrió los continuos traslados de un puesto a otro dentro de la empresa ya que su plaza como responsable regional de prevención de riesgos fue anulada. El 26 de abril de 2011 se quemó vivo ante su centro de trabajo en Burdeos.[23]

El 20 de diciembre de 2019, Orange (antes France Télécom) y algunos de sus exdirectivos fueron condenados por acoso moral a sus empleados, siendo la primera empresa francesa en ser sancionada penalmente por este delito. Algunos de sus antiguos directivos han sido sentenciados a prisión y multas de 15.000 euros. Además, Orange deberá pagar 75.000 euros. El Código Penal francés, en su artículo 222-33-2, define el acoso moral como «el hecho de acosar a otro mediante actuaciones repetidas que tengan por objeto o por efecto una degradación de las condiciones de trabajo susceptible de atentar a sus derechos y a su dignidad, de alterar su salud psíquica o mental o de comprometer su futuro profesional; será castigado con un año de prisión y multa de 15.000 euros».

No existe un perfil determinado ni del *mobber* ni de la víctima, pero sí una serie de características individuales y del entorno que ayudan a entender por qué se lleva a cabo el acoso laboral. El fin que persigue el *mobber* es destruir psicológicamente a la víctima, así como lograr que abandone su carrera profesional en esa empresa, de modo que la víctima es seleccionada por determinadas razones.

Características individuales del *mobber* y su víctima

Acosador(a) o *mobber*

- Suele ser una persona calculadora, profesionalmente mediocre, con baja autoestima y gran complejo de inferioridad
- Incapacidad de hacer autocrítica
- Proyecta en la víctima los errores que él comete
- Envidioso
- Deseo de notoriedad y de querer influir en los demás
- Baja tolerancia a la frustración y necesidad de control
- Capacidad de simulación

Su personalidad puede ajustarse mayoritariamente a:

- Acosadores con **rasgos narcisistas**: excesivo sentido de su autovalía, se consideran especiales, intentan que su estatus sea reconocido, aunque tal estatus no exista en realidad. Intentarán eliminar de su entorno profesional a todos aquellos que puedan hacerles sombra, procurando rodearse de personas mediocres y sumisas

- Acosadores con **rasgos paranoides**: gran desconfianza hacia el resto de los compañeros, personas frías y exigentes con los demás

- **Psicópata organizacional**. Es uno de los perfiles más comunes. Falta de empatía, incapacidad para las relaciones interpersonales (ven a sus compañeros como amenazas), manipuladores, irresponsables, ausencia de culpabilidad, mentiras compulsivas, habilidad retórica, «trabajo parasitario» con el que consigue que otros hagan sus tareas, premeditación

Víctima
• Buen trabajador, responsable y con iniciativa • Alto nivel de autoexigencia • Preocupado por su imagen física • Muy sociable. Tendencia a llevarse bien con todo el mundo • Muy bien valorado por los cargos superiores • Valores muy arraigados y ética profesional • Trabaja bien en equipo, considerándolo una forma óptima de trabajar Los sujetos susceptibles de ser víctimas de *mobbing* pueden ser: • Envidiables: personas brillantes, atractivas, pero consideradas como peligrosas o competitivas por los líderes implícitos a los que cuestionan • Vulnerables: aquellas personas que tienen alguna peculiaridad, introvertidos y una apariencia de indefensión • Amenazantes: personas trabajadoras, eficaces. Ponen en evidencia lo establecido, aportando reformas o modificaciones

Fuente: elaboración propia a partir de Field, 1996; Hirigoyen, 1999; Piñuel, 2001, y González de Rivera, 2006.

¿Está tipificado como delito el acoso laboral en España?

El hostigamiento psicológico en el ámbito laboral aparece criminalizado en el segundo párrafo del artículo 173.1 de nuestro Código Penal. Para que se considere delito es necesario que exista una relación jerárquica de superioridad del acosador y que la víctima ocupe una posición de inferioridad, puesto que **el tipo penal solo sanciona el acoso vertical o *bossing*.**

El delito de acoso laboral castiga el prevalimiento, es decir, aquella situación en la que la víctima se encuentra en una clara posición de inferioridad, impidiéndole por tanto su capacidad de decidir libremente, y en la que el acosador se aprovecha de modo intencionado de su posición de superioridad.

La Sentencia de la Audiencia Provincial de Burgos 187/2016 de 11 de mayo determina que «el *mobbing* o acoso laboral exige una violencia psicológica, de forma sistemática, continuada o recurrente, ejercida en el lugar de trabajo, que produce unas consecuencias gravísimas para la estabilidad emocional de la víctima». Así, para que el *mobbing* se considere delito, las conductas llevadas a cabo contra la víctima:

1. Deben tener un contenido vejatorio, degradante o humillante.
2. Deben afectar directamente a la dignidad de la víctima con el objetivo de lograr el hundimiento íntimo y psicológico de esa persona.
3. Deben darse de modo sistemático y reiterado en el tiempo.
4. Deben causar un daño físico o psíquico a la víctima. En este caso, la prueba pericial será el instrumento clave en el procedimiento penal. Los principales instrumentos para llevar a cabo la evaluación psicológica de una víctima de acoso laboral son el Informe LITP-60 (*Leymann Inventory of Psychological Terrorization*) y la Escala Cisneros de Fidalgo y Piñuel.

Agradecimientos

Cumplir un nuevo objetivo y rozar por unos instantes el éxito con la punta de los dedos no depende solo de ti, sino de todas las personas que te acompañan, día tras día, sin pedirte nada a cambio. Ellas son las que hacen que en las largas noches tenga luz, mi luz. Soy una persona inmensamente afortunada por teneros a todos vosotros en mi vida, y es justo que os nombre. Habéis estado en este nuevo camino y juntos hemos alcanzado una nueva meta. Gracias por vuestro tiempo, vuestra paciencia y vuestra amistad incondicional. Gracias por formar parte de mi paisaje emocional.

A Lara Adell, mi lectora cero, a la que quiero más allá de las palabras y que conoce bien mi pasión y mis locuras; a Susanna Piera, porque sabe cómo, cuándo y dónde quererme sin reproches; a Alicia Torres y Helena Rutllant, por evitar que mi barco naufragara, y a José Carlos Fuertes Rocañin, al que quiero y admiro, por ser el faro en mis días de tormenta y oscuridad.

A Bruno Pérez Juncá, el héroe de algunas de mis batallas, caballero y juglar; a Diego Leonet, amigo, criminólogo y una persona increíble que siempre extiende sus brazos para protegerme; a Christian Moreno, gran amigo y excepcional compañero que siempre ha apostado por mí como persona y como profesional.

A Mercedes Hermoso y M.ª Carmen Sinti, que me hacen sentir especial. Gracias por vuestras conversaciones en las sobremesas de nuestras comidas, por vuestra sinceridad y vuestra inteligencia. Nos quedan aún muchos hoteles por compartir.

A Noa, mi hija, por ser brillante, divertida y enseñarme algunos secretos de la vida que desconocía.

Por supuesto, a todos los que ahora mismo tenéis este libro en vuestras manos, por confiar en mi trabajo, por vuestro respeto porque de ello nace este segundo ensayo. Y a todos los criminólogos y criminólogas que empiezan, que acaban, que están en la cresta de la ola, que están estudiando: no olvidéis nunca respetar a vuestros compañeros. Esto no es una guerra, todos aportamos nuestro granito de arena. Estamos en el mismo barco para ayudar a la sociedad.

Finalmente, a mis padres, por quererme infinitamente, a pesar del tiempo, a pesar de la distancia, a pesar de la vida.

Y a Francisco Martínez Soria, por creer en mí.

Notas

1. HOMO CRIMINALIS: EL HOMICIDIO COMO PARTE DE LA HISTORIA DE LA HUMANIDAD

1. Recordemos que el término *homicidio* es más amplio que el término *asesinato*, al incluirse también el homicidio involuntario, y que los matices de ambos dependen de las leyes penales de cada país. En este capítulo se ha utilizado la definición de homicidio dada por la Oficina de las Naciones Unidas contra la Droga y el Delito (UNODC) en 2013: «Muerte ilícita infligida intencionalmente a una persona por parte de otra persona».

2. *Redes*, número 28, temporada 13, «Nuestro instinto asesino».

3. García, 2015.

4. Shaw, 2019, pp. 80-81.

5. Buss, 2006.

6. Roberts, Zgoba y Shahidullah, 2007.

7. Michaud y Aynesworth, 2000.

8. García, 2015.

9. Buss y Duntley, 2006.

10. Black, 1983.

11. Estas sociedades abarcan casi el 80 % de la historia de la humanidad. Así sobrevivimos hasta hace tan solo 10.000 años.

12. Vronsky, 2020, p. 64.

13. *Ibid.*.

14. Vaesen, Scherjon, Hemerik, *et al.*, 2019.

15. Greenbaum, Getz, Rosenberg, *et al.*, 2019.

16. Una población experimenta el efecto Allee cuando son un número reducido de individuos, de modo que el éxito reproductor disminuye hasta que finalmente desaparece (López, 2011). Como son poblaciones pequeñas y no crecen, hay muy pocos sujetos para cazar, criar a los hijos del grupo y defender y proteger al grupo y sus alimentos.

17. El estudio que lideró el doctor José María Gómez, de la Universidad de Granada, determinó que 1 de cada 5 suricatas muere a manos de otra suricata. Fuente: <https://www.bbc.com/mundo/noticias-37541582>.

18. Gómez, Verdú, González-Megías, *et al.*, 2016.

19. *Ibid.*

20. <https://blogs.berkeley.edu/2010/06/16/a-crime-puzzle-violent-crime-declines-in-america/>.

21. Buss y Duntley, 2011.

22. <https://www.unodc.org/unodc/en/data-and-analysis/global-study-on-homicide.html>.

23. <https://www.numbeo.com/crime/rankings_by_country.jsp?title=2019>.

24. Pinker, 2012, p. 19.

25. Eisner, 2003.

26. Pinker, 2018.

27. Encinas, 2009.

28. Buss, psicólogo y sociólogo, miembro de la American Psychologycal Association (APA), postula que el homicidio es una respuesta adaptativa de nuestra especie. El ser humano, ante las mismas pasiones y los mismos impulsos, reacciona casi de un modo invariable a lo largo de la historia.

29. Choza, 2010.

30. Jay, 2002.

31. Su Teoría de la Adaptación Homicida, publicada por primera vez en 2005, fue actualizada posteriormente en 2011 junto a Joshua Duntley.

32. Shaw, 2019, p. 55.

33. Darimont, Fox, Bryan, *et al.*, 2015.

34. Shaw, 2019, p. 81.

35. *Ibid.*, p. 31.

36. En <http://qst.darkfactor.org/> se puede evaluar la existencia y el grado del factor D, contestando a 16, 35 o 70 ítems.

37. Moshagen, Hilbig y Zettler, 2018. Este estudio científico se llevó a cabo con una muestra de 2.500 personas.

38. Quiere decir que si un sujeto tiene uno de estos rasgos, podrá desarrollar algunos de los otros. Por ejemplo, si a un sujeto le gusta humillar a otras personas, hay más probabilidades de que se implique en conductas como mentir y robar.

39. El entorno puede modular esa predisposición a la maldad, potenciándola o inhibiéndola.

40. <https://www.unodc.org/unodc/en/data-and-analysis/global-study-on-homicide.html>.

41. Liem y Pridemore, 2014.

42. Starks, 2019.

43. <https://ucr.fbi.gov/crime-in-the-u.s/2018/crime-in-the-u.s.-2018/topic-pages/murder>, <https://ucr.fbi.gov/crime-in-the-u.s/2018/crime-in-the-u.s.-2018/tables/expanded-homicide-data-table-1.xls>.

1. Leyton, 1995.

2. Schechter, 2003, p. 318.

3. Garrido, 2018 p. 243.

4. Hodgkinson, Prins y Stuart-Bennett, 2017.

5. Leyton, 1995; Newton, 2000; Ressler y Shachtman, 2014.

6. Vronsky, 2020.

7. De Blécourt, 2009.

8. La creencia en los hombres lobo y su vinculación con crímenes, mutilaciones, canibalismo y agresiones sexuales se remonta al mito griego de Licaón, rey de Arcadia, convertido en lobo errante por Zeus al ofrecerle a este dios carne humana en sacrificio.

9. La gran caza de brujas (*The Great Witch Hunt*) se llevó a cabo durante 200 años (1450-1650). Miles de mujeres fueron torturadas, violadas y asesinadas dentro de los procesos de brujería. Estos asesinatos contra mujeres inocentes fueron patrocinados por el Estado y por la Iglesia.

10. Haggerty, 2009, p. 170.

11. Standage, 1998.

12. <https://www.elmundo.es/elmundo/2012/08/26/internacional/1345970265.html> y <https://www.dispatchlive.co.za/news/2013-10-29-sangoma-killing-people-with-muti-is-my-job/>.

13. Racionalidad, anonimato, oportunidad, ideología, narcisismo, etc.

14. Pierre, 1990, p. 12.

15. *Lloyd's Weekly Newspaper*. Londres, domingo, 30 de septiembre de 1888 (on line). Disponible en: <http://www.casebook.org/press_reports/lloyds_weekly_news/18880930.html>.

16. Haggerty, 2009, p. 174.

17. Garrido, 2018.

18. <https://www.kansas.com/news/special-reports/btk/article1003802.html>.

19. Dietz, 1996, p. 111.

20. Consultado el 19 de noviembre de 2020.

21. <http://online.fliphtml5.com/ovzc/jlsk/#p=1>.

22. *Murderabilia* es la práctica de recopilar objetos relacionados con los asesinos en serie.

23. <https://lamenteesmaravillosa.com/que-es-la-murderabilia/>.

24. O'Reilly-Fleming, 1996, p. 6.

25. Garrido, 2018.

26. Egger, 2002.

27. Brewer, *et al.* (2006) consideran que de todas las prostitutas asesinadas en Estados Unidos, un 35 % lo fueron a manos de homicidas seriales.

28. <https://www.lavanguardia.com/vida/20131120/54394314628/ejecutado-en-eeuu-supremacista-blanco-y-asesino-en-serie-joseph-paul-franklin.html>.

29. Garrido, 2018.

30. Radford/FGCU, «Serial Killer Statistics».

31. Jenkins, 1989.

32. «Por el amor de Dios, atrapadme antes de que mate más. No soy capaz de controlarme.»

33. Vronsky, 2020, p. 364.

34. Woodhams, Bull y Hollin, 2007.

35. Bennell y Canter, 2002.

36. Woodhams y Bennell, 2014.

37. Cooper y Smith, 2011.

38. Yaksic, Allely, De Silva, *et al.*, 2019.

39. Recordemos como ejemplo a Jerry Brudos y su fetichismo con los zapatos de tacón femeninos. Precisamente su vergüenza y el trauma vivido en su infancia a manos de su madre fueron el detonante para que se convirtiera en un homicida serial de mujeres.

40. Vronsky, 2020, p. 415.

41. <https://people.com/crime/miranda-barbour-and-serial-killers-misconceptions/>.

42. Vronsky, 2020, p. 349.

43. <https://www.theatlantic.com/magazine/archive/2019/10/are-serial-killers-more-common-than-we-think/596647/> y <https://www.newyorker.com/magazine/2017/11/27/the-serial-killer-detector>.

3. Comunicaciones de los asesinos relacionadas con sus crímenes

1. Fox y Levin, 2015, p. 11.

2. Pueden consultar la carta completa en: <https://en.wikisource.org/wiki/Albert_Fish_letter>.

3. Hazelwood y Warren (2003) o Soto (2014) no utilizan el término *firma*, sino *ritual*, para referirse a esas conductas que expresan las necesidades psicológicas y emocionales del agresor.

4. Es el caso de los mensajes de Zodiac. Envió cartas periódicas a la prensa con mensajes crípticos que solo podían ser leídos e interpretados por diferentes expertos. A fecha de hoy, el contenido de algunas cartas aún no ha sido descodificado. Y todavía se desconoce la identidad de este asesino.

5. Es el caso de Elisabeth Short (La Dalia Negra).

6. Gibson, 2004, p. 2.

7. Chermark y Bayley, 2016, p. 388.

8. Oates, 2014, p. 135.

9. <https://bundysbitch.tumblr.com/post/140098417245/cemetery john-in-a-letter-written-by-myra>.

10. Morehead, 2011.

11. Norris, 1988, p. 108.

12. Douglas y Olshaker, 2000, p. 221.

13. Fuente: <https://elpais.com/internacional/2020-12-12/tres-aficio nados-descifran-un-mensaje-del-asesino-del-zodiaco-51-anos-despues-de-sus-crimenes-no-me-asusta-la-camara-de-gas.html>.

14. En este sitio web están todas las cartas y mensajes que envió Zodiac: <http://www.zodiackiller.com/Letters.html>.

15. Antes de conocer la identidad de Kaczynski, el FBI usaba el nombre de Unabomb, que deriva de «University and Airline Bomber», para referirse a una de las investigaciones más costosas de la historia de la agencia.

16. Pueden leer su manifiesto en: <https://sindominio.net/ecotopia/ textos/ unabomber.html>.

17. <https://www.bbc.com/mundo/noticias-40806537>.

18. <https://www.psychologytoday.com/us/blog/wicked-deeds/ 201805/why-many-serial-killers-crave-public-notoriety>.

19. Entre 1974 y 1991, torturó y asesinó a 10 personas en Wichita (Kansas). Después desapareció hasta 2004.

20. <https://www.psychologytoday.com/us/blog/wicked-deeds/ 201805/why-many-serial-killers-crave-public-notoriety>.

21. En este sitio web pueden ver ambos mensajes aún sin descifrar: <https://peritocaligrafo-documentoscopia.com/el-codigo-mccormick/>.

22. Aquí se puede ver la imagen del machete: <https://www.dailymail. co.uk/news/article-2158665/Nellie-Brown-Cox-murder-This-cheaters-writ ten-Prince-Hepburns-machete-blade.html>.

23. <https://eu.kitsapsun.com/story/news/local/2017/05/16/kalac-gets-82-years-murder-amber-coplin/101764924/>.

24. En este sitio web pueden leerse algunas de sus cartas: <https://www. express.co.uk/news/uk/1020336/myra-hindley-letters-what-were-moors-murders-ian-brady>.

25. <https://www.20minutos.es/noticia/4134075/0/tribunales-tsja-de cide-este-martes-sobre-recursos-a-la-condena-a-ana-julia-quezada-por-el-asesi nato-de-gabriel/>.

26. Pueden leer la confesión completa de Susan Smith en: <https:// murderpedia.org/female.S/s/smith-susan-photos.htm>.

27. <https://www.thestate.com/news/local/article28050157.html>.

28. <https://gaceta.es/civilizacion/ana-julia-denuncia-el-racismo-y-las-amenazas-de-la-guardia-civil-en-una-carta-20180412-1207/>.

29. Carta de Ana Julia Quezada al juez, que *ABC* publicó completa: <https://www.abc.es/espana/abci-julia-juez-carta-angel-deje-familia-tranquila-201809181813_noticia.html>.

30. Se refiere a lo que ocurrió en Coripe (Sevilla), donde se tiroteó y se quemó a una muñeca de tela y paja, muy parecida a Ana Julia. <https://www.lavanguardia.com/local/sevilla/20180405/442195889518/quema-muneca-ana-julia-quezada-coripe-delito-odio-movimiento-contra-intolerancia.html>.

31. Pueden consultarlo en: <https://schoolshooters.info/sites/default files/cho_manifesto_1.1.pdf>.

32. En casi todas las fotografías, 43 en total, salía con sus armas: una Glock 9 mm automática, una pistola calibre 22 y su cuchillo de caza. También había dos fotografías en las que se le veía sonriendo, y el resto de las fotografías mostraban un cielo azul.

33. <https://www.elmundo.es/elmundo/2007/04/18/internacional/1176930327.html>.

34. Manifiesto de Pekka-Eric Auvinen. https://oddculture.com/the-pekka-eric-auvinen-manifesto/

35. <https://www.youtube.com/watch?v=tyhN6P0zbdc>.

36. <https://www.vice.com/en_us/article/8xkjgg/exclusive-toronto-van-driver-alek-minassian-was-a-member-of-the-canadian-army>.

37. <https://elpais.com/internacional/2020/02/20/actualidad/1582209274_946748.html>.

38. <https://www.psychologytoday.com/us/blog/shadow-boxing/201907/serial-killer-diaries>.

39. <https://www.bbc.com/mundo/noticias-40806537>.

40. Sumario del crimen, n.º 30 (1990), pp. 1076-1077.

41. Pueden leer el análisis de su diario y su crimen en el capítulo 18 de mi libro *Criminal-mente. La criminología como ciencia* (Ariel, 2018).

4. Efecto *COPYCAT KILLERS*: imitadores de asesinos

1. El 4 de mayo de 1886, unos 4.000 obreros se manifestaron exigiendo una jornada laboral de ocho horas. Atacaron a la policía e hicieron estallar una bomba que acabó con la muerte de seis de ellos.

2. https://www.nytimes.com/1961/12/10/archives/case-of-the-copy-cat-criminal-when-crime-comes-in-waves-simple.html.

3. En alusión al suicidio como conducta imitativa.

4. Coleman, 2004.

5. En esta película, la doctora Helen Hudson, psicóloga criminalista y experta en asesinos en serie, colabora en la investigación de una serie de crímenes que son idénticos a los cometidos por asesinos como Albert DeSalvo, Buono y Bianchi o Berkowitz. Sin embargo, es ficción absoluta, ya que un *copycat* es muy improbable que imite a asesinos distintos en su actividad criminal.

6. Surette, 2002.

7. Se conoce este caso como «Los asesinatos de Hi-Fi» (alta fidelidad), ocurridos el 22 de abril de 1974. <https://www.independent.co.uk/news/world/black-murderer-who-did-not-kill-faces-needle-of-death-1536375.html> y <https://truecrimecast.fireside.fm/79> (podcast).

8. La máscara protagonista de la trilogía *Scream* está inspirada a su vez en el cuadro de Edvard Munch, *El grito* (Noruega, 1893).

9. Bandura, 1995; Petty, Priester y Briñol, 2002.

10. Creerse eficaz en sus habilidades criminales eleva sus objetivos, el riesgo que está dispuesto a asumir, su perseverancia y su resistencia a los fracasos (Bandura y Walters, 1963).

11. <https://www.psychologytoday.com/us/blog/the-human-beast/201207/copycat-killings>.

12. El psicólogo canadiense Albert Bandura, a partir de su estudio realizado a finales de los años sesenta, «Bobo Doll Experiment», determinó que los niños aprenden la agresión a través de la observación, sobre todo si ven que el agresor es recompensado por su acto agresivo.

13. Entre octubre de 1977 y febrero de 1978, 8 mujeres y 4 niñas fueron asesinadas en California y Washington. Sus cuerpos desnudos fueron abandonados en diferentes colinas. Kenneth Bianchi y Angelo Buono pasaron a la historia criminal con el sobrenombre de «los estranguladores de Hill Side». Es uno de los casos que salen en la película *Copycat*.

14. <https://www.elmundo.es/america/2012/07/20/estados_unidos/1342811357.html>.

15. <https://www.telegraph.co.uk/news/worldnews/northamerica/usa/9460509/Ohio-man-arrested-with-gun-during-screening-of-The-Dark-Knight-Rises.html>.

16. <https://www.motherjones.com/politics/2012/12/mass-shootings-mother-jones-full-data/>.

17. https://www.motherjones.com/politics/2014/10/mass-shootings-increasing-harvard-research/.

18. En Estados Unidos circulan entre 270 y 310 millones de armas. Si tenemos en cuenta que su población es de 319 millones, vemos que casi cada estadounidense tiene un arma. Le sigue la India, con 46 millones de armas. Tomado de: <https://cnnespanol.cnn.com/2018/11/08/por-que-ocurren-tantos-tiroteos-masivos-en-estados-unidos/>.

19. Helfgott, 2015.

20. Lloyd, 2002.

21. La psicopatía es un factor de riesgo en los crímenes de imitación (Helfgott, 2008).

22. Surette, 2016.

23. Para la Unesco, esta alfabetización «[…] faculta a los ciudadanos a comprender las funciones de los medios de comunicación y de información, a evaluar críticamente los contenidos y a tomar decisiones fundadas como

usuarios y productores de información y contenido mediático». Tomado de: «http://www.unesco.org/new/es/communication-and-information/media-development/media-literacy/mil-as-composite-concept/>.

24. Surette, 2016.

25. Se trata del proceso a través del cual asimilamos atributos de personas reales o ficticias, transformando parte de nuestra propia identidad.

5. «Monkey see, monkey do»: ¿influyen los *mass media* en el efecto imitación?

1. Surette, 2015.

2. Donnerstein, 2004.

3. Gentile y Bushman, 2012.

4. Bushman, 1995.

5. Es un género narrativo de no ficción que recoge la investigación y reconstrucción de crímenes reales, aunque también puede tratarse de documentales o series de televisión que igualmente reconstruyen casos de asesinatos reales. Considero que el primer *true crime* literario es *A sangre fría* (Truman Capote, 1965). A fecha de hoy, en España, los más vistos son *El caso Asunta (Operación Nenúfar), Making a Murder, Conversations with a killer: The Ted Bundy Tapes* o *El caso Alcàsser*.

6. Película que dramatiza cinematográficamente la biografía de una persona real.

7. Zillmann y Bryant, 1996, pp. 583-616.

8. Helfgott, 2015.

9. Surette, 2016.

10. Richard Amaral (4 de julio de 2013). Tomado de: <http://psychologyforgrowth.com/2013/07/04/copycat-crimes-why-do-they-happen/>.

11. Lambie, Randell, Mcdowell, 2013.

12. Surette, 2016.

13. Zillmann, 2002.

14. <https://www.apnews.com/6860938009e2b7e9c172e01b8e95ca50>.

15. Lambie, Randell y Mcdowell, 2013.

16. La persuasión narrativa es la fuente de medios que entretiene y educa para aumentar el conocimiento de la audiencia sobre un tema, pudiendo crear actitudes favorables. No obstante, si el espectador transforma e interpreta la conducta criminal y la delincuencia como justificada y recompensada por los medios, puede aumentar la probabilidad de que se cometa un crimen de imitación.

17. Chadee, Surette, Chadee, *et al.*, 2017.

18. Rodríguez-Polo, 2011.

19. Rogers, 2003.

20. Helfgott, 2015.

21. Hay juegos de mesa de asesinos en serie, series de televisión, documentales, libros *true crime*, webs donde se venden objetos personales o relacionados con los asesinos en serie y *remakes* cinematográficos. Hoy, el asesino en serie se ha convertido en un «monstruo mítico» con millones de personas interesadas en sus crímenes.

22. Este juego tuvo relación con el asesinato de 3 hombres (dos de ellos policías) en Alabama, cuyo autor fue Devin Moore, de 18 años, que había estado jugando a GTA día y noche durante muchos meses. <https://www.cbs news.com/news/can-a-video-game-lead-to-murder-04-03-2005/>.

23. Helfgott, 2015.

24. Surette, 2012, y Chadee, Surette, Chadee, *et al.*, 2017.

25. Linz, Donnerstein y Penrod, 1988; Sparks y Sparks, 2002; Marzabal, 2015.

26. Donnerstein, 2004, p. 169.

27. Helfgott, 2014; Sickles, 2014.

28. <https://www.wsj.com/articles/what-mass-killers-want8212and-how-to-stop-them-1383957068>.

29. <https://magnet.xataka.com/preguntas-no-tan-frecuentes/la-leccion-de-un-psiquiatra-experto-en-asesinos-en-masa-que-todos-los-medios-deberian-recordar-hoy>.

30. Pirkis y Blood, 2001.

31. Niederkrotenthaler, Stack, Till, *et al.*, 2019.

32. Yang, Tsai, Yang, *et. al.*, 2013.

33. Gould y Saffer, 1986; Mercy, Kresnow, O'Carroll, *et al.*, 2001.

34. Pirkis y Blood, 2001; Álvarez, 2012; Niederkrotenthaler, Fu, Yip, *et al.*, 2012; Herrera, Ures y Martínez, 2015.

35. Stack, 2003.

36. Nombre que alude al personaje de *La flauta mágica* de Mozart, al que tres niños disuadieron de su intención de suicidarse al mostrarle las alternativas que le ofrecía la vida.

37. Herrera, Ures y Martínez, 2015.

38. «Informe preliminar sobre la distribución espacio-temporal de los asesinatos por violencia de género ocurridos en España desde 2003 a 2010.»

39. <https://www.europapress.es/epsocial/noticia-riesgo-cometa-asesinato-violencia-genero-67-mas-alto-dia-siguiente-primer-homicidio-201105 11204015.html>.

40. <https://www.lavanguardia.com/vida/20160325/40673727640/efecto-imitacion-asesinatos-mujeres.html>.

41. <http://e-spacio.uned.es/fez/eserv/tesisuned:Derecho-Imarzabal/MARZABAL_MANRESA_Isabel_Tesis.pdf>.

42. Marzabal, 2015, p. 361.

43. Fernández, 2011, p. 24.

44. Vives, 2004.

45. Torrecilla, Quijano-Sánchez, Liberatore, López-Ossorio y González-Álvarez, 2019.

6. *SNUFF MOVIES*: REPRESENTACIÓN VISUAL DE UN ASESINATO.
¿QUÉ SE ESCONDE TRAS LA LEYENDA URBANA?

1. El más famoso de todos fue el Anfiteatro Flavio, más conocido como el Coliseo romano, con asientos para 55.000 personas.

2. <https://www.laverdad.es/murcia/ciudad-murcia/201509/27/ultima-triste-ejecucion-publica-20150927003105-v.html>.

3. <https://www.elmundo.es/internacional/2019/04/24/5cc08661fc6c837d3f8b460a.html>.

4. Valencia y Guillot, 1996, p. 11.

5. <https://www.infobae.com/america/eeuu/2018/03/05/isis-divulgo-un-video-de-una-sangrienta-emboscada-a-soldados-estadounidenses-en-niger/>.

6. Un contenido viral (foto, vídeo, post, comentario) es aquel que se difunde de modo masivo en internet a través de correos electrónicos, redes sociales, aplicaciones de mensajería instantánea, etc.

7. Anderson, 2012.

8. Casas, 2017.

9. El subgénero *gore* o *splatter* («sangre derramada») se encuadra dentro del cine de terror, mostrando una violencia explícita representada a través de mutilaciones, asesinatos brutales, actos sádicos, desmembramientos y escenas muy sangrientas. En estas películas se muestra una violencia desmedida, presentando una realidad que el público no está acostumbrado a ver, buscando una reacción de repulsión.

10. Casas, 2017.

11. <https://elblogdelnarco.com/acerca/>.

12. Carnagey, Anderson y Bushman, 2007.

13. *Snuff movie o snuff film* proviene del verbo *to snuff*, que significa «apagar». En el lenguaje popular se traduce como «morir» o «matar».

14. Jones, 2011.

15. Cortazar, 2008.

16. Quién no ha escuchado alguna vez historias como la de un joven al que le fue extirpado un órgano tras una cita con una atractiva mujer, la de la chica de la curva o la de la rata frita de Kentucky.

17. Stine, 1999.

18. Respuesta a la consulta hecha a Vicente Garrido vía correo electrónico en fecha 24 de agosto de 2019.

19. Cortazar, 2008.

20. Casas, 2017.

21 <https://www.elconfidencial.com/cultura/2019-09-16/caso-alcasser-cintas-conspiracion-netflix_2119155/>.

22. <https://www.snopes.com/fact-check/a-pinch-of-snuff/>.

23. Donovan, 2001.

24. Garriga, 2014.

7. INCELS: CELIBATO INVOLUNTARIO, MISOGINIA ONLINE Y VIOLENCIA EN MASA

1. Helfgott, 2015.

2. Neiwert, 2020, p.21.

3. Pueden ver una parte de este vídeo en el siguiente enlace: https://www.youtube.com/watch?v=tyhN6P0zbdc.

4. Beauchamp, 2018.

5. Ging, 2017.

6. Kemper, 2011.

7. Neologismo acuñado por Karla Mantilla en 2013 para definir la misoginia a través de internet. Les recomiendo su libro *Gendertrolling: How Misogyny Went Viral* (2015).

8. Turnage, 2007.

9. Long, Lynch, Gabrielle, *et al.*, 2019.

10. <https://www.vice.com/en_us/article/8xkjgg/exclusive-toronto-van-driver-alek-minassian-was-a-member-of-the-canadian-army>.

11. MRA (Men's Rights Activist) es un movimiento reaccionario que defiende los derechos de los hombres, ya que se consideran víctimas de las mujeres. Es un sistema de creencias altamente tóxico que se ha centrado en conceptualizar a la mujer como irracional, promiscua, superficial y motivada para explotar emocional y financieramente a los hombres.

12. Willer, Rogalin, Conlon, *et al.*, 2013.

13. A fecha de hoy sigue sin conocerse su apellido, para así proteger su identidad.

14. Donnelly, Burgess, Anderson, *et al.*, 2001.

15. Uno de los principales foros fue 4Chan.

16. Donnelly, Burgess, Anderson, *et al.*, 2001.

17. Editor jefe de *Van Dale's Great Dictionary of the Dutch Language* (diccionario holandés).

18. <https://www.vandale.nl/wvdd-incel>.

19. <https://babe.net/2018/02/15/nikolas-cruz-elliot-rodger-35621>.

20. <https://www.newstatesman.com/science-tech/internet/2017/02/reddit-the-red-pill-interview-how-misogyny-spreads-online>.

21. <https://www.bbc.com/news/world-us-canada-43892189>.

22. Karlén, 2019.

23. Ribeiro, Blackburn, Bradlyn, *et al.*, 2020.

24. <https://web.archive.org/web/20200702075234/https://rational wiki.org/wiki/Men_Going_Their_Own_Way>.

25. El nombre del foro es una metáfora y hace referencia directa a la película *The Matrix* (1999). Se refiere a la píldora que Neo, el protagonista, ha de tomar para tener la capacidad de ver todas aquellas verdades incómodas y ocultas sobre la realidad.

26. Último intento de acceso: 21 de noviembre de 2020.

27. Solon, 2017.

28. Kimmel, 1994, y Willer, Rogalin, Conlon, *et al.*, 2013.

29. <https://www.timsquirrell.com/blog/2018/5/30/a-definitive-guide-to-incels-part-two-the-blackpill-and-vocabulary> y <https://www.vice.com/en_us/article/7xmaze/learn-to-decode-the-secret-language-of-the-incel-sub culture>.

30. Haythornthwaite, 2009.

31. Jaki, De Smedt, Gwózdz, *et al.*, 2018.

32. Karlén, 2019.

33. Suler, 2004.

34. DiMauro, 2008.

8. Un fenómeno moderno: ¿la psicopatía facilita el éxito profesional y el liderazgo?

1. Integrados o subclínicos.

2. François Duvalier, dictador en calidad de presidente vitalicio, llevó a Haití a la pobreza. Le costó tan solo 14 años (1957-1971).

3. Hare, 2003.

4. Arendt, 1999.

5. Las sectas son como telarañas que atrapan a cientos de personas. Y tienen un líder, al que todos creen, siguen, respetan y obedecen. Podemos considerar que los psicópatas se encuentran en ellas en su hábitat, al poder manipular y explotar a sus adeptos, en algunos casos incluso con apariencia de legalidad. La esotérica Orden del Templo del Sol, que estuvo activa en Francia, Suiza y Canadá, dejó muchas víctimas en diferentes lugares. El 5 de octubre de 1994, 48 cadáveres aparecieron en dos poblaciones suizas. La gran mayoría estaban atados de pies y manos, con una bolsa que ocultaba su cabeza y con un disparo en ella. Después los cadáveres fueron quemados. Fundada en 1984 por Joseph Di Mambro y Luc Jouret, este último tenía los rasgos de psicopatía idóneos para conseguir engañar a las personas y terminar en tragedia: gran habilidad para encandilar a los demás, amable, facilidad para expresarse, don de gentes y muy activo. Se suicidó el mismo día. <https://www.lavanguardia.com/hemeroteca/20191004/47775375987/templo-del-sol-sectas-suicidios-estados-unidos.html> y Garrido, 2000.

6. Lilienfeld, Latzman, Watts, *et al.*, 2014.

7. Dutton, 2013, p. 38.

8. Harvey Stanley demostró en su investigación que aquellos expertos en desactivación de explosivos que habían sido condecorados llegaban a un estado altísimo de concentración fría y meditativa. Les movía su propia confianza, de modo que era la convicción lo que les impulsaba a ser los mejores, sin pensar en esos momentos en que podían perder su vida.

9. Dutton, 2013, p. 244.

10. Hiatt, Schmitt y Newman, 2004.

11. Lilienfeld, Waldman, Landfiel, *et al.*, 2012.

12. En la página 498 del artículo pueden consultar la lista completa de los 42 presidentes de Estados Unidos: <https://www.semanticscholar.org/paper/Fearless-dominance-and-the-U.S.-presidency%3A-of-for-Lilienfeld-Waldman/7746ad1242abc7bd5166ff7dee1317146b1000f0>.

13. Babiak, Neumann y Hare, 2010.

14. CEO corresponde a las siglas Chief Executive Officer, un alto ejecutivo que es máximo responsable de una empresa.

15. Babiak, 1995.

16. Dutton, 2013, p. 41.

17. *Ibid.*, p. 186.

18. Babiak, Neumann y Hare, 2010.

19. Boddy, Miles, Sanyal, *et al.*, 2015.

20. Pavlic y Mededovic, 2019.

21. Irtelli y Vincenti, 2017.

22. Soltes, 2016.

23. Serrano, 2004.

24. Sutherland recabó información desde el año 1928 sobre setenta grandes corporaciones americanas que cometieron delitos de modo reiterado. En 1949 tuvo muchas dificultades para poder publicar su investigación, ya que se vio obligado a ocultar el nombre de las empresas y a eliminar el capítulo 3. Finalmente, en 1983, un grupo de investigadores apoyados por la Universidad de Yale lograron publicar de modo íntegro su investigación, se incluyeron los nombres de las setenta corporaciones sancionadas judicialmente y, por supuesto, el capítulo 3. <http://www.derechoareplica.org/index.php/mas/criminologia/807-edwin-sutherland-y- el-delito-de-cuello>.

25. Berenguer, 2016.

26. A este respecto destacan los delitos de cuello blanco cometidos por Enron, Siemens o Bhopal, que se llevaron a cabo a nivel de organización.

27. Pickett y Pickett, 2002.

28. Álvarez, 2000, p. 23.

29. Geist, 2008.

30. Tras la crisis económica de 2008 en Estados Unidos, unas 10.000 personas se suicidaron en Europa y Estados Unidos. <https://www.elmundo.es/salud/2014/06/12/539881c422601dc15b8b4588.html>.

31. Gao y Raine, 2010.

32. Para explicar esta nueva realidad delictiva, Sutherland elaboró la teoría de la «asociación diferencial», que defiende que la criminalidad va en función de la organización social existente. Dicha organización puede estar en contra y penalizar un comportamiento criminal, estimular su aparición y su mantenimiento, o no posicionarse. Supone que estos delincuentes viven dentro del mundo de los negocios, regidos por una serie de comportamientos ilegales que se van transmitiendo y reforzando mediante técnicas de neutralización como «todo el mundo lo hace» o «el mundo de los negocios es así».

33. Avilés, 2010.

34. Se refiere a la cultura del materialismo en la que viven muchas personas que se dedican al mundo de los negocios y que se ve reflejada en su modo de vida.

35. Eaton y Korach, 2016.

36. Delitos, dentro del derecho penal estadounidense, como la malversación bancaria, fraudes contra entidades de crédito, sobornos, estafas vía electrónica y postal o fraude de valores.

37. Esta estafa piramidal lo que hace es prometer a los inversores altas rentabilidades que se pagan con el dinero que depositan nuevos inversores.

38. Hare, 2003.

39. *Ibid.*, p. 139.

9. ASESINOS DE ALQUILER: MERCANTILIZANDO LA MUERTE

1. Debido al gran número de asesinatos que había y la particular crueldad con la que actuaban estos sujetos, se reguló penalmente de modo expreso mediante la *Lex Cornelia de Sicariis et Veneficis* en el año 81 a.C.

2. Pontón, 2009.

3. Sentencia del Tribunal Supremo 949/2016 de 15 de diciembre. <https://app.vlex.com/#vid/656593321>.

4. Schlenker, 2012.

5. Geremia, 2011.

6. Montoya, 2009.

7. Basada en la figura del sicario y su actuación en diferentes países de Latinoamérica, sobre todo en Ecuador.

8. <https://cnnespanol.cnn.com/2020/02/14/alerta-paraguay-investigan-asesinato-de-periodista/>.

9. Abeijón, 2006; Carrión, 2009a, y Schlenker, 2012.

10. <https://elpais.com/ccaa/2013/09/16/catalunya/1379357306_075614.html>.

11. Ostrosky, 2011.

12. «Casos en México. Las historias más escalofriantes ocurridas en nuestro país», *Muy Interesante, Crimen*, 79 (2019), p. 79.

13. ECLI:ES:TS:2017:79. Disponible en: <http://www.poderjudicial.es/search/documento/TS/7915720/Asesinato/20170124>.

14. Schlenker, 2012, pp. 67-72.

15. La erotomanía, o síndrome de Clérambault, es una forma de delirio paranoico, clasificado como trastorno delirante de tipo erotomaníaco. La idea central es que una persona, de clase o rango social superior o incluso una persona notoria y famosa, está enamorada de la persona delirante. Su conducta comienza entrando en contacto de algún modo con ella, y después llega el acecho con la esperanza de lograr el amor de esa persona. Sin embargo, cuando esto no ocurre, hay un intenso resentimiento que puede llegar a provocar una conducta delictiva grave.

16. <http://www.poderjudicial.es/search/openCDocument/cac2ec927df2ac24c13003b2ec45c8c4aee23bf174652909>.

17. <https://elpais.com/politica/2019/02/22/actualidad/1550839242_299878.html>.

18.

19. <https://www.larazon.es/sucesos/20200223/yiuieiyvzzbsfeur2g65awj2eq.html>.

20. <https://www.lavanguardia.com/vida/20190224/46647254283/javier-ardines-ardines-llanes-juicio-asesinato.html>.

21. Carrión, 2008.

22. El cártel de Los Zetas fue uno de los grupos criminales más violentos y sanguinarios creado en los años noventa y que empleó la táctica de propagar el terror civil. Fueron los primeros en recurrir a métodos como la decapitación, el *guisao* (disolver cuerpos en ácido) o el desmembramiento de sus víctimas. A partir de 2017, tras la detención de los principales responsables, han ido perdiendo fuerza y territorio en el narcotráfico entre México y Estados Unidos, según la DEA (Administración para el Control de Drogas del Departamento de Justicia de Estados Unidos).

23. No confundir con Mohamed Taibeb Ahmed, alias «El Nene» (Ceuta, 27 de octure de 1975).

24. <https://www.publico.es/sociedad/crimen-organizado-sicarios-agosto-costa-sol.html>.

25. Antonio Rodríguez, jefe de la Unidad de Drogas y Crimen Organizado (UDYCO) de la Costa del Sol, reconoce que los sicarios que forman parte de los grupos organizados suecos son contundentes, muy violentos y han importado de su país el narcoterrorismo con explosivos, una actividad que en España no se conocía. <https://www.laopiniondemalaga.es/malaga/2019/03/10/made-in-sweden-crimen-organizado/1073483.html>.

26. <https://www.periodistadigital.com/gente/sucesos/asesinos/20190707/venganza-mercheros-destierro-sicario-crimen-noticia-689403988683/>.

27. <https://elpais.com/internacional/2019/10/15/mexico/1571096538_312293.html>.

28. Ruiz, Campos y Padrós, 2016.

29. <https://www.puntoporpunto.com/noticias/politica/detienen-a-150-ninos-sicarios-en-cinco-anos/>.

30. Weakley, 2005.

31. El Ponchis es el primer caso reconocido en México de un niño reclutado por una organización criminal para matar.

32. <http://municipiospuebla.mx/nota/2019-08-19/naci%C3%B3n/53-ni%C3%B1os-sicarios-detenidos-en-puebla>.

33. Asesinaba a todos aquellos que se interponían en sus planes, los descuartizaba y dejaba partes de su cuerpo en las puertas de las casas de sus familias.

10. PROFESIONALES DE LA MUERTE: ¿POR QUÉ UN SICARIO NO ES UN ASESINO EN SERIE?

1. Bagley, 2003.

2. Montoya, 2009.

3. Carrión, 2009b.

4. Martínez, 1993.

5. Schlesinger, 2001.

6. Ruiz, García y Padrós, *et al.*, 2016

7. Ruiz, García, Padrós, *et al.*, 2017.

8. Rasgos como la baja tolerancia a la frustración, agresividad, violencia reactiva o temeridad.

9. Se les comienza a reclutar entre los 15 y los 17 años, ya que son más manejables y son menos conscientes de los riesgos que corren y de las consecuencias de sus actos.

10. Hay algunas excepciones, como el caso de la familia Otero asesinada por BTK, pero ocurre en muy pocas ocasiones.

11. Turvey, 2016.

12. Les recomiendo que vean la película *El hombre de hielo* (*The Iceman*), dirigida por Ariel Vromen en 2012.

13. <https://www.youtube.com/watch?v=K86B-xturvc>.

14. Turvey, 2016.

15. <https://www.infobae.com/america/mexico/2019/09/18/un-asesino-que-mata-asesinos-la-historia-de-un-ex-sicario-de-elite-del-cartel-jalisco-nueva-generacion/>.

11. Parafilias: preferencias sexuales (anómalas), patologías y delitos sexuales

1. Del griego παραφιλία, *para* («más allá») y *philia* («amor»). Este término fue acuñado por el psiquiatra alemán Richard von Krafft-Ebing en 1869, en su libro *Psychopathia Sexualis*.

2. Este club ha adoptado su nombre de la obra publicada en 1899, *Le Jardin des supplices*, de Octave Mirbeau. Dividida en tres partes, en la primera se muestra el crimen como algo innato y que forma parte del instinto natural del ser humano; en la segunda se describe la caída política del protagonista, y en la tercera, el narrador anónimo y Clara, su amante, visitan una prisión china donde se tortura de modo dantesco a diferentes personas, lo que la lleva a un éxtasis erótico que escapa a su propia racionalidad. Un libro nada fácil de leer debido a la intensidad y las descripciones de las torturas chinas, en el que se mezclan crueldad, erotismo, placer y dolor. <https://www.torture garden.com/>.

3. Göppinger, 1975 (en Díaz y Pardo, 2017).

4. Franke, 2007. Traducción de su artículo «Putting Sex to Work», Columbia Law School, 1998.

5. *Manual diagnóstico y estadístico de los trastornos mentales* (quinta edición), de la Asociación Americana de Psiquiatría (APA) que contiene descripciones, síntomas y otros criterios para poder diagnosticar trastornos mentales.

6. Desde el punto de vista de la sociología, el estigma es un comportamiento, un rasgo o una condición personal que es vista por la sociedad como inaceptable, provocando rechazo y respuestas negativas hacia esa persona.

7. Quinsey, 2011, p. 218.

8. El concepto «perversión sexual» se aplica a aquellas conductas sexuales que socialmente se consideran anormales, desagradables o repulsivas. Este término todavía se emplea desde el punto de vista criminológico, y se aplica cuando se lleva a cabo una conducta sexual anómala vulnerando la libertad sexual de la otra persona y sin que esta preste su consentimiento.

9. Sánchez, López y Domínguez-Muñoz, 2018.

10. <https://www.abc.es/sociedad/20150416/abci-perversiones-sexo-parafilias-201504142040.html>.

11. Silverstein, 2009.

12. Money, 1986.

13. Lehne, 2009.

14. Es la Clasificación Internacional de Enfermedades y Trastornos relacionados con la Salud Mental realizada por la OMS. Las parafilias quedan incluidas en el apartado F-65 (Trastornos de la inclinación sexual) y coinciden en su mayoría con las del DSM-V (Trastornos parafílicos).

15. Pedofilia, pederastia y sadismo sexual.

16. DSM-5, «Declaración cautelar para el empleo forense del DSM-5», p. 13.

17. Las eximentes son circunstancias o hechos concretos que se dan en el momento de cometer el ilícito penal, que exoneran de la responsabilidad penal a un sujeto, considerándosele inimputable; por ejemplo, en el caso de legítima defensa, estado de necesidad, alteraciones psíquicas o intoxicación plena. Así, para que exista una modificación en la responsabilidad penal del sujeto que ha cometido un delito, su capacidad volitiva o su capacidad cognoscitiva deben verse alteradas en mayor o menor medida.

18. <https://www.eldiariomontanes.es/sociedad/supremo-rechaza-parafilia-20190123193609-ntrc.html>.

19. Sentencia del Tribunal Supremo 917/2016 de 2 de diciembre de 2016.

20. Kraft-Ebing, citado en Baca, 2014, p. 115.

21. <https://www.elmundo.es/sociedad/2016/12/15/58528b1a268e3e5f5f8b4625.html>.

22. <https://cronicaglobal.elespanol.com/vida/voyerismo-sanciones-impune_80395_102.html>.

23. <https://www.laopinion.com.co/mundo/centenares-de-parejas-fueron-filmadas-en-moteles-en-corea-del-sur-sin-saberlo-173663#OP>, <https://www.nytimes.com/2019/03/21/world/asia/korea-spycam-hotel-livestream.html>.

24. Stoller, 1977, citado en Farré y Lasheras, 2000.

25. La Ley Orgánica 4/2015 de Protección de la Seguridad Ciudadana recoge la infracción administrativa por exhibicionismo, artículo 37.5, y la sanción oscila desde los 100 hasta los 600 euros.

26. <https://sevillabuenasnoticias.com/detenido-un-hombre-por-exhibicionismo-ante-menores-de-edad-en-una-piscina-de-sevilla/>.

27. <https://elpais.com/ccaa/2020/02/13/madrid/1581598201_008293.html>.

28. Sánchez, López y Domínguez-Muñoz, 2018.

29. <https://www.elmundo.es/elmundo/2011/02/15/baleares/1297768586.html>.

30. En 1936, la japonesa Sada Abe asesinó mediante hipoxifilia a su amante Kichizo Ishida. Después le cortó los genitales y los llevó en su bolso durante varios días. La película *El imperio de los sentidos* (Nagisa Oshima, 1976) narra esta historia de amor y de pasión que traspasa límites morales y legales, donde la violencia va ganando terreno en cada escena. En Japón sigue sin poder emitirse. Solo podría verse si se eliminaran las escenas de sexo.

31. Ellies, 2002. EBook #13612, 2004.

32. Es una de las parafilias no especificadas.

33. Farré y Lasheras, 2000.

12. Parafilias (clínicas) letales: criminalidad sexual, homicidio sexual y sadismo

1. Dietz, Hazelwood y Warren, 1990, p. 165.

2. Todo el caso ha sido excelentemente documentado en el libro *Lethal Shadow. The Chilling True-Crimen Story of a Sadistic Sex Slayer* de Stephen Michaud (Onyx, 1994).

3. En sus notas escritas a mano había una serie de pautas para poder controlar a su pareja femenina y convertirla en su cómplice sexual: aislarla, evitar que adquiera habilidades, quitarle el poder, mantenerla dependiente y jamás mostrar debilidad.

4. <https://coolinterestingstuff.com/the-strange-story-of-mike-debard eleben>.

5. Acuñó el término *sadismo* inspirado por Donatien Alphonse François de Sade (1740-1814), Marqués de Sade, autor entre otras muchas obras de *Les 120 journées de Sodome* o *l'École du libertinage* (1785).

6. Krafft-Ebing las denominaba «anomalías del instinto genésico», ya que consideraba que la conducta sexual humana tenía como finalidad esencial la procreación (Baca, 2014).

7. Krafft-Ebing, citado en Soria y Mora, 2013.

8. «Nos encontramos con dos tipos de parafilias: las preferenciales, que se desarrollan desde el inicio de la sexualidad, y las de desarrollo, a las que se llega a través de la experimentación y la curiosidad» (De Vicente, 2020, p. 223).

9. A partir de 2017 se dieron a conocer los crueles actos de tortura que el CJNG infligía a sus rivales, cuyo objetivo era infundir terror en los cárteles rivales.

10. Agresiones, abusos y violaciones (tipo agravado de la agresión sexual).

11. Son aquellas conductas delictivas que atentan contra el libre desarrollo de la sexualidad y la personalidad de los menores e incapaces.

12. Organización Mundial de la Salud, «Violencia contra la mujer: violencia de pareja y violencia sexual contra la mujer», Nota descriptiva n.° 239 (actualización de septiembre de 2011), Ginebra, Organización Mundial de la Salud, 2011.

13. Pardue y Arrigo, 2008.

14. Un bajo nivel de autoestima los lleva a ejercer una violencia compensatoria sobre las víctimas con el objetivo de sentir su propio poder y la capacidad de dominación.

15. Lebrón, M., en Romo y Soria, 2015.

16. Cáceres, 2001.

17. Con tipologías nos referimos a clasificar a determinados sujetos que comparten patrones de conducta, caracteres y rasgos de personalidad, por lo que se les puede incluir en un mismo grupo o tipo.

18. Romo y Soria, 2015.

19. Prentky, R. A., *et al.*, *Classification of Rapists: Implementation and Validation*, 1991. Recuperado de: <https://www.ncjrs.gov/pdffiles1/Digitization/133784NCJRS.pdf>.

20. Allen J. Frances. Fuente: https://www.psychologytoday.com/us/blog/dsm5-in-distress/201104/most-rapists-are-not-sadists

21. Garrido, 2007, p. 45.

22. Capítulo 6, «Criminal Profiling from Crime Scene Analysis», pp. 135-152.

23. Meloy, 2000.

24. Purcell y Arrigo, 2006.

25. Varios expertos consideran que con este término se está hablando del asesinato por lujuria o asesinato hedonista en serie.

26. Garrido, 2006.

27. McClellan, 2010.

28. Hickey, 2005.

29. Garrido, 2006, p. 245.

30. Schlesinger, 2004, pp. 208-209.

31. Ressler, Burgess y Douglas, 1988; Geberth, 1998; Douglas, Burgess, Burgess, *et al.*,, 2006; Holmes y Holmes, 2009; Soria y Mora, 2013.

32. Escena final del crimen (o *dumpsite*).

33. La gratificación sexual se obtiene a través de un cuchillo u otro objeto afilado que sustituye al pene para penetrar, apuñalar y cortar el cuerpo de una víctima (coito simbólico).

34. Extirpar o extraer los órganos internos.

35. Mellor y Swart, 2016.

13. La Dalia Negra: la gran paradoja del mal

1. Martin Glynn, exsargento de la policía de Los Ángeles e historiador. <https://www.bbc.com/mundo/noticias-38545892>.

2. Se puede consultar el expediente completo de 211 páginas en <https://www.fbi.gov/history/famous-cases/the-black-dahlia>.

3. Máquina de fax antigua que utilizaba la prensa.

4. Páginas 160 y 161 del expediente del caso.

5. *Ibid.*, páginas 86 y 87, entre otras.

6. *Ibid.*, documentos 116, 132...

7. Pueden consultarlo en <http://www.miamisao.com/publications/grand_jury/1940s/gj1949s4.pdf>.

8. Gibson, 2004, pp. 191-207.

9. Sumario del crimen, número 17, página 609.

10. Knowlton y Newton, 1996, p. 28.

11. Los investigadores comprobaron la identidad de los nombres masculinos de esa agenda. Todos contaron la misma historia: habían conocido a Elizabeth, habían tomado unas copas con ella y cuando intentaban intimar y tener relaciones sexuales, ella se negaba y ya no volvían a verla.

12. Knowlton y Newton, 1996, p. 194.

13. Everitt, 1993, p. 134.

14. Knowlton y Newton, 1996, pp. 30-31.

15. *Ibid.*, p. 31.

16. *Ibid.*

17. La autopsia completa puede leerse en Gibson, 2004, pp. 195-196.

18. El cuerpo de Elizabeth Short fue seccionado por la mitad, a la altura de la espina lumbar, en la única parte en que se puede cortar sin tener que romper ningún hueso, entre la segunda y la tercera vértebra lumbar.

19. Página 88 del expediente.

20. Es un término británico que se refiere al tipo de herida que se inflige a una persona, haciendo un corte desde cada lado de la comisura de la boca hasta las orejas. En la historia, este tipo de herida se menciona en la obra de Victor Hugo *El hombre que ríe*, escrita en 1869. Esta cruel herida inspiró las cicatrices del Joker en la saga de Batman dirigida por Christopher Nolan.

21. Chancellor y Graham, 2017.

22. Vronsky, 2004.

23. También se la conoce como Crack del 29. Fue una gran crisis financiera mundial que se prolongó en determinados países hasta principios de los años cuarenta. Surgió en Estados Unidos tras la caída de la Bolsa de Nueva York el 29 de octubre de 1929.

24. Hodel, 2003, p. 174.

25. *Ibid.*, capítulo 21.

26. <https://www.youtube.com/watch?v=92rr6c-ZVn8>.

27. La transcripción de las conversaciones pueden encontrarlas en este enlace: <http://stevehodeloldsite.staging.authorbyteshosting.com/wp-content/uploads/2009/05/BDA-II-Chap-6-DA-transcripts.pdf>. La frase citada aparece en la página 9.

28. Movimiento artístico surgido en Francia en la década de 1920. Se inspira en las teorías psicoanalíticas de Sigmund Freud (1856-1939) e intenta reflejar el funcionamiento del subconsciente en la actividad creativa, tratando de expresar de modo espontáneo y automático el pensamiento regulado solo por impulsos subconscientes. Artistas destacados del movimiento fueron Salvador Dalí, René Magritte o Vladímir Kush.

29. James Ellroy, *La Dalia Negra*, 1987.

30. *La Dalia Negra* (2006), dirigida por Brian De Palma.

31. <https://derangedlacrimes.com/?p=10463>.

1. Sufrió durante muchos años un fetichismo secreto que unió a su odio y a la ira que sentía por la humillación del castigo al que le sometió su madre.

2. Cáceres, 2001.

3. Una fantasía sexual está llena de imágenes mentales eróticas o sexualmente excitantes, de modo que es el propio individuo el que controla lo que pasa en ellas en cada momento, ya que son creadas de modo deliberado y en algunos casos de modo espontáneo.

4. Gee y Belofastov, 2007.

5. Prentky, Burgess, Rokous, *et al.*, 1989.

6. Templeman y Stinnet, 1991.

7. El *iter criminis* es el conjunto de actos sucesivos que sigue el sujeto hasta que se ejecuta el delito. En este caso se refiere a la fase interna del delito: ideación, deliberación y decisión. Pueden leer en mi blog el artículo que hace referencia a los pasos que se siguen desde que se piensa en cometer un delito hasta el momento en que se perpetra: <https://criminal-mente.es/2015/08/27/el-iter-criminis-o-fases-de-realizacion-del-delito-desde-el-punto-de-vista-penal/>.

8. Vronsky, 2020.

9. Estado de ánimo depresivo que suele estar acompañado de irritabilidad, ansiedad y tristeza.

10. Hazelwood y Warren, 1995.

11. Son afirmaciones que explican, justifican o minimizan la gravedad de ese comportamiento, negando su responsabilidad.

12. Veremos que esto es lo que ocurre en los casos de pedofilia y pederastia que se describen en capítulos posteriores.

13. Meloy, 2000; Soria y Mora, 2013.

14. Hazelwood y Warren, 2000; Hazelwood y Michaud, 2000; Hazelwood y Burgess, 2017 (5.ª ed.).

15. Durante seis años, la psicóloga forense Katherine Ramsland intercambió llamadas y cartas con Rader. Él le contó su metodología y su vida llena de fantasías sádicas, que fueron las que le llevaron a cometer sus crímenes. Les recomiendo la lectura de esta investigación: *Confession of a Serial Killer: The Untold Story of Dennis Rader, the BTK Killer* (2016).

16. Schechter, 2003, p. 27.

17. Prentky, Burgess, Rokous, *et al.*, 1989; Gee, Devilly y Ward, 2004; Carabellese, Maniglio, Catanesi, *et al.*, 2011.

18. Para más información sobre Albert DeSalvo, véase David White, *Albert DeSalvo. The Boston Strangler*, 2015.

19. Pueden consultar el caso completo de este asesino en serie en mi blog: «Víctimas mirando a su asesino. Harvey Murray Glatman, el "Glamour

Girl Slaye"». <https://criminal-mente.es/2017/03/13/victimas-mirando-a-su-asesino-harvey-murray-glatman-el-glamour-girl-slayer/>.

20. MacCulloch, Snowden, Wood, *et al.*, 1983; Burgess, Hartman, Ressler, *et al.*, 1986; Arrigo, 2007; Gee y Belofastov, 2007; Hickey, 2013 (6.ª ed.).

21. Este es el modelo de investigación que pueden ver en la serie *Mindhunter* de David Fincher.

15. LADRONES DE INOCENCIA: PEDÓFILOS FRENTE A PEDERASTAS

1. Bieber, 2012.

2. <http://www.javierortiz.net/jor/jamaica/el-sexo-y-la-infancia>.

3. Palabra de origen griego formada por *paidós* («niño» o «muchacho», en griego ϖαιδος) y *filia* («amistad» o «inclinación», en griego φίλος).

4. Cantor, 2014.

5. La cronofilia es un término acuñado por el psicólogo y sexólogo John Money en 1986. Deriva de las raíces griegas χρόνος («tiempo») y φιλία («amor»).

6. Seto, 2017.

7. Vladimir Nabokov, con su novela *Lolita* (1955), dio pie a lo que se conoce como «lolitaísmo» o el complejo de Lolita: atracción de un hombre mayor por una chica adolescente.

8. Cantarella, 1991.

9. Recordemos que, desde un punto de vista clínico, no existe diferencia entre la pedofilia y la pederastia, de modo que el DSM-5 considera que se trata de la misma conducta, del mismo trastorno parafílico o patológico.

10. Cantor y McPahail, 2016.

11. Seto, 2007.

12. <https://www.bbc.com/news/magazine-34858350>.

13. Burns y Swerdlow, 2003.

14. Joyal, Plante-Beaulieu y Chanterac, 2014.

15. Tenbergen, Wittfoth, Frieling, *et al.*, 2015.

16. <https://www.bbc.com/news/magazine-33464970>.

17. Beier, Neutze, Mundt, *et al.*, 2009.

18. El Instituto de Psicología Forense (IPF), el Instituto de Trabajo Social y Servicios Sociales (INTRESS) y la Fundación Ires.

19. <https://www.bienestaryproteccioninfantil.es/fuentes1.asp?sec=2&subs=50&cod=4046&page=>.

20. Marshall, Ward, Mann, *et al.*, 2005.

21. Hollin, 2013, capítulo 7.

22. Vázquez, 2007.

23. Capponi, 2002.

24. En 1972 publicó el libro *Sex met Kinderen* (Sexo con niños), que preparó los cimientos para el activismo pedófilo en Europa occidental durante los años setenta.

25. <https://www.bbc.com/mundo/noticias-america-latina-47907706>.

26. <https://www.publico.es/espana/detenida-primera-vez-mujer-acusada.html>.

27. Thuy Nguyen afirma que solo el 40 % de los pederastas procesados por delitos sexuales han sido diagnosticados como pedófilos. <https://www.elperiodico.com/es/sociedad/20190517/impedir-que-los-pedofilos-se-convi ertan-en-pederastas-7460072>.

28. Jiménez Díaz, 2016.

29. De Vicente, 2020.

30. Compuesto por 54 artículos, es el tratado más ratificado de la historia (195 países), y recoge los derechos sociales, civiles, económicos, culturales y políticos de los niños.

31. El maltrato infantil se define como los abusos y la desatención de los menores de 18 años, e incluye maltrato de tipo físico, psicológico, abuso sexual, desatención, negligencia y explotación comercial o de otro tipo. <https://www.who.int/es/news-room/fact-sheets/detail/child-maltreatment>.

32. Sentencia del Tribunal Supremo 231/2015, de 22 de abril.

33. En la actualidad es director del Crimes Against Children Research Center.

34. Autor del libro *Sexually Aggresive Children; Coming To Understand Them*.

35. Barudy, 1998; Echeburúa, 2000, y <https://www.bbc.com/mundo/noticias-41226898>.

36. Seto, 2019.

37. Oliveiro y Graziosi, 2004.

38. «Child Molesters: A Behavioral Analysis», National Center for Missing & Exploited Children, p. 23.

39. Por ejemplo, elegir siempre a niños o niñas de la misma edad, ejecutar solo determinados actos o usar objetos concretos.

40. Shaw, 2019.

41. Oliveiro y Graziosi, 2004.

42. Holmes y Holmes, 2009.

43. <https://www.publico.es/espana/detenida-primera-vez-mujer-acusada.html>.

44. <https://www.theguardian.com/uk/2011/jan/10/colin-blanchard-backstory-crime>.

16. Pedófilos online: material de explotación sexual infantil (MESI). Niños atrapados en la red

1. Aquellos que utilizan internet y las nuevas tecnologías para contactar con posibles víctimas infantiles con la intención de crear oportunidades para la comisión de un delito sexual. Seto, Hanson y Babchishin, 2011.

2. Consideran que el término «pornografía infantil» puede inducir a error ya que posee una connotación de voluntariedad.

3. Taylor y Quayle, 2003.

4. Robertiello y Terry, 2007.

5. Quayle, 2004.

6. Corriveau y Greco, 2012.

7. <https://laultimahora.es/twitter-no-es-capaz-de-parar-la-pornografia-infantil-en-su-red-social/>.

8. Middleton, Beech y y Mandeville-Norden, 2005.

9. Beech, Elliott, Birgden, *et al.*, 2008.

10. Otín, 2013.

11. Casas, 2017.

12. <https://www.elmostrador.cl/braga/2020/06/03/map-el-aberrante-movimiento-que-busca-que-la-pedofilia-sea-aceptada-como-una-orientacion-sexual-y-la-exposicion-al-abuso-infantil-en-rrss/>; <https://www.dailymail.co.uk/news/article-8466899/Paedophiles-rebrand-minor-attracted-persons-chilling-online-propaganda-drive.html>.

13. <https://www.slideshare.net/brunoalegria/fbi-pedophile-symbols>.

14. https://www.diariocordoba.com/noticias/sociedad/ue-aloja-90-webs-porno-infantil_1374305.html>.

15. Agustina, 2010.

16. Negredo y Herrero, 2016.

17. Morales, 2002.

18. Convención sobre los Derechos del Niño, relativo a la venta de niños, la prostitución infantil y la utilización de niños en la pornografía, celebrada en Nueva York el 25 de mayo de 2000. <https://www.boe.es/buscar/doc.php?id=BOE-A-2002-1858>.

19. La definición de nuestro Código Penal es un traslado literal de la definición que aparece en el artículo 2.c (i, ii, iv) de la Directiva 2011/93/UE del Parlamento Europeo y del Consejo, de 12 de diciembre de 2011: <https://eur-lex.europa.eu/legal-content/ES/TXT/PDF/?uri=CELEX:32011L0093&from=SK>.

20. Ver y/u oír una transmisión en directo, en el mismo momento en que se está llevando a cabo una acción, a través de una página web.

21. En el caso de las mujeres, ropa de adolescente, sin maquillaje, eliminación del vello púbico, coletas, lazos en el pelo, etc.

22. Hay diferentes categorías: *het*, con interacciones heterosexuales; *yaoi*, con relaciones homosexuales masculinas, y *yuri*, con relaciones sexuales lésbicas.

23. Boldova, 2004; Morillas, 2005.

24. Casas, 2017, p. 62.

25. En este país los prostíbulos de menores están ocultos en bares de karaoke. Para que los clientes sepan identificarlos, la «O» se hace mucho más grande.

26. Negredo y Herrero, 2016.

27. https://www.trecebits.com/2019/01/09/asi-se-comunican-los-pedofilos-en-instagram/>.

28. Casas, 2017.

29. Taylor y Quayle, 2003, y Saris, Carr, Jackson, *et al.*, 2012.

30. Seto Reeves y Jung, *et al.*, 2010.

31. Seto, 2019.

32. Saris, Carr, Jackson, *et al.*, 2012.

33. Morillas, 2005.

34. Estos actos suelen pasar desapercibidos para los investigadores, ya que es muy difícil determinar la dimensión cuantitativa de este hecho, pues resulta imposible saber cuántos sujetos fotografían a menores en una playa. *Ibid.*, p. 204.

35. Saris, Carr, Jackson, et al., 2012.

36. Sotoca-Plaza, Ramos-Romero y Pascual-Franch, 2020.

37. Carter, Prentky, Knight, *et al.*, 1987; Lanning y Burgess, 1989; Seto, Maric y Barbaree, 2001.

38. https://www.dailymail.co.uk/news/article-5838975/Australias-worst-paedophile-grins-guilty-raping-torturing-children.html>.

39. El Canal 9Now solo se puede ver desde Australia, ya que no tiene derechos de transmisión internacional. Parte de la entrevista de la periodista Tara Brown a Peter Scully está disponible en: <https://www.youtube.com/watch?v=JP9wrimpLxY>.

40. <https://www.elmundo.es/espana/2019/05/09/5cd3e29821efa-049278b45ec.html>; <https://www.rtve.es/noticias/20190509/guardia-civil-fbi-detienen-31-pedofilos-captar-145-menores-internet/1934024.shtml>.

41. <https://www.elconfidencial.com/tecnologia/2020-01-27/microsoft-herramienta-pedofilos-conversacion_2429199/>.

17. Ciberespacio: la nueva escena del crimen

1. <https://elpais.com/sociedad/2018/11/19/actualidad/1542617847_232669.html>.

2. <https://www.diariovasco.com/gipuzkoa/ciberbullying-aparece-casos-20180923010218-ntvo.html>.

3. <https://www.farodevigo.es/sucesos/2019/01/10/menor-adulto-investigados-caso-sexting/2030586.html>.

4. <https://www.elmundo.es/espana/2019/10/05/5d979595fdddff2b bd8b46c4.html>.

5. No olvidemos que la víctima es una prolongación de la escena del crimen, de modo que también ella ofrece información muy importante al analista de la conducta y a los investigadores.

6. Miró, 2011.

7. <https://datos.bancomundial.org/indicador/it.net.user.zs>.

8. Aguirre, 2004.

9. Gutiérrez, 1998.

10. Miró, 2011.

11. Calmaestra, 2011.

12. Romeo, 2006.

13. Alcántara, 2011.

14. Fonseca, 2003.

15. Miró, 2011.

16. Esta es la premisa en la que se basa la teoría criminológica de Cohen y Felson denominada «Teoría de las actividades cotidianas», desarrollada en 1979.

17. Entendemos por conductas antisociales todas aquellas que van en contra del bien común y de los valores de la sociedad al infringir normas sociales y de convivencia. Algunas serán tipificadas como delitos y otras simplemente irán contra el orden social establecido. Estas conductas antisociales variarán dependiendo de la edad del individuo. En la adolescencia, por ejemplo, hablaríamos de absentismo escolar, vandalismo, hurtos, huidas de casa, peleas o consumo de drogas. En el caso del ciberespacio, podemos entender como conductas antisociales el ciberacoso, las agresiones verbales en redes sociales o las actitudes machistas en la red, entre otras.

18. Sobre todo en aquellos casos en los que la ilicitud de la conducta deriva del contenido y en los que la mera publicación en una web o en una red social afecta a diferentes bienes jurídicos o a muchas personas, como en los casos de *hate speech* o el ciberterrorismo.

19. Yar, 2005.

20. Aguilar, 2013.

21. Clough, 2015.

22. Se atribuye el primer uso del término *cybercrime* a John Perry Barlow, teórico de la información, que en 1990 publicó *A Not Terribly Brief History of the Electronic Frontier Foundation*. Disponible en: <https://www.eff.org/es/pages/not-terribly-brief-history-electronic-frontier-foundation>.

23. Para que estemos ante un cibercrimen, no basta con que se utilicen las TIC e internet para cometer un delito. Es necesario que ese uso tenga alguno de los elementos del delito: conducta típica, antijurídica, culpable y punible. Así, no todos los comportamientos que están incluidos en los diferentes cibercrímenes pueden considerarse delictivos conforme al Código Penal (Miró, 2012).

24. Maras, 2017, p. 14.

25. Método utilizado para estafar y obtener información confidencial, como contraseñas, números de cuentas o números de tarjetas de crédito, de modo fraudulento.

26. Algunos de los asesinos que contactaron con sus víctimas a través de anuncios en la prensa son Desiré Landrú, Belle Gunnes, H. H. Holmes o Harvey Murray Glatman, entre otros.

27. Para saber más, véase John Glatt, *Internet Slave Master. A True Story of Seduction and Murder*, Nueva York, St. Martin's PaperBacks, 2001.

28. <https://psicologiaymente.com/forense/terrorifico-caso-canibalismo-armin-meiwes>.

29. Es una parafilia que se caracteriza por el deseo de ser devorado por otra persona o criatura, o por comerse a otros. Deriva del latín *vorare* («devorar») y *filia* («gusto» o «amor por»).

30. <https://www.semana.com/mundo/articulo/armin-meiwes-el-canibal-de-rotemburgo-da-paseos-fuera-de-prision/670967>.

31. <https://elpais.com/internacional/2011/02/26/actualidad/1298674805_850215.html>.

32. <https://www.newsweek.com/2014/05/09/exclusive-craigslist-killer-miranda-barbour-tells-how-and-why-she-killed-248670.html>.

33. <https://www.publico.es/internacional/japones-detenido-hallazgo-9-cuerpos-desmembrados-admite-crimenes.html>.

34. <https://internationalpress.jp/2018/09/10/acusan-a-asesino-y-descuartizador-de-9-personas-en-japon-tras-pruebas-psiquiatricas/>.

35. <https://www.elperiodico.com/es/sucesos-y-tribunales/20200526/juez-mujer-cazaba-hombres-badoo-asesina-7975321>.

18. CIBERCRIMINALIDAD SOCIAL: VICTIMIZACIÓN INTERPERSONAL ONLINE. EL CIBERACOSO

1. <https://www.youtube.com/watch?v=vOHXGNx-E7E&has_verified=1&bpctr=1587141136>.

2. Recordemos que este neologismo hace referencia a los delitos que se cometen a través del uso de internet.

3. Miró, 2012.

4. *Online child grooming, sexting, ciberbullying, happy slapping, flaming, online harassment*, o ciberacoso sexual.

5. Agustina, 2014.

6. Bocij, 2003.

7. <https://venngage.net/p/198668/web-apaleador>.

8. Trujano, Dorantes y Tovilla, 2009.

9. García, 2010.

10. Nocentini, Calmaestra, Schultze-Krumbholz, *et al.*, 2010.

11. González, 2016.

12. Marco, 2010.

13. Sentencia de la Audiencia Provincial de Valencia 488/2009, de 10 de septiembre: «No es necesario que se trate de una pluralidad de actos o exista una continuidad o persistencia en el tiempo. Basta con una sola acción que tenga la suficiente gravedad […] el ánimo de humillar y el efectivo padecimiento. En este caso y aunque la acción fuera solo una, sus efectos perduraron con la progresiva difusión de las imágenes y con ella, el sufrimiento de la víctima».

14. Hernández y Solano, 2007.

15. Humphreys, 2016.

16. Esta tendencia surgió a finales de 2004 en Londres, cuando unos adolescentes grabaron en vídeo la cara de sorpresa que ponían determinadas personas tras propinarles una colleja.

17. <https://www.que.es/ultimas-noticias/humillaciones-en-video-para-ganar-seguidores-mas-de-75-000-menores-sufren-happy-slapping.html>.

18. <https://www.savethechildren.es/actualidad/happy-slapping-violen cia-online-menores>.

19. Este término se utiliza para denominar un tipo especial de ciber-cultura que se difunde a través de internet con una finalidad humorística, una parodia política o incluso para llevar a cabo una protesta. Pueden ser una simple imagen, un vídeo, una frase o incluso un hashtag.

20. Informe Internacional de IPSOS, 2018. <https://www.ipsos.com/es-es>.

21. Es una modalidad del delito de *stalking* que se comete a través de internet y de las nuevas tecnologías.

22. Pueden consultar las siguientes sentencias donde hay elementos descriptivos y constitutivos del delito de *cyberstalking*: Sentencia de la Audiencia Provincial de Madrid 356/2017 de 29 de mayo (Núm. Cendoj: 28079370232017100320) o la SAP 346/2017 de 25 de julio (Núm. Cendoj: 070 40370022017100317).

23. En el año 2005 surgió este término en el Reino Unido e inicialmente se refería a personas que utilizaban el móvil para organizar citas sexuales, pero las primeras investigaciones sobre este fenómeno no comenzaron hasta 2008.

24. La indemnidad sexual es el derecho a que una persona no sufra interferencias en la formación de su propia sexualidad, aplicándose a los menores y a las personas incapaces. Vulnerar este derecho implica la afectación del desarrollo psíquico y su formación en el ámbito sexual, con las consecuencias de que los menores o incapaces puedan tomar como correctas conductas y actos que no lo son.

25. Jonsson, Priebe, Bladh, *et al.*, 2014.

26. <https://www.elperiodico.com/es/sucesos-y-tribunales/20200524/jueza-cierra-caso-iveco-suicidio-videos-sexuales-trabajo-7971920>.

27. <https://www.incibe.es/protege-tu-empresa/avisos-seguridad/identificada-nueva-campana-sextorsion>.

28. Jessica sufrió *cyberbullying* a partir de una foto de *sexting* en la que aparecía desnuda y que fue difundida por su exnovio cuando Jessica rompió con él.

29. <http://www.ohioschoolplan.org/03-13-12.html>.

30. <https://jamanetwork.com/journals/jamapediatrics/article-abstract/2673719>.

31. <https://elpais.com/elpais/2018/03/09/mamas_papas/1520582602_813226.html>.

32. Sentencia del Tribunal Supremo, Sala de lo Penal, 377/2018, Rec. 10036/2018 de 23 de julio de 2018.

33. Doctor en Criminología con reconocido prestigio internacional, experto en delitos y nuevas tecnologías. Responsable académico internacional y director del Área de Derecho, Criminología y Relaciones Internacionales de la Universidad Internacional de Valencia.

34. Salter, 2013.

35. Whittle, Hamilton-Giachristsis, Beech, *et al.*, 2013.

36. Craven, Brown y Gilchrist, 2006.

37. Górriz, 2016.

38. Pereda, Abad y Guilera, 2012, y Dolz Lago, 2016.

39. <https://elpais.com/sociedad/2018/11/19/actualidad/1542617847_232669.html>.

40. <https://www.bbc.com/news/uk-england-50985868>.

41. Bocij, 2003.

42. WhatsApp, Facebook Messenger, Telegram, Skype, Line, etc.

43. En la Sentencia de la Audiencia Provincial de Lérida 159/2010 de 7 de mayo, se condena al acusado como autor de una falta de injurias (hoy ya no existen las faltas, sino los delitos leves), por enviar a la víctima a través de Messenger los siguientes mensajes: «Puto diablo colombiano», «Basura operada de quirófano», «Muérete ramera», «Prostituta colombiana y escoria».

44. Cavezza y McEwan, 2014.

19. Tienes una nueva solicitud de amistad: el ciberacosador y sus víctimas

1. *H0is3*, película de 2019 dirigida por Manolo Munguia.

2. Beech, Elliott, Birgden, *et al.*, 2008.

3. Sentencia Penal 333/2018 de la Audiencia Provincial de Alicante, Sección 10, Recurso 53/2017 de 7 de noviembre de 2018.

4. <https://www.heraldo.es/noticias/aragon/zaragoza/2018/06/22/policia-detiene-acosador-sexual-menores-internet-groomer-1250729-2261126.html>.

5. Treinta delincuentes contactaron online impulsados por el contacto y 21 motivados por la fantasía. Sin embargo, el pequeño número de la muestra no es suficiente para determinar si esta distinción es válida y significativa.

6. Wolak, Finkelhor, Mitchell, *et al.*, 2010.

7. *Ibid.*

8. *Ibid.*

9. Górriz, 2016.

10. Sentencia del Tribunal Supremo 51/2008, 6 de febrero de 2008.

11. Macfarlane y Bocij, 2003.

12. Número de personas que son víctimas de un delito, pero que no denuncian.

13. Mendoza, 2012.

14. Calvete, Orúe, Estévez, *et al.*, 2010; Félix-Mateo, Soriano-Ferrer, Godoy-Mesas, *et al.*, 2010; Ortega, Calmaestra y Mora Merchán, 2008a.

15. Mendoza, 2012.

16. Barlinska, Szuzter y Winiewski, 2013.

17. Garaigordobil, Martínez-Valderrey y Aliri.

18. Concepto introducido en 2010 por Michael Nuccitelli.

20. Delinquiendo en gerundio: *stalking, bullying, mobbing*: el acoso en otros ámbitos

1. Se trata de conductas de acoso hacia los arrendatarios de un inmueble, cuya finalidad es impedir el legítimo disfrute de la vivienda. Pueden consistir en una completa desatención del mantenimiento del inmueble, o en la decisión de introducir colectivos marginales en el edificio para forzar a los inquilinos a marcharse de la vivienda. Este delito aparece recogido en el artículo 173.1, tercer párrafo.

2. La primera sentencia del Tribunal Supremo que se ha dictado exige que el acoso sea continuado en el tiempo y que obligue a la víctima a modificar de modo sustancial su vida (Sentencia 324/2014, Sala Segunda de lo Penal, de 8 de mayo de 2017).

3. Mohandie, Meloy, Green-McGowan, *et al.*, 2006.

4. Este crimen conmocionó a la sociedad estadounidense y se ha reproducido en un capítulo de *Mentes criminales* y otro de *Boston Legal*.

5. <https://leginfo.legislature.ca.gov/faces/codesTOCSelected.xhtml?tocCode=PEN&tocTitle=+Penal+Code+-+PEN>.

6. En la página web <http://victimsofcrime.org/our-programs/stalking-resource-center> se recogen como conductas integrantes del delito de *stalking* en el derecho anglosajón: enviar regalos no deseados, cartas, tarjetas o emails; dañar su casa, el coche u otros bienes; pasar o conducir por su casa o su lugar de trabajo; obtener información de la víctima a través de registros

públicos, detectives privados, revisar su basura, ponerse en contacto con familiares y compañeros de trabajo, etc.

7. Nuestra jurisprudencia determina que no se considerará delito de acoso cuando se trate de episodios más o menos intensos y numerosos llevados a cabo en un corto período de tiempo si no queda clara su continuidad y, sobre todo, si no repercuten de modo directo y notable sobre los hábitos cotidianos de la víctima.

8. Holmes, 1993.

9. Mullen, Pathe y Purcell, 2009.

10. Trastorno delirante causado por amor. El que lo padece cree de modo obsesivo que mantiene una relación amorosa imposible con una persona que por lo general disfruta de una posición social superior, un famoso, etc., y con la que ha tenido poco contacto.

11. Para que se aplique como eximente, la doctrina exige que el enamoramiento afecte gravemente al sujeto que lo padece, hasta el punto de provocar una anulación de su voluntad, por lo que entonces es inimputable.

12. <https://elpais.com/diario/2004/09/30/sociedad/1096495210_850215.html>.

13. <https://www.rtve.es/radio/20200430/acoso-escolar-problema-mata/2013143.shtml>.

14. Calmaestra, 2011.

15. Subijana, 2007.

16. <https://www.thesun.co.uk/news/9515143/schoolboy-killed-note-sam-connor-chertsey/>.

17. Sentencia del Juzgado de Menores n.º 1 de San Sebastián, n.º 86/2005, de 12 mayo, que fue recurrida ante la Audiencia Provincial de Guipúzcoa, resolviendo esta en sentencia n.º 178/2005, de 15 de julio.

18. <https://elpais.com/internacional/2017/10/21/actualidad/15085 44592_421762.html>.

19. < http://www.eldiariodecoahuila.com.mx/seguridad/2018/4/13/victima-bullying-asesina-agresor-724899.html>.

20. Leymann, 1996.

21. Pueden consultar estos comportamientos en: «On the Relationship Between Mobbing Factors, and Job Content, Social Work Environment, and Health Outcomes», *European Journal of Work and Organizational Psychology*, 5 (2), pp. 215-237. doi: 10.1080/13594329608414856.

22. <https://www.elmundo.es/elmundo/2011/05/06/economia/1304 681223.html>.

23. <https://www.bbc.com/mundo/noticias-internacional-48951043>.

Bibliografía

Aamodt, M. G., «Serial Killer Statistics», Radford University/FGCU Serial Killer Database, 9 de abril y 4 de septiembre de 2016. Recuperado de: <http://maamodt.asp.radford.edu/Serial%20 Killer%20Information%20Center/Serial%20Killer%20Statistics. pdf>.

Abeijón, P., *Sicarios, asesinos a sueldo*, Córdoba, Arcopress, 2006.

Aggrawal, A., *Forensic and Medico-legal Aspect of Sexual Crimes and Unusual Sexual Practices*, Boca Ratón, F. L., CRC Press, 2009, pp. 1-37.

Aguilar, M. M., «Los delitos informáticos: cuantificación y análisis legislativo en el Reino Unido», *Cuadernos de Política Criminal*, n.º 110, I, Época II, 2013, pp. 221-260.

Aguirre J. M., «Ciberespacio y comunicación: nuevas formas de vertebración social en el siglo xxi», *Universidad Complutense de Madrid*, n.º 27, julio/octubre de 2004. Recuperado de: <https://docplayer. es/72684147-Ciberespacio-y-comunicacion-nuevas-formas-de-vertebracion-social-en-el-siglo-xxi-dr-joaquin-ma-aguirre-romero-universidad-complutense-de- madrid.html>.

Aguilera, R., Vadera, A., «The Dark Side of Authority: Antecedents, Mechanisms, and Outcomes of Organizational Corruption», *Journal of Business Ethics*, 77, 2008, pp. 431-449. doi: 10.1007/s10551-007-9358-8.

Agustina, J. R., «La arquitectura digital de Internet como factor criminógeno: Estrategias de prevención frente a la delincuencia virtual», *International E-Journal of Criminal Sciences*, 4(3), 2009, pp. 1-31. Recuperado de: <http://www.ehu.es/ojs/index. php/ inecs/ index>.

Agustina, J. R., «¿Menores infractores o víctimas de pornografía infantil? Respuestas legales e hipótesis criminológicas ante el *sex-*

ting», *Revista Electrónica de Ciencia Penal y Criminología*, n.º 12-11, 2010, pp. 11:6 y 11:34. Recuperado de: <http://criminet.ugr.es/recpc/12/recpc12-11.pdf>.

—, «Cibercriminalidad y perspectiva victimológica: un enfoque general explicativo de la cibervictimización», *Cuadernos de Política Criminal*, n.º 114, III, Época II, 2014, pp. 143-178.

Aiken, M., *The Cyber Effect: A Pioneering Cyberpsychologist Explains How Human Behavior Changes Online*, Londres, John Murray Publishers, 2016.

Aladro, E., «Crimen y medios de comunicación», en Requeijo, P., y Jivkova, D., eds., *Colección criminología y criminalística*, capítulo 7, Madrid, Ediberum, 2018, pp. 145-154.

Alcántara, J., *La neutralidad en La Red, y por qué es una mala idea acabar con ella*, Bilbao-Madrid-Montevideo, Biblioteca de Las Indias, 2011.

Allen, S.; Weill, K.; Briquelet, K., y Lorenz, T., «White Supremacists Claim Nikolas Cruz Trained with Them; Students Say He Wore Trump Hat in School», *The Daily Beast*, 2018. Recuperado de: <https://www.thedailybeast.com/nikolas-cruz-trainedwith-florida-white-supremacist-group-leader-says>.

Álvarez, F., «El delito de cuello blanco», *Nómadas. Critical Journal of Social and Juridical Sciences*, n.º 1, 2000. Recuperado de <https://www.redalyc.org/articulo.oa?id=181/18100101>.

Álvarez, A., «El delito y los delincuentes. Evolución y adaptación al medio geográfico y social», *El perfilador*, n.º 7, 2012, pp. 27-39.

—, «Efecto Werther: Una propuesta de intervención en la facultad de Ciencias Sociales y de la Comunicación (UPV/EHU)», *Norte de Salud mental*, 10(42), 2012, pp. 48-55. Recuperado de: <https://dialnet.unirioja.es/servlet/articulo?codigo=3910960>.

Alonso de Escamilla, A., «El delito de *stalking* como nueva forma de acoso. *Cyberstalking* y nuevas realidades», *La Ley penal*, 105, noviembre-diciembre de 2013.

Alshalan, A., *Cyber-Crime Fear and Victimization: An Analysis of A National Survey*, Mississippi, State University, 2006.

Anderson, L., «Snuff: Murder and Torture on the Internet, and the People Who Watch it», 2012. Recuperado de <https://www.theverge.com/2012/6/13/3076557/snuff-murder-torture-internet-people-who-watch-it>.

Arendt, H., *Eichmann en Jerusalén. Un estudio acerca de la banalidad del mal*, Barcelona, Lumen, 1999.

Arrigo, B. A., y Purcell, C., «Explaining Paraphilias and Lust Murder: Toward an Integrated Model», *International Journal of Offender Therapy and Comparative Criminology* 45(1), 2001, pp. 6-31. doi: 10.1177/0306624X01451002.

Arrigo, B. A., «The Role of Escalating Paraphilic Fantasies and Behaviours in Sexual Sadistic and Sexual Violence: A Review of Theoretical Models», Ottawa, Canadá: Correctional Service Canada, 2007. Recuperado de: <https://www.csc-scc.gc.ca/research/shp2007-pa raphil06-eng.shtml>.

Avilés, M., *Delitos y delincuentes*, Alicante, Editorial Club Universitario, 2010, pp. 45 y 46.

Babiak, P., «When Psychopaths Go to Work: A Case Study of an Industrial Psychopath», *Applied Psychology An International Review*, 44(2), 1995, pp. 171-188. doi: 10.1111/j.1464-0597.1995.tb01073.x.

Babiak, P.; Neumann, C.S.; Hare, R., «Corporate Psychopathy: Talking the Walk», *Behavioral Sciences & the Law*, 28(2), 2010, pp. 174-193. doi: 10.1002 / bsl.925.

Baca, E., *Transgresión y perversion*, Madrid, Editorial Triacastela, 2014.

Bader, S.; Scalora, M.; Casady, T.; Black, S., «Female Sexual Abuse and Criminal Justice Intervention: A Comparison of Child Protective Service and Criminal Justice Samples», *Child Abuse & Neglect*, 32(1), 2008, pp. 111-119. doi: 10.1016/j.chiabu.2007.04.014.

Bagley, B., «La globalización y la delincuencia organizada», *Revista Foreign Affairs en Español*, abril-junio, n.º 3, 2003, pp. 110-137.

Bandura, A.; Walters, R. H., *Social Learning and Personality Development*, Nueva York, Holt, Rinehart and Winston, 1963.

Bandura, A., *Aggression: A social learning analysis*, Englewood Cliffs, N. J., Prentice Hall, 1973.

—, ed., *Self-Efficacy in Changing Societies*, Cambridge University Press, 1995. doi: 10.1017/CBO9780511527692.

Baldry, A. C.; Farrington, D. P.; Sorrentino, A., «School Bullying and Cyberbullying Among Boys and Girls: Roles and Overlap», *Journal of Aggression, Maltreatment & Trauma*, 26(9), 2017, pp. 937-951, doi: 10.1080/10926771.2017.1330793.

Barlinska, J.; Szuzter, H.; Winiewski, M., «Cyberbullying Among Adolescents Bystanders: Role of the Communication Medium, Own Experience, Empathy and Norms», *Journal of Community and Applied Social Psychology*, 23(1), 2017, pp. 37-51. doi: org/10.1002/casp.2137.

Barudy, J., *El dolor invisible de la infancia. Una lectura ecosistémica del maltrato infantil*, Barcelona, Paidós, 1998.

Baumgartner, S.; Sumter, S.; Peter, J.; Valkenburg, P.; Livingstone, S., «Does Country Context Matter? Investigating the Predictors of Teen Sexting Across», *Europe Computers in Human Behavior*, 34, 2014, pp. 157-164. doi: 10.1016/j.chb. 2014.01. 041.

Black, J., *The Aesthetics of Murder: A Study in Romantic Literature and Contemporary Culture*, Baltimore, Johns Hopkins University Press, 1991.

Blanchard, R.; Lykins, A.; Wherrett, D.; Kuban, M.; Cantor, J.; Blak, T.; Dickey, R.; Klassen, P., «Pedophilia, Hebephilia, and the DSM-V», *Archives Sexual Behavior*, 38(3), 2009, pp. 335-350. doi: 10.1007 / s10508-008-9399-9.

Beauchamp, Z., «Incel, the Misogynist Ideology that Inspired the Deadly Toronto Attack», explained. Vox, 2018. Recuperado de: <https://www.vox.com/world/2018/4/25/17277496/incelto ronto-attack-alek-minassian>.

Beech, A. R.; Elliott, I. A.; Birgden, A.; Findlater, D., «The Internet and Child Sexual Offending: A Criminal Review», *Aggression and Violent Behavior*, 13(3), 2008, pp. 216-228. Recuperado de: <https:// student.cc.uoc.gr/uploadFiles/181-%CE%95%CE%93%CE% 9A%CE%9A239/Beech%20et%20al%20Internet%20and%20 child%20sexual%20offending.pdf>.

Beech, A.; Parrett, N.; Ward, T.; Fisher, D., «Assessing Female Sexual Offenders Motivations and Cognitions: An Exploratory Study», *Psychology, Crime & Law*, 15(2-3), 2009, pp. 201-216. doi: 10.1080/10683160802190921.

Beier, K.; Neutze, J.; Mundt, I. A.; Ahlers, C. J.; Goecker, D.; Konrad, A.; Schaefer, G. A., «Encouraging Self-Identified Pedophiles and Hebephiles to Seek Professional Help: First Results of the Prevention Project Dunkelfeld», *Child Abuse & Neglect*, 33, 2009, pp. 545-549. doi: 10.1016/j.chiabu.2009.04.002.

Bennell, C.; Canter, D. V., «Linking Commercial Burglaries by Modus Operandi: Tests Using Regression and ROC Analysis», *Science & Justice*, 42, 2002, pp. 153-164. doi: 10.1016/S1355-0306(02)71820-0.

Berenguer, P., «La versatilidad de los delincuentes de cuello blanco. Reflexiones en torno al estudio realizado por Weisburd y Waring», *White-Collar Crime and Criminal careers*, 2016. Disponible en: <https:// lawyerpress.com/wordpress/wp-content/uploads/2016/12/ La-versatilidad-de-los-delincuentes-de-cuello-blanco.pdf>.

Berkowitz, L., «Some Effects of Thoughts on Anti- and Prosocial Influences of Media Events: A Cognitive-Neoassociation Analysis»,

Psychological Bulletin, 95, 1984, pp. 410-427. doi: 10.1037/0033-2909.95.3.410.

Bieber, E., «Perfil psicosocial del pedófilo», *Alcmeon, Revista Argentina de Clínica Neuropsiquiátrica*, 17(3), 2012, pp. 268-276. Recuperado de: <https://www.alcmeon.com.ar/17/67/08_bieber.pdf>.

Black, D., «Crime as Social control», *American Sociological Review*, 48(1), 1983, pp. 34-45. doi: 10.2307 / 2095143.

Blanchard, R.; Lykins, A. D.; Wherrett, D.; Kuban, M. E.; Cantor, J. M., Blak, T., *et al.*, «Pedophilia, Hebephilia, and the DSM-V», *Archives of Sexual Behavior*, 38, 2009, pp. 335-350. doi: 10.1007/s105 08-008-9399-9.

Board, B; Fitzon, K., «Disordered Personalities at Work», *Psychology, Crime and Law*, 11(1), 2005, pp. 17-32. doi: 10.1080 / 10683160310 001634304.

Bocij, P., «Victims of Cyberstalking: An Exploratory Study of Harassment Perpetrated Via the Internet», *First Monday Peer-Reviewed Journal on the Internet*; 8(10), 2003. doi: 10.5210/fm.v8 i10.1086.

Boddy, C.; Miles, D.; Sanyal, C.; Hartog, M., «Extreme Managers, Extreme Workplaces: Capitalism, Organizations and Corporate Psychopaths», *Organization*, 22(4), 2015, pp. 530-551. doi: 10.1177/1350508415572508.

Boldova, M. A., «Art. 189», en Díez Ripollés y Romeo Casabona, *Comentarios al Código Penal, Parte Especial*, vol. II, Valencia, 2004.

Bort, L.; Ballester, M., «Criminología psicológica. *Copycat*: imitando al asesino», *Archivos de criminología, Seguridad Privada y Criminalística*, n.º 19, 2017, pp. 69-82. Recuperado de: <https://dialnet.unirioja. es/servlet/articulo?codigo=6028967>.

Bossler, A.; Holt, T., «On-line Activities, Guardianship, and Malware Infection: An Examination of Routine Activities Theory», *International Journal of Cyber Criminology* en *IJCC*, 3(1), enero-junio, 2009. Recuperado de: <http://www.cybercrimejournal.com/bosslerholt jan2009.htm>.

Bou-Franch, P.; Garcés-Conejos Blitvich, P., «Gender Ideology and Social Identity Processes in Online Language Aggression Against Women», en *Exploring Language Aggression against Women*, Ámsterdam/Filadelfia, John Benjamins, 2016, pp. 59-81. doi: 10.1075/ bct.86.03bou.

Brady, I., *The Gates of Janus: Serial Killing and Its Analysis*, Los Ángeles, Feral House, 2001.

Bregant, J.; Bregant, R., «Cybercrime and Computer Crime», en J. S. Albanese, ed., *The Encyclopedia of Criminology and Criminal Justice*, Oxford, Blackwell Publishing Ltd., 2014.

Brewer, D.; Dudek, J.; Potterat, J.; Muth, S.; Roberts Jr, J. M.; Woodhouse, D., «Extent, Trends, and Perpetrators of Prostitution-Related Homicide in the United States», *Journal of Forensic Sciences*, 51(5), 2006, pp. 1101-1118. doi: 10.1111 / j.1556-4029.2006.00206.x.

Briggs, P.; Simon, W. T.; Simonsen, S., «An Exploratory Study of Internet-Initiated Sexual Offenses and the Chat Room Sex Offender: Has the Internet Enabled a New Typology of Sex Offender?», *Sexual Abuse: A Journal of Research and Treatment*, 23, 2011, pp. 72-91. doi: 10.1177/1079063210384275.

Brolan, L.; Wilson, D.; Yardley, E., «Hitmen and the Spaces of Contract Killing: The Doorstep Hitman», *Journal of Ivestigative Psychology and Offender Profiling*, 13(3), 2016, pp. 220-238. doi: 10.1002/jip.1453.

Burns, M. J.; Swerdlow, R. H., «Right Orbitofrontal Tumor With Pedophilia Symptom and Constructional Apraxia Sign», *Archives of Neurology*, 60(3), 2003, pp. 437-440. doi: 10.1001/archneur.60.3.437.

Buss, D., *The Murder Next Door: Why the Mind is Designed to Kill*, Nueva York, Penguin Books, 2005.

Buss, D. M.; Duntley, J. D., «The Evolution of Aggression», en M. Schaller, J. A. Simpson y D. T. Kenrick, eds., *Evolution and Social Psychology*, Nueva York, Psychology Press, 2006, pp. 263-285.

Buss, D. M.; Duntley, J. D., «The Evolution of Intimate Partner Violence», *Aggression and Violent Behavior*, 16, 2011, pp. 411-419. Recuperado de: <https://labs.la.utexas.edu/buss/files/2015/09/The-Evolution-of-Intimate-Partner-Violence-2011.pdf>.

Bushman, B. J., «Moderating Role of Trait Aggressiveness in the Effects of Violent Media on Aggression», *Journal of Personality and Social Psychology*, 69(5), 1995, pp. 950-960. doi: 10.1037/0022-3514.69.5.950.

Bushman, B. J.; Anderson, C. A., «Violent Video Games and Hostile Expectations: A Test of the General Aggression model», *Personality and Social Psychology Bulletin*, 28(12), 2002, pp. 1679-1686. doi: 10.1.1.491.1692&rep=rep1&type=pdf.

Burgess, A.; Hartman, C.; Ressler, R.; Douglas, J.; McCormack, A., «Sexual Homicide: A Motivational Model», *Journal of Interpersonal Violence*, 1(3), 1986, pp. 251-272. doi: 10.1177/088626086001003001.

Burgess, E. O.; Donnelly, D.; Dillard, J.; Davis, R., «Surfing for Sex: Studying Involuntary Celibacy Using the Internet», *Sexuality and Culture*, (5)3, 2001, pp. 5-30. Recuperado de: <https://link.springer.com/article/10.1007/s12119-001-1028-x>.

Cáceres, J., *Parafilias y violación*, Madrid, Editorial Síntesis, 2001.

Calmaestra, J., *Cyberbullying: prevalencia y características de un nuevo tipo de bullying indirecto* (Tesis doctoral), Universidad de Córdoba, 2011. Recuperado de: <http://hdl.handle.net/10396/5717>.

Cantarella, E., *Según Natura. La bisexualidad en el mundo antiguo*, Madrid, Akal, 1991.

Cantor, J. M., «"Gold-star pedophiles" in General Sex Therapy Practice», en Y. M. Binik y K. S. K. Hall, eds., *Principles and Practice of Sex Therapy*, The Guilford Press, 2014, pp. 219-234. Recuperado de: <https://www.researchgate.net/publication/287225339_Gold-star_pedophiles_in_general_sex_therapy_practice>.

Cantor, J. M.; McPhail, I. V., «Non-Offending Pedophiles», *Current Sex Health Reports*, 8, 2016, pp. 121-128. doi: 10.1007/s11930-016-0076-z.

Calvete, E.; Orue, I.; Estévez, A.; Villardón, L.; Padilla, P., «Cyberbullying in Adolescents: Modalities and Aggressors' Profile», *Computers in Human Behavior*, 26, 2010, pp. 1128-1135. doi: 10.1016/j.chb.2010.03.017.

Capponi, R., *La pedofilia*, Pontificia Universidad Católica de Chile, 2002. Recuperado de: <http://www7.uc.cl/facteo/centromanuel larrain/download/capponi_pedofilia.pdf>.

Carabellese, F.; Maniglio, R.; Greco, O.; Catanesi, R., «The Role of Fantasy in a Serial Sexual Offender: A Brief Review of the Literature and a Case Report», *Journal of Forensic Sciences*, 56(1), 2011. doi: 10.1111/j.1556-4029.2010.01536.x.

Carnagey, N. L.; Anderson, C. A.; Bushman, B. J., «The Effect of Video Game Violence on Physiological Desensitization to Real-life Violence», *Journal of Experimental Social Psychology*, 43, 2007, pp. 489-496. doi: 10.1016/j.jesp.2006.05.003.

Carmona, M. A., «El impacto de la violencia de género en la sociedad actual», en I. C. Iglesias y M. Lameiras, *Comunicación y justicia en violencia de género*, Valencia, Tirant lo Blanch, 2012.

Carrión, F., «Sicariato», *Ciudad Segura*, 2008, pp. 1-3. Recuperado de: <http://www.flacso.org.ec/docs/ciudad_segura24.pdf>.

—, «El sicariato, ¿un homicidio calificado?», *Urvio, Revista Latinoamericana de Seguridad Ciudadana*, 8, 2009a, pp. 7-9. doi: 10.171 41/urvio.8.2009.1120.

—, «El sicariato: una realidad ausente», *Urvio, Revista Latinoamericana de Seguridad Ciudadana*, 8, 2009b, pp. 29-44. Recuperado de: <https://revistas.flacsoandes.edu.ec/urvio/issue/view/85>.

Carter, D.; Prentky, R.; Knight, R.; Vanderveer, P.; Boucher, R., «Use of Pornography in the Criminal and Developmental Histories of Sexual Offenders», *Journal of Interpersonal Violence*, 2(2), 1987, pp. 196-211. doi: 10.1177/088626087002002005.

Casas, E., *La red oscura. En las sombras de Internet*, Madrid, La Esfera de los Libros, 2017.

Castilla del Pino, C., *El delirio, un error necesario*, Oviedo, Ediciones Nobel, 1998.

Cavezza, C., McEwan, T. E., «Cyberstalking Versus Off-line Stalking in a Forensic Simple», *Psychology, Crime & Law*, 2014, pp. 1-16. doi: 10.1080/1068316X.2014.893334.

Chadee, D.; Surette, R.; Chadee, M.; Brewster, D., «Copycat Crime Dynamics: The Interplay of Empathy, Narrative Persuasion and Risk with Likelihood to Commit Future Criminality», *Psychology of Popular Media Culture*, 6(2), 2017, pp. 142-158. doi: 10.1037%2Fppm0000088.

Chancellor, A.; Graham, G., «Crime Scene Staging. Investigating Suspect Misdirection of the Crime Scene», capítulo 4, Illinois: Publisher, LTD, 2017, pp. 36-64.

Cheang, H.; Appelbaum, S., «Corporate Psychopathy: Deviant Workplace Behaviour and Toxic Leaders», *Industrial and Commercial Training*, 47(4), 2015, pp. 165-173. doi: 10.1108/ICT-12-2013-0086.

Chermark, S.; Bayley, F., *Crimes of the Centuries: Notorious Crimes, Criminals, and Criminal Trials in American History* (vol. 2), California, ABC-CLIO, Llc., 2016.

Choza, J., «Antropología del crimen», *Thémata: Revista de filosofía*, n.º 43, 2010, pp. 121-135. Recuperado de: <https://dialnet.unirioja.es/servlet/articulo?codigo=3306419>.

Clare, A. W., «Is Aggression Instinctive? Konrad Lorenz's Theories Re-Assessed», *Studies: An Irish Quarterly Review*, 58(230), 1969, pp. 153-165. Recuperado de: <www.jstor.org/stable/30088674>.

Clough, J., «*Cybercrime*», *Commonwealth Law Bulletin*, 37(4), 2011, pp. 671-680. doi: 10.1080/03050718.2011.621277.

—, *Principles of Cybercrime*, Cambridge, Cambridge University Press, 2015. doi: 10.1017/CBO9781139540803.

Coleman, L., *The Copycat Effect: How the Media and Popular Culture Trigger Mayhem in Tomorrow's Headlines*, Nueva York, Paraview Pocket Books, 2004.

Cooper, A.; Smith, E. L., «Homicide Trends in the United States, 1980-2008. Annual Rates for 2009 and 2010». U.S Departement of Justice, 2011. Recuperado de: <https://www.bjs.gov/content/pub/pdf/htus8008.pdf>.

Cooper, K.; Quayle, E.; Jonsson, L.; Göran, C., «Adolescents and Self-taken Sexual Images: A Review of the Literature», *Computers in Human Behavior*, 55, 2016, pp. 706-716. doi: 10.1016/j.chb.2015.10.003.

Cortazar, F. J., «Esperando a los bárbaros: leyendas urbanas, rumores e imaginarios sobre la violencia en las ciudades», *Nueva Época*, n.º 9, 2008, pp. 59-93. Comunicación y sociedad. Universidad de Guadalajara (México). Recuperado de: <http://www.scielo.org.mx/scielo.php?script=sci_arttext&pid=S0188-252X2008000100004&lng=pt&nrm=iso>.

Corriveau, P.; Greco, C., «Online Pedophilia and Cyberspace», *Public Health Expertise and Reference Centre (INSPQ)*, 2012. Recuperado de: <https://www.inspq.qc.ca/en/sexual-assault/fact-sheets/online-pedophilia-and-cyberspace?themekey-theme=desktop>.

Cox Communications, *Teen Online & Wireless Safety Survey. Cyberbullying, Sexting, and Parental Controls*, Atlanta: GA, 2009. Recuperado de: <https://www.cox.com/wcm/en/aboutus/datasheet/takecharge/2009-teen-survey.pdf>.

Craven, S.; Brown, S.; Gilchirst, E., «Sexual Grooming of Children: Review of Literature and Theoretical Considerations», *Journal of Sexual Agression*, 12(3), 2006, pp. 287-299. doi: 10.1080/13552600601069414.

Cross, D.; Walker, J., «Principles of Cyberbullying Reseach: Definitions, Measures and Methodology», capítulo 20, *Using Reseach to Inform Cyberbullying Prevention and Intervention*, Nueva York, Routledge, 2013, pp. 274-292.

Daly, M.; Wilson, M., *Homicide* (5.ª reimpresión), Nueva Jersey, Transaction Publishers, 2009.

Darimont, C. T.; Fox, C. H.; Bryan, H. M.; Reimchen, T. E., «The Unique Ecology of Human Predators», *Sciencie*, 349(6250), 2015, pp. 858-860. Recuperado de: <https://rifters.com/real/articles/Science-2015-Darimont-858-60-HumanPredators.pdf>.

Dawson, S.; Bannerman, B.; Lalumière, M., «Paraphilic Interest: An Examination of Sex Differences in a Nonclinical Simple», *Sexual Abuse*, 28(1), 2016, pp. 20-45. doi: 10.1177/1079063214525645.

De Blécourt, W., «The Werewolf, the Witch, and the Warlock: Aspects of Gender in the Early Modern Period», en Allison Rowland, ed., *Witchcraft and Masculinities*, Nueva York, Palgrave Macmillan, 2009, p. 207.

DeMause, L. L., *Historia de la infancia*, Madrid, Alianza, 1991.

Denov, M., «To a Safer Place? Victims of Sexual Abuse by Females and Their Disclosures to Professionals», *Child Abuse & Neglect*, 27, 2002, pp. 47-61. doi: 10.1016/S0145-2134(02)00509-4.

De Vicente, B., *El agujero. Historia de un asesino*, Barcelona, Editorial Alrevés, 2020.

Díaz, A.; Pardo, M. J., «Delitos sexuales y menores de edad: Una aproximación basada en las personas privadas de libertad en la isla de Gran Canaria», *Revista Electrónica de Ciencia Penal y Criminología*, 19-11, 2017. Recuperado de: <http://criminet.ugr.es/recpc/19/recpc19-11.pdf>.

Dietz, P.; Hazelwood, R.; Warren, J., «The Sexually Sadistic Criminal and This Offenses», *Bulletin of the American Academy of Psychiatry and Law*, 18(2), 1990, pp. 163-178. Recuperado de: <https://psyc net.apa.org/record/1991-01512-001>.

Dietz, M. L., «Killing Sequentially: Expanding the Parameters of the Conceptualization of Serial and Mass Murder», en Thomas O'Reilly Fleming, ed., *Serial and Mass Murder*, Toronto: Canadian Scholar's Press, 1996, pp. 109-122.

DiMauro, D., «Reluctant Virginity: The Relationship Between Sexual Status and Self-esteem», *Theses and Dissertations*, 2008. Recuperado de: <https://pdfs.semanticscholar.org/8e84/84b4dfe0adb 5004168bb0770c89d82d94511.pdf>.

Dolz Lago, M. J., «Child Grooming y Sexting: Anglicismos, sexo y menores en el Código Penal tras la reforma del 2015», *Diario La Ley* núm. 8758, Sección Doctrina, de 10 de mayo de 2016.

Donnelly, D.; Burgess, E.; Anderson, A.; Davis, R.; Dillard, J., «Sexuality Derailed: A Life Course Analysis of Involuntary Celibacy», *Journal of Sex Research*, 38(2), 2001, pp. 159-169. doi: 10.1080/00224490109552083.

Donnerstein, E., «Medios de comunicación», en J. Sanmartín, coord., *El laberinto de la violencia: Causas, tipos y efectos*, Barcelona, Ariel, 2004, pp. 165 y ss.

Donovan, P.; «Crime Legends in Old and New Media» (Tesis doctoral), The Graduate Center, City University of New York, 2001. Recuperado de: <https://pdfs.semanticscholar.org/cdc5/960b457 05453de6b8ae0f1d7e1571f373478.pdf>.

—, «Crime Legends in a New Medium: Fact, Fiction and Loss of Authority», *Theoretical Criminology*, 6, 2002, pp. 189-215. doi: 10.11 77/1362480602006000204.

—, *No Way of Knowing: Crime, Urban Legends and the Internet*, 1-236, 2004. doi: 10.4324/9780203507797.

Douglas, J.; Olshaker, M., *The Cases That Haunt Us*, Nueva York, Scribners, 2000.

Douglas, J. E.; Burgess, A. W.; Burgess A. G.; Ressler, R., *Crime Classification Manual: A Standard System for Investigating and Classifying violent crimes*, 2.ª ed., San Franscisco, Jossey-Bass, 2006, pp. 31-43.

Dutton, K., *La sabiduría de los psicópatas*, Barcelona, Ariel, 2013.

Eaton, T.; Korach, S., «A Criminological Profile Of White-Collar Crime», *The Journal of Applied Business Research (JABR)*, 32(1), 2016, pp. 129-142. doi: 10.19030/jabr.v32i1.9528.

Echeburúa, E., *Abuso sexual en la infancia: víctimas y agresores, un enfoque clínico*, Barcelona, Ariel, 2000.

Echeburúa, E.; Redondo, S., *¿Por qué víctima es femenino y agresor masculino?*, Madrid, Editorial Pirámide, 2010.

Egger, S. A., *The Killers Among Us: Examination of Serial Murder and Its Investigations*, Upper Saddle River, N. J.: Prentice Hall, 2002.

Ellies, H., «Studies in the Psychology of Sex en The Project Gutenberg eBook», *Studies in the Psychology of Sex*, 3(6), 2002. October 8, 2004 [eBook #13612]. Recuperado de: <http://www.gutenberg.org/files/13612/13612-h/13612-h.htm>.

Encinas, M. R., «Estudio antropológico del comportamiento ante la muerte. Humanidad e inhumanidad», *Cauriensia*, vol. IV, 2009, pp. 293-328. Recuperado de: <https://dialnet.unirioja.es/servlet/articulo?codigo=3082591>.

Eisner, M., «Long-Term Historical Trends in Violent Crime», *Crime and Justice*, vol. 30, 2003, pp. 83-142. doi: 10.2307/1147697.

Everitt, D., *Human Monsters: An illustrated encyclopedia of the world's most vicius murderer*, Chicago, Contemporary Press, 1993.

Falkenbach, D.; Tsoukalas, M., *Can Adaptive Psychopathic Traits Be Observed in Hero Populations?*, póster presentado en el Congreso de la Sociedad para el Estudio Científico de la Psicopatía, Montreal, Canadá, mayo de 2011.

Farré, J. M.; Lasheras, M. G., «Tratado de psiquiatría», capítulo 30, Madrid, Arán, 2000, pp. 543-559. Recuperado de: <https://psiquiatria.com/tratado/cap_30.pdf>.

Farrington, D.; Baldry, A., «El acoso escolar: factores de riesgo individuales», en *Acoso y violencia en la escuela*, Barcelona, Ariel, 2006, pp. 107-133.

Félix-Mateo, V.; Soriano-Ferrer, M.; Godoy-Mesas, C.; Sancho-Vicente, S., «El ciberacoso en la enseñanza obligatoria», *Aula Abierta*, 38, 2010, pp. 47-58. Recuperado de: <https://dialnet.unirioja.es/servlet/articulo?codigo=3214238>.

Fernández, J. G., «Feminicidios de género: Evolución real del fenómeno, el suicidio del agresor y la incidencia del tratamiento mediático», *Revista Española de Investigación Criminológica*, n.º 9, 2011. Recuperado de: <https://dialnet.unirioja.es/servlet/articulo?co digo=3680884>.

Field, T., *Bully in Sight*, Wantage: Wesses Press, 1996.

Finkelhor, D.; Russell, D., «Women as Perpetrators: Review of the Evidence», en D. Finkelhor, *Child Sexual Abuse: New Theory and Research*, Nueva York, Free Press, 1984, pp. 171-187.

Finkelhor, D.; Araji, S., «Explanations of Pedophilia: A Four Factor Model», *The Journal of Sex Research*, 22:2, 1984, pp. 145-161. doi: 10.1080/00224498609551297.

Fisher, T., «The Impact of Socially Conveyed Norms on the Reporting of Sexual Behavior and Attitudes by Men and Women», *Journal of Experimental Social Psychology*, 45(3), 2009, pp. 567-572. doi: 10.1016/j.jesp.2009.02.007.

Flores, P. D., «Delitos sexuales infanto-juveniles perpetrados por mujeres: caracterización y análisis fenomenológico en el contexto chileno», *Universitas Psychologica*, 14(1), 2015, pp. 137-148. doi: 10.11144/Javeriana.upsy14-1.dsij.

Fonseca, V., «Ciberespacio: reinventando la metáfora de lo humano», *Revista de La Escuela de Bibliotecología*, 21(1-2), 2003, pp. 5-17. Recuperado de: <http://www.revistas.una.ac.cr/index.php/bibliote cas/article/view/502>.

Fresco, A., «Derek Brown Convicted of Double Murder Despite Absence of Victims' Bodies», *The Sunday Times* (4 de octubre de 2008). Recuperado de: <https://www.thetimes.co.uk/article/derek-brown-convicted-of-double-murder-despite-absence-of-victims-bodies-xsdgsx868mg>.

Fox, J. A.; Levin. J., *Extreme Killing: Understanding Mass and Serial Murder*, 3.ª ed., California, Sage Publications Inc., 2015.

Fox, R., *The Psychology Behind Morbid Reality: An Interpretative Phenomenological Analysis of the Fascination With Blood, Gore, Injury, and Death on the Internet*, Southampton Solent University, 2013. Recuperado de: <https://www.semanticscholar.org/paper/The-psychology-be hind-morbid-reality%3A-an-analysis-Fox/295a562b11a7106735 ea1de66c1f88cbfc428f5b>.

Franke, K. M., «Los usos del sexo», *Revista de Estudios Sociales*, n.º 28, 2007, pp. 16-43. Recuperado de: <file:///C:/Users/ Administrador/Downloads/Dialnet-LosUsosDelSexo-25515 49.pdf>.

Gannon, T. A.; Rose M. R., «Female Child Sexual Offender: Towards integrating Theory and practice», *Agression and Violent Behavior*, n.º 6, 2008, pp. 442-461. doi: 10.1016/j.avb.2008.07.002.

Gao, Y.; Raine, A., «Sucessful and Unsucessful Psychopaths: A Neurobiological Model», *Behavioral Sciencies and the Law*, 28(2), 2010, pp. 194-210. doi: 10.1002 / bsl.924.

Garaigordobil, M.; Martínez-Valderrey, V. M.; Aliri, J., «Autoestima, empatía y conducta agresiva en adolescentes víctimas de *bullying* presencial», *European Journal of Investigation in Health, Psychology and Education*, 31(1), 2013, pp. 29-40. Recuperado de: <https:// dialnet.unirioja.es/servlet/articulo?codigo=4518675>.

García, J., *Ciberacoso: la tutela penal de la intimidad, la integridad y la libertad sexual en Internet*, Valencia, Tirant lo Blanch, 2010, p. 10.

García, J. E., «El comportamiento criminal desde un punto de vista evolucionista», *Persona*, 18, 2015, pp. 27-46. doi: 10.26439 / persona2015.n018.497.

Garlick, Y.; Marshall, W. L.; Thorton, D., «Intimacy Deficits and Attribution of Blame Among Sex Offenders», *Legal and Criminological Psychology*, 1, 1996, pp. 251-258. doi: 10.1111/j.2044-8333.1996.tb00323.x.

Garner, B., *Garner's Dictionary of Legal Usage* 3.ª ed., Nueva York, Oxford University Press, 2011.

Garrido, V., *El psicópata. Un camaleón en la sociedad actual*, Valencia, Algar Editorial, 2000.

Garrido, V.; López, P., *El rastro del asesino. El perfil psicológico de los criminales en la investigación policial*, Barcelona, Ariel, 2006.

Garrido, V., *La mente criminal: la ciencia contra los asesinos en serie*, Madrid, Temas de hoy, 2007.

—, *Asesinos múltiples y otros depredadores sociales*, Barcelona, Ariel, 2018.

Garriga, D., *Las legiones de Satán. Asesinos en tierras del Islam*, España, Tyrannosaurus Books, 2014.

Geberth, V., «Anatomy of Lust Murder», *Law and Order Magazine*, 46(5), 1998, Recuperado de: <http://www.practicalhomicide.com/articles/lustmurder.htm>.

Gee, D.; Ward., T.; Eccelstonn, L., «The Function of Sexual Fantasies for Sexual Offenders: A Preliminary Model», *Behaviour Change*, 20(1), 2003, pp. 44-60. doi: 10.1375/bech.20.1.44.24846

Gee, D.; Devilly, G. J.; Ward, T., «The Content of Sexual Fantasies for Sexual Offenders», *Sexual Abuse: Journal Of Research And Treatment*, 16(4), 2004, pp. 315-331. doi: 10.1023/B:SEBU.0000 043326.30841.74.

Gee, D.; Ward. T.; Belofastov, A.; Beech, A., «The Structural Properties of Sexual Fantasies for Sexual Offenders: A Preliminary Model», *Journal of Sexual Aggression*, 12(3), 2006, pp. 213-226. doi: 10.1080/13552600601009956.

Gee, D.; Belofastov, A., «Profiling Sexual Fantasy: Fantasy in Sexual Offending and the Implications for Criminal Profiling», en R. N. Kocsis, ed., *Criminal Profiling: International Theory, Research, and Practice*, 2007, pp. 49-71, Humana Press. doi: 10.1007/978-1-60327-146-2_3.

Geist, G., «El delito de cuello blanco como concepto analítico e ideológico», en L. Rodríguez y F. Bueno, *Derecho penal y criminología como fundamento de la política criminal*, Madrid, Dykinson, 2008.

Gentile, D. A.; Bushman, B. J., «Reassessing Media Violence Effects Using a Risk and Resilience Approach to Understanding Aggression», *Psychology of Media Culture*, 1(3), 2012, pp. 138-151. doi: <http://dx.DOI.org/10.1037/a0028481>.

Geremia, V., «Infancia y conflicto armado en México», informe alternativo sobre el Protocolo Facultativo de la Convención sobre los derechos del niño relativo a la participación de los niños en conflictos armados, México, Red por los derechos de la infancia en México, 2011. Recuperado de: <http://derechosinfancia.org.mx/iaespanol.pdf>.

Gibson, D. C., *Clues from Killers. Serial Murder and Crime Scene Messages*, Connecticut, Greenwood Publishing Group, 2004.

Giménez, A., «Delitos, Internet y Redes Sociales: Perfiles criminales en el ámbito de la Cibercriminalidad Social», *Revista Skopien*, XIV, 2016, 26-47. Recuperado de: <www.skopien.org>.

Ging, D., «Alphas, Betas, and Incels: Theorizing the Masculinities of the Manosphere», *Men and Masculinities*, 22(4), 2017, pp. 638-657. Recuperado de doi: 10.1177/1097184X17706401.

Gómez, J. M.; Verdú, M.; González-Megías, A.; Méndez, M., «The Phylogenetic Roots of Human Lethal Violence», *Nature*, vol. 538, 2016, pp. 233-237. Macmillan Publishers Limited, part of Springer Nature. doi: 10.1038/nature19758.

González, D., «El acoso psicológico en el lugar de trabajo: una aproximación desde la psicología forense», *Psicopatología Clínica, Le-*

gal, y Forense, vol. 7, 2007, pp. 41-62. Recuperado de: <https://dialnet.unirioja.es/servlet/autor?codigo=966034>.

González, A., «Factores de riesgo en el ciberacoso: revisión sistemática a partir del modelo del tripe riesgo delictivo (TRD)», *Revista de Internet, Derecho y Política*, n.º 22, junio, 2016, pp. 76-92. Recuperado de: <https://dialnet.unirioja.es/servlet/articulo? codigo =5849355>.

González de Rivera, J. L., «Acoso psicológico en el trabajo y psicopatología: un estudio con el LIPT-60 y el SCL 90-R», *Revista de Psicología del Trabajo y de las Organizaciones*, 22(3), 2006, pp. 397-412. Recuperado de: <https://www.redalyc.org/pdf/ 2313/231317121010.pdf>.

Górriz Royo, E., «"On-line child grooming" en Derecho penal español. El delito de preparación on-line de menores con fines sexuales del art. 183 1° (CP) (conforme a la LO 1/2015, 30 de marzo)», *Indret, revista del Derecho*, n.º 3, 2016, pp. 1-47. Recuperado de: <http://www.indret.com/pdf/1236.pdf>.

Gould, M. S.; Saffer, D., «The Impact of Suicide in Television Movies: Evidence of Imitation», *New England Journal of Medicine 1986*, 315(11), 2016, pp. 690-694. doi: 10.1056/NEJM198609113151 107.

Graber, D., *Crime News and the Public*, Nueva York, Praeger, 1980.

Grabosky, P. N., «Virtual Criminality: Old Wine in New Bottles?», *Social & Legal Studies*, 10(2), 2001, pp. 243-249. doi: 10.1177/a017405.

Greenbaum, G.; Getz, W. M.; Rosenberg, N. A., *et al.* «Disease Transmission and Introgression Can Explain the Long-lasting Contact Zone of Modern Humans and Neanderthals», *Nature Communications*, 10, 2019, p. 5003. doi: 10.1038/s41467-019-12862-7.

Gregorie, T. M., *Cyberstalking: Dangers on the Information Superhighway*, National Center for Victims of Crime. National Institute of Justice, Office of Justice Programs, U.S. Department of Justice, 2001. Recuperado de: <https://pdfs.semanticscholar.org/ea34/4d1f05 d2fe13c2b7c44a958994eb38de674d.pdf>.

Groner, C. A.; Muñoz, E.; Angulo, V.; Merizalbe, T., «Investigación y comunicacion social. La percepción de la imagen de la mujer en los medios de comunicación social Ecuador. Quito», Ecuador, CORDICOM, 2016. Recuperado de: <https://biblio.flacsoandes.edu.ec/libros/digital/56770.pdf>.

Grubin, D., «Sexual Murder», *British Journal of Psychiatry*, 165(5), 1994, pp. 624-629. doi: 10.1192/bjp.165.5.624.

Guillen, T., «Serial Killers Communiqués: Helpful or Hurtful?», *Journal of Criminal Justice & Popular Culture*, 9(2), 2002, pp. 55- 68. Recuperado de: <https://www.researchgate.net/publica tion/247493966_Serial_killer_communiques_Helpful_or_hurtful>.

Gutiérrez, J., «Redes, espacio y tiempo», *Anales de Geografía de la Universidad Complutense*, n.º 18, 1998, pp. 65-86. Recuperado de: <https://core.ac.uk/download/pdf/38823201.pdf>.

Hankes, K.; Amend, A., «The Alt-Right is Killing People», *Southern Poverty Law Center*, 2018. Recuperado de: <https://www.splcenter.org/20180205/alt-right-killing-people>.

Haggerty, K. D., «Modern Serial Killers», *Crime Media Culture*, 5(2), 2009, pp. 168-187. doi: 10.1177/1741659009335714.

Hare, R., *Sin conciencia. El inquietante mundo de los psicópatas que nos rodean*, Barcelona, Paidós, 2003.

Haynes, E., «Kiss of the Scorpion Woman» (9 de abril de 2004), Nueva York, News and Features. Recuperado de: <http://nymag.com/nymetro/news/crimelaw/features/n_10181/>.

Haythornthwaite, C., «Social Networks and Online Community», en Adam N. Joinson, Katelyn Y. A. McKenna, Tom Postmes y Ulf-Dietrich Reips, eds., *Oxford Handbook of Internet Psychology*, Oxford/Nueva York, Oxford University Press, 2009, pp. 121-37. doi: 10.1093/oxfordhb/9780199561803.013.0009.

Hazelwood, R.; Michaud, S., *Dark Dreams. A legendary FBI Profiler Examines Homicide*, Nueva York, St. Martin's Paperback, 2001.

Hazelwood, R.; Warren, J. I., «The Relevance of Fantasy in Serial Sexual Crime Investigation», en R. Hazelwood y A. Burgess, eds., *Practical Aspects of Rape Investigation: A Multidisciplinary Approach*, 2.ª ed., Nueva York, CRC Press, 1995, pp. 127-137.

—, «The Sexually Violent Offender: Impulsive or Ritualistic?», *Aggression and Violent Behavior*, 5(3), 2000, pp. 267-279. doi: 10.1016/S1359-1789(99)00002-6.

Hazelwood, R.; Warren, J., «Linkcage Analysis. Modus Operandi, Ritual and Signature in Serial Sexual Crime», *Aggression and Violent Behavior*, 8, 2003, pp. 587-598. doi: 10.1016/S1359-1789 (02) 00106-4.

Hazelwood, R.; Burgess, A., *Practical Aspects or Rape Investigation: A Multidisciplinary Approach*, 5.ª ed., Nueva York, CRC Press, 2017.

Healy, J.; Lovett, I., «Oregon Killer Described as Man of Few Words, Except on Topic of Guns», *The New York Times* (2 de octubre de 2015). Recuperado de: <https://www.nytimes.com/ 2015/10/03/us/chris-harper-mercer-umpqua-community- college-shooting.html>.

Helfgott, J. B., *Criminal Behavior: Theories, Typologies, and Criminal Justice*, Thousand Oaks, CA: Sage Publications, 2008.

—, «Fame, Media, and Mass Shootings: Culture Plays a Role Increating These Tragedies», 2014. Recuperado de: <https://cross cut.com/ 2014/06/fame-media-and-mass-shootings-culture-playing-role>.

—, «Criminal Behavior and the Copycat Effect: Literature Review and Theoretical Framework for Empirical Investigation», *Aggression and Violent Behavior*, 22, 2015, pp. 46-64. doi: 10.1016/j.avb. 2015.02.002.

Henson, B., «Cyberstalking», en B. S. Fisher y S. P. Lab, eds., *Encyclopedia of Victimology and Crime Prevention*, Thousand Oaks, CA: Sage, 2010.

Hernández, C.; Alcoceba, J. A., «Socialización virtual, multiculturalidad y riesgos de los adolescentes latinoamericanos en España», *Icono, Revista Científica de Comunicación y Tecnologías Emergentes*, 13(2), 2015, pp. 116-141. doi: 10.7195/ri14.v13i2.787.

Hernández, M. A.; Solano, I. M., «*Ciberbullying*, un problema de acoso escolar», *Revista Iberoamericana de Educación a distancia*, vol. 10, 2007, pp. 17-36. doi: 10.5944/ried.1.10.1011.

Herrera, R.; Ures, M. B.; Martínez J. J., «El tratamiento del suicidio en la prensa española: ¿efecto Werther o efecto papageno?», *Revista de la Asociación Española de Neuropsiquiatría*, 35(125), 2015, pp. 123-134. doi: 10.4321/S0211-57352015000100009.

Hiatt, K.; Schmitt, W.; Newman, J., «Stroop Task Reveal Abnormal Selective Attention Among Psychopathic Offenders», *Neuropsychology*, 18(1), 2004, pp. 50-59. doi: 10.1037 / 0894-4105.18.1.50.

Hickey, E., *Serial Murderers and Their Victims*, 3.ª ed., Belmont, C. A., Wadsworth, 2004.

—, *Sex Crimes and Paraphilia*, Upper Saddle River, N. J., Prentice-Hall, 2005.

Hinduja, S.; Patchin, J., «Cyberbullying: An Exploratory Analysis of Factors Related to Offending and Victimization», *Desviant Behavior*, vol. 29, 2008, pp. 129-156. doi: 10.1080/01639620 701457816.

Hirigoyen, M. F., *El acoso moral. El maltrato psicológico en la vida cotidiana*, Barcelona, Paidós Ibérica, 1999.

Hodel, S., *Black Dahlia Avenger: The True Story*, Nueva York, Arcade Publishing, 2003.

Hodgkinson, S.; Prins, H.; Stuart-Bennet, J., «Monsters, Madmen… and Myths: A Critical Review of the Serial Killing Literature», *Aggression and Violent Behavior*, 34, 2017, pp. 282-289. doi: 10.1016/ j.avb.2016.11.006.

Holmes, R. M., «Stalking In America: Types and Methods of Criminal Stalkers», *Journal of Contemporary Criminal Justice*, 9(4), 1993, pp. 317-327. doi: 10.1177/104398629300900404.

Holmes, R.; Holmes, S., *Profiling Violent Crimes: An Investigative Tool*, 4.ª ed., California: Sage Publications Inc., 2009.

Hollin, C. R., *Psychology and Crime: An Introduction to Crimininological Psychology*, 2.ª ed., Londres, Routledge, 2013.

Hopkins, M.; Tilley, N.; Gibson, K., «Homicide and Organized Crime in England», *Homicide Studies*, 17(3), 2012, pp. 291-313. doi: 10.1177/1088767912461786.

Horno, P.; Santos, A.; del Molino Alonso, C., «Abuso sexual infantil: Manual de Formación para Profesionales», Edita: Save the Children con la colaboración del Ministerio de Trabajo y Asuntos Sociales, 2001. Recuperado de: <https://www.savethechildren.es/sites/default/files/imce/docs/manual_abuso_sexual.pdf>.

Humphres, A., *Social Media: Enduring Principles*, Oxford/Nueva York, Oxford University Press, 2016.

Hurley, E., «Overkill: An Exaggerated Response to Sale of Murderabilia», *Indiana Law Review*, 42(2), 2009, p. 411. Recuperado de: <http://journals.iupui.edu/index.php/inlawrev/article/view/ 3996/3954>.

Irtelli, F.; Vincenti, E., «Successful Psychopaths: A Contemporary Phenomenon», en F. Durbano, ed., *Psychopathy - New Updates on an Old Phenomenon*, 2017. IntechOpen, doi: 10.5772 / intechopen.70731.

Jahankhani, H.; Al-Nemrat, A.; Hosseinian-Far, A., «Cyber Crime Classification and Characteristics», en *Cyber Crime and Cyber Terrorism Investigator's Handbook*, Elsevier Science, 2014, pp. 149-164. doi: 10.1016/B978-0-12-800743-3.00012-8.

Jaki, S.; De Smedt, T.; Gwózdz, M.; Panchal, R.; Rossa, A., De Pauw, G., «Online Hatred of Women in the Incels.me Forum: Linguistic Analysis and Automatic Detection», *Journal of Language Aggression and Conflict,* 2018. doi: 10.1075/jlac.00026.jak.

Jane, E. A., «Back to the Kitchen, Cunt: Speaking the Unspeakable about Online Misogyny. Continuum», *Journal of Media & Cultural Studies*, 20(4), 2014, doi: 10.1080/10304312.2014.92 4479.

Jane, E., «Systemic Misogyny Exposed: Translating Rapeglish from the Manosphere with a Random Rape Threat Generator», *International Journal of Cultural Studies*, 21(6), 2017, pp. 661-680. doi: 10.1177/1367877917734042.

Jay, P., *La riqueza del hombre. Una historia económica de la humanidad*, Barcelona, Crítica, 2002.

Jenkins, P., «Serial Murder in the United States 1900-1940: A Historical Perspective», *Journal of Criminal Justice*, vol. 17, 1989, pp. 377-392. doi: 10.1016/0047-2352(89)90048-2.

Jewkes, Y., *Cybercrime: The Sage Dictionary of Criminology*, en E. Mclaughlin y J. Muncie, eds., 3.ª ed., Londres-California: Sage, 2013.

Jiménez Díaz, R., «Tratamiento de un caso de pedofilia desde la terapia de aceptación y compromiso (ACT)», *Avances en Psicología Latinoamericana*, 34(3), 2016, pp. 529-541. Recuperado de: <https://dialnet.unirioja.es/servlet/articulo?codigo= 5663178>.

Jones, S., «Dying to be Seen: Snuff-Fiction's Problematic Fantasises of "Reality"», *Scope*, 19, 2011. Recuperado de: <http://nrl.northumbria.ac.uk/5145/>.

Johansson-Love, J.; Fremouw, W., «A Critique of the Female Sexual Perpetrator Research» *Aggression and Violent Behavior*, 11(1), 2006, pp. 12-26. doi: 10.1016/j.avb.2005.05.001.

Jones, S., «A View to a Kill: Perspectives on Faux-Snuff and Self», en Neil Jackson, Shaun Kimber, Johnny Walker y Thomas Watson, eds., *Snuff: Real Death and Screen Media*, Bloomsbury Academic, 2016, pp. 277-294. Recuperado de: <https://www.researchgate.net/publication/295548104_A_View_to_a_Kill_Perspectives_on_Faux-Snuff_and_Self>.

Jonsson, L. S.; Priebe, G.; Bladh, M.; y Svedin, C. G., «Voluntary Sexual Exposure Online Among Swedish Youth - Social Background, Internet Behavior and Psychosocial Health», *Computers in Human Behavior*, 30, 2014, pp. 181-190. doi: 10.1016/j.chb.2013.08.005.

Joyal, C.; Plante-Beaulieu, J.; Chanterac, A., «The Neuropsychology of Sex Offenders: A Meta-Analysis», *Sexual Abuse. A Journal of Research and Treatment*, 26, 2014, pp. 149-177. doi: 10.1177/1079063213482842.

Kalantry, S.; Geten Kestenbaum, J., «Combating Acid Violence in Bangladesh, India and Cambodia», *Cornell Legal Studies Research Paper*, n.º 11-24, 2011. doi: 10.2139/ssrn.1861218.

Karlén, R., «Incels: En kartläggning av diskursen på forumet incels.is», Disertación. Universidad de Uppsala, Departamento de Sociología, 2019. Recuperado de: <http://urn.kb.se/resolve?urn= urn:nbn:se:uu:diva-375254>.

Kemper, A., *[R]echte Kerle. Zur Kumpanei der MännerRECHTSbewegung*, Münster: Unrast Verlag, 2011. doi: 10.14766/962.

Keppel, R.; Birnes, W., *Signature Killers: Interpreting the Calling Cards of the Serial Murders*, Nueva York, Simon & Schuter, 1997.

Kim, C., «From Fantasy to Reality: The Link From Fantasy to Reality: The Link Between Viewing Child Pornography and Molesting Children», *Prosecutor*, vol. 29, 2005, pp. 17, 18, 20, 47. Recuperado de: <https://www.ncjrs.gov/App/Publications/abstract.aspx?ID=209262>.

Kimmel, M., «Masculinity As Homophobia: Fear, Shame and Silence in the Construction of Gender Identity», en Brod, H., y Kaufman, M., eds., *Theorizing Masculinities*, Thousand Oaks, Cal.,SAGE Books, 1994, pp. 119-141.

Knowlton, J.; Newton, M., *Daddy Was the Black Dahlia Killer*, Nueva York, Pocket Books, 1996.

Kopecký, K., «Sexting Among Czech Preadolescents and Adolescents», *New Educational Review*, 28(2), 2012, pp. 39-48. Recuperado de: <https://www.researchgate.net/publication/236019455_Sexting_among_Czech_Preadolescents_and_Adolescents>.

Kowalski, R.; Limber, S.; Agatston. P., *Cyber Bullying: el acoso escolar en la era digital*, Bilbao, Desclée de Brouwer, 2010.

Lambie, I.; Randell, I.; Mcdowell, H., «Inflaming Your Neighbors: Copycat Firesetting in Adolescents», *International Journal of Offender Therapy and Comparative Criminology*, 58(9), 2013, pp. 1020-1032. doi: 10.1177/0306624x13492657.

Lanning, K., Burgess, A. W., «Child Pornography and Sex Rings», en D. Zillman y J. Bryant, *Pornography: Research Advances and Policy Considerations*, Nueva Jersey, Lawrence Erlbaum Associates, 1989, pp. 235-255.

Lanning, K., «Child Molesters: A behavioral Analysis», en National Center for Missing & Exploited Children, 2001. Recuperado de: <https:/www.ncjrs.gov/pdffiles1/Digitization/149252NCJRS.pdf>.

Larkin, R. W., «Learning To Be a Rampage Shooter. The Case of Elliot Rodger», en *The Wiley Handbook on Violence in Education: Forms, Factors, and Preventions*, Hoboken, N. J., Wiley and Sons, 2018, pp. 69-84. doi: 10.1002/9781118966709.ch4.

Lee, H.; Palmbach, T.; Miller, M., *Crime Scene Handbook*, Elsevier, Academic Press, 2001.

Lehne, G., «Phenomenology of Paraphilia: Lovemap Theory», en F. M. Saleh, ed., *Sex Offenders: Identification, Risk Assessment, Treatment, and Legal Issues*, Oxford-Nueva York, Oxford University Press, 2009, pp. 12-24.

Leymann, H., «The Content and Development of Mobbing at Work», *European Journal of Work and Organizational Psychology*, vol. 5, 1996, pp. 165-184. doi: 10.1080/1359432960841 4853.

Leyton, E., *Hunting Humans: The Rise of the Modern Multiple Murderer*, Toronto, McClelland and Stewart, 1995.

LiCausi, J., «Copycat crime» (Tesis doctoral), Long Island University, 2017. Recuperado de: <https://digitalcommons.liu.edu/post_honors_theses/33/>.

Liem, M.; Pridemore, W. A., «Homicide in Europe», *European Journal of Criminology*, 11(5), 2014, pp. 527-529. doi: 10.1177/1477370814540077.

Lilienfeld, S.; Waldman, I.; Landfiel, K.; Watts A. L.; Rubenze, R. S.; Faschingbauer, T. R., «Fearless Dominance and the U.S. Presidency: Implications of Psychopathic Personality Traits for Successful and Unsuccessful Political Leadership», *Journal of Personality and Social Psychology*, 103(3), 2012, pp. 489-505. doi: 10.1037/a0029392.

Lilienfeld, S.; Latzman, R.; Watts, A.; Smith, S. F.; Dutton, K., «Correlates of Psychopathic Personality Traits in Everyday Life: Results From a Large Community Survey», *Frontiers in Psychology*, 5, 2014, p. 740. doi: 10.3389/fpsyg.2014.00740.

Linz, D.; Donnerstein, E.; Penrod, S., «The Effects of Long-Term Exposure to Violent and Sexually Degrading Depictions of Women», *Journal of Personality and Social Psychology*, 55(5), 1988, pp. 758-768. doi: 10.1037%2F0022-3514.55.5.758.

Lloyd, B. T., «A Conceptual Framework for Examining Adolescent Identity, Media Influence, and Social Development», *Review of General Psychology*, 6(1), 2002, pp. 73-91. doi: 10.1037/1089-2680.6.1.73.

Long, B. I.; Lynch, S. N.; Gabrielle, T. L.; Jacquin, C., «INCELs, Misogyny, and Mass Violence», conferencia: American College of Forensic Pyschology, 2019. Recuperado de: <https://www.researchgate.net/publication/334260332_INCELs_Misogyny_and_Mass_Violence>.

López, J. L., «El efecto Alle», 2011. Recuperado de: <https://www.ugr.es/~jllopez/Clase23.pdf>.

Lorenz, K., *Sobre la agresión. El pretendido mal*, 8.ª ed., Madrid, Siglo XXI Editores, 2005.

Lovelle, M.; Wojcieszk, A.; Soria, M. A., «Diferencias en la pornografía infantil consumida y producida en España», en R. Arce, M. Novo y D. Seijo, eds., *Psicología Jurídica y Forense: Investigación-Acción*, Colección Psicología y Ley, n.º 12, 2014, pp. 95-105. doi: 10.13140 / RG.2.1.5148.9361.

473

Lowry, P. B.; Zhang, J.; Wang, C.; Wu, T.; Siponen, M., «Understanding and Predicting Cyberstalking in Social Media: Integrating Theoretical Perspectives on Shame, Neutralization, Self-control, Rational Choice, and Social Learning», 2013. doi: 10.13140/2.1.3361.2480.

Lykken, D. T., *The Antisocial Personalities*, Hillsdale, N. J., Lawrence Erlbaum Associates, 1995.

MacCulloch, M.; Snowden, P.; Wood, P.; Mills, H., «Sadistic Fantasy, Sadistic Behaviour and Offending», *British Journal of Psychiatry*, 143(1), 1983, pp. 20-29. doi: 10.1192/bjp.143.1.20.

Macfarlane, L.; Bocij, P., «An Exploration of Predatory Behavior in Cyberspace: Toward a Tipology of Cyberstalkers», *Peer-Reviewed Journal on the Internet*, 9(8), 2003. doi: 10.5210/fm.v8i9.1076.

MaCintyre, D.; Wilson, D., «The British Hitman: 1974-2013», *The Howard Journal*, 53 (4), 2014, pp. 325-340. doi: 10.1111/hojo.12063.

Mantilla, K., «Gendertrolling: Misogyny Adapts to New Media», *Feminist Studies*, 39(2), 2013, pp. 563-570. Recuperado de: <https://www.jstor.org/stable/23719068>.

Maras, M. H., *Cybercriminology*, Nueva York, Oxford University Press, 2017.

Marco, J. J., «Menores, ciberacoso y derechos de la personalidad», en J. García, coord., *Ciberacoso: la tutela penal de la intimidad, la integridad y la libertad sexual en Internet*, Valencia, Tirant lo Blanch, 2010, pp. 85-107.

Marshall, W.; Hucker, S., «Severe Sexual Sadism: Its Features and Treatment», en R. D. McAnulty y M. M. Burnette, eds., *Sex and Sexuality*, vol. 3, *Sexual Deviation and Sexual Offenses*, Praeger Publishers/Greenwood Publishing Group, 2006, pp. 227-250.

Mason, K. L., «Cyberbullying: A PreliminaryAssessment for School Personel», *Psychology in the School*, 45(4), 2008, pp. 323-348. doi: 10.1002/pits.20301.

Marshall, W.; Ward, T.; Mann, R. E.; Moulden, H.; Fernandez, Y. M.; Serran, G.; Marshall, L. E., «Working Positively With Sexual Offenders: Maximizing the Effectiveness of Treatment», *Journal of Interpersonal Violence*, 20(9), 2005, pp. 1096-1114. doi: 10.1177/0886260505278514.

Martínez, V., «Dimensiones psicosociales del adolescente sicario», *Revista Colombiana de Psicología*, 2, 1993, pp. 147-150. Recuperado de: <https://dialnet.unirioja.es/servlet/articulo?codigo= 4895126>.

Marzabal, I., «Los feminicidios de pareja: efecto imitación y análisis criminológico de los 30 casos sentenciados por la Audiencia

Provincial de Barcelona 2006-2011» (Tesis doctoral), Universidad Nacional de Educación a Distancia, 2015.

McAlinden, A., «"Grooming" and the Sexual Abuse of Children: Implications for Sex Offender Assessment, Treatment and Management», *Sexual Offender Treatment*, 8(1), 2013. Recuperado de: <http://www.sexual-offender-treatment.org/118.html>.

McCarthy, J. A., «Internet Sexual Activity: A Comparison Between Contact and Non-Contact Child Pornography Offenders», *Journal of Sexual Aggression*, 16(2), 2010, pp. 181-195. doi: 10.1080/13552601003760006.

McClellan, J., *Erotophonophilia: Investigating Lust Murder*, Amherst, N. Y., Cambria Press., 2010 (Kindle Locations 173-178). Kindle Edition.

McLaughlin, J. H., «Crime and Punishment: Teen Sexting in Context», Express, 2010. Recuperado de: <http://www.pen nstatelawreview.org/115/1/115%20Penn%20St.%20L.%20Rev.%20135.pdf>.

McLeod, D., «Female Offenders in Child Sexual Abuse Cases: A National Picture», *Journal of Child Sexual Abuse*, 24(1), 2015, pp. 97-114. doi: 10.1080/10538712.2015.978925.

Meloy, J. R., «The Nature and Dynamics of Sexual Homicide: An Integrative Review», *Aggression and Violent Behavior*, 5(1), 2000, pp. 1-22. doi: 10.1016/S1359-1789(99)00006-3.

Mellor, L.; Swart, J., *Homicide: A Forensic Psychology Casebook*, Boca Ratón, F. L., CRC Press, 2016, pp. 136-139.

Mendoza, E., «Acoso cibernético o *cyberbullying*: Acoso con la tecnología electrónica», *Pediatría de México*, 14(3), 2012, pp. 133-146. Recuperado de: <http://www.medigraphic.com/cgi-bin/new/resumen.cgi?IDARTICULO=36726>.

Mercy J. A.; Kresnow, M. J.; O'Carroll, P. W.; Lee, R. K.; Powell, K. E.; Potter, L. B., *et al.*, «Is Suicide Contagious? A Study of the Relation between Exposure to the Suicidal Behavior of Others and Nearly Lethal Suicide Attempts», *American Journal Epidemiology*, 154(2), 2001, pp. 120-127. doi: 10.1093/aje/ 154.2.120.

Menzie, L., «Stacys, Beckys, and Chads: The Construction of Femininity and Hegemonic Masculinity Within Incel Rhetoric», *Psychology & Sexuality*, 2020. doi: 10.1080/19419899.2020.1806915.

Michaud, S. G.; Aynesworth, H., *Ted Bundy. Conversations with a Killer*, Texas, Authorlink Press, 2000.

Middleton, D.; Beech, A.; Mandeville-Norden, R., «What Sort of Person Could Do That? Psychological Profiles of Internet Pornography Users», en E. Quayle y M. Taylor, eds., *Viewing Child Pornogra-*

phy on the Internet: Understanding the Offence, Managing the Offender, Helping the Victims, Londres, Russel House, 2005.

Miró, F., «La oportunidad criminal en el ciberespacio. Aplicación y desarrollo de las actividades cotidianas para la prevención del crimen», *Revista electrónica de Ciencia penal y Criminología*, 2011. Recuperado de: <http://criminet.ugr.es/recpc/>.

—, *El cibercrimen. Fenomenología y criminología de la delincuencia en el ciberespacio*, Madrid, Marcial Pons, 2012.

—, «La victimización por cibercriminalidad social. Un estudio a partir de la teoría de las actividades cotidianas en el ciberespacio», *Revista Española de Investigación Criminológica* (REIC), n.º 11, 2013. Recuperado de: <https://dialnet.unirioja.es/servlet/articulo?co digo=4783296.

—, «Derecho penal, *cyberbullying* y otras formas de acoso (no sexual) en el ciberespacio», en *Internet y redes sociales: un nuevo contexto para el delito*, IDP. *Revista de Internet, Derecho y Política*. 16, 2013, pp. 61-75. UOC. Recuperado de: <https://dialnet.unirioja.es/ servlet/articulo?codigo=4477372>.

Mohandie, K.; Meloy, J. R.; Green-McGowan, M.; Williams, J., «The RECON Typology of Stalking: Reliability and Validity Based Upon a Large Sample of North American Stalkers», *Journal of Forensic Science*, 51(1), 2006. doi: 10.1111/j.1556-4029. 2005.00030.x.

Money, J., *Lovemaps*, Nueva York, Irvington Publisher, Inc., 1986.

Montoya, A., «Asalariados de la muerte. Sicariato y criminalidad en Colombia», *Urvio, Revista Latinoamericana de Seguridad Ciudadana*, 8, 2009, pp. 61-74. Recuperado de: <https://revistas.flacsoandes. edu.ec/urvio/article/view/61-74>.

Morales, F., «Pornografía infantil e Internet», ponencia presentada en las Jornadas de Responsabilidad Civil y Penal de los Prestadores de Servicios en Internet (Barcelona, 22-23 de noviembre de 2001), organizadas por la UOC y el Ilustre Colegio de Abogados de Barcelona. Recuperado de: <https://www.uoc.edu/in3/ dt/20056/index.html>.

Morehead, P., *Green River Serial Killer. Biography of an Unsuspecting Wife*, Wellesley, M. A., Branden Books, 2011.

Morillas, D. L., *Análisis dogmático y criminológico de los delitos de pornografía infantil. Especial consideración de las modalidades comisivas relacionadas con Internet*, Madrid, Dykinson, 2005.

—, «Sobre la conceptualización de los asesinos en serie», *Cuadernos de Política Criminal*, 93, 2007, pp. 181-212.

Moshagen, M.; Hilbig, B.; Zettler, I., «The Dark Core of Personality», *Psychological Review*, 125(5), 2018, pp. 656-688. doi: 10.1037/rev0000111.

Mouzos, J.; Venditto, J., «Contract Killing in Australia», *Research and Public Policy Series*, 53, 2003, pp. 1-80. Recuperado de: <https://aic.gov.au/publications/rpp/rpp53>.

Mullen, P. E.; Pathe, M.; Purcell, R., *Stalkers and Their Victims*, 2.ª ed., Cambridge, UK, Cambridge University Press, 2009.

Mullins-Sweatt, S.; Glover, N.; Derefinko, K.; Miller, J.; Widiger, T., «The Search for the Successful Psychopath», *Journal of Research in Personality*, 44(4), 2010, pp. 554-558. doi: 10.1016/j.jrp.2010.05.010.

Negredo, L.; Herrero, O., «Pornografía infantil en Internet», *Papeles del psicólogo*, 37(3), 2016, pp. 217-233.

Neiwert, D., *Red Pill, Blue Pill. How to Counteract the Conspiracy Theories Thar Are Killing Us*, Maryland, Prometheus Books, 2020.

Neutze, J.; Seto, M. C.; Schaefer, G. A.; Mundt, I. A.; Beier, K. M., «Predictors of Child Pornography Offenses and Child Sexual Abuse in a Community Sample of Pedophiles and Hebephiles», *Sexual Abuse: a journal of research and treatment*, 23, 2011, pp. 212-242. doi: 10.1177/1079063210382043.

Newton, M., *The Encyclopedia of Serial Killers. A Study of the Chilling Criminal Phenomeno, From de "Angels of Death" to the "Zodiac" Killer*, 2.ª ed, Nueva York, Facts On File, Inc., 2000.

Niederkrotenthaler, T.; Fu, K.; Yip, P.; Fong, D.; Stack, S.; Cheng, Q., *et al.*, «Changes in Suicide Rates Following Media Reports on Celebrity Suicide: A Meta-Analysis», *Journal of Epidemiology and Community Health*, 66, 2012, pp. 1037-1042. doi: 10.1136/jech-2011-200707.

Niederkrotenthaler, T.; Stack. S.; Till B., *et al.*, «Association of Increased Youth Suicides in the United States With the Release of 13 Reasons Why», *JAMA Psychiatry*, 2019. doi: 10.1001/jamapsychiatry.2019.0922.

Nocentini, A.; Calmaestra, J.; Schultze-Krumbholz, A.; Scheithauer, H.; Ortega, R.; Menesini, E., «Ciberbullying: Labels, Behaviours and Definition in Three European Countries», *Australian Journal of Guidance & Counselling*, 20(2), 2010, pp. 129-142. doi: 10.1375/ajgc.20.2.129.

Noguerol, V., *Agresiones sexuales*, Madrid, Síntesis, 2005.

Norris, J., *Serial Killers*, Nueva York, Avon Books, 1988.

Oates, J., *John George Haigh. The Acid-Bath Murderer. A Portrait of a Serial Killer And His Victims*, Barnsley: Pen & Sword Books, Ltd., 2014.

Ohlheiser, A., «Inside the Online World of "incels", The Dark Corner of the Internet Linked to the Toronto Suspect», *The Washington Post* (25 de abril de 2018). Recuperado de: <https://www. washingtonpost.com/news/the-intersect/wp/2018/04/25/ inside-the-onlineworld-of-incels-the-dark-corner-of-theinternet-linked-to-the-toronto-suspect/?noredirect=on&utm_term=.481 2d888a5aa>.

Oliveiro, A.; Graziosi, B., *¿Qué es la pedofilia?*, Barcelona, Paidós, 2004.

Olweus, D., «Bullying at School: Long-term Outcomes for the Victims and an Effective School-based Intervention Program», en L. R. Huesmann, ed., *Plenum Series in Social/Clinical Psychology. Aggressive Behavior: Current Perspectives*, 1994, pp. 97-130. doi: 10.1007/978-1-4757-9116-7_5.

—, *Conductas de acoso y amenaza entre escolares*, Madrid, Morata, 1998.

O'Reilly-Fleming, T., *Serial and Mass Murder: Theory, Research and Policy*, Toronto, Canadian Scholar's Press, 1996.

Ortega, R.; Calmaestra, J.; Mora Merchán, J. A., «Cyberbullying», *International Journal of Psychology and Psychological Therapy*, 8, 2008a, pp. 183-192. Recuperado de: <https://www.ijpsy.com/volumen8 /num2/194/cyberbullying-ES.pdf>.

Ostrosky, F., *Mentes asesinas: la violencia en tu cerebro*, México, Editorial Quinto Sol, 2011.

Otín, J. M., *Psicología Criminal: técnicas aplicadas de intervención e investigación policial*, 3.ª ed., Valladolid: Lex Nova, 2013.

Palermo, G. B.; Kocsis, R. N., *Offender Profiling: An Introduction to the Sociopsychological Analisys of Violent Crime*, Springfield, Charles C. Thomas Publisher, 2005.

Pardo, J., «Ciberacoso: *cyberbullying, grooming*, redes sociales y otros peligros», en J. García, coord., *Ciberacoso: la tutela penal de la intimidad, la integridad y la libertad sexual en Internet*, Valencia, Tirant lo Blanch, 2010.

Pardue, A.; Arrigo, B. A., «Power, Anger and Sadistics Rapists: Toward a differenciated Model of Ofender Personality», *International Journal of Offender Therapy and Comparative Criminology*, 52(4), 2008, pp. 378-400. doi: 10.1177/0306624X07303915.

Pascual, A.; Giménez-Salinas, A.; Igual, C., «Propuesta de una clasificación española sobre imágenes de pornografía infantil», *Revista Española de Investigación Criminológica*. n.º 15, 2017. Recuperado de: <https://www.researchgate.net/publication/316217134_Pro puesta_de_una_clasificacion_espanola_sobre_imagenes_de_porno grafia_infantil>.

Patchin, J. W.; Hinduja, S., «Traditional And Nontraditional Bullying Among Youth: A Test of General Strain Theory», *Youth and Society*, vol. 43, 2011, pp. 727-751. doi: 10.1111/j.1746-1561. 2010. 00548.x.

Pavlic, I.; Mededovic, J., «Psychopathy Facilitates Workplace Success», *Psihološka istraživanja*, 22(1), 2019, pp. 69-87. Recuperado de: <https://www.ceeol.com/search/article-detail?id=792994>.

Pease, K., «Crime Futures and Foresight: Challenging Criminal Behavior in the Information Age», en D. Wall, ed., *Crime and Internet*, Londres, Routledge, 2001.

Pereda, N., «El espectro del abuso sexual en la infancia: definición y tipología», *Revista de Psicopatología y salud mental del niño y del adolescente*, n.º 16, 2010, pp. 57-68. Recuperado de: <https://www. fundacioorienta.com/wp-content/uploads/2019/02/Pereda-Noemi-16.pdf>.

Pereda, N.; Abad, J.; Guilera, G., «Victimización de menores a través de Internet: descripción y características de las víctimas de *online grooming*», en L. M. Díaz Cortés y F. Pérez Álvarez, eds., *Delito, pena, política criminal y tecnologías de la información y la comunicación en las modernas ciencias penales: memorias II*, Congreso Internacional de Jóvenes Investigadores en Ciencias Penales (27, 28 y 29 de junio de 2011), Salamanca, Ediciones Universidad de Salamanca, 2012, pp. 91-105.

Peterson-Manz, J., «Copycats: Homicide and the Press. Dissertation Abstracts International», Unpublished Doctoral Dissertation, Claremont Graduate University en Holfgott, 2002.

Petley, J., «Snuffed Out: Nightmares in a Trading Standards Officer's Brain», en Xavier Medik y Graeme Harper, eds., *Unruly Pleasures: The Cult Film and its Critics*, Surrey, FAB Press, 2000, pp. 203-220.

Petty, R.; Priester, J.; Briñol, P., «Mass Media Attitude Change: Implications of the Elaboration Likelihood Model of Persuasion», en B. Jennings y D. Zillman, eds., *Media effects: Advances in Theory and Research*, 2.ª ed., Mahwah, N. J., Lawrence Erlbaum Assoc. Publishers, 2002, pp. 155-198.

Philips, D. P., «The Influence of Suggestion on Suicide: Substantive and Theoretical Implications of the Werther Effect», *American Sociological Review*, vol. 39, 1974, pp. 340-354. doi: 10. 2307/2094294.

Pickett, K. H.; Pickett, J. M., *Financial Crime Investigation and Control*, Nueva York, John Wiley & Sons, 2002.

Pierre, A., «La Industrialización y Democratización de la prensa desde principios del siglo XIX hasta 1871», en J. M. Guasch, dir., *Historia de la prensa*, Madrid, Ediciones Rialp. 1990.

Pifarré, M. J., «Internet y Redes Sociales: un nuevo contexto para el delito» (monográfico en línea), *IDP. Revista de Internet, derecho y Política*, n.º 16, 2013, pp. 40-43. UOC. doi: 10.7238/idp.v0 i16.1985.

Pinker, S., *Los ángeles que llevamos dentro. El declive de la violencia y sus implicaciones*, Barcelona, Paidós, 2012.

Pintado, A., *Análisis criminológico de los asesinos en serie*, Madrid, Editorial Dykinson, 2018.

Piñuel, I., *Mobbing: cómo sobrevivir al acoso psicológico en el trabajo*, Santander, Sal Terrae, 2001.

Pirkis, J.; Blood, R. W., «Suicide and the Media», *Crisis*, Part III: Theoretical issues, 22(4), 2001, pp. 163-169. doi: 10.1027//0227-59 10.22.4.163.

Pittaro, M. L., «Cyberstalking: An Analysis of Online Harassment and Intimidation», *International Journal of Cyber Criminology*, 1(2), 2007, pp. 180-197. doi: 10.5281/zenodo.18794.

—, «Cyberstalking: Typology, Etiology, and Victims», en R. Jaishankar, ed., *Cyber Criminology. Exploring Internet Crimes and Criminal Behavior*, Boca Ratón, F. L., CRC Press, 2011.

Plaza, J. F., Delgado, C., *Género y comunicación*, Madrid, Fundamentos, 2007.

Polaschek, D. L.; Ward, T.; Hudson, S. M., «Rape and Rapists: Theory and Treatment», *Clinical Psychology Review*, 17(2), 1997, pp. 117-144. doi: 10.1016/s0272-7358(96)00048-7.

Pontón, D., «Sicariato y crimen organizado: temporalidades y espacialidades», *Urvio. Revista latinoamericana de Seguridad Ciudadana*, 8, 2009, pp. 10-19. doi: 10.17141/urvio.8.2009.

Pratt, T. C.; Holtfreter, K.; Reisig, M. D., «Routine Online Activity and Internet Fraud Targeting: Extending the Generality of Routine Activity Theory», *Journal of Reseach in Crime and Delinquency*, 47(3), 2010, pp. 267-296. doi: 10.1177/0022427810365903.

Prentky, R.; Burgess, A.; Rokous, F.; Lee, A.; Hartman, C.; Ressler, R.; Douglas, J., «The Presumptive Role of Fantasy in Serial Sexual Homicide», *American Journal of Psychiatry*, 146(7), 1989, pp. 887-891. doi: 10.1176/ajp.146.7.887.

Poch, J., «Psicopatología de la conducta sexual», en J. Vallejo, et al., eds., *Introducción a la psicopatología y psiquiatría*, Barcelona, Ediciones Salvat, 1980, pp. 300-329.

Purcell, C.; Arrigo, B., «The Psychology of Lust Murder. Paraphilia, Sexual Killing and Serial Homicide», capítulo 2, Massachusetts, Elsevier Inc., 2006.

Quayle, E.; Taylor, M., «Child Pornography and the Internet: Perpetuating a Cycle of Abuse», *Deviant Behavior*, 23(4), 2002, pp. 331-362. doi: 10.1080/01639620290086413.

Quayle, E., «The Impact of Viewing on Offending Behavior», en M. Calder, ed., *Child Sexual Abuse and the Internet: Tackling the New Frontier*, Dorset, UK, Russell House Publishing Ltd., 2004, pp. 26-36.

—,«The COPINE Project», *Irish Probation Journal*, 5, 2008, pp. 65-83.

Quinet, K., «The Missing Missing: Toward a Quantification of Serial Murder Victimization in the United States», *Homicide Studies*, 11(4), 2007, pp. 319-339. doi: 10.1177 / 1088767907307467.

Quinsey, V. L., «Pragmatic and Dawinian Views of the Paraphilias», *Archives of Sexual Behavior*, 41(1), 2011, pp. 217-220. doi: 10.1007/s10508-011-9872-8.

Ramsland, K., *Confession of a Serial Killer: The Untold Story of Dennis Rader, the BTK Killer* Hanover, ForeEdge, 2016.

Rego, R., «Changing Forms and Platforms of Misogyny. Sexual Harassment of Women Journalists on Twitter», *Media Watch*, 9(3), 2018, pp. 472-485. doi: 10.15655/mw/2018/v9i3/49480.

Reimann, M.; Zimbardo, P. G., «The Dark Side of Social Encounters: Prospects for a Neuroscience of Human Evil», *Journal of Neuroscience, Psychology, and Economics*, 4(3), 2011. doi: 10.1037/a0024654.

Ressler, R.; Burgess, A.; Douglas, J., *Sexual Homicide: Patterns and Motives*, Nueva York, Losington, 1998.

Ressler, R.; Shachtman, T., *Dentro del monstruo. Un intento de comprender a los asesinos en serie*, 2.ª ed., Barcelona, Albaminus, 2014.

Revista Muy Interesante Crimen, «Casos en México. Las historias más escalofriantes ocurridas en nuestro país», vol. VI, 2019, p. 79.

Ribeiro, M. H.; Blackburn, J.; Bradlyn, B.; Cristofaro, E. D.; Stringhini, G.; Long, S.; Greenberg, S.; Zannettou, S., «The Evolution of the Masnosphere Across the Web», 2020. Recuperado de: <https://arxiv.org/abs/2001.07600v2>.

Riegel, D. L., «Letter to the Editor: Effects on Boy-Attracted Pedosexual Males of Viewing Boy Erotica», *Archives of Sexual Behavior*, 33(4), 2004, pp. 321-323. doi: 10.1023/B:ASEB.0000 029071.89455.53.

Robertiello, G.; Terry, K. J., «Can We Profile Sex Offenders? A Review of Sex Offender Typologies», *Aggression and Violent Behavior*, 12, 2007, pp. 508-518. doi: 10.1016/j.avb.2007.02.010.

Roberts, A. R.; Zgoba, K. M.; Shahidullah, S. M., «Recidivims Among Four Types of Homicide Offenders: An Exploratory Analysis of 336 Homicide Offenders in New Jersey», *Agression And Violent Behavior*, 12(5), 2007, pp. 493-507. doi: 10.1016/j.avb.2007.02.012.

Rodríguez-Polo, X. R., «Los efectos de la comunicación de masas de Joseph T. Klapper», *Razón y Palabra. Primera Revista Electrónica en América Latina Especializada en Comunicación*, n.° 75, 2011. Recuperado de: <http://www.razonypalabra.org.mx/N/N75/monotematico_75/30_Rodriguez_M75.pdf>.

Rogers, E., *Diffusion of Innovations*, Nueva York, Free Press, 2003.

Romeo, C. M., «De los delitos informáticos al cibercrimen: una aproximación conceptual y político criminal», en C. M. Romeo, coord., *El cibercrimen: nuevos retos jurídicos-penales, nuevas respuestas político-criminales*, Granada, Comares, 2006.

Romo, J.; Soria, M. A., *Manual de perfilación criminal y análisis de conducta criminal*, Madrid, Pearson Educación, 2015.

Ruiz, A.; García, T.; Padrós, F.; Sahagún, M. A, «El sicariato: una perspectiva psicosocial del asesinato por encargo», *Revista Electrónica de Psicología Iztacala*, 19(3), 2016, pp. 994-1013. Recuperado de: <http://www.revistas.unam.mx/index.php/repi/article/view/57269/50809>.

—, «Perfil del sicario en México», *Uaricha*, 14(34), 2017, pp. 47-57. Recuperado de: <https://www.researchgate.net/publication/3233 93083_Perfil_del_sicario_en_Mexico>.

Salmerón, M. A.; Eddy, L. S.; Morales, A., coords., Grupo de trabajo de la Guía Clínica de ciberacoso para profesionales de la salud. Plan de confianza del ámbito digital del Ministerio de Industria, Energía y Turismo. Hospital Universitario La Paz, Sociedad Española de Medicina del Adolescente, Red.es, 2015. Recuperado de: <https://www.adolescenciasema.org/wpcontent/uploads/2015/09/Gu%C3%ADa-de-ciberacoso-para-profesionales-de-la-salud-castellano.pdf>.

Salter, A., «*Predators: Pedophiles, Rapists, and Other Sex Offenders: Who They Are, How They Operatem and How We Can Protect Our Children*», Nueva York, Basic Books, 2003.

Sánchez, N.; López, R.; Domínguez-Muñoz, A., «Parafilias: una revisión comparativa desde el DSM-5 y la CIE-10», *Behavior and Law*

Journal, 4(1), 2018, pp. 41-49. Recuperado de: <http://be havio-randlawjournal.com/index.php/BL/article/view/58>.

Saris, P.; Carr, W.; Jackson, K.; Hinojosa, R.; Howell, B.; Friedrich, D.; Wroblewski, J.; Fulwood, I., «Federal Child Pornography Offens-es», United States Sentencing Commission, 2012. Recuperado de: <https://www.ussc.gov/sites/default/files/pdf/news/congre ssional-testimony-and-reports/sex-offense-topics/201212-fede ral-child-pornography-offenses/Full_Report_to_Congress.pdf>.

Schechter, H., *The Serial Killer Files*, Nueva York, Ballantine Books, 2003.

Schlenker, A., «Narcotráfico, narcocorridos y narconovelas: la econo-mía política del sicariato y su representación sonora-visual», *URVIO: Revista Latinoamericana de Estudios de Seguridad*, n.º 8, 2009, pp. 75-87. Recuperado de: <https://dialnet.unirioja.es/servlet/articulo? codigo=5407120>.

—, «Se busca: indagaciones sobre la figura del sicario», Quito, Cor-poración Editora Nacional, 2012. Recuperado de: <https://nano pdf.com/download/sm118-schlenker-se-buscapdf_pdf>.

Schlesinger, L., «The Contract Murder: Patterns, Characteristics and Dynamics», *Journal of Forensic Sciences*, 46(5), (2001), pp. 1119-1123. doi: 10.1520/JFS15108J.

—, *Sexual Murder. Catathymic and Compulsives Homicides*, Boca Ratón, F. L., CRC Press, 2004, pp. 208-209.

Serrano, A., «El (sesgado) uso de los delitos de cuello blanco en los paradigmas antiempíricos», *Revista de Derecho Penal y Criminología*, n.º 14, 2004, pp. 235-280. Recuperado de: <http://revistas.uned. es/index.php/RDPC/article/view/24880/19738>.

Seto, M. C.; Maric, A.; Barbaree, H. E., «The role of Pornography in the Etiology of Sexual Aggression», *Agression and Violent Behav-iour*, 6, 2001, pp. 35-53. Recuperado de: <https://www.ncjrs.gov/ App/Publications/abstract.aspx?ID=186987>.

Seto, M. C.; Cantor, J. M.; Blanchard, R., «Child Pornography Offen-ses Are a Valid diagnostic indicator of pedophilia», *Journal of Abnormal Psychology*, 115(3), 2006, pp. 610-615. doi: 10.1037/0021-843X.115.3.610.

Seto, M. C., *Pedophilia and Sexual Offending Against Children: Theory, Assesment and Intervention*, Nueva York, American Pychological As-sociation, 2007.

Seto, M. C.; Reeves, L.; Jung, S., «Explanations Given by Child Por-nography Offenders For Their Crimes», *Journal of Sexual Aggres-sion*, 16(2), 2010, pp. 169-180. doi: 10.1080/13552600903572396.

Seto, M. C.; Karl Hanson, R.; Babchishin, K. M., «Contact Sexual Offending by Men With Online Sexual Offenses», *Sexual Abuse*, 23(1), 2011, pp. 124-145. doi: 10.1177/1079063210369013.

Seto, M. C., «The Puzzle of Male Chronophilias», *Archives of Sexual Behavior*, 46(1), 2017, pp. 3-22. doi: 10.1007/s10508-016- 0799-y.

—, «The Motivation-Facilitation Model of Sexual Offending» *Sexual Abuse*, 31(1), 2017, pp. 3-24. doi: 10.1177/1079063217720919.

Shaw, J., *Hacer el mal: Un estudio sobre nuestra infinita capacidad para hacer daño*, Barcelona, Planeta, 2019.

Sheehan, V.; Sullivan, J., «A Qualitative Analysis of Child Sex Offenders Involved in the Manufacture of Indecent Images of Children», *Journal of Sexual Aggression*, 16(2), 2010, pp. 143-167. doi: 10.1080/13552601003698644.

Sickles, J., «Social Media Accounts Paint Chilling Portrait of Las Vegas Cop Killers», 2014. Recuperado de: <http://news.yahoo.com/social-media-accounts-paintchilling-portrait-of-alleged-las-vegas-cop-killer-194220082.html>.

Silverstein, C., «The Implications of Eliminating Homosexuality From DSM As a Mental Disorder», *Archives of Sexual Behavior*, 38(2), 2009, pp. 161-163. doi: 10.1007/s10508-008-9442-x.

Smith, A., «Protection of Children Online: Federal and State Lawes Addressing Cyberstalking, Cyberharassment and Cyberbuylling», *Congressional Research Service Reports for the People*, 2009, p. 4. doi: 10.1177/1461444809341263.

Solon, O., «"Incel": Reddit Bans Misogynist Men's Group Blaming Women For Their celibacy», *The Guardian* (8 de noviembre de 2017).

Soltes, E., «The Psychology of White-Collar Criminals» (14 de diciembre de 2016). Recuperado de: <https://www.theatlantic.com/business/archive/2016/12/pyschology-white-collar-criminal/503408/>.

Soria, M. A., *Manual de psicología jurídica e investigación criminal*, Madrid, Grupo Anaya Ediciones Generales, 2005.

Soria, M. A.; Mora, S., «Sadismo sexual, fantasía y crimen en el agresor sádico», *Revista Derecho Penal*, año II, n.° 5, 2013, pp. 369-399. Recuperado de: <https://www.researchgate.net/publication/263714391_Sadismo_sexual_fantasia_y_crimen_en_el_agresor_sadico>.

Soto, J. E., *Manual de investigación psicológica del delito. El método VERA*, Madrid, Ediciones Pirámide, 2014.

Sotoca-Plaza, A.; Ramos-Romero, M.; Pascual-Franch, A., «El perfil del consumidor de imágenes de abuso sexual infantil: semejanzas y diferencias con el agresor offline y el delincuente dual», *Anuario de Psicología Jurídica*, 30, 2020, pp. 21-27. doi: 10.5093/apj2019a11.

Sparks, G. G.; Sparks, C. W., «Effects of Media Violence», en J. Bryant y D. Zillman, eds., *Media Effects: Advances in Theory And Research*», Mahwah, N. J., Lawrence Erlbaum, 2002, pp. 269- 285.

Stack, S., «The Effect of the media on suicide: evidence from Japan, 1955-1985», *Suicide and Life-Threatening Behavior*, 26(2), 1996, pp. 132-142. Recuperado de: <https://onlinelibrary. wiley.com/doi/epdf/10.1111/j.1943-278X.1996.tb00824.x>.

—, «Media Coverage As a Risk Factor In Suicide», *Journal of Epidemiology & Community Health*, vol. 57, 2003, pp. 238-240. Recuperado de: <https://jech.bmj.com/content/57/4/238>.

Standage, T., *The Victorian Internet: The Remarkable Story of the Telegraph and the Nineteenth Century's Online Pioneers*, Londres, Phoenix Books, 1998.

Stanley, H., «Fear and Courage: A Psychological Perspective», *Social Research*, 71(1), 2004, pp. 149-176. doi: 10.2307/40971664.

Starks, M. R., «A Review of The Murderer Next Door by David Buss (2005)», en *Suicidal Utopian Delusions in the 21st Century: Philosophy, Human Nature and the Collapse Of Civilization Articles and Reviews 2006-2019*, 4.ª ed., Las Vegas, Reality Press, 2019.

Stine, S. A., «The Snuff film: The Making of a Urban Legend», *Skeptical Inquirer*, 23(3), 1999, pp. 29-33. Recuperado de: <https://skepticalinquirer.org/1999/05/the_snuff_film_the_making_of_an_urban_legend/>.

Subijana, I. J., «El acoso escolar. Un apunte victimológico», *Revista electrónica de Ciencia Penal y Criminología*, 2007, 09-03. Recuperado de: <http://criminet.ugr.es/recpc/09/recpc09-03.pdf>.

Suler, J., «The Online Disinhibition Effect», *CyberPsychology & Behavior*, 7(3), 2004, pp. 321-326. doi: 10.1089/1094931041291295.

Sumario del crimen, número 17, «Muerte para la Dalia», Madrid, Ediciones Drac, 1990, pp. 606-611.

Sumario del crimen, número 30, «Mujeres asesinas», Madrid, Ediciones Drac, 1990, pp. 1076-1077.

Surette, R., «Self-Reported Copycat Crime Among a Population of Serious and Violent Juvenile Offenders», *Crime & Delinquency*, 48(1), 2002, pp. 46-69. doi: 10.1177/0011128702048001002.

—, «Cause or Catalyst: The Interaction of Real World and Media Crime Models», *American Journal of Criminal Justice*, 38(3), 2012. doi: 10.1007/s12103-012-9177-z.

—, «Pathways to copycat crime», en J. B. Helfgott, ed., *Criminal Psychology*, vol. 2, Santa Bárbara, C. A., Sage, 2013, pp. 251-273.

—, «Estimating the Prevalence of Copycat Crime: A Research Note», *Criminal Justice Policy Review*, 2013. doi: 10.1177/0887403413 499579.

—, «Measuring Copycat Crime», *Crime, Media, Culture*, 12(1), 2015, pp. 37-64. doi: 10.1177/1741659015601172.

—, «Copycat Crime and Copycat Criminals: Concepts and research questions», *Journal of Criminal Justice and Popular Culture*, 18(1), 2016, pp. 49-78. Recuperado de: <https://www.researchgate.net/publication/320008674_Copycat_crime_and_copycat_criminals_Concepts_and_research_questions>.

Tarde, G., *Las leyes de la imitación y la sociología*, Madrid, Centro de Investigaciones Sociológicas (CIS), 2011.

Tardif, M.; Auclair, N.; Jacob, M.; Carpentier, J., «Sexual Abuse Perpetrated By Adult And Juvenile Females: An Ultimate Attempt To Resolve a Conflict Associated With Maternal Identity», *Child Abuse & Neglect*, 29, 2005, pp. 153-167. doi: 10.1016/j.chiabu. 2004. 05.006.

Taylor, M.; Quayle, E., *Child Pornography: An Internet Crime*, Hove, Brunner-Routledge, 2003.

Taylor, R.; Caeti, T.; Loper, D.; Fritsch, E.; Liederbach, J., *Digital Crime and Digital Terrorism*, Upper Saddle River, N. J., Pearson Prentice Hall, 2006.

Temple, J. R.; Choi, H., «Longitudinal Association Between Teen Sexting and Sexual Behavior», *Pediatrics*, vol. 134, 2014, pp. 1287-1292. doi: 10.1542/peds.2014-1974.

Templeman, T.; Stinnet, R., «Patterns of Sexual Arousal And History in a "Normal" Sample of Young Men», *Archives of Sexual Behavior*, 20, 1991, pp. 137-150. Recuperado de: <https://link.springer.com/article/10.1007/BF01541940>.

Tenbergen, G.; Wittfoth, M.; Frieling, H.; Ponseti, J.; Walter, M.; Walter, H.; Beier, K. M.; Schiffer, B.; Kruger Tillmann, H. C., «The Neurobiology and Psychology of Pedophilia: Recent Advances and Challenges», *Frontiers in Human Neurosciencia*, 9, 2015. doi: 10.3389/fnhum.2015.00344.

Tener, D.; Wolak, J.; Finkelhor, D., «A Typology of Offenders Who Use Online Communications To Commit Sex Crimes Against Minors», *Journal of Aggression, Maltreatment & Trauma*, 24(3), 2015, pp. 319-337. doi: 10.1080 / 10926771.2015.1009602.

Tithecott, R., «Investigating the Serial Killer: The Seeking of Origins», en P. D. Marshall, ed., *The Celebrity Culture Reader*, Nueva York, Routledge, 2006.

Torre, R.; Silva, D., *Perfiles criminales*, Buenos Aires, Dosyuna Ediciones Argentinas, 2010.

Torrecilla, J. L.; Quijano-Sánchez, L.; Liberatore, F.; López-Ossorio, J. J.; González-Álvarez, J. L., «Evolution and Study of a Copycat Effect in Intimate Partner Homicides: A Lesson From Spanish Femicides», *PLoS one*, 14(10), 2019, e0224840. doi: 10.1371/journal.pone.0217914.

Towers, S.; Gomez-Lievano, A.; Khan, M.; Mubayi, A.; Castillo-Chávez, C., «Contagion in Mass Killings and School Shootings», *PLoS one*, 10(7), 2015, e0117259. doi: 10.1371/journal.pone.0117259.

Trujano, P.; Dorantes, J.; Tovilla, V., «Violencia en Internet: nuevas víctimas, nuevos retos» *Liberabit. Revista de Psicología*, 15(1), 2009, pp. 7-19. Recuperado de: <http://www.redalyc.org/articulo.oa?id=6861192300>.

Turnage, A. K., «Email Flaming Behaviors and Organizational Conflict», *Computer-Mediated Communication*, 13(1), 2007, pp. 43-59. doi: 10.1111/j.1083-6101.2007.00385.x.

Turvey, B., *Perfilación criminal. Una introducción al Análisis de la Evidencia Conductual*, primer volumen, *Fundamentos*, 1.ª ed. esp., México D. F., Forensic Pres., 2016.

United Nations Office on Drugs and Crime, «Global Study on Homicide 2013: Trends, Context, Data», Nueva York, UNODC, 2013. Recuperado de: <https://www.unodc.org/documents/data-and analysis/statistics/GSH2013/2014_GLOBAL_HOMICIDE_BOOK_web.pdf>.

—, «Global Study on Homicide. Homicide trends, patternes and criminal justice response», Nueva York, UNODC, 2019.

Vaca, J.; Dzib, P., *La máscara del asesino*, Mérida (Yucatán), Ediciones de la Universidad Autónoma de Yucatán, 2012.

Vaesen, K.; Scherjon, F.; Hemerik, L.; Verpoorte, A., «Inbreeding, Allee Effects and Stochasticity Might Be Sufficient To Account For Neanderthal Extinction», *PLoS one*, 14(11), 2019, e0225117. doi: 10.1371/journal.pone.0225117.

Valencia, M.; Guillot, E., *Sangre, sudor y vísceras. Historia del cine gore*, Valencia, Editorial La Máscara, 1996.

Van-Ouytsel, J.; Ponnet, K.; Walrave, M.; D'Haenens, L., «Adolescent Sexting From a Social Learning Perspective», *Telematics and Informatics*, 34(1), 2017, pp. 287-298. doi: 10.1016/j.tele.2016.05.009.

Vázquez, B., *Manual de psicología forense*, Madrid, Síntesis, 2007.

Velasco, E., *Delitos cometidos a través de Internet. Cuestiones procesales»*, Madrid, La Ley, 2010.

Vives, C., «La violencia contra las mujeres en el espacio discursivo público» (Tesis doctoral), Universidad de Alicante, 2004. Recuperado de: file:///C:/Users/Administrador/Downloads/Vives-Cases-Carmen%20(1).pdf>.

Vronsky, P., *Serial Killers: The Method and Madness of Monsters*, Nueva York, Penguin Books, 2004.

—, *Hijos de Caín. Una historia de los asesinos en serie*, Barcelona, Ariel, 2020.

Wagner, M., «Beyond the Son of Sam. Assessing Government's First Tentative Step Towards Regulations of the Third Party Murderabilia Marktplace», 2011. Recuperado de: <https://www.researchgate.net/publication/298350294_Beyond_the_son_of_sam_Assessing_government's_first_tentative_steps_towards_regulation_of_the_third-party_murderabilia_market place>.

Wall, D. S., «The Internet as a Conduit for Criminals», en A. Pattavina, ed., *Information Technology and the Criminal Justice System*, Thousand Oaks, C. A., Sage. 2005, pp. 77-98. Recuperado de: doi: 10.4135 / 9781452225708.n4.

Wall, D. S., *Cybercrime: The Transformation of Crime in the Information Age»*, Cambridge, Polity Press, 2007.

Walware, M.; Wannes, H., «Cyberbullying: Predicting Victimisation and Perpetration», *Children & Society*, 25(1), 2009, pp. 59-72. doi: 10.1111/j.1099-0860.2009.00260.x.

Waterhouse, G.; Reynolds, A.; Egan, V., «Myths and Legends: The Reality of Rape Offences Reported to a UK Police Force», *The European Journal of Psychology Applied to Legal Context*, 8(1), 2016, pp. 1-10. doi: 10.1016 / j.ejpal.2015.04.001.

Weakley, R., «Sangre ajena: el testimonio de un sicario», *Estudios de Literatura Colombiana*, 16, 2005, pp. 143-160. Recuperado de: <https://aprendeenlinea.udea.edu.co/revistas/index.php/ elc/article/view/17355/14970>.

Weisburd, D.; Waring, E.; Chayet, E., *White-Collar Crime and Criminal Careers*, Nueva York, Cambridge University Press, 2001. doi: 10.1017/CBO9780511499524.

Wellman, B., «Computer Networks As Social Networks», *Sciencie*, 293(5537), 2001, pp. 2031-2034. doi: 10.1126/science.10655 47.

Whitaker, D. J.; Le, B.; Hanson, R. K.; Baker, C. K.; McMahon, P. M.; Ryan, G.; Klein, A., «Risk Factors for the Perpetration of Child Sexual Abuse: A Review and Meta-Analysis», *Child Abuse & Neglect*, vol. 32, 2008, pp. 529-548. doi: 10.1016/j.chiabu. 2007.08. 005.

Whittle, H. C.; Hamilton-Giachristsis, C.; Beech, A.; Collings, G., «Areview of Young People's Vulnerabilities to Online Grooming», *Aggression and Violent Behavior*, 18, 2013, pp. 62-70. doi: 10.1016/j. avb.2012.11.008.

Wilson, D.; Rahman, M., «Becoming a Hitman», *The Howard Journal*, 54(3), 2015, pp. 250-264. doi: 10.1111/hojo.12126.

Willer, R.; Rogalin, C. L.; Conlon, B.; Wojnowicz, M. T., «OverDOIng Gender: A Test of The Masculine Overcompensation Thesis», *The American Journal of Sociology*, 118(4), 2013, pp. 980-1022. Recuperado de: <https://pdfs.semanticscholar.org/b9d7/128a5393e0ef 3d9c583e151d2aa4eabfcc37.pdf>.

Wolak, J.; Finkelhor, D., y Mitchell, K. J., «Child Pornography Possessors and the Internet: A National Study», National Center for Missing & Exploited Children, Alexandria, V. A., 2005. Recuperado de <https://scholars.unh.edu/cgi/viewcontent.cgi?article= 1032&context=ccrc>.

Wolak, J.; Finkelhor, D.; Mitchell, K. J.; Ybarra, M. L., «Online "Predators" and Their Victims: Myths, Realities and Implications for Prevention and Treatment», *APA PsycNet*, vol. 1, 2010. Recuperado de: <http://psycnet.apa.org/buy/2010-16028-0 03>.

Woodhams, J.; Bull, R.; Hollin, C.R., «Case Linkage», en R. N. Kocsis, ed., *Criminal Profiling*, Humana Press, 2007. doi: 10.1007/978-1-60327-146-2_6.

Woodhams, J.; Bennell, C., «Crime linkage: Theory, Research, and Practice», Boca Ratón, F. L., CRC Press, 2014. doi: 10.1201/b 17591.

Yaksic, E.; Allely, C.; De Silva, R.; Smith-Inglis, M.; Konikoff, D.; Ryan, K.; Gordon, D.; Denisov, E.; Keatley, D.A.; Heng Choon, O., «Detecting a Decline in Serial Homicide: Have We Banished The Devil From the Details?», *Cogent Social Sciences*, 5(1), 2019, doi: 10.1080/23311886.2019.1678450.

Yang, A. C.; Tsai, S. J.; Yang, C. H.; Shia, B. C.; Fuh, J. L.; Wang, S. J., *et al.*, «Suicide and Media Reporting: A Longitudinal and Spatial Analysis», *Social Psychiatry and Psychiatric Epidemiology*, 48(3), 2013, pp. 427-435. doi: 10.1007/s00127-012-0562-1.

Yar, M., «The Novelty of "Cybercrime": An Assessment in Light of Routine Activity Theory», *European Journal of Criminology*, 2(4), 2005, pp. 407-427. doi: 10.1177/147737080556056.

Ybarra, M. L.; Mitchell, K., «Exposure to Internet Pornography among Children and Adolescents», *A National Survey, en Cyberpsychology & Behavior*, 8(5), 2005, pp. 473 y ss. doi: 10.1089/cpb.2005. 8.473.

Yucedal, B., «Victimization in Cyberspace: An Application of Routine Activity and Lifestyle Exposure» (Tesis doctoral), Kent State University, 2010.

Younis, J. A., «La influencia social de los medios de comunicación en la infancia y la familia», Madrid, Ministerio de Asuntos Sociales, Dirección General de Protección Jurídica del Menor, Materiales de Trabajo n.º 22, 1994.

Zapf, D.; Knorz, C.; Kulla, M., «On the Relationship Between Mobbing Factors, and Job Content, Social Work Environment, and Health Outcomes», *European Journal of Work and Organizational Psychology*, 5(2), 1996, pp. 215-237. doi: 10.1080/13594329 608414856.

Zillman, D., «Television Viewing and Arousal», en D. Pearl, L. Bouthilet y J. Lazar, eds., *Television and Behaviour*, vol. III, *Technical Reviews*, National Institute of Mental Health, 1982.

—, «Effects of Prolonged Exposure to Gratuious Graphic Violence», *Research for Understanding and Reducing Violence, Aggression and Dominance*, Nueva York, HF Guggenheim Foundation, 1993.

Zillmann, D.; Bryant, J., «El entretenimiento como efecto de los media», en J. Bryant y D. Zillmann, comp., *Los efectos de los medios de comunicación*, Barcelona, Paidós, 1996, pp. 583-616.

Zillmann, D., «Exemplification Theory of Media Influence», en B. Jennings y D. Zillmann, eds., *Media Effects: Advances in Theory and Research*, 2.ª ed., Mahwah, N. J., Lawrence Erlbaum Assoc. Publishers, 2002, pp. 19-41.

Zillmann, D.; Weaver, J. B., «Psychoticism in the Effect of Prolonged Exposure to Gratuitous Media Violence on the Acceptance of Violence as a Preferred Means of Conflict Resolution», *Personality and Individual Differences*, 22(5), 1997, pp. 613-627. doi: 10.1016/ S0191-8869(96)00245-0.

Zimmerman, S.; Ryan, L.; Duriesmith, D., «Recognizing the Violent Extremist Ideology of "Incels"», *Women In International Security POLICY brief*, vol. 9, 2018, pp. 1-5. Recuperado de: <http://www.academia.edu/37532571/Recognizing_the_Violent_Extremist_Ideology_of_Incels>.

Zulueta, E., «El acoso moral en el trabajo. Aspectos legales del *mobbing* y su defensa», en J. L. González de Rivera, ed., *Las claves del Mobbing*, Madrid, Editorial EOS, 2005, pp. 209-226.